17/12/ 20

Ali, en estas semanas
fuiste una
roomate increíble. Me
ayudaste en los m... tos
en los que necesité y espero
que la v... ... e
cosas b... ... la
despe...ida de mi b'6 ...ti
...s ...el casi ... ...e te
importó que m...f una.
si ... ...
... ...t más
conexión contigo que en ...
... ...
... 17/12/2...) otes inte...

© Librairie Classique Eugène Belin, 1986

ISBN 978-2-7011-**1003**-5

GASTON BONNIER

Membre de l'Institut   Professeur de Botanique à la Sorbonne

LES NOMS
DES FLEURS

trouvés par la méthode simple
sans aucune notion de Botanique.
Sans qu'il soit question d'étamines, de pistils, d'ovaires,
de carpelles, d'ovules, de styles, de stigmates, de graines ni de fruits.

64 planches, 372 illustrations en couleurs représentant
les plantes au tiers de leur grandeur naturelle
et 2715 dessins en noir par B. Hérincq et J. Poinsot.

Ouvrage indiquant les propriétés médicales des plantes,
avec les doses à employer, le danger que les plantes peuvent présenter,
leurs usages agricoles et industriels,
les fleurs recherchées par les abeilles, les noms vulgaires, etc.

Ce livre renferme toutes les plantes répandues en France,
en Belgique, dans les plaines de Suisse et,
en général, tous les végétaux communs en Europe.

Ouvrage publié précédemment par la
Librairie Générale de l'Enseignement

Belin:

Table Générale

Les ouvrages suivants serviront de compléments au lecteur qui, par la Méthode simple, se sera intéressé à la recherche des plantes. Il y trouvera plus de détails sur les diverses espèces et aussi la description des plantes moins répandues ou (dans la *Flore complète*) des plantes spéciales aux montagnes, au bord de la mer, etc. :

Nouvelle Flore, par GASTON BONNIER et G. DE LAYENS, contenant toutes les espèces des Environs de Paris, dans un rayon de 100 kilomètres avec *2 173 figures.*

Album de la Nouvelle Flore, par GASTON BONNIER, représentant toutes les espèces photographiées directement. *2 028 photographies.*

Flore complète portative de la France, de la Suisse et de la Belgique, par GASTON BONNIER et G. DE LAYENS, avec une carte des régions de la France, une carte des régions de la Suisse et *5 338 figures.*

Nouvelle Flore du Nord de la France et de la Belgique, par les mêmes, avec *2 282 figures* et une carte des régions botaniques de la Belgique et du Nord de la France.

Plantes médicinales, plantes mellifères, plantes utiles et nuisibles par GASTON BONNIER avec *372 figures en couleurs.*

(Ces ouvrages sont édités et diffusés par les Éditions Belin.)

La Méthode Simple

Exemple de la recherche du nom d'une plante

La *Méthode simple* a pour but de faire trouver le nom des plantes le plus directement possible, sans aucune connaissance de l'organisation des fleurs et sans aucune notion quelconque de Botanique. Pour s'en servir, il suffit de lire, dans l'ordre indiqué, les questions qui sont posées.

Prenons un exemple. Supposons que nous ayons cueilli un Coquelicot dans les champs et que nous voulions savoir quels sont ses noms vulgaires, quelles sont ses propriétés et comment cette plante est désignée en Botanique. Il faut cueillir la tige fleurie *en la détachant aussi bas que possible*, pour bien voir la forme des feuilles.

Ouvrez le volume à la page 2 (Voir le bas des pages), en haut de laquelle se trouvent écrits les numéros des questions : n°ˢ **1, 2, 3, 4,** et commençons la recherche du nom de la plante en lisant les **deux** questions précédées chacune du signe **+** qui se trouvent groupées sous le chiffre 1.

1 $\left\{\begin{array}{l} + \text{ Plante } \textit{ayant des fleurs,} \text{ etc.} \\ + \text{ Plante } \textit{n'ayant jamais de fleurs,} \text{ etc. (1)} \end{array}\right.$

Comme la plante a des fleurs, nous choisissons la première question « **+** Plante *ayant des fleurs* », ce qui renvoie au n° **2,** situé au-dessous, sur la même page.

Le n° **2** nous offre à son tour deux questions à choisir, précédées chacune du signe **—•** :

2 $\left\{\begin{array}{l} \text{—• Plante } \textit{herbacée,} \text{ etc.} \\ \text{—• } \textit{Arbre, arbuste ou arbrisseau,} \text{ etc.} \end{array}\right.$

après avoir lu ces deux questions, nous voyons que les tiges de notre plante n'ont pas l'aspect et la dureté du bois.

Nous choisissons donc la première question : « **—•** Plante *herbacée*», ce qui nous envoie au n° **3,** situé au-dessous, sur la même page.

Au n° **3,** deux questions, précédées du signe $\triangle$, sont encore à choisir ; la première, « Fleur *composée* », est accompagnée d'une

---

(1) Il est très important de lire *jusqu'au bout*, les questions posées et de lire *toutes* les questions posées à un même numéro, avant de choisir celle qui convient à la plante dont on cherche le nom.

explication et de figures. Comme notre fleur n'est pas formée d'un ensemble de petites fleurs sans queue, serrées les unes contre les autres, et n'est pas entourée d'une collerette de nombreuses petites feuilles ou écailles, et comme la fleur de notre plante ne rappelle en rien la constitution de celles qui sont ici représentées, nous choisissons la seconde question : « △ Fleur *non composée* », ce qui nous envoie au n° **4**, situé au-dessous, sur la même page.

Au n° **4**, on nous donne à choisir cinq questions à la fois, précédées chacune du signe ✢ . Ces questions sont relatives à la couleur de la fleur. Notre fleur est rouge ; nous choisissons donc la première question ; ce qui nous conduit au n° **5**, lequel se trouve à la page suivante.

Au n° **5**, on nous présente trois questions, chacune précédée du signe ○ , et accompagnées de figures. Après avoir lu ces questions, comme nous voyons que notre fleur a quatre parties rouges, semblables, disposées régulièrement autour du centre de la fleur, et à peu près égales entre elles, nous choisissons la première question ; ce qui nous mène au n° **6**, qui se trouve à la page suivante. (Si, comme cela arrive parfois, nous trouvions que notre fleur n'est pas régulière, les pétales étant inégaux, et si nous choisissions la question « fleur irrégulière », nous arriverions par une autre voie au nom de la plante.)

Au n° **6**, nous avons à choisir entre quatre questions précédées chacune du signe — et accompagnées d'explications et de figures. Nous pourrons trouver que notre plante a des feuilles simples, c'est-à-dire qu'elles ne sont pas découpées jusqu'à plus de la moitié de leur largeur. Nous choisirons donc la troisième question : « Feuilles *simples* ». (Il pourrait se faire que notre plante ait des feuilles profondément divisées ; en ce cas, nous prendrions la seconde question, ce qui nous conduirait aussi au nom de la plante.) Mais en supposant que la plante que nous avons cueillie ait les feuilles simples, nous sommes ainsi conduits au n° **7**, qui se trouve à la page suivante.

Au n° **7**, trois questions nous sont posées, toutes trois précédées du signe ★ , et accompagnées d'explications et de figures. Après avoir lu ces questions, nous choisissons la troisième « ★ Feuilles *alternes* » car les feuilles de notre plante sont attachées une par une sur la tige et à des niveaux différents. Cela nous conduit au n° **8**, qui est à la page suivante.

Deux questions précédées du signe — sont à choisir au n° **8**. Après avoir lu les explications, nous voyons qu'on peut détacher chaque pétale rouge de notre fleur jusqu'à sa base sans déchirer les autres pétales. Nous choisissons donc la première question : « = Chaque fleur a les *pétales séparés entre eux jusqu'à la base* », ce qui nous envoie au n° **9**, qui est au-dessous sur la même page. Quatre questions, précédées du signe ⊖ , sont posées à la fois au n° **9**. Comme notre fleur a quatre pétales rouges, nous choisissons la première de ces questions, ce qui nous mène au n° **10**, qui est à la page suivante.

Deux questions, précédées du signe ✕ sont à choisir au n° **10**. En examinant un des boutons des fleurs de notre plante, nous voyons qu'il est formé de deux parties vertes reliées entre elles et qui entourent les pétales chiffonnés ; il est facile de reconnaître que les deux parties vertes du bouton tombent lorsque la fleur s'ouvre. Nous choisissons donc la première question, ce qui nous conduit au n° **20**.

Tournons la page ; nous trouvons le n° **20** à la page suivante. On nous pose encore deux questions, précédées chacune du signe —•
Comme les feuilles de notre plante sont poilues et n'entourent pas la tige par leur base ; comme les pétales sont rouges avec une tache noire, nous choisissons la première question qui nous donne le nom de la plante, telle qu'elle est désignée en Botanique : « ➤ **Pavot Coquelicot** ». Ce nom est suivi des noms vulgaires sous lesquels on désigne la plante dans les campagnes (Coquelicot, ou encore Gravesolle) ; ensuite se trouvent les deux mots qui forment le nom latin botanique de la plante : [*Papaver Rhæas*]. Viennent à la suite les indications : **médicinale, nuisible aux bestiaux.** En cherchant le nom « Pavot Coquelicot » à la table des noms français botaniques qui se trouve à la fin du volume, on trouvera des indications sur les propriétés médicales de la plante, quelles sont les parties de la plante employées, la dose de l'infusion qu'on peut en faire, etc. On y trouvera aussi dans quelles conditions la plante est nuisible aux bestiaux.

Vient ensuite un autre renvoi (.— Figurée en couleurs : 1, planche 5). Ceci nous indique qu'en cherchant la planche 5 parmi les planches qui représentent les photographies en couleurs des plantes les plus communes, au début de ce volume, nous verrons que la figure 1 de cette planche représente notre plante en couleurs ; ce qui nous montrera bien que nous ne nous sommes pas trompés en cherchant son nom par les questions successives qui nous ont été posées.

Enfin, une dernière indication se trouve à la suite [*Note* 1, au bas de la page]. Regardons au bas de la page : la *Note* 1 nous indique que si nous voulons avoir des renseignements plus détaillés sur plusieurs espèces de Pavots, nous les trouverons à la page 8 de la *Nouvelle Flore* de MM. G. Bonnier et de Layens lorsqu'il s'agit seulement des environs de Paris ou des plaines de l'intérieur de la France, de la Suisse, etc. Cette Note nous indique aussi que nous trouverons plus de détails encore sur toutes les espèces de Pavots, même sur celles qui sont rares ou qui croissent sur les hautes montagnes, en consultant, à la page 12, la *Flore complète* c'est-à-dire la *Flore complète portative de la France, de la Suisse et de la Belgique*, par les mêmes auteurs. Enfin la même Note nous renvoie à la page 8 de la *Flore du Nord de la France et de la Belgique* (appelée en abrégé dans ce livre *Flore de Belgique*) pour les cas où nous nous trouverions en Belgique ou dans le Nord de la France.

(Dans le cas où l'on aurait des parties de la plante à mesurer, on pourra faire ces mesures avec le décimètre qui est à la page 288.)

Le signe 🌼 indique que la plante est mellifère, c'est-à-dire qu'elle est recherchée par les abeilles pour le liquide sucré que produisent ses fleurs ou quelquefois ses feuilles.

———————

On trouvera à la page 289 d'autres exemples de recherche du nom des plantes.

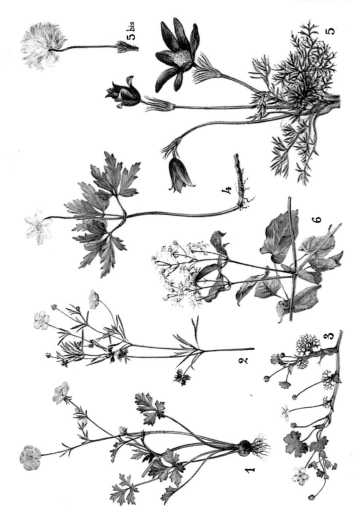

Planche 1.
RENONCULACÉES.

1. **Renoncule bulbeuse** (Bouton-d'or, Pied-de-coq) [Ranunculus bulbosus]. — vénéneuse ; médicinale.

2. **Renoncule des champs** (Bassinet-des-Champs) [Ranunculus arvensis].

3. **Renoncule aquatique** (Grenouillette) [Ranunculus aquatilis].

4. **Anémone Sylvie** (Pâquette) [Anemone nemorosa].

5, 5 bis, **Anémone Pulsatille** (Coquelourde) [Anemone Pulsatilla]. — vénéneuse ; médicinale : 5, plante en fleurs; 5 bis, fruit.

6. **Clématite Vigne - blanche** (Herbe-aux-gueux) [Clematis Vitalba]. — irritante.

Planche 2.

RENONCULACÉES
(Suite).

1. Pigamon jau- nâtre (Rue-des-Prés, Rhubarbe-des-pauvres) [Thalictrum fla-vum].

2. Ficaire Fausse-Renoncule (Petite-Éclaire), Herbe-au-fic, Éclairette) [Fica-ria, ranunculoi-des]. —vénéneu-se ; médicinale.

3. Caltha des ma-rais (Populage, Souci-d'eau)[Cal-tha palustris]. —vénéneuse.

4. Adonis d'été (Goutte-de-sang) [Adonis æstiva-lis].

5. Nigelle des champs (Arai-gnée) [Nigella arvensis]. —mé-dicinale.

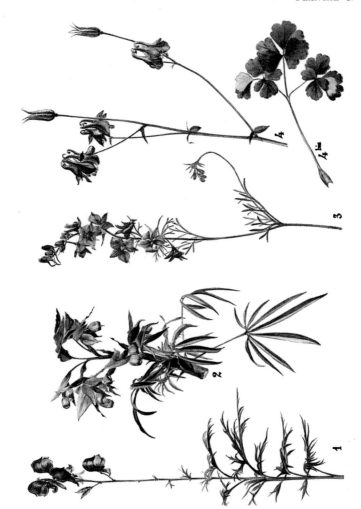

Planche 3.

RENONCULACÉES
(Suite).

1. **Aconit Napel** (Casque-de-Jupiter, Char-de-Vénus) [Aconitum Napellus]. — vénéneuse ; médicinale. ✿.

2. **Hellébore fétide** (Pied-de-Griffon, Rose-de-serpent) [Helleborus fœtidus]. — médicinale ✿.

3. **Dauphinelle Consoude** (Pied-d'Alouette, Éperon-de-Chevalier, Bec-d'Oiseau) [Delphinium Consolida] — médicinale ✿.

4, **4 bis. Ancolie vulgaire** (Colombine, Cornette, Gants-de-Notre-Dame) [Aquilegia vulgaris]. — ornementale ✿.

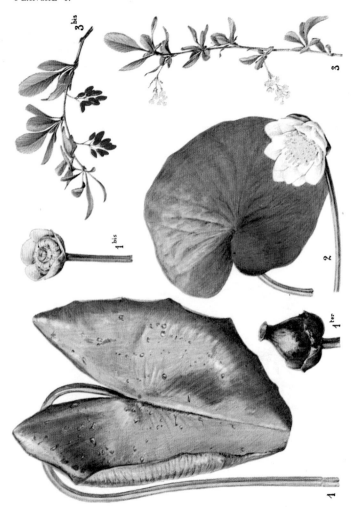

Planche 4.

NYMPHÉACÉES.

1, 1 bis, 1 ter. **Nénuphar jaune** (Plateau, Aillout-d'eau) [Nuphar luteum], **1**, feuille; **1 bis**, fleur; **1 ter**, fruits.

——

2. **Nymphæa blanc** (Lis-des-Étangs, Nénuphar-blanc, Luminifa) [Nymphæa alba]. — médicinale; ornementale.

BERBÉRIDÉES.

3, 3 bis. **Berbéris vulgaire** (Epine-Vinette) [Berberis vulgaris]. — nuisible aux cultures; médicinale ✿; **3**, branche, en fleurs; **3 bis**, branche en fruits.

——

Planche 5.

PAPAVÉRACÉES.

1. **Pavot Coquelicot** (Ponceau) [Papaver Rhoeas]. — médicinale.

2. **Pavot somnifère** [Papaver somniferum]. — vénéneuse; médicinale; industrielle.

3. **Chélidoine majeure** (Grande Éclaire, Herbe-aux-verrues, [Chelidonium majus]. — vénéneuse; médicinale.

FUMARIACÉES.

4. **Fumeterre officinale** [Fumaria officinalis]. — médicinale.

CRUCIFÈRES.

5. **Moutarde des champs** (Sanve, Jotte) [Sinapis arvensis] ✤.

6. **Chou potager** [Brassica oleracea]. — alimentaire. ✤.

Planche 6.

CRUCIFÈRES
(Suite).

1. Giroflée Violier (Giroflée-de-muraille, Ravenelle jaune, Violier jaune, Bâton-d'or) [Cheiranthus Cheiri]. — ornementale ❁.

2. Cardamine des prés (Cresson-des-prés) [Cardamine pratensis]. — alimentaire. ❁.

3. Cresson officinal (Cresson-de-fontaine, Cresson-d'eau) [Nasturtium officinale]. — alimentaire ; médicinale.

4. Drave printanière [Draba verna].

5. Capselle Bourse-à-pasteur (Bourse-de-capucin, Bourse-à-pasteur) [Capsella Bursa-pastoris]. — médicinale.

Planche 7.

CISTINÉES.

1. **Hélianthème vulgaire** [Helianthemum vulgare]. — médicinale.

VIOLARIÉES.

2. **Violette tricolore** (Pensée sauvage) [Viola tricolor]. — ornementale ; médicinale.

3. **Violette odorante** [Viola odorata]. — ornementale ; médicinale.

POLYGALÉES.

4. **Polygala vulgaire** (Laitier-commun) [Polygala vulgaris]. — médicinale.

RÉSÉDACÉES.

5. **Réséda jaune** (Réséda-sauvage) [Reseda lutea] ✸.

6. **Réséda jaunâtre** (Gaude, Herbe-à-jaunir) [Reseda luteola]. — industrielle ✸.

Planche 8.

CARYOPHYLLÉES.

1. **Saponaire officinale** (Savonnière, Saponaire) [Saponaria officinalis]. — industrielle ; médicinale.

2. **Œillet des Chartreux** [Dianthus Carthusianorum].

3. **Silène enflé** (Behen-blanc) [Silene inflata].

4. **Lychnis Nielle** (Couronne-des-blés, Nielle-des-Champs, Nielle-des-blés) [Lychnis Githago]. — vénéneuse.

Planche 9.

CARYOPHYLLÉES
(*Suite*).

1. **Lychnis Fleur-de-coucou** (Œillet-des-prés, Fleur-de-coucou) [Lychnis Flos-Cuculi].

2, 2 bis. **Lychnis dioïque** (Compagnon-blanc, Robinet) [Lychnis dioïca] : **2**, pied donnant des graines ; **2 bis**, pied ne donnant pas de graines.

3. **Céraiste des champs** [Cerastium arvense].

4. **Stellaire intermédiaire** (Mouron-des-oiseaux, Morgeline) [Stellaria intermedia]. — alimentaire pour les petits oiseaux.

5. **Stellaire Holostée** (Langue-d'oiseau, Gramen-fleuri) [Stellaria Holostea].

PLANCHE 9.

Planche 10.

LINÉES.

1, 1 bis, Lin usuel
(Lin commun,
Lin cultivé) [Li-
num usitatissi-
mum]. — indus-
trielle ; médici-
nale : 1, plante
fleurie; — 1 bis,
fleur (grandeur
naturelle).

**2. Lin à feuilles
ténues** [Linum
tenuifolium].

TILIACÉES.

**3. Tilleul silves-
tre** (Tilleul à
petites-feuilles)
[Tilia silvestris].
— médicinal ✿.

MALVACÉES.

**4. Mauve silves-
tre** (Mauve sau-
vage, Meule)
[Malva silvestris].
— médicinale ✿.

5. Mauve Alcée
[Malva alcea].

Planche 11.

GÉRANIÉES.

1. **Géranium Herbe-à-Robert** (Bec-de-grue) [Geranium Robertianum]. — médicinale.

2. **Erodium à feuilles de Ciguë** (Bec-de-Héron) [Erodium cicutarium]. — médicinale.

HYPÉRICINÉES.

3. **Millepertuis perforé** (Herbe-de-la-Saint-Jean) [Hypericum perforatum]. — médicinale.

ACÉRINÉES.

4, 4 bis. **Érable Faux-Platane** (Sycomore) [Acer pseudo-Platanus]. — ornemental ✽ ; 4, branche fleurie; 4 bis, fruit.

5. Fruit de l'**Érable Platane** (Plane, Faux-Sycomore) [Acer platanoides] ✽.

6. Fruit de l'**Érable champêtre** [Acer campestre]. — industriel ✽.

Planche 12.

HIPPOCASTANÉES.

1, 1 bis, Marronnier Faux-Châtaignier (Marronnier d'Inde) [*Æsculus Hippocastanum*]. — industriel ; médicinal ✿ : **1**, branche fleurie ; **1 bis**, fruit ouvert.

CÉLASTRINÉES.

2, 2 bis, Fusain d'Europe (Bonnet-carré, Bonnet-de-prêtre, Caprenotier) [*Evonymus europæus*]. — industriel : **2**, rameau en fleurs ; **2 bis**, rameau en fruits.

ILICINÉES.

3, 3 bis, Houx à aiguillons (Houx commun) [*Ilex aquifolium*]. — industriel ✿ ; **3**, rameau en fleurs ; **3 bis**, rameau en fruits.

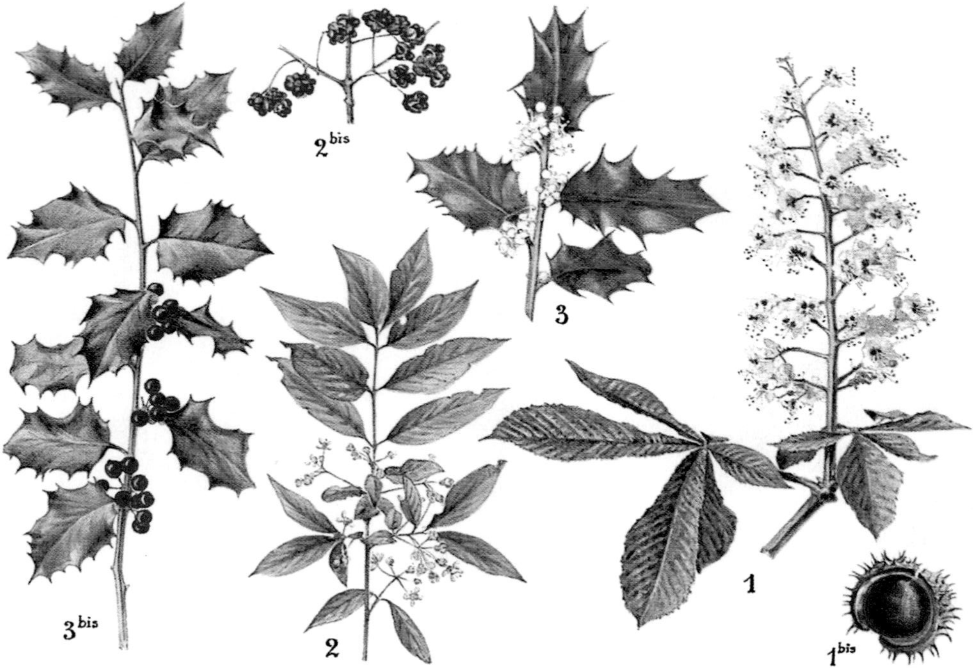

Planche 13.

PAPILIONACÉES.

1. **Ajonc d'Europe** (Landier, Vigneau, Ajonc marin, Ajonc) [Ulex europaeus]. —fourragère ✿.

2. **Sarothamne à balais** (Genette, Genêt-à-balais [Sarothamnus scoparius]. — industriel ; vénéneux ; médicinal ✿.

3. **Genêt des teinturiers** (Genestrolle, Herbe-à-jaunir) [Genista tinctoria]. — industriel.

4. **Cytise Faux-Ébénier** (Aubour, Cytise-à-grappes, Faux-Ébénier, Cytise-de-Virgile) [Cytisus Laburnum]. — industriel.

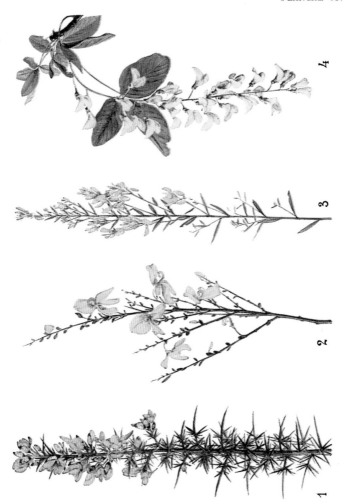

Planche 14.

PAPILIONACÉES
(Suite).

1. **Lotier corniculé** (Pied-de-Poule, Cornette) [Lotus corniculatus]. — fourragère. ❋ —

2. **Haricot commun** (Flageolet, Haricot) [Phaseolus vulgaris]. — alimentaire ❋.

3. **Trèfle rampant** (Trèfle-blanc, Triolet) [Trifolium repens]. — fourragère ❋.

4. **Trèfle des prés** (Trèfle-rouge, Gros-Trèfle) [Trifolium pratense]. — fourragère.

5. **Trèfle incarnat** (Trèfle - anglais, Mangeaille, Farouche) [Trifolium incarnatum]. — fourragère ❋ —

Planche 15.
PAPILIONACÉES
(Suite)

1. **Ononis rampant** (Arrête-bœuf) [Ononis repens]. — dangereuse ; médicinale.

2. **Luzerne cultivée** (Luzerne) [Medicago sativa]. — fourragère ✿.

3. **Luzerne Lupuline** (Minette, Mignonnette, Lupuline, Petit-Triolet) [Medicago Lupulina]. — fourragère ✿.

4. **Mélilot des champs** (Mélilot) [Melilotus arvensis]. — médicinale ✿.

5. **Robinier Faux-Acacia** (Acacia) [Robinia Pseudacacia]. — industriel ✿.

6. **Baguenaudier arborescent** (Faux-Séné, Séné-bâtard) [Colutea arborescens]. — médicinal.

PAPILIONACÉES
(Suite).

1. **Coronille variée** [Coronilla varia]. — médicinale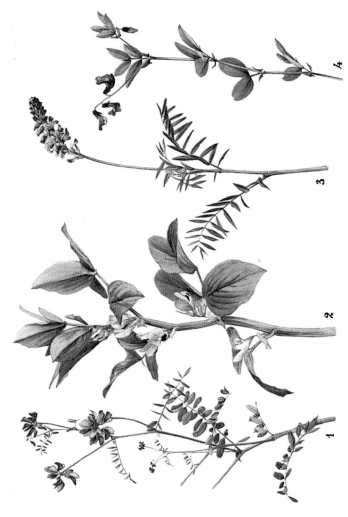

2. **Fève vulgaire** (Fève-de-marais, Féverolle, Fève) [Faba vulgaris]. — alimentaire

3. **Sainfoin cultivé** (Bourgogne, Esparcette, Sainfoin) [Onobrychis sativa]. — fourragère

4. **Orobe tubéreux** (Orobe) [Orobus tuberosus].

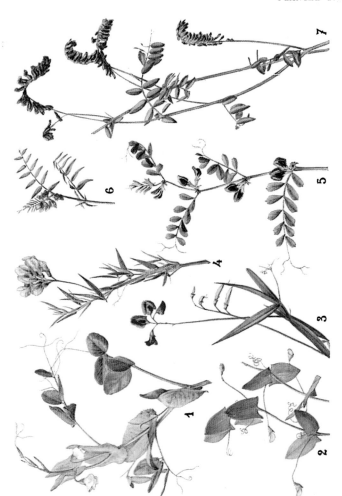

Planche 17.

PAPILIONACÉES
(Suite).

1. **Pois cultivé** (Petit-Pois, Pois-vert) [Pisum sativum]. — alimentaire. ❀

2. **Gesse Aphaca** (Pois-de-Serpent) [Lathyrus Aphaca].

3. **Gesse sauvage** [Lathyrus silvestris]. — fourragère.

4. **Gesse des prés** [Lathyrus pratensis]. — fourragère.

5. **Vicia cultivée** (Vesce - commune, Pasquier) [Vicia sativa]. — fourragère; médicinale. ❀

6. **Vicia des haies** (Vesceron, Faux-Pois, Vesce-sauvage) [Vicia sepium].

7. **Vicia Cracca** [Vicia Cracca]. — fourragère.

Planche 18.

ROSACÉES.

1. **Prunier des oiseaux** (Merisier, Griottier) [Prunus avium]. — alimentaire; industriel 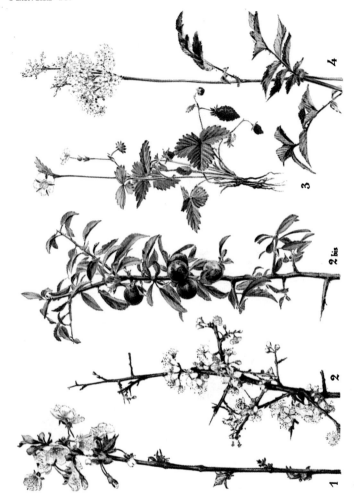.

2, 2 bis. **Prunier épineux** (Prunellier, Épine-noire, Ébaupin-noir) [Prunus spinosa]. — industriel : 2, branche en fleurs; 2 bis, branche en fruits.

3. **Fraisier comestible** (Fraisier commun, Fraisier-des-bois) [Fragaria vesca]. — médicinale.

4. **Spirée Ulmaire** (Reine-des-prés, Ulmaire) [Spiræa Ulmaria]. — médicinale.

Planche 19.

ROSACÉES
(Suite).

1. **Potentille Tormentille** [Potentilla Tormentilla]. — médicinale.

2. **Potentille rampante** (Quintefeuille) [Potentilla reptans]. — médicinale.

3. **Aigremoine Eupatoire** (Aigremoine) [Agrimonia Eupatoria]. — médicinale.

4, 4 bis. **Rosier de chien** (Églantier, Églantine) [Rosa canina]. — médicinale : 4, fleurs; 4 bis, fruits.

5. **Ronce frutescente** (Mûrier-des-haies, Ronce) [Rubus fruticosus]. — alimentaire. — médicinale.

6. **Pimprenelle Sanguisorbe** (Pimprenelle) [Poterium Sanguisorba].

Planche 20.

ROSACÉES
(Suite).

1, 1 bis. Aubépine épineuse (Épine-blanche, Poire d'oiseau, Senelles, Aubépine) [Crataegus Oxyacantha]. — médicinal : 1, branche en fleurs ; 1 bis. fruits.

2. Sorbier domestique (Cormier, Sorbier) [Sorbus domestica]. — alimentaire. ✳

3. Poirier commun (Poirier) [Pirus communis]. — alimentaire ; industriel. ✳

4. Pommier commun (Egrasseau, Pommier) [Malus communis]. — alimentaire ; industriel. ✳

Planche 21.

CUCURBITACÉES.

1, 1 bis. Bryone dioïque (Couleuvrée, Navet-du-Diable, Rave-de-Serpent, Bryone) [**Bryonia dioica**]. — dangereuse.✹. **1**, rameau de la plante qui produit des fruits; **1 bis**, rameau de la plante qui ne produit pas de fruits.

ONAGRARIÉES.

2. Onagre bisannuelle (Herbe-aux-ânes, Onagre) [**Œnothera biennis**]. — ornementale.✹.

3. Épilobe velu (Nériette) [**Epilobium hirsutum**]✹.

LYTHRARIÉES.

4. Lythrum Salicaire (Salicaire) [**Lythrum Salicaria**]. — médicinale.

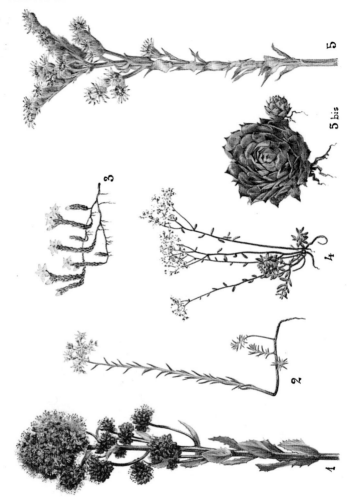

CRASSULACÉES.

1. Sédum Reprise — (Orpin, Herbe-à-la-coupure, Reprise) [Sedum Telephium]. — médicinale ❀.

2. Sédum réfléchi [Sedum reflexum]. — médicinale

3. Sédum âcre (Poivre-de-muraille, Vermiculaire, Vermiculaire âcre) — [Sedum acre]. — vénéneuse ; médicinale ❀.

4. Sédum blanc (Perruque, Trique-Madame, Raisin-de-Rat) [Sedum album]. — médicinale ❀.

5, 5 bis. Joubarbe des toits (Artichaut-bâtard, Grande-Joubarbe) [Sempervivum tectorum]. — médicinale ❀.
5, tige fleurie ;
5 bis. jeune pousse.

Planche 23.

SAXIFRAGÉES.

1. Saxifrage granulée [Saxifraga granulata].

---

2. Saxifrage à 3 doigts (Percepierre) [Saxifraga tridactylites].

GROSSULARIÉES.

3. Groseillier rouge (Groseillier) [Ribes rubrum]. — alimentaire. — ✳.

OMBELLIFÈRES.

4. Panicaut champêtre (Chardon-Roland, Barbe-de-chèvre [Eryngium campestre]. — médicinale. — ✳.

---

5. Daucus Carotte (Carotte) [Daucus Carota]. — alimentaire.

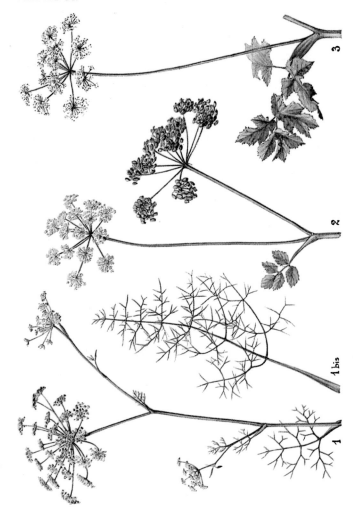

Planche 24.

OMBELLIFÈRES

(Suite).

1, 1 bis. Aneth Fenouil (Fenouil) [Anethum Foeniculum]. — médicinale : **1**, sommité fleurie; 1 bis, une feuille.

2. Panais cultivé (Panais) [Pastinaca sativa]. — alimentaire 🐝.

3. Berce Spondyle (Branc-Ursine, Berce) [Heracleum Spondylium]. — médicinale 🐝.

Planche 25.

OMBELLIFÈRES

(Suite).

1. Angélique silvestre (Angélique sauvage) [Angelica silvestris]. — médicinale.

2. Éthuse Ciguë (Petite-Ciguë, Faux-Persil) [Æthusa Cynapium]. — vénéneuse ; médicinale

3. Ciguë tachée (Grande-Ciguë, Ciguë officinale) [Conium maculatum]. — vénéneuse; médicinale.

4. Cerfeuil cultivé (Cerfeuil) [Cerefolium sativum]. — condimentaire ; médicinale.

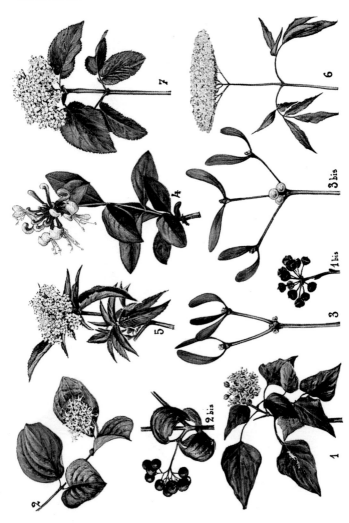

ARALIACÉES.

1, 1 bis. Lierre grimpant [Hedera Helix]. — médicinale 🌼.

CORNÉES.

2, 2 bis. Cornouiller sanguin [Cornus sanguinea]. 🌼.

LORANTHACÉES.

3, 3 bis. Gui blanc [Viscum album]. — médicinale 🌼.

CAPRIFOLIACÉES.

4. Lonicera Périclymène (Chèvrefeuille - sauvage, Brout-biquette) [Lonicera Periclymenum] 🌼.

5. Sureau Yèble (Yèble) [Sambucus Ebulus]. — médicinale 🌼.

6. Sureau noir (Sureau, Aubois, Suin) [Sambucus nigra]. — médicinale.

7. Viorne Lantane (Mentiane, Viorne) [Viburnum Lantana].

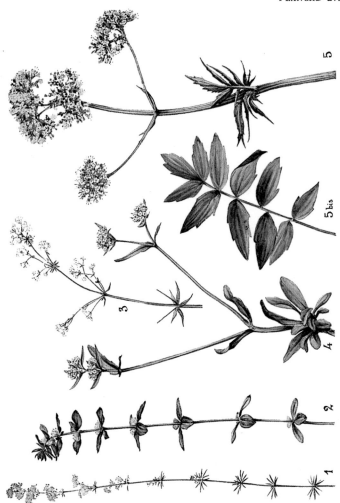

Planche 27.

RUBIACÉES.

1. Gaillet vrai (Caille-lait jaune) [**Galium verum**]. — industrielle; médicinale.

2. Gaillet Croisette (Croisette) [Galium Cruciata].

3. Gaillet Mollugine (Caille-lait blanc) [**Galium Mollugo**]. — médicinale.

VALÉRIANÉES.

4. Valérianelle potagère (Mâche, Doucette) [Valerianella olitoria]. — alimentaire.

5, 5 bis. Valériane officinale (Herbe-à-la-meurtrie) [Valeriana **officinalis**]. — médicinale : **5**, tige fleurie; **5 bis**, feuille.

PLANCHE 28.

Planche 28.

DIPSACÉES.

1. **Cardère silvestre** (Cabaret-des-oiseaux. La-voir-de-Vénus). [Dipsacus silvestris].

2. **Scabieuse Columbaire** (Co-lombaire) [Sca-biosa Columbaria].

3. **Scabieuse Succise** (Herbe-de-St-Joseph. Succise, Mors-du-Diable) [Sca-biosa Succisa].— médicinale

4. **Knautia des champs** (Oreil-le-de-lièvre, Sca-bieuse - des - Champs)[Knautia arvensis].— mé-dicinale.

COMPOSÉES.

5. **Carline vul-gaire** (Carline) [Carlina vulga-ris].— médici-nale.

Planche 29.

COMPOSÉES *(Suite)*.

1. **Onopordon à feuilles d'A-canthe** (Char-don-aux-ânes, Chardon - Acan-the) [Ono-pordon Acan-thium] ✿.

____

2. **Chardon des champs** [Cir-sium arvense].—nuisible aux cul-tures ✿.

____

3. **Chardon pen-ché** [Carduus nutans] ✿.

____

4. **Chardon lan-céolé** [Cirsium lanceolatum] ✿.

____

Planche 30.
COMPOSÉES (Suite).

1. **Centaurée Bleuet** (Barbeau, Bleuet, Casse-lunettes) [Centaurea Cyanus]. — médicinale.

2. **Centaurée Jacée** (Barbeau, Jacée) [Centaurea Jacea]. — médicinale.

3. **Bardane commune** (Oreille-de-géant, Bardane, Glouteron) [Lappa communis]. — médicinale.

4. **Serratule des teinturiers** (Sarrette) [Serratula tinctoria].

5. **Pâquerette vivace** (Petite Marguerite, Pâquerette) [Bellis perennis]. — ornementale.

6. **Leucanthème vulgaire** (Grande-Marguerite) [Leucanthemum vulgare]. — médicinale.

7. **Matricaire Camomille** (Camomille-commune) [Matricaria Chamomilla]. — médicinale.

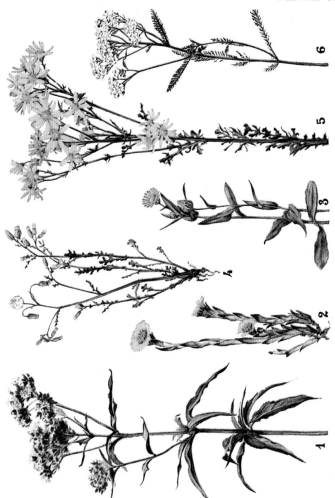

PLANCHE 31.

Planche 31.
COMPOSÉES (*Suite*).

1. **Eupatoire Chanvrine** (Pantagruélion aquatique, Chanvrine) [Eupatorium Cannabinum]. — médicinale. ✶

2. **Tussilage Pas-d'âne** (Pas-d'âne) [Tussilago Farfara]. — médicinale. ✶

3. **Soucides champs** [Calendula arvensis]. — médicinale.

4. **Séneçon vulgaire** (Séneçon) [Senecio vulgaris]. — médicinale.

5. **Séneçon Jacobée** (Herbe-de-St-Jacques, Jacobée) [Senecio Jacobæa]. — médicinale.

6. **Achillée Mille-feuille** (Mille-feuille, Herbe-au-charpentier) [Achillea Millefolium]. — médicinale.

Planche 32.

COMPOSÉES (*Suite*).

1. **Armoise vulgaire** (Herbe-à-cent-goûts, Artemoise) [Artemisia vulgaris]. — médicinale.

_____

2. **Tanaisie vulgaire** (Sent-bon, Tanaisie) [Tanacetum vulgare]. — médicinale.

_____

3. **Erigéron du Canada** (Erigeron canadensis). — médicinale.

_____

4. **Inule Conyze** [Inula Conyza].

_____

5. **Solidage Verge-d'Or** (Verge-d'Or) [Solidago Virgaurea]. — médicinale. ❀.

_____

Planche 33.

COMPOSÉES
(*Suite*).

1. **Lampsane commune** (Lampsane) [Lampsana communis]. — médicinale. 🐝

2. **Chicorée Intybe** (Chicorée) [Cichorium Intybus]. — alimentaire ; médicinale. 🐝

3. **Pissenlit Dent-de-Lion** (Pissenlit) [Taraxacum Dens-leonis]. — alimentaire ; médicinale. 🐝

4. **Salsifis des prés** (Salsifis-bâtard, Barbe-de-bouc) [Tragopogon pratensis] 🐝

5. **Laitue vivace** [Lactuca perennis].

Planche 34.

COMPOSÉES
(Suite).

1. **Laiteron marafcher** (Laite, Laiteron, Lacheron, Laceron) [**S onchus oleraceus**].

2. **Léontodon d'automne** [Leontodon autumnalis] ✿.

3. **Épervière Piloselle** (Piloselle, Oreille-derat) [Hieracium Pilosella].

4. **Épervière en Ombelle** (Épervière) [Hieracium umbellatum].

Planche 35.

CAMPANULACÉES.

1. **Jasione des montagnes** (Herbe-bleue) [Jasione montana].

2. **Campanule agglomérée** [Campanula glomerata].

3. **Campanule Raiponce** (Raiponce) [Campanula Rapunculus]. — alimentaire.

4. **Campanule Gantelée**(Gants-de-Notre-Dame, Gantelée) [Campanula Trachelium]. — médicinale.

5. **Campanule à feuilles rondes** (Clochette) [Campanula rotundifolia]. — médicinale.

6. **Spéculaire Miroir** (Miroir-de-Vénus) [Specularia Speculum].

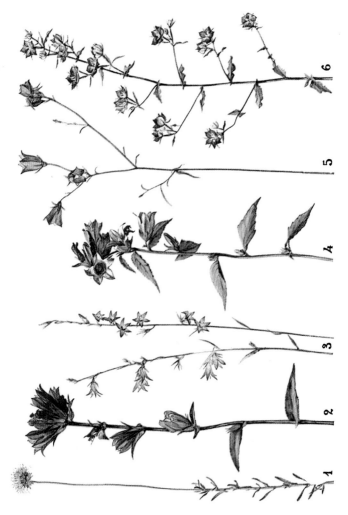

Planche 36.

ÉRICINÉES.

1. **Bruyère cendrée** (Bruyère-franche) [Erica cinerea]. ✽

2. **Calluna vulgaire** (Bruyère-commune, Brande) [Calluna vulgaris]. — industrielle. ✽

PRIMULACÉES.

3. **Primevère à grandes fleurs** [Primula grandiflora]. — ornementale.

4. **Primevère officinale** (Coucou, Coquelu-chon, Brayette) [Primula officinalis]. — médicinale.

5. **Lysimaque Nummulaire** (Monnoyère, Herbe-aux-écus, Nummulaire) [Lysimachia Nummularia]. — médicinale.

6, 6 bis. **Mouron des champs** [Anagallis arvensis].

Planche 37.

OLÉINÉES.

1. **Frêne élevé** (Frêne) [Fraxinus excelsior]; industriel; médicinal.

2, **2 bis. Troène vulgaire** (Bois-noir, Pruène, Troène) [Ligustrum vulgare]. — industriel. — **2**, rameau fleuri; **2 bis**, fruits.

3. **Lilas vulgaire** (Lilas) [Syringa vulgaris]. — ornemental.

APOCYNÉES.

4. **Pervenche mineure** (Violette-de-Serpent, Petite-Pervenche) [Vinca minor]. — ornementale; médicinale.

ASCLÉPIADÉES.

5. **Dompte-venin officinal** (Ipécacuana-des-Allemands, Dompte-Venin) [Vincetoxicum officinale]. — vénéneuse; médicinale.

Planche 38.

GENTIANÉES.

1. Érythrée Petite - Centaurée (Herbe - à - mille-florins, Petite-Centaurée) [Erythræa Centaurium]. — médicinale.

2. Gentiane Croisette (Croisette) [Gentiana Cruciata]. — médicinale.

CONVOLVULACÉES.

3. Liseron des champs (Petit-Liseron, Vrillée, Clochette-des-champs) [Convolvulus arvensis]. — médicinale.

4. Liseron des haies (Grand-Liseron, Man-chettes, Chemi-se-de-Notre-Dame) [Convolvulus sepium].

Planche 39.

BORRAGINÉES.

1. **Vipérine vulgaire** (Herbe-aux-vipères, Vipérine) [Echium vulgare]

2. **Pulmonaire à feuilles étroites** (Pulmonaire) [Pulmonaria angustifolia]. — médicinale

3. **Consoude officinale** (Grande-Consoude) [Symphytum officinale]. — médicinale.

4. **Bourrache officinale** (Bourrache) [Borrago officinalis]. — médicinale

5. **Lycopsis des champs** (Petite-Buglosse) [Lycopsis arvensis].

6. **Myosotis des marais** (Ne m'oubliez pas, Vergissmeinnicht, Aimez-moi [Myosotis palustris].

Planche 40.

SOLANÉES.

1. Jusquiame noire (Herbe aux-chevaux, Hannebane, Jusquiame) [*Hyoscyamus niger*]. — vénéneuse; médicinale.

2, 2 bis. Morelle Douce-amère — (Vigne-de-Judée, Douce-amère). [*Solanum Dulcamara*]. — vénéneuse; médicinale ; **2**, branche fleurie; **2 bis**, une fleur (de grandeur naturelle).

3, 3 bis. Lyciet de Barbarie (Lyciet) [*Lycium barbarum*] ✿ : **3**, branche fleurie; **3 bis**, une fleur (de grandeur naturelle).

4. Morelle tubéreuse (Pomme de terre) [*Solanum tuberosum*]. — alimentaire ; médicinale.

VERBASCÉES.

5. Molène Thapsus (Bouillon blanc) [*Verbascum Thapsus*]. — médicinale.

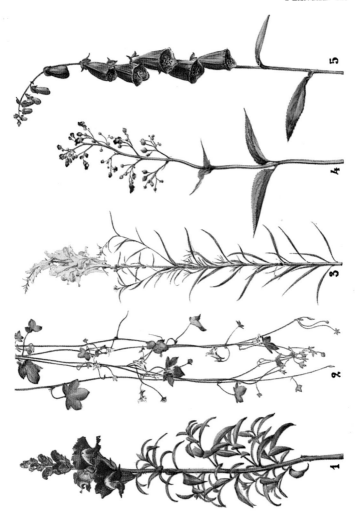

Planche 41.
SCROFULARINÉES.

1. Muflier majeur (Gueule-de-loup, Mufle-de-veau, Muflier, Gueule-de-lion) [Antirrhinum majus]. — ornementale; médicinale ❀.

2. Linaire Cymbalaire (Ruine-de-Rome, Cymbalaire) [Linaria Cymbalaria]. — ornementale.

3. Linaire vulgaire (Linaire-commune) [Linaria vulgaris] ❀.

4. Scrofulaire noueuse (Grande-Scrofulaire) [Scrofularia nodosa]. — médicinale ❀.

5. Digitale pourpre — (Gants-de-Notre-Dame, Queue-de-Loup; Gants-de-Bergère)[Digitalis purpurea]. — ornementale; vénéneuse; médicinale ❀.

Planche 42.
SCROFULARINÉES
(Suite).

1. **Véronique Germandrée** (Véronique-femelle) [Veronica Teucrium]. — médicinale.

2. **Véronique Petit-Chêne** (Herbe-Thérèse) [Veronica Chamædrys]. — médicinale.

3. **Véronique officinale** (Véronique-mâle, Thé d'Europe) [Veronica officinalis]. — médicinale.

4. **Rhinanthe Crête-de-Coq** Cocriste, Croquette) [Rhinanthus Crista-Galli].

5. **Mélampyre des prés** [Melampyrum pratense].

6. **Mélampyre des champs** (Queue-de-renard, Rougeole, Blé-de-vache) [Melampyrum arvense]. — nuisible.

OROBANCHÉES.

7. **Orobanche Rave** [Oroban-

Planche 43.
LABIÉES.

1. **Calament officinal** (Menthe de - montagne) [Calamintha officinalis]. — médicinale.

2. **Calament Clinopode** (Grand-Basilic - sauvage) [Calamintha Clinopodium].✿

3. **Origan vulgaire** (Marjolaine-sauvage). Origan) [Origanum vulgare]. — médicinale.✿

4. **Menthe silvestre** [Mentha silvestris].

5. **Menthe à feuilles rondes** (Menthe-crépue, Beaume, Herbe-du-mort) [Mentha rotundifolia]. — médicinale

6. **Brunelle vulgaire** (Charbonnière, Brunelle) [Brunella vulgaris]. — médicinale

7. **Sauge des prés** [Salvia pratensis]. — médicinale✿

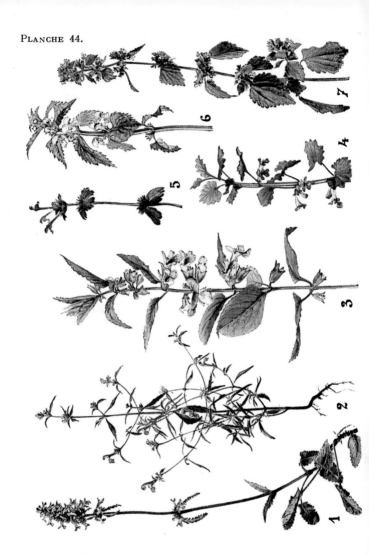

Planche 44.
LABIÉES (*Suite*).

1. **Épiaire Bétoine** (Bétoine, Belle-tête) [Stachys Betonica]. — médicinale.

2. **Galéopsis Ladanum** (Gueule-de-chat, Filasse-bâtarde) [Galeopsis Ladanum].

3. **Mélitte à feuilles de Mélisse** (Herbe-saine, Mélisse-des-bois) [Melittis melissophyllum]. — médicinale.

4. **Glechoma Faux-Lierre** (Lierre-terrestre, Herbe-Saint-Jean) [Glechoma hederacea]. — médicinale ✿.

5. **Lamier amplexicaule** (Pas-de-poule) [Lamium amplexicaule].

6. **Lamier Blanc** (Ortie-blanche) [Lamium album]. — médicinale.

7. **Ballote fétide** (Marrube-noir) [Ballota fœtida].

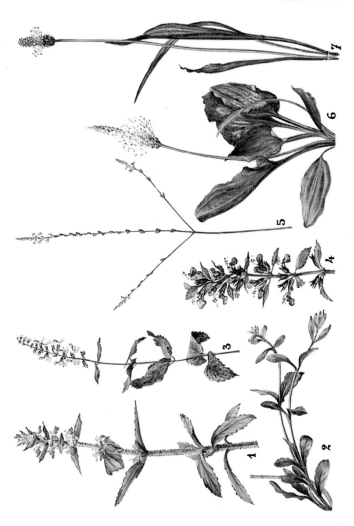

LABIÉES (Suite).

1. **Bugle de Genève** [Ajuga genevensis].

2. **Bugle rampante** (la figure représente les rameaux rampants qui sont à la base de la tige fleurie) (Bugle) [Ajuga reptans]. ✿

3. **Germandrée Scorodoine** (Sauge-des-bois, Germandrée-sauvage) [Teucrium Scorodonia]. — médicinale. ✿.

4. **Germandrée Petit Chêne** [Teucrium Chamædrys]. — médicinale ✿.

VERBÉNACÉES

5. **Verveine officinale** (Herbesacrée) [Verbena officinalis]. — médicinale ✿

PLANTAGINÉES.

6. **Plantain majeur** (Grand-Plantain) [Plantago majori]. — médicinale.

7. **Plantain lancéolé** [Plantago lanceolata]. — médicinale.

SALSOLACÉES.

1. Chénopode Bon-Henri (Toute-bonne, Epinard-sauvage, Herbe-du-bon-Henri)[Chenopodium Bonus-Henricus]. — alimentaire.

2. Chénopode blanc (Poule-Grasse, Ansérine) [Chenopodium album].

POLYGONÉES.

3. Rumex Oseille (Oseille-commune, Parelle) [Rumex Acetosa]. — alimentaire; médicinale.

4. Renouée Sarrasin (Blé-noir, Sarrasin) [Polygonum Fagopyrum]. — alimentaire. ✳

5. Renouée des oiseaux (Traînasse, Centinode) [Polygonum aviculare]. ✳

ARISTOLOCHIÉES.

6. Aristoloche Clématite[Aristolochia Clematitolochia Clemati-

PLANCHE 47.

Planche 47.

EUPHORBIACÉES.

1. Buis toujours vert (Buis) [Buxus sempervirens]. — industriel; médicinal.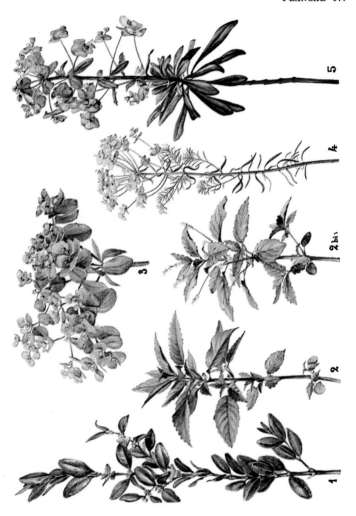

2, 2 bis. Mercuriale annuelle (Arenberge, Foirolle, Mercuriale) [Mercurialis annua]. — nuisible; médicinale; **2**, pied portant des graines; **2 bis**, pied ne portant pas de graines.

3. Euphorbe Réveil-Matin (Réveil-matin) [Euphorbia Hélioscopia]. — médicinale.

4. Euphorbe Petit-Cyprès (Tithymale-commun) [Euphorbia Cyparissias].

5. Euphorbe des bois [Euphorbia silvatica]

Planche 48.

CANNABINÉES.

1, 1 bis. Houblon grimpant (Houblon) [Humulus Lupulus]. — industrielle; médicinale; **1**, rameau d'un pied à graines ; **1 bis**, fragment de rameau d'un pied sans graines.

2, 2 bis. Chanvre cultivé (Pantagruélion, Chanvre) [Cannabis sativa]. — industrielle; médicinale; **2**, pied à graines; **2 bis**, pied sans graines.

URTICÉES.

3. Pariétaire officinale (Pariétaire) [Parietaria officinalis]. — médicinale.

4. Ortie dioïque (Grande - Ortie) [Urtica dioica]. — médicinale.

Planche 49.

CUPULIFÈRES.

1, 1 bis. Hêtre des bois (Fayard, Hêtre, Fouteau) [Fagus silvatica]. —industriel; médicinal : **1,** branche avec fleurs. **1 bis,** branche avec fruits.

2, 2 bis. Chêne Rouvre (Rouvre) [Quercus Robur]. — industriel ; médicinal : **2,** branche en fleurs ; **2 bis,** branche en fruits.

3, 3 bis. Coudrier Noisetier (Coudre, Noisetier, Coudrier) [Corylus Avellana]. — industriel ; alimentaire ; médicinal : **3,** branche en fleurs ; **3 bis,** branche en fruits.

4, 4 bis. Châtaignier vulgaire (Châtaignier) [Castanea vulgaris]. — alimentaire ; industriel ; médicinal : **4,** branche en fleurs ; **4 bis,** fruits.

Planche 50.

CUPULIFÈRES
(Suite).

1, 1 bis. **Charme Faux-Bouleau (Charme)** [Carpinus Betulus]. — industriel ; 1 et 1 bis, branches portant deux sortes de fleurs différentes.

SALICINÉES.

2. **Peuplier-Tremble** (Tremble). [Populus Tremula]. — industriel.

3, 3 bis. **Peuplier noir** (Peuplier suisse) [Populus nigra]. — industriel ; médicinal ✿ . 3, branche avec fleurs ; 3 bis, branche feuillée.

4, 4 bis. **Saule Marsault** (Boursade, Marsault) [Salix caprea]. — industriel

5. **Saule fragile** [Salix fragilis]. ✿

6. **Saule des vanniers** (Osier-blanc, Osier-vert) [Salix viminalis]. — industriel.

Planche 51.

PLATANÉES.

1. Platane vulgaire (Platane) [Platanus vulgaris].

BÉTULINÉES.

2. Bouleau blanc (Bouleau) [Betula alba]. — industriel ; médicinal

3, 3 bis. Aune glutineux (Aune, Aulne) [Alnus glutinosa]. — industriel; médicinal : **3**, une branche avec des fruits non encore mûrs ; **3 bis**, une branche avec des fleurs de deux sortes : les unes en groupes allongés pendants, les autres dont les groupes plus petits sont disposés en grappe dressée.

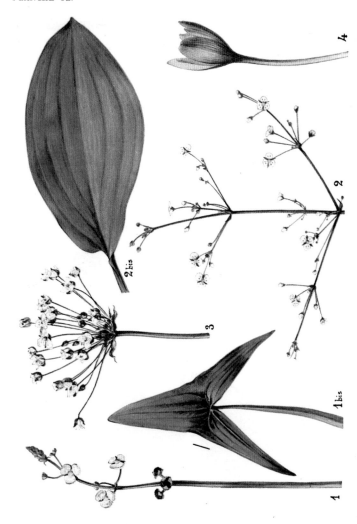

Planche 52.

ALISMACÉES.

1, 1 bis. Sagittaire à feuilles en flèche (Fléchière, Sagittaire, Flèche-d'eau) [Sagittaria sagittifolia] : **1,** rameau fleuri ; **1 bis,** feuille.

2, 2 bis. Alisma Plantain-d'eau (Fluteau, Plantain-d'eau) [Alisma Plantago] : **2,** sommet d'une tige fleurie ; **2 bis,** feuille.

BUTOMÉES.

3. Butome en ombelle (Jonc-fleuri, Butome) (Butomus umbellatus].

COLCHICACÉES.

4. Colchique d'automne (Safran-bâtard, Colchique, Veilleuse, Veillotte) [Colchicum autumnale] — vénéneuse ; médicinale.

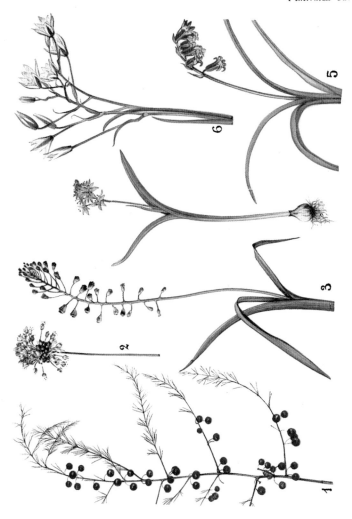

Planche 53.
LILIACÉES.

1. **Asperge officinale** (Asperge) [Asparagus officinalis]. — alimentaire ; médicinale 🌸 (La figure représente la plante en fruits.)

2. **Ail des vignes** (Oignon-bâtard) [Allium vineale] 🌸.

3. **Muscari-àtoupet** (Ail-à toupet, Jacinthe chevelue, Ayault à toupet) [Muscari comosum].

4. **Scille à 2 feuilles** [Scilla bifolia].

5. **Endymion penché** (Jacinthedes-bois, Jacinthe sauvage) [Endymion nutans].

6. **Ornithogale en ombelle** (Dame-d'onze heures) [Ornithogalum umbellatum].

Planche 54.

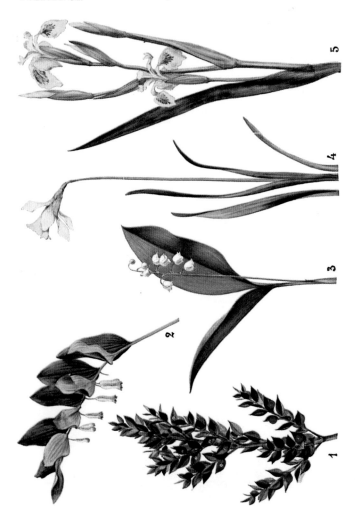

LILIACÉES *(Suite)*.

1. Fragon piquant (Petit-Houx, Epine-de-rat) [Ruscus aculeatus].— médicinale.

2. Polygonatum vulgaire (Sceau-de-Salomon) [Polygonatum vulgare].

3. Muguet de mai (Muguet) [Convallaria maialis]. — vénéneuse ; médicinale.

AMARYLLIDÉES.

4. Narcisse Faux-Narcisse (Narcisse-des-bois, Fleur-de-coucou, Jeannette, Coucou, Ayault) [Narcissus Pseudo-Narcissus].— vénéneuse ; médicinale.

IRIDÉES.

5. Iris Faux-Acore (Iris-jaune, Iris-desmarais, Glaïeul-des-marais)[Iris-Pseudacorus]. — médicinale.

Planche 55.

ORCHIDÉES.

1. **Orchis pourpre** [Orchis purpurea].

2. **Orchis des montagnes** [Orchis montana].

3. **Orchis à larges feuilles** [Orchis latifolia]. — médicinale.

4. **Orchis Pyramidal** [Orchis pyramidalis]. — médicinale.

5. **Orchis Singe** [Orchis simia].

6. **Loroglosse à odeur de bouc** [Loroglossum hircinum].

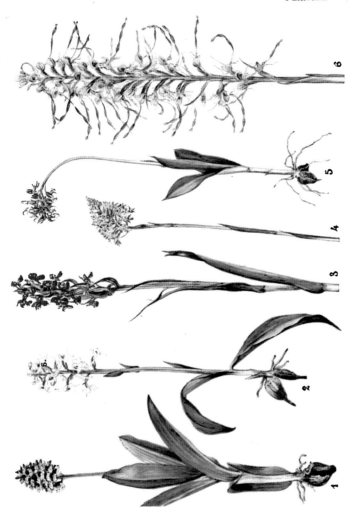

Planche 56.

ORCHIDÉES (*Suite*).

1. **Ophrys Araignée** [Ophrys aranifera].
————

2. **Ophrys Frelon** [Ophrys arachnites].
————

3. **Ophrys Abeille** [Ophrys apifera].
————

4. **Ophrys Mouche** [Ophrys muscifera].
————

5. **Listéra ovale** [Listera ovata].
————

6. **Néottie Nid-d'oiseau** (Nid-d'oiseau) [Neottia Nidus-avis].
————

7. **Épipactis à larges feuilles** [Epipactis latifolia]. — médicinale.

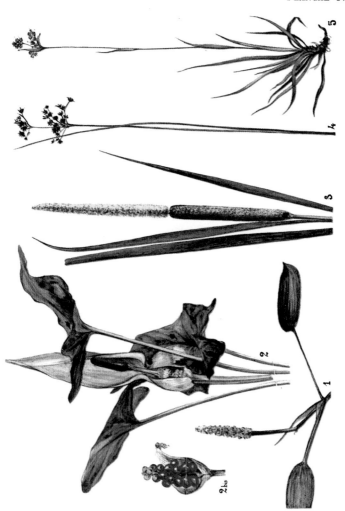

Planche 57.

POTAMÉES.

1. Potamot na-geant (Épi-d'eau)
[Potamogeton na-tans].

AROÏDÉES.

2. Arum tacheté
(Pied-de-veau,
Gouet) [Arum
maculatum]. —
médicinale :
2, feuilles et
fleurs ; **2 bis,**
fruits.

TYPHACÉES.

**3. Massette à
larges feuilles**
(Masse-d'eau,
Quenouille, Mas-
sette, Canne-de-
jonc) [Typha
latifolia].

JONCÉES.

4. Jonc épars
[Juncus effusus].
— industriel.

**5. Luzule cham-
pêtre** [Luzule
campestris].

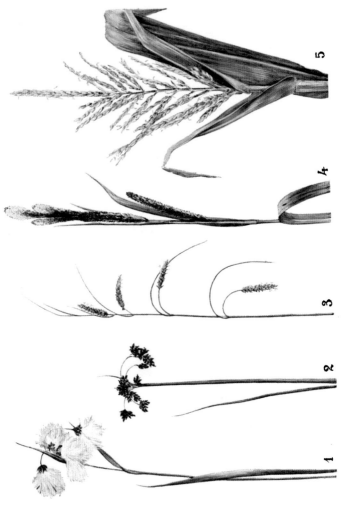

Planche 58.

CYPÉRACÉES.

1. **Linaigrette à larges feuilles** (Linaigrette-commune) [Eriophorum latifolium].

2. **Scirpe des lacs** (Jonc-des-tonneliers) [Scirpus lacustris]. — industriel.

3. **Carex des bois** (Laiche-des-bois) [Carex silvatica].

4. **Carex des marais** (Laiche-aquatique) [Carex paludosa].

GRAMINÉES.

5. **Zéa Maïs** (Maïs, Blé-de-Turquie) [Zea Mays], — alimentaire; fourragère; médicinale.

Planche 59.

GRAMINÉES *(Suite)*.

1. Froment cultivé (Blé. Froment) [Triticum sativum]. — alimentaire.

2. Seigle Céréale (Seigle) [Secale cereale]. — alimentaire.

3. Orge vulgaire (Escourgeon) [Hordeum vulgare]. — industrielle; alimentaire; médicinale.

4. Chiendent rampant (Chiendent) [Agropyrum repens]. — nuisible; médicinale.

5. Ivraie vivace (Ray-grass) [Lolium perenne]. — ornementale; fourragère.

6. Phléole des prés [Phleum pratense].

7. Sétaire verte [Setaria viridis].

8. Vulpin agreste [Alopecurus agrestis]. — fourragère.

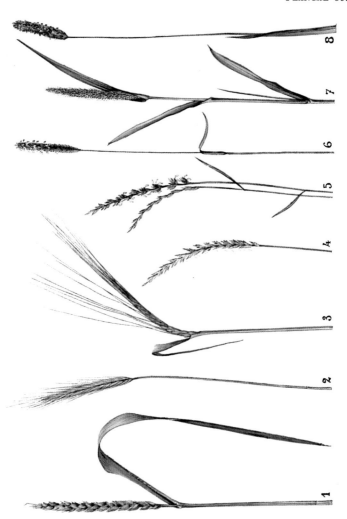

Planche 60.

GRAMINÉES (*Suite*).

1. **Phragmitès commun** — (Roseau, Roseau-à-balais, [Jonc-à-balais] [Phragmites communis]. — industrielle ; fourragère.

2. **Avoine cultivée** (Avoine) [Avena sativa]. — alimentaire ; médicinale.

3. **Avoine des prés** [Avena pratensis].
————

4. **Brome mou** [Bromus mollis]. — fourragère.
————

5. **Brome dressé** [Bromus erectus]. — fourragère.

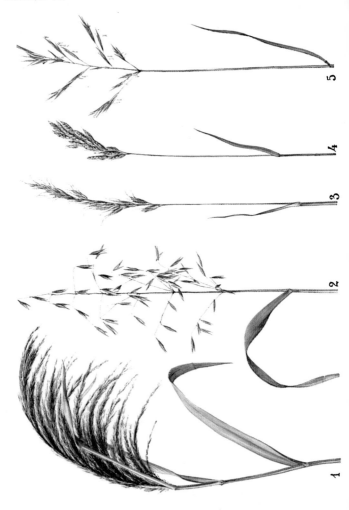

Planche 61.

GRAMINÉES *(Suite)*.

1. Brize intermédiaire (Amourette, Languede-femme)[Briza media]. — fourragère.

2. Paturin annuel [Poa annua].

3. Paturin des prés [Poa pratensis]. — fourragère.

4. Dactyle aggloméré [Dactylis glomerata]. — fourragère.

5. Fétuque des brebis [Festuca ovina]. — fourragère.

6. Houque molle (Houque) [Holcus mollis]. — fourragère.

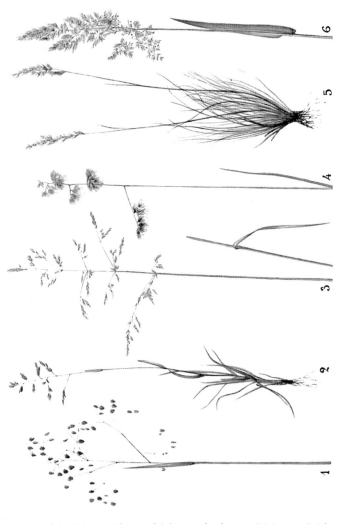

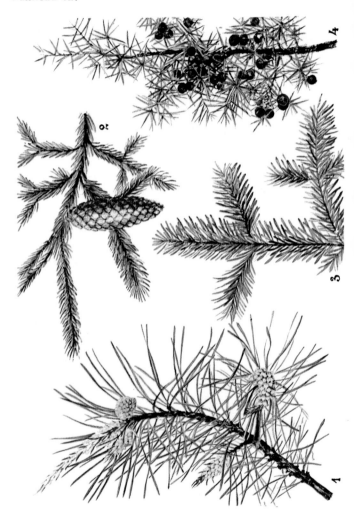

Planche 62.

ABIÉTINÉES.

1. Pin silvestre [Pinus silvestris]. — industriel ❀. (La figure représente une branche en fleurs.)

2. Épicéa élevé (Épicéa, Pesce) [Picea excelsa]. — industriel ❀. (La figure représente une branche en fruits.)

3. Sapin pectiné (Sapin, Sapin-blanc, Sapin-des-Vosges) — [Abies pectinata]. — industriel ; médicinal. ❀. (La figure représente une branche feuillée.)

CUPRESSINÉES.

4. Genévrier commun (Genévrier) [Juniperus communis]. — industriel; médicinal. (La figure représente une branche en fruits.)

Planche 63.

FOUGÈRES.

1. **Polypode vulgaire** (Polypode) [Polypodium vulgare]. — médicinale.

———

2. **Asplénium Trichomanès** (Capillaire) [Asplenium Trichomanes]. — médicinale.

———

3. **Asplénium Rue-de-muraille** (Doradille, Rue-de-muraille) [Asplenium Ruta muraria].

———

4. **Ptéris Aigle** (Aigle-impériale, Fougère-aigle, Fougère-commune, Grande-Fougère) [Pteris aquilina]. — médicinale. (La figure représente la partie supérieure d'une feuille.)

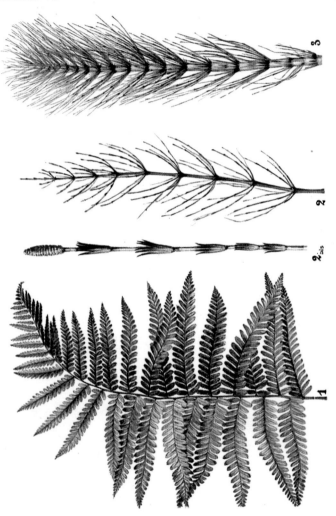

Planche 64.

FOUGÈRES *(Suite)*.

**1. Polystic Fou-
gère-mâle** (Fou-
gère-mâle) [Po-
lystichum Filix-
mas]. — médici-
nale.

ÉQUISÉTACÉES.

**2, 2 bis. Prêle des
champs** (Queue-
de - cheval,
Queue-de-rat)
[Equisetum ar-
vense]. — médi-
cinale; **2,** tige.
ramifiée sans
sporanges; **2 bis,**
tige portant des
sporanges au
sommet.

———

3. Prêle élevée
(Grande-queue-
de - cheval)
[Equisetum ma-
ximum] (la figure
représente le
sommet d'une
tige rameuse et
sans sporanges).

■→ *C'est en haut de la page suivante qu'il faut commencer à lire les questions qui conduisent aux noms des plantes.*

Les lecteurs déjà habitués à cet ouvrage pourront abréger la recherche du nom des plantes en commençant par les TABLEAUX ABRÉGÉS qui se trouvent à la page 284.

On trouvera facilement ces *Tableaux abrégés*, grâce à une marque, placée en haut et à droite de la page 285.

1
⎰ + Plante **ayant des fleurs** (Ces fleurs peuvent être quelquefois très petites, ou vertes, ou peu visibles).................................... **2**
⎱ + Plante **n'ayant jamais de fleurs,** c'est-à-dire plante dont on ne voit jamais que les feuilles ou les tiges feuillées, comme les Fougères par exemple (Voir les figures aux nos 1092 à 1104).... **1092**

2
(vient de 1).
⎰ — • **Plante herbacée,** c'est-à-dire dont les tiges ou les rameaux n'ont pas l'aspect et la dureté du bois.......................... **3**
⎱ — • **Arbre, arbuste ou arbrisseau,** c'est-à-dire dont les tiges ou les rameaux ont l'aspect et la dureté du bois, sauf les rameaux les plus jeunes· **942**

3
(vient de 2).

△ **Fleur composée,** c'est-à-dire que ce qu'on appelle ordinairement la fleur est en réalité un ensemble de petites fleurs sans queue, serrées les unes contre les autres et entourées par une collerette de petites feuilles ou écailles ; l'ensemble a l'apparence d'une seule fleur..................... **770**

Exemples connus de fleurs composées : Marguerite (figures M, MA, MAR), *Chardon* (figures C, CH); *Pissenlit* (figures D, DE. DT). Les petites fleurs dont l'ensemble forme la fleur composée sont en *flt, fll, fl,* entourées par une collerette *co* de petites feuilles ou de petites écailles.

En feuilletant les pages qui comprennent les nos 771 à 929, on verra de nombreuses figures qui représentent des fleurs, composées de formes très variées.

△ **Fleur non composée,** c'est-à-dire ne présentant pas la disposition précédente... **4**

Remarque importante. — Si l'on hésite entre fleur *composée* et fleur *non composée,* on peut prendre l'une ou l'autre question ; dans les deux cas, on arrivera au nom de la plante.

4
(vient de 3)
⊞ Fleurs *roses, rosées, rouges, pourpres, rougeâtres, brunes, brunâtres ou d'un brun noirâtre*....................... **5**
⊞ Fleurs *bleues, bleuâtres, lilas, violettes ou violacées*... **228**
⊞ Fleurs *jaunes ou jaunâtres*............................ **354**
⊞ Fleurs *blanches ou blanchâtres*........................ **506**
⊞ Fleurs *vertes ou verdâtres*............................ **705**

Remarque. — Si l'on hésite entre deux couleurs, on peut prendre l'une ou l'autre; on arrivera au nom de la plante dans les deux cas. — Pour choisir les couleurs des fleurs, on ne tiendra compte ni de la couleur des petites parties qui terminent les filets qu'on trouve dans la fleur, ni de la couleur des organes qui sont au centre de la fleur.

○ Chaque fleur **régulière**, c'est-à-dire que les parties semblables de la fleur qui sont colorées en rose, rouge, brun, sont régulièrement disposées autour du centre de la fleur et sont sensiblement égales entre elles....... **6**

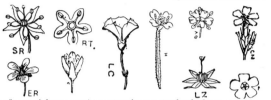

Les figures ci-dessus représentent quelques exemples de fleurs régulières.

○ Chaque fleur **irrégulière**, c'est-à-dire que les fleurs n'ont pas la disposition précédente................................... **123**

Remarque. — Il ne faut pas considérer comme régulières les fleurs qui ont la moitié droite et la moitié gauche semblables entre elles.

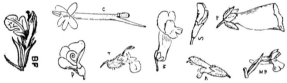

Les figures ci-dessus représentent quelques exemples de fleurs irrégulières.

5
(*vient
de
4*).

○ Chaque fleur **réduite à de petites écailles brunes ou rougeâtres (ou à de petits corps ovales)**........................... **146**

Les figures ci-dessus représentent quelques exemples de groupes de fleurs réduites à des écailles.

Remarque. — Si l'on hésite entre fleur régulière ou fleur irrégulière, comme par exemple pour les fleurs représentées par les figures VT et V, on peut prendre l'un ou l'autre des numéros auxquels on est renvoyé ; on arrivera au nom de la plante dans les deux cas.

On peut aussi hésiter entre fleurs réduites à des écailles et fleurs régulières, car certaines fleurs, bien que régulières, sont formées de parties membraneuses, et elles semblent réduites à des écailles, comme par exemple pour la fleur représentée en ML ou pour le groupe de fleurs figuré en LG ; on peut choisir l'un ou l'autre des numéros auxquels on est renvoyé ; on arrivera au nom de la plante dans les deux cas.

— Feuilles **composées ;** c'est-à-dire que la feuille tout entière est formée par la réunion de feuilles secondaires, nommées *folioles*, que l'on prend souvent à tort chacune pour une feuille ; l'ensemble de la feuille composée vient se rattacher à la tige par sa base ou par une queue qui porte toutes les folioles ; la feuille composée *n'est pas* attachée juste à l'aisselle d'une autre feuille.. **88**

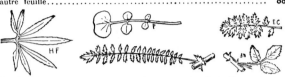

Les figures ci-dessus représentent quelques exemples de feuilles composées.

— Feuilles **profondément divisées** (sauf parfois les feuilles qui sont tout à fait dans le haut des tiges), c'est-à-dire que chaque feuille est comme découpée jusqu'à plus de la moitié de sa largeur... **88**

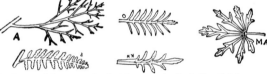

Les figures ci-dessus représentent des exemples de feuilles divisées.

— Feuilles **simples ;** c'est-à-dire : soit non découpées jusqu'à plus de la moitié de la largeur de la feuille, soit seulement bordées de dents ou même sans dents sur les bords.. **7**

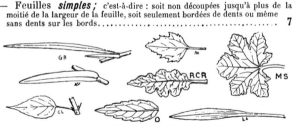

Les figures ci-dessus représentent des exemples de feuilles simples.

— Feuilles **non développées**.............................. **8**

Remarque. — Si l'on hésite entre feuilles composées et feuilles profondément divisées, cela est indifférent, puisque dans les deux cas on est renvoyé au même numéro.

Si l'on hésite entre feuilles profondément divisées et feuilles simples (par exemple figure A), on peut prendre l'une ou l'autre question ; dans les deux cas, on arrivera au nom de la plante. Il en sera de même si la plante possède à la fois des feuilles simples et des feuilles composées ou divisées (en dehors de quelques feuilles simples qui peuvent se trouver tout au sommet des tiges fleuries).

6
(vient de 5).

★ Feuilles **opposées** (sauf parfois dans le haut des tiges ou des rameaux) ; c'est-à-dire feuilles disposées par deux, attachées sur la tige au même niveau, en face l'une de l'autre........................ **60**

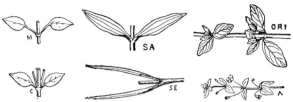

Les figures ci-dessus représentent des exemples de feuilles opposées.

Remarque. — Il se développe assez souvent à l'aisselle des feuilles opposées de petits rameaux feuillés (comme sur la figure ORI ci-dessus, à droite) qui pourraient faire croire que les feuilles sont groupées en grand nombre au même niveau sur la tige et non opposées par deux seulement ; mais en regardant avec attention à la base de ce groupe de feuilles, on distingue très bien les deux feuilles opposées.

★ Feuilles **verticillées** au moins vers le milieu des tiges ; c'est-à-dire : feuilles attachées au même niveau sur la tige par 3, 4, 5 ou même plus, et régulièrement disposées tout autour de cette tige.................. **85**

Les figures ci-dessus représentent des exemples de feuilles verticillées.

7
(*vient de 6*).

★ Feuilles **alternes** ; c'est-à-dire feuilles attachées une par une sur la tige, à des niveaux différents..................................... **8**

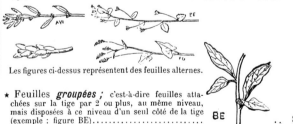

Les figures ci-dessus représentent des feuilles alternes.

★ Feuilles **groupées** ; c'est-à-dire feuilles attachées sur la tige par 2 ou plus, au même niveau, mais disposées à ce niveau d'un seul côté de la tige (exemple : figure BE)............................. **8**

★ Feuilles **toutes à la base** de la plante (exemples : figures C, ME). **8**

Remarque. — Si la plante présente à la fois des feuilles alternes et des feuilles opposées (comme par exemple figure PD) ou à la fois des feuilles alternes et verticillées, on peut prendre l'une ou l'autre question ; dans les deux cas, on arrivera au nom de la plante.

= Chaque fleur a les ***pétales séparés entre eux jusqu'à la base ;***
c'est-à-dire qu'on peut enlever jusqu'à la base l'un des pétales (partie de la
fleur colorée en rose, rouge, brun) sans déchirer les autres. Il s'agit des
parties de la fleur dont l'ensemble forme la corolle qui entoure les filets et
autres organes situés au milieu de la fleur ; lorsque la fleur se fane, chaque
pétale (ou pièce colorée) tombe ou se flétrit isolément [*Note 1*, au bas
de la page]........ .... **9**

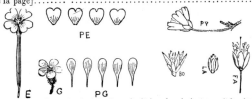

Les figures E et G représentent des fleurs à pétales séparés dont on voit les 4 pétales
détachés (figure PE) ou les 5 pétales détachés (figure PG). — Les autres figures (PY,
BO, LA, FA) représentent quelques exemples de fleurs à pétales séparés.

8
(*vient de 7*).

= Chaque fleur a les ***pétales soudés entre eux, au moins à la
base ;*** en essayant de détacher l'une des parties de la fleur colorée en rose,
rouge, brun, on est obligé de déchirer la corolle, au moins à sa base ;
quand la fleur se fane, la corolle tombe ou se flétrit tout d'une pièce. **45**

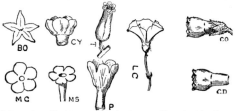

Les pétales sont soudés entre eux, à des hauteurs variées suivant les diverses fleurs.
La figure MC représente la corolle d'une fleur dont les pétales sont très peu soudés
entre eux par leur base ; dans la corolle BO, les pétales sont plus soudés ; ils le sont
plus encore dans les corolles CY, MS, P en forme de tube à la base ; dans la fleur T
les pétales ne sont plus séparés qu'au sommet où ils forment 6 petites dents ; dans la
fleur LC, les pétales sont soudés entre eux presque jusqu'au sommet. — La figure CO
représente une fleur dont la corolle est détachée en CD.

9
(*vient de 8*).

⊖ Chaque fleur a ***4 pétales*** ou 4 parties roses, rouges, brunes.... **10**

⊖ Chaque fleur a ***5 pétales*** ou 5 parties roses, rougeâtres, brunes. **21**

⊖ Chaque fleur a ***3 ou 6 pétales*** ou 3 ou 6 parties colorées en rose,
rouge, rougeâtre, vert-rougeâtre, brun, brunâtre ou en blanc et rose... **33**

⊖ Chaque fleur a ***plus de 7 pétales*** roses, rouges, bruns.......... **44**

Note 1. — Dans la plupart des fleurs, on trouve, en dehors de la corolle, une autre enveloppe
de la fleur, généralement verte, appelée *calice*, qui entoure la base de la corolle. Dans d'autres
fleurs, il est difficile de distinguer le calice et la corolle, qui sont plus ou moins confondus en une
seule enveloppe florale (figures LA, FA, T, par exemple). D'autres fleurs enfin n'ont réellement
qu'une seule enveloppe florale colorée en rose, rougeâtre, brun, comme une corolle. On comprend
ici, sous les noms de pétales et de corolle, les pièces colorées en rose, rouge, rougeâtre, brun, qui
entourent immédiatement les filets ou autres organes placés au milieu de la fleur.

10
(vient de 9).

✕ Pétales **chiffonnés dans le bouton de la fleur** à l'intérieur de deux parties vertes qui tombent ensemble lorsque la fleur s'ouvre (figure PR). **20**

✕ Pétales **non** chiffonnés dans le bouton ; il n'y a pas, autour des pétales, deux parties vertes qui tombent lorsque la fleur s'ouvre. **11**

11
(vient de 10).

☐ Plante **dont il s'écoule un lait blanc** lorsqu'on coupe ou que l'on brise la tige. → **Euphorbe** [*Euphorbia*]. Pour les principales espèces d'Euphorbe se reporter au n°. **706**

☐ Plante **sans lait blanc**. **12**

12
(vient de 11).

★ ★ Chaque fleur **presque sans queue ;** fleurs disposées en longue

grappe (figure LS). La partie verte qui entoure les pétales à leur base (calice) a la forme d'un tube portant **8 ou 12 dents** disposées sur 2 rangs (on voit 6 dents du rang extérieur sur la figure SI [grossie]). → **Lythrum Salicaire** (Salicaire) [*Lythrum Salicaria*]. — **médicinale**. — Figurée en couleurs : 4, planche 21.

★ ★ Chaque fleur **portée par une queue plus ou moins longue.** **13**

13
(vient de 12).

⊙ **Il n'y a pas de petite feuille à la base de la queue des fleurs** (Voyez un peu plus bas figures HM, LB). **14**

⊙ **Il y a** une petite feuille à la base de la queue des fleurs (exemple : figure ET) → **Epilobe** (Nériette) [*Epilobium*] [*Note 1*, au bas de la page]. — Pour les principales espèces d'Epilobes [*Epilobium*] continuer au n°. **15**

14
(vient de 13).

⌣ Feuilles **aiguës à la base** (figure HM) ; fleurs ayant une odeur suave. → **Julienne des dames** (Julienne, Girarde) [*Hesperis matronalis*]. — **ornementale**. ✽.

⌣ Feuilles **non** en coin à la base, souvent en forme de cœur renversé (figure LB) ; fleurs sans odeur bien marquée. → **Lunaire bisannuelle** (Monnaie-du-pape) [*Lunaria biennis*]. — **ornementale**.

Note 1. — Pour plus de détails sur les espèces d'Epilobes, voir la *Flore complète*, p. 104.

15
(vient de 13).

- Chaque fleur *de plus d'un centimètre et demi* de largeur totale, lorsqu'elle est épanouie............................ **16**
- Chaque fleur *de moins* d'un centimètre et demi de largeur totale, lorsqu'elle est épanouie........................ **17**

16
(vient de 15).

⊕ Feuilles *n'embrassant pas la tige par leur base*; fleurs un peu irrégulières (figure ES). → **Epilobe en épi** [*Epilobium spicatum*]. — **comestible.** 🌸

⊕ Feuilles *embrassant un peu* la tige par leur base; fleurs régulières (figure H). → **Epilobe hérissé** [*Epilobium hirsutum*]. — Figurée en couleurs : 3, planche 21. 🌸

17
(vient de 15).

✠ Tige présentant dans sa longueur *2 ou 4 côtes plus ou moins saillantes* (voir ci-dessous, au n° 18, les figures T et R)........... **18**

✠ Tige *sans côtes saillantes*.............................. **19**

18
(vient de 17).

§ Feuilles *sans queue* (figure T). → **Epilobe tétragone** [*Epilobium tetragonum*].

§ Feuilles *ayant une queue* (figure R). → **Epilobe rosé** [*Epilobium roseum*].

19
(vient de 17).

+ Feuilles *velues* (figure EP); tiges très velues. → **Epilobe à petites fleurs** [*Epilobium parviflorum*].

+ Feuilles *presque sans polis* (figure M); tiges sans poils, ou à très petits poils crépus. →. **Epilobe des montagnes** [*Epilobium montanum*] 🌸.

20
(vient de 10).

—• Feuilles *poilues*, n'entourant pas largement la tige par leur base; fleurs rouges, souvent avec une tache noire. → **Pavot Coquelicot** (Coquelicot, Gravesolle) [*Papaver Rhœas*]. — **médicinale; nuisible aux bestiaux.** — Figurée en couleurs : 1, planche 5 [*Note 1*, au bas de la page].

—• Feuilles *sans poils*, entourant largement la tige par leur base; fleurs roses, pourprées, rarement rouges. → **Pavot somnifère** [*Papaver somniferum*]. — **vénéneuse; médicinale; ornementale**; la variété Œillette est industrielle. — Figurée en couleurs : 2, planche 5.

Note 1. — Pour les diverses espèces de Pavots [*Papaver*], voir la *Nouvelle Flore*, **page 8**, et la **Flore complète**, page 12. — *Flore de Belgique*, p. 8.

△ Feuilles **à nervures disposées en éventail,** c'est-à-dire dont les nervures principales partent toutes du sommet de la queue de la feuille (exemples : figures GM, MS); feuilles plus ou moins découpées........ **22**

21
(*vient de 9*).

△ Plante n'ayant pas **à la fois** ces caractères............ **23**

22
(*vient de 21*).

✠ Pétales **absolument séparés les uns des autres jusqu'à leur base** (exemple : figure G représentant une fleur dont les 5 pétales séparés sont détachés en PG); il n'y a pas 3 très petites feuilles vertes situées immédiatement en dessous de la partie verte (calice) qui entoure les pétales à leur base. → **Géranium** (Bec-de-grue) [*Geranium*] [*Note 1*, au bas de la page]. — Pour les principales espèces de Géraniums, se reporter au nᵒ............ **94**

✠ Pétales **en réalité soudés entre eux par leur base** (figure M); il y a 3 très petites feuilles vertes situées immédiatement en dessous de la partie verte (calice) qui entoure les pétales à leur base (exemples MA, MM qui représentent le calice sans les pétales). → **Mauve** [*Malva*]. — Pour les principales espèces de Mauves [*Malva*] se reporter au nᵒ.... **57**

23
(*vient de 21*).

○ Plante **grasse,** c'est-à-dire à feuilles épaisses, charnues et juteuses; chaque fleur a les pétales aigus au sommet (figure SR, grossie) → **Sedum Reprise** (Orpin, Reprise, Herbe-à-la-couture) [*Sedum Telephium*]. — **médicinale.** -- Figurée en couleurs : 1, planche 22.

○ Plante **non** grasse................................. **24**

24
(*vient de 23*).

— Fleurs **d'un rose pourpre,** sans queue, en longues grappes (figure LS); la partie verte qui entoure les pétales (calice) porte **8 à 12 dents** disposées sur 2 rangs (on voit 6 dents du rang extérieur sur la figure SL) → **Lythrum Salicaire** (Salicaire) [*Lythrum Salicaria*]. — **médicinale.** — Figurée en couleurs : 4, planche 21.

— Fleurs **roses, rougeâtres, d'un rouge verdâtre ou d'un blanc rosé;** plante n'ayant pas les caractères précédents.... **25**

Note 1. — Il s'agit ici des Géraniums sauvages et non des plantes cultivées souvent en plates-bandes dans les jardins qu'on désigne souvent à tort sous le nom de Géraniums. Ce sont en réalité des Pélargoniums, plantes originaires du Cap de Bonne-Espérance. — Pour plus de détails sur les diverses espèces de Géraniums, voir la *Flore complète*, p. 57.

25
(vient de 24).

  ★ Feuilles *toutes à la base de la plante ;* fleurs toutes réunies en masse arrondie au sommet des tiges (figure PL)

→ **Arméria à feuilles de Plantain** [*Armeria plantaginea*].

  ★ Feuilles *disposées le long des tiges ;* fleurs non toutes réunies en une masse arrondie **26**

26
(vient de 25).

  = Chaque feuille *rattachée à la tige par une partie engaînante* (exemples : figures H, AV)..................... **29**

  = Chaque feuille *non* rattachée à la tige par une partie engaînante.................................... **27**

27
(vient de 26).

  ⊖ *Il y a un anneau épais* en dedans et à la base des 5 parties de la fleur (figure BT [grossie] — (regarder à la loupe) ; fleurs en épis allongés (figure BV). → **Bette vulgaire** (Betterave) [*Beta vulgaris*]. — **alimentaire; industrielle**.

  ⊖ *Il n'y a pas* d'anneau épais à la base et en dedans des 5 parties de la fleur................................ **28**

28
(vient de 27).

  ✕ Feuilles *ayant des poils ;* fleurs en groupes peu allongés (figure P). → **Pariétaire officinale** [*Parietaria officinalis*]. — **médicinale**. — Figurée en couleurs : 3, planche 48.

  ✕ Feuilles *sans poils ou couvertes d'une poussière farineuse ;* fleurs en groupes plus ou moins allongés (figures GL, U, BH). → **Chénopode** (Ansérine) [*Chenopodium*]. Le Chénopode blanc et le Chénopode Bon-Henri (Épinard sauvage) sont figurés en couleurs aux nos 1 et 2 de la planche 46 [*Note 1*, au bas de la page].

29
(vient de 26).

  ☐ Feuilles *en forme de fer de flèche ou de cœur renversé* (figure FG). → **Renouée Sarrasin** (Sarrasin, Blé noir) [*Polygonum Fagopyrum*]. — **alimentaire**. 🌸 — Figurée en couleurs : 4, planche 46.

  ☐ Feuilles *non en fer de flèche ou en cœur renversé* **30**

30
(vient de 29).

  ★★ Fleurs *entremêlées aux feuilles le long des tiges feuillées* (figure AVI). → **Renouée des oiseaux** (Traînasse, Centinode) [*Polygonum aviculare*]. 🌸 — Figurée en couleurs : 5, planche 46.

  ★★ Fleurs *disposées en épis serrés*.................... **31**

Note 1. — Pour les diverses espèces de Chénopode, voir la *Nouvelle Flore*, p. 130, et la *Flore complète*, p. 268. — *Flore de Belgique*, p. 138.

31
(vient de 30).

⊙ Feuilles *à longue queue* et plus ou moins arrondies à la base (figure A); plante souvent flottant dans l'eau.
→ **Renouée amphibie** [*Polygonum amphibium*].

⊙ Feuilles *sans queue ou à queue très courte* et aiguës à la base (figure PC ; voir aussi les figures PS et L, ci-dessous, au nº 32) **32**

32
(vient de 31).

⌂ La gaine qui entoure la base des feuilles est *poilue, et bordée de longs cils* (figure PS);
→ **Renouée Persicaire** (Persicaire) [*Polygonum Persicaria*]. — **médicinale**.

⌂ La gaine qui entoure la base des feuilles est *peu ou pas poilue, et bordée de cils courts ou sans cils* (figure L). → **Renouée à feuilles de Patience** [*Polygonum lapathifolium*].

33
(vient de 9).

● Fleurs *toutes en un seul groupe ; les queues des fleurs viennent s'attacher au même point*, au sommet de la tige........ **40**

● Fleurs *non* ainsi disposées.......................... ..... **34**

34
(vient de 33).

⊕ Fleurs *à 6 parties d'un rose pourpre;* fleurs presque sans queue, en grappe très allongée (figure LS). → **Lythrum Salicaire** (Salicaire) [*Lythrum Salicaria*]. — **médicinale**. — Figurée en couleurs : 4, planche 21.

⊕ Fleurs *à 6 parties blanches, rosées à la base*, feuilles en forme de fer de flèche (figure S). → **Sagittaire à feuilles en flèche** (Flèche d'eau) [*Sagittaria sagittifolia*]. — Figurée en couleurs : 1 et 1 *bis*, planche 52.

⊕ Fleurs *à 3 parties rosées et 3 parties verdâtres;* dans chaque groupe de fleurs, les queues des fleurs sont attachées au même point (figures PL et AF)... **39**

⊕ Fleurs *à 6 parties rougeâtres, brunes, brunâtres ou d'un rouge verdâtre* **35**

35
(vient de 34).

✠ Fleurs *de consistance sèche ;* feuilles étroites allongées, au moins 15 fois plus longues que larges, ni divisées ni dentées.. **36**

✠ Fleurs *non* de consistance sèche ; feuilles de moins de 15 fois plus longues que larges. → **Rumex** (Oseille) [*Rumex*]. — Pour les principales espèces de Rumex, se reporter au nº........ **152**

36
(vient de 35).

§ Feuilles *arrondies comme des tiges* (figure J). → **Jonc** [*Juncus*].

— (**industrielle**) [*Note 1*, au bas de la page]. — Le Jonc épars [*Juncus effusus*] est figuré en couleurs : voir 4, à la planche 57.

§ Feuilles *aplaties ou pliées en long*..................... **37**

37
(vient de 36).

+ Feuilles *ayant, çà et là sur les bords, des poils assez longs* (figure LC).
→ **Luzule**
[*Luzula*] [*Note 2*,

au bas de la page]. — La Luzule champêtre (*Luzula campestris*) est figurée en couleurs : voir 5, à la planche 57.

+ Feuilles *sans poils*.................................. **38**

38
(vient de 37).

• Fleurs *à 6 divisions étroites et longuement en pointe* (figure B). → **Jonc des crapauds** [*Juncus bufonius*]. La figure BU représente la plante entière.

• Fleurs *à 6 divisions ovales et non longuement en pointe* (figure BB). → **Jonc bulbeux** [*Juncus bulbosus*]. La figure BL représente le sommet d'une tige fleurie.

39
(vient de 34).

△ Fleurs *disposées sur de très nombreux rameaux ;* chaque fleur ayant moins de 5 millimètres de largeur. → **Alisma Plantain d'eau** (Flûteau) [*Alisma Plantago*]. — Figurée en couleurs : 2 et 2 *bis*, planche 52.

△ Fleurs *disposées en 1 ou 2 groupes*. → **Alisma Fausse-Renoncule** [*Alisma ranunculoides*].

40
(vient de 33).

✠ Fleurs *à 3 parties d'un blanc rosé et à 3 parties vertes ;* feuilles *aplaties*. → **Alisma Fausse-Renoncule** [*Alisma ranunculoides*].

✠ Fleurs *à 6 parties toutes roses, d'un blanc rosé ou striées de vert et de rose ;* feuilles arrondies ou demi-arrondies comme des tiges... **41**

Note 1. — Pour les diverses espèces de Joncs (*Juncus*), voir la *Nouvelle Flore*, p. 158, et la *Flore complète*, p. 319. — *Flore de Belgique*, p. 170.
Note 2. — Pour les diverses espèces de Luzules (*Luzula*), voir la *Nouvelle Flore*, p. 159, et la *Flore complète*, p. 321. — *Flore de Belgique*, p. 172.

41
(*vient*
de
40).

○ Chaque fleur *de*
plus d'un centi-
mètre de largeur
quand la fleur est
ouverte ; il y a
plus de 2 petites
feuilles membraneuses à la base de l'ensemble des fleurs
(figure JF). → **Butome en ombelle** (Jonc-fleuri) [*Butomus*
umbellatus] 🌺. — Figurée en couleurs : 3, planche 52.

○ Chaque fleur *de*
moins de 1 centi-
mètre de largeur ;
il n'y a qu'une
ou deux petites
feuilles membraneuses à la base de l'ensemble des fleurs
(figure A). → **Ail** [*Allium*] [*Note 1*, au bas de la page]. — Pour les
principales espèces d'Ails à fleurs roses, continuer au nᵒ............ **42**

42
(*vient*
de
41).

— La feuille membraneuse
qui entoure les fleurs est
à pointe *beaucoup plus*
longue que les fleurs (figure O) ; fleurs rosées mêlées de vert
et de rouge. → **Ail potager** (Ail-sauvage) [*Allium oleraceum*].

— La feuille membraneuse qui entoure les fleurs est *plus courte*
ou à peine plus longue que les fleurs.................. **43**

43
(*vient*
de
42).

★ Fleurs *d'un rose pâle ;* un certain nombre
de fleurs (telles que celles que représente la
figure VI) peuvent être remplacées par de
petites masses ovales (figure V). → **Ail des vignes** (Oignon-
bâtard) [*Allium vineale*] 🌺. — Figurée en couleurs : 2, planche 53.

★ Fleurs *rouges*, en masse arrondie (figure SM) ; aucune fleur n'est remplacée par un petit tubercule.
→ **Ail à tête ronde** [*Allium sphærocephalum*] 🌺.

44
(*vient*
de
9).

= Plante *grasse* à feuilles charnues, épaisses, juteuses, formant à la base de la plante des
rosettes qui ressemblent à de
petits artichauts (figure ST) ;
pétales aigus au sommet M.
→ **Joubarbe des toits** (Grande-Joubarbe) [*Sempervivum*
tectorum]. — **médicinale** 🌺. — Figurée en couleurs : 5 et 5 *bis*,
planche 22.

= Plante *non grasse*. (En examinant la fleur avec soin, on voit qu'en réalité
c'est une fleur *composée* formée de très nombreuses petites fleurs simples
serrées et entourées d'une collerette de petites feuilles ou d'écailles.)
— Se reporter au nᵒ.. **771**

Note 1. — Pour plus de détails sur les espèces d'Ails (*Allium*), voir la *Flore complète*, p. 297.

45
(vient de 8).

⊖ Plante **grimpante ou rampant longuement sur le sol**...... **46**

⊖ Plante **non** grimpante **ni** longuement rampante........ **47**

46
(vient de 45).

✕ Plante **sans feuilles,** non verte, s'attachant sur les autres plantes (figure CS). → **Cuscute du Thym** [*Cuscuta epithymum*]. — nuisible

✕ Plante **à feuilles vertes;** fleurs plissées, en entonnoir (figure LC). → **Liseron des champs** (Vrillée) [*Convolvulus arvensis*]. — médicinale. -- Figurée en couleurs : 3, planche 38.

47
(vient de 45).

☐ Chaque fleur **ayant 6 parties** (figure SU) roses ou d'un blanc rosé; feuilles **très étroites et allongées.** → **Ail** [*Allium*]. — Se reporter au n°........................ ... **42**

☐ Chaque fleur **ayant 6 parties,** roses, réunies à la base en un long tube; feuilles **non développées.** — Se reporter au n°.... **240**

☐ Chaque fleur **ayant 6 dents;** feuilles toutes à la base.... **244**

☐ Chaque fleur ayant soit **4 ou 5 parties,** soit **4 ou 5 dents..** **48**

48
(vient de 47).

★ ★ Tige **à poils raides,** rudes au toucher, parfois piquants. **49**

★ ★ Tige **à poils mous, ou sans poils**..................... **53**

49
(vient de 48).

☉ Chaque fleur **étalée en étoile** (figure B); pétales soudés seulement à la base. → **Bourrache officinale** [*Borrago officinalis*] (variété à fleurs roses). ❀ — médicinale. — Figurée en couleurs (à fleurs bleues) : 4, planche 39.

☉ Chaque fleur ayant à la base de la corolle un **tube plus ou moins long** (Voyez les figures P, C et LA, aux nos 50 et 52)....... **50**

50
(vient de 49).

⌁ Fleurs **roses ou rougeâtres;** en regardant la fleur de face, **on voit 5 petits lobes intérieurs** fermant le tube de la corolle (exemple : figure P). ... **51**

⌁ Fleurs **d'abord rouges, puis violettes, puis bleues;** en regardant la fleur de face, **on ne voit pas** 5 petits lobes fermant le tube de la corolle (la figure P représente la corolle). → **Pulmonaire à feuilles étroites** (Herbe-aux-poumons) [*Pulmonaria angustifolia*]. — médicinale. ❀ — Figurée en couleurs : 2, planche 39.

51
(vient de 50).

● Feuilles **se prolongeant par leur base le long de la tige** (figure SO); fleurs retombantes (figure S). → **Consoude officinale** (Consoude) [*Symphytum officinale*]. — médicinale. ❀ — Figurée en couleurs : 3, planche 39.

● Feuilles **ne se prolongeant pas** le long de la tige........ **52**

52
(vient de 51).

⊕ Fleurs *d'un rouge violacé ou brunâtre* à *tube court* (figure CY : corolle détachée). → **Cynoglosse officinale** (Langue-de-chien) [*Cynoglossum officinale*]. — **vénéneuse ; médicinale.** ✿

⊕ Fleurs *roses* à *tube allongé* (figure LA : fleur coupée en long) ; feuilles supérieures n'embrassant pas la tige par leur base. → **Grémil des champs** [*Lithospermum arvense*].

53
(vient de 48).

✠ Fleurs *en forme de cloche,* d'une teinte foncée, attachées par une ou deux, à l'aisselle des feuilles (figure B). → **Atropa Belladone** (Belladone) [*Atropa Belladona*]. — **vénéneuse ; médicinale.** ✿ .

✠ Fleurs non en forme de cloche, d'un *rouge violacé ou brunâtre,* avec *un court tube.* (Voyez en haut, à droite, figure CY)... **52**

✠ Fleurs non en forme de cloche, *roses ou d'un rose pourpré.* **54**

✠ Fleurs non en forme de cloche, ni en tube à la base, *rougeâtres ou d'un vert rougeâtre.* — Se reporter au nᵒ........ **27**

54
(vient de 53).

§ Fleurs *toutes réunies en une masse arrondie* (figure AR) ; feuilles *étroites et allongées* toutes à la base de la plante. → **Arméria à feuilles de Plantain** [*Armeria plantaginea*].

§ Fleurs en grappes, *rosées ;* chaque fleur de moins de 8 millimètres de largeur ; feuilles *en cœur renversé ou en forme de fer-de-flèche* **520**

§ Plante *n'ayant pas* les caractères précédents............ **55**

55
(vient de 54).

+ Feuilles *plus ou moins dentées et découpées tout autour* (exemple : figures MS, GO) ; corolle non en tube (figure M)........ **56**

+ Feuilles *ni découpées ni dentées* (figure IT) ; corolle en forme de tube à la base (figure MS, grossie) ; fleurs en grappe recourbée

au sommet (figure H). → **Myosotis** [*Myosotis*]............ **261**

56
(*vient de 55*).

— • Feuilles *plus ou moins poilues, mais très vertes ;* il y a *3 très petites feuilles* ou écailles vertes attachées exactement au-dessous de la partie verte (calice) qui entoure les pétales à leur base (voyez plus loin les figures MR, MS, MM, MA aux nos 58 et 59). → **Mauve** [*Malva*]. — Pour les principales espèces de Mauves [*Malva*], continuer au n°.. **57**

— • Feuilles *très velues, blanchâtres ;* il y a *6 à 9 très petites feuilles* ou écailles vertes plus ou moins réunies entre elles, et exactement au-dessous de la partie verdâtre (calice) qui entoure les pétales à leur base (figure AO, représentant la fleur, vue par dessous). → **Guimauve officinale** (Guimauve) [*Althæa officinalis*]. — **médicinale.**

57
(*vient de 56*).

△ *Plusieurs fleurs* attachées sur la tige à l'aisselle d'une même feuille (exemple : figure R).................... **58**

△ *Une seule fleur* attachée sur la tige à l'aisselle d'une feuille (exemple : figure A)............. **59**

58
(*vient de 57*).

✠ Fleurs *d'un blanc rosé ;* les 3 très petites feuilles vertes qui sont immédiatement au-dessous du calice vert de la fleur sont *étroites* (figure MR, représentant la fleur vue en dessous). → **Mauve à feuilles rondes** (Petite-Mauve, Fromagère) [*Malva rotundifolia*]. — **médicinale.**

✠ Fleurs *d'un rose pourpre ;* les 3 très petites feuilles vertes qui sont immédiatement au-dessous du calice vert de la fleur sont ovales (figure MS). → **Mauve silvestre** (Mauve, Meule) [*Malva silvestris*]. — **médicinale.** . — Figurée en couleurs : 4, planche 10.

59
(*vient de 57*).

○ Les 3 très petites feuilles vertes qui sont immédiatement au-dessous du calice de la fleur sont *étroites* (figure MM représentant une fleur dont on a enlevé les pétales) ; plante répandant une odeur de musc lorsqu'elle se dessèche. → **Mauve musquée** [*Malva moschata*].

○ Les 3 très petites feuilles vertes qui sont immédiatement au-dessous du calice de la fleur sont *ovales ;* plante sans odeur de musc lorsqu'elle se dessèche (figure MA). → **Mauve Alcée** [*Malva Alcea*]. — Figurée en couleurs : 5, planche 10.

— Chaque fleur a les *pétales séparés entre eux jusqu'à la base ;* c'est-à-dire qu'on peut enlever jusqu'à la base l'un des pétales (ou partie de la fleur colorée en rose, rouge, brun), sans déchirer les autres. Il s'agit des parties de la fleur dont l'ensemble forme la corolle (ou partie colorée) qui entoure les filets et autres organes situés au milieu de la fleur ; lorsque la fleur se fane, chaque pétale (ou pièce colorée) tombe ou se flétrit isolément. Dans certains cas (figure Œ par exemple) il faut déchirer le tube qui entoure les pétales à leur base pour voir que les pétales sont séparés entre eux jusqu'à la base (figure PŒ) [*Note 1*, au bas de la page]...................... **61**

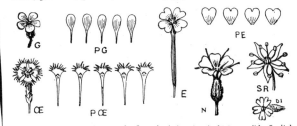

60
(*vient de* 7).

Les figures G et Œ représentent des fleurs à pétales séparés dont on voit les 5 pétales détachés en PG et en PŒ ; la figure E représente une fleur à pétales séparés dont on voit les 4 pétales détachés en PE ; les figures PE, SR, DI représentent divers exemples de fleurs à pétales séparés. — En SR, les pétales sont visiblement séparés jusqu'à leur base. En N et DI, il faut déchirer le tube vert qui les entoure pour voir que les pétales sont en réalité séparés les uns des autres jusqu'à leur base.

— Chaque fleur a les *pétales soudés entre eux, au moins à la base ;* c'est-à-dire qu'en essayant de détacher l'une des parties de la fleur colorée en rose, rouge, brun, on est obligé de déchirer la corolle, au moins à sa base ; lorsque la fleur se fane, la corolle tombe ou se flétrit tout d'une pièce... **77**

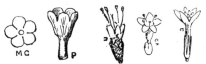

La figure MC représente la corolle d'une fleur dont les pétales sont très peu soudés ; la figure P représente la corolle d'une fleur dont les pétales, longuement soudés, ne sont distincts qu'au sommet et forment un tube à la base de la corolle ; les autres figures représentent divers exemples de fleurs à pétales soudés.

Remarque. — On peut, dans certains cas, hésiter entre fleur à pétales séparés jusqu'à la base et pétales soudés entre eux par la base ; ce cas peut se présenter lorsque les pétales sont à peine reliés entre eux et que l'on peut enlever l'un des pétales sans déchirer les autres, même à leur base. On arrivera au nom de la plante par l'une ou l'autre question.

Note 1. — Dans la plupart des fleurs, on trouve, en dehors de la corolle, une autre enveloppe de la fleur, généralement verte, appelée *calice*, qui entoure la base de la corolle. Dans d'autres fleurs, il est difficile de distinguer le calice et la corolle, qui sont plus ou moins confondus en une seule enveloppe florale. D'autres fleurs enfin n'ont réellement qu'une seule enveloppe florale colorée en rose, rougeâtre ou brun, comme une corolle. — On comprend ici, sous les noms de pétales et de corolle, les pièces colorées en rose, rouge ou brun, qui entourent immédiatement les filets ou autres organes placés au milieu de la fleur.

61
(vient
de
60).

★ Fleurs *presque sans queue,* en longue grappe dressée (figure LS) ; la partie verte qui entoure la base des pétales (calice) est en

forme de tube portant au sommet *8 ou 12 dents* sur deux rangs (la figure S représente le calice dont on voit 6 dents). → **Lythrum Salicaire** (Salicaire) [*Lythrum Salicaria*]. — **médicinale.** — Figurée en couleurs : 4, planche 21.

★ Plante *n'ayant pas à la fois* tous ces caractères.:........ **62**

62
(vient
de
61).

= Fleurs ayant *2 pétales,* chacun divisé en deux mais non jusqu'à leur base, et 2 autres parties rouges ou verdâtres ; fleurs en grappe (figure C) ; feuilles à queue allongée (figure CL). → **Circée de Paris** (Herbe-aux-sorcières) [*Circæa lutetiana*].

= Fleurs ayant *4 ou 8 pétales* ou parties roses ou rougeâtres. **63**

= Fleurs ayant *5 pétales* roses, rouges ou pourpres...... **64**

63
(vient
de
62).

⊖ Feuilles *à poils piquants et brûlant les doigts*.......... **723**

⊖ Feuilles non piquantes, *très petites, étroites, serrées sur 4 rangs* (figure C) ; → **Calluna vulgaire** (Bruyère-commune, Brande) [*Calluna vulgaris*]✿. — Figurée en couleurs : 2, planche 36.

⊖ Feuilles non piquantes, *plates, non très serrées ;* chaque fleur à 4 pétales roses, étalés (figure H). → **Épilobe** (Nériette) [*Epilobium*]. — Se reporter au no.............................. **15**

64
(vient
de
62).

✕ Chaque pétale *divisé en 4 parties étroites* (figure FC) ; feuilles sans poils sur les faces. → **Lychnis Fleur-de-coucou** (Œillet-des-prés) [*Lychnis Flos-cuculi*]. — Figurée en couleurs : 1, planche 9.

✕ Chaque pétale *non divisé en 4* parties étroites (quand les pétales sont très divisés, c'est en plus de 4 parties)....... **65**

65
(vient
de
64).

☐ Fleur à pétales d'un rouge violacé, *dépassés par les 5 parties vertes et étroites qui sont en dessous* (figure N) ; tiges et feuilles couvertes de poils assez longs. → **Lychnis Nielle** (Nielle-des-champs, Couronne-des-blés) [*Lychnis Githago*]. — **graines dangereuses.** — Figurée en couleurs : 4, planche 8.

☐ Plante *n'ayant pas à la fois* tous ces caractères.......... **66**

66
(vient de 65).

★ ★ Feuilles *plus ou moins découpées sur les bords* (exemple : figure GR) et à *nervures disposées en éventail.* → **Géranium** (Bec-de-grue) [*Geranium*] [*Note 1*, au bas de la page]. — Pour les principales espèces de Géraniums, se reporter au nᵒ .. **94**

★ ★ Feuilles *non* découpées ni dentées.................. **67**

67
(vient de 66).

⊙ Chaque fleur de *plus de 2 centimètres et demi de largeur* lorsqu'elle est épanouie................................... **68**

⊙ Chaque fleur de *moins* de 2 centimètres et demi de largeur lorsqu'elle est épanouie............................... **69**

68
(vient de 67).

⌒ Feuilles les plus larges *ovales, moins de 4 fois plus longues que larges,* à trois nervures bien marquées d'un bout à l'autre de la feuille (figure SA); pétales sans dents et non frangés sur les bords (figure S). → **Saponaire officinale** (Savonnière) [*Saponaria officinalis*]. — **médicinale.** — Figurée en couleurs : 1, planche 8.

⌒ Feuilles les plus larges *allongées, plus de 4 fois plus longues que larges* (figure SE); pétales dentés ou frangés sur les bords (figures Œ, CS). → **Œillet** [*Dianthus*]. — **ornementale** [*Note 2*, au bas de la page].

69
(vient de 67).

● *Plusieurs petites écailles* aiguës ou ayant une petite pointe au sommet, *placées immédiatement au-dessous de chaque fleur* (voir les figures CM, A, P, OP aux nᵒˢ 70 et 72). → **Œillet** [*Dianthus*] [*Note 2*, au bas de la page]. — Pour les principales espèces d'Œillets, continuer au nᵒ.. **70**

● *Pas de petites écailles* placées immédiatement au-dessous de chaque fleur.. **72**

70
(vient de 69).

⊕ Fleurs (figure CM) *pourpres ou d'un rose assez foncé;* feuilles opposées soudées entre elles à la base par une gaine qui est environ *4 fois plus longue que large.* → **Œillet des chartreux** [*Dianthus carthusianorum*]. — Figurée en couleurs : 2, planche 8.

⊕ Plante *n'ayant pas à la fois* tous ces caractères **71**

Note 1. — Il s'agit ici des Géraniums sauvages et non des plantes cultivées souvent en plates-bandes dans les jardins, et qu'on désigne souvent à tort sous le nom de Géraniums. Ces dernières sont en réalité des Pélargoniums, plantes originaires du Cap de Bonne-Espérance. — Pour plus de détails sur les diverses espèces de Géraniums, voir la *Flore complète*, p. 57.

Note 2. — Pour les diverses espèces d'Œillets [*Dianthus*], voir la *Flore complète*, p. 46.

71
(vient de 70).

⊞ Tiges *ayant des poils;* les écailles ou petites feuilles qui sont sous chaque fleur sont toutes terminées par une *longue pointe* (figure A). → **Œillet Arméria** (Œillet-velu) [*Dianthus Armeria*].

⊞ Tiges *sans poils;* les écailles qui se trouvent sous chaque fleur sont ovales (figures P et OP); les écailles extérieures sont terminées par une pointe *très courte.* → **Œillet prolifère** [*Dianthus prolifer*].

72
(vient de 69).

§ Pétales roses, rouges ou rosés, *plus longs* que le calice vert qui les entoure.................................. **73**

§ Pétales roses *ne dépassant pas* sensiblement le calice vert qui les entoure et qui est recouvert extérieurement par de nombreux petits poils (figure RU, représentant une fleur peu ouverte et non un bouton); il y a de très petites écailles membraneuses à la base des feuilles. → **Spergulaire rouge** [*Spergularia rubra*].

73
(vient de 72).

+ Fleurs *rouges, étalées en étoile* (les pétales sont en réalité un peu soudés entre eux par leur base; la figure MC représente la corolle détachée); tiges plus ou moins étalées sur le sol, parfois un peu redressées; feuilles ovales (figure A). → **Mouron des champs** (Faux-Mouron) [*Anagallis arvensis*]. — Figurée en couleurs : 6, planche 36. [Voir la *note 1*, au bas de la page].

+ Plante *n'ayant pas à la fois* tous ces caractères.......... **74**

74
(vient de 73).

—• Pétales d'un blanc rosé, *ayant de petites dents sur les bords* (figure H); fleurs *toutes attachées au même point* (figure HU). → **Holostée en ombelle** [*Holosteum umbellatum*].

—• Plante *n'ayant pas à la fois* tous ces caractères.................................. **75**

75
(vient de 74).

△ Tiges *très visqueuses, collant aux doigts* dans leur partie supérieure; fleurs plus ou moins penchées (figure N). → **Silène penché** [*Silene nutans*]. [*Note 2*, au bas de la page].

△ Tiges *non visqueuses*.................................. **76**

Note 1. — Il ne faut pas confondre le Mouron des champs avec le Mouron-des-oiseaux qui est la Stellaire intermédiaire [*Stellaria media*]. Cette dernière espèce est figurée en couleurs : 4, planche 9.

Note 2. — Pour le détail des espèces de Silènes à fleurs roses ou rosées, voir la *Flore complète*, page 42.

76
(vient
de
75).

✠ Les pétales sont entourés par un calice qui est **renflé à la base** et se rétrécit vers le haut (figures CN, CO). → **Silène conique** [*Silene conica*]. [*Note 1*, au bas de la page].

✠ Les pétales sont entourés par un calice **rétréci à la base** (figures G, GY).
→ **Gypsophile des murs** [*Gypsophila muralis*]. ❀.

77
(vient
de
60).

○ Feuilles **très petites, étroites, disposées sur 4 rangs** (figure C) ; tiges **dures comme du bois**, sauf les jeunes rameaux. → **Calluna vulgaire** (Bruyère commune, Brande) [*Calluna vulgaris*] ❀. — Figurée en couleurs : 2, planche 36.

○ Feuilles **larges et à longue queue ;** fleurs à 2 parties très échancrées et 2 parties aiguës verdâtres ou rougeâtres........ **62**

○ Plante **n'ayant pas** les caractères précédents............ **78**

78
(vient
de
77).

⊙ Pétales **en réalité séparés les uns des autres jusqu'à la base** (Déchirer le calice, qui forme un tube ou une sorte d'outre au-dessous de la partie visible des pétales, pour voir les parties étroites des pétales, distinctes les unes des autres jusqu'à leur base). — Se reporter au nᵒ. **64**

Les figures CS, LD, GI, S, D représentent des exemples de fleurs à pétales réellement séparés les uns des autres, mais qui semblent, au premier abord, soudés par leurs bases, lesquelles sont cachées par le tube du calice. — Les figures SN, FC, V représentent des pétales isolés de plusieurs de ces fleurs, pétales qui sont détachés jusqu'à leur base.

⊙ Pétales **réellement soudés entre eux,** au moins à leur base. **79** (Voir plus loin les figures MC, AC, VT, L, E, CA, M, TE, S, des nᵒˢ 80 à 87).

79
(vient
de
78).

★ Feuilles **très odorantes** lorsqu'on les froisse entre les doigts. **84**

★ Feuilles **sans odeur spéciale** lorsqu'on les froisse...... **80**

Note 1. — Pour plus de détails sur les divers Silènes, voir la *Flore complète*, page 42.

80
(vient
de
79).

= Fleurs **rouges**, à pétales séparés presque jusqu'à la base (figure MC); tiges plus ou moins étalées sur le sol; feuilles ovales non dentées (figure A). → **Mouron des champs** (Faux-Mouron) [*Anagallis arvensis*]. — Figurée en couleurs : 6, planche 36. (Voir la note indiquée au n° 73).

= Fleurs **roses, d'un rose lilas ou d'un blanc rosé**; tiges dressées... **81**

81
(vient
de
80).

⊖ Vers le milieu des tiges, les feuilles sont **attachées par plus de 2, au même niveau ; fleurs en forme d'en-tonnoir (figure AC). → Aspérule à l'esquinancie** (Herbe-à-l'esquinancie) [*Asperula cynanchica*]. — **médicinale.**

⊖ Feuilles **toutes opposées**............................... **82**

82
(vient
de
81).

✕ Tiges **couchées sur le sol** sauf les rameaux fleuris (figure O); fleurs en grappes allongées; chaque fleur est à quatre lobes dont l'un est plus grand que les trois autres (figure VT). → **Véronique officinale** (Thé-d'Europe) [*Veronica officinalis*]. — **médicinale.** — Figurée en couleurs (à fleurs bleues) : 3, planche 42.

✕ Tiges **dressées ;** fleurs non en grappes allongées..... **83**

83
(vient
de
82).

☐ Fleurs **blanches avec des points rouges ;** feuilles à dents aiguës ou très découpées (figure LY); fleur **un peu irrégulière** (figure L). → **Lycope d'Europe** (Pied-de-Loup, Marrube-aquatique) [*Lycopus europæus*] ✿.

☐ Fleurs **roses;** chaque fleur **de plus de 3 millimètres de largeur ;** fleurs à long tube (figures E, EC). → **Erythrée Petite-Centaurée** (Herbe-à-mille-florins, Pe-tite-Centaurée) [*Erythræa Centaurium*]. — **médicinale.** — [Note 1, au bas de la page]. Figurée en couleurs : 1, planche 38.

☐ Fleurs **d'un blanc rosé ;** chaque fleur de **moins de 3 millimètres de largeur;** fleurs en groupes serrés au sommet des rameaux (figure OL); fleurs à tube un peu évasé et dont les 5 lobes ne sont pas absolument égaux (figure CA ; regarder à la loupe), → **Valéria-nelle potagère** (Mâche, Doucette, Barbe-de-chanoine) [*Vale-rianella olitoria*]. — **alimentaire** [Note 2, au bas de la page]. — Figurée en couleurs : 4, planche 27.

Note 1. — Pour les principales espèces d'Erythrées [*Erythræa*], voir la *Flore complète*, page 218.
Note 2. — Pour les diverses espèces de Valérianelles [*Valerianella*], voir la *Nouvelle Flore*, p. 78, et la *Flore complète*, p. 145. — *Flore de Belgique*, p. 82.

84
(vient
de
79).

★ ★ Feuilles **non dentées ou non nettement dentées** (figure OR, O) ; les fleurs
sont entourées par de nombreuses
petites écailles d'un rouge pourpre ;
fleurs un peu irrégulières, presque à deux lèvres, c'est-à-
dire à deux parties différentes, l'une supérieure, l'autre inférieure. → **Origan vulgaire** (Marjolaine-sauvage, Origan)
[*Origanum vulgare*]. — **médicinale**. ❀ — Figurée en couleurs :
3, planche 43.

★ ★ Feuilles **nettement dentées ;** pas de nombreuses petites écailles d'un rouge pourpre
entourant les fleurs ; fleurs presque irrégulières
(figure M). → **Menthe** [*Mentha*]. — Pour les principales espèces de Menthe, se reporter au nᵒ **169**

85
(vient
de
7).

⊙ Fleurs **en forme de grelot
allongé** (figures TE, EC) ; tiges dures
comme du bois, sauf les jeunes
rameaux. → **Bruyère cendrée**
(Bruyère-franche) [*Erica cinerea*] ❀. — [*Note 1*, au bas de la page].
— Figurée en couleurs : 1, planche 36.

⊙ Fleurs **non** en forme de grelot........................ **86**

86
(vient
de
85).

⌢ Feuilles **disposées par 3** au même niveau sur la tige ;
d'autres feuilles sont disposées par 2 ou même attachées

isolément (figure LS) ; fleurs d'un rose pourpre en longue
grappe dressée ; la partie verte qui entoure les pétales à
leur base (calice) a la forme d'un tube portant 8 ou 12 dents
disposées sur deux rangs (on voit 6 dents du rang extérieur sur la
figure S [grossie]). → **Lythrum Salicaire** (Salicaire) [*Lythrum
.Salicaria*]. — **médicinale**. — Figurée en couleurs : 4, planche 21.

⌢ Feuilles **disposées par 4, 5 ou 6** au même niveau sur la
tige.. **87**

87
(vient
de
86).

● Groupes de fleurs **entourés à la
base par une collerette de petites
feuilles soudées entre elles** (fig. SA) ;
fleurs à tube étroit (figure S).
→ **Shérardie des champs** [*Sherardia arvensis*].

● Groupes de fleurs **non** ainsi entourés ; fleur en
entonnoir (figure AC). → **Aspérule à l'esquinancie**
(Herbe-à-l'esquinancie) [*Asperula cynanchica*]. —
médicinale.

Note 1. — Pour les diverses espèces de Bruyères [*Erica*], voir la *Nouvelle Flore*, p. 100, et la *Flore
complète*, p. 202. — *Flore de Belgique*, p. 104.

⊕ Feuilles ***opposées*** (sauf parfois dans le haut des tiges ou des rameaux); c'est-à-dire feuilles disposées par deux, attachées sur la tige au même niveau, en face l'une de l'autre.......................... ... **89**

Les figures ci-dessus représentent des exemples de feuilles opposées.

Remarque. — Il se développe assez souvent, à l'aisselle des feuilles opposées, de petits rameaux feuillés qui pourraient faire croire que les feuilles sont groupées en grand nombre au même niveau sur la tige, et non opposées par deux seulement; mais en regardant avec attention à la base de ce groupe de feuilles, on distingue très bien les deux feuilles opposées.

⊕ Feuilles ***verticillées*** au moins vers le milieu des tiges : c'est-à-dire feuilles attachées au même niveau sur la tige par 3, 4, 5 ou même plus, et régulièrement disposées tout autour de cette tige............ **104**

Les figures ci-dessus représentent des exemples de feuilles verticillées.

88
(*vient
de
6*).

⊕ Feuilles ***alternes ;*** c'est-à-dire feuilles attachées une par une sur la tige à des niveaux différents................................ **107**

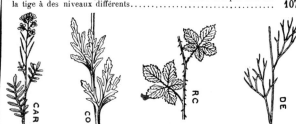

Les figures ci-dessus représentent des exemples de feuilles alternes.

⊕ Feuilles ***toutes à la base*** de la plante.  ... **107**
La figure O représente un exemple de plante ayant toutes les feuilles à la base.

Remarque. — Si la plante présente à la fois des feuilles opposées et des feuilles alternes (en dehors de celles du haut des tiges ou des rameaux) ou encore si la plante présente à la fois des feuilles alternes et verticillées, on peut prendre l'une ou l'autre question dans tous les cas, on arrivera au nom de la plante.

⊞ Fleurs *d'un rouge vif*, à *4 pétales* (figure P), *chiffonnés dans le bouton de la fleur* à l'intérieur de deux parties vertes qui tombent lorsque la fleur s'ouvre (figure PR). → **Pavot Coquelicot** (Coquelicot, Gravesolle) [*Papaver Rhœas*]. — **médicinale ; nuisible aux bestiaux.** — Figurée en couleurs : 1, planche 5.

89
(vient de 88).

⊞ Fleurs *rougeâtres renfermant 5 ou 6 petits tubes* entourés par une collerette formée de petites écailles serrées (figure EC) (En réalité, c'est une fleur composée de 5 ou 6 petites fleurs en tube) ; fleurs groupées au sommet des tiges (figure EV). → **Eupatoire Chanvrine** (Chanvrine, Pantagruélion-aquatique) [*Eupatorium cannabinum*]. — **médicinale.** — Figurée en couleurs : 1, planche 31.

⊞ Fleurs *roses, pourpres, d'un blanc rosé, ou blanches mais rougeâtres en dehors*, et n'ayant pas les caractères précédents. **90**

§ Fleurs *à 5 pétales ou à 5 lobes* **91**

90
(vient de 89).

§ Fleurs à *4, ou à 8 parties roses ou pourpres ;* tiges ayant l'aspect et la dureté du bois, sauf les jeunes rameaux (on a pris pour des feuilles composées les petits rameaux à feuilles étroites) (figure C). → **Calluna vulgaire** (Bruyère-commune, Brande) [*Calluna vulgaris*] ✻. — Figurée en couleurs : 2, planche 36.

91
(vient de 90).

+ Fleurs *blanches* mais *rougeâtres en dehors*, rapprochées en une masse rameuse et compacte (figure Y) ; feuilles sans poils, profondément divisées en 7 à 11 segments. → **Sureau Yèble** (Petit-Sureau, Yèble) [*Sambucus Ebulus*]. — **médicinale** ✻. — Figurée en couleurs : 5, planche 26.

+ Fleurs *roses ou rosées*. **92**

92
(vient de 91).

—● Chaque fleur à pétales *séparés entre eux jusqu'à la base ;* c'est-à-dire qu'on peut enlever l'une des parties de la fleur colorée en rose sans déchirer les autres parties. (Il peut être nécessaire de déchirer la partie verte ou verdâtre qui entoure la base des pétales pour voir que ceux-ci sont entièrement séparés jusqu'à la base.) Exemples : figure G dont on voit en PG les 5 pétales détachés ; la figure ER représente une autre fleur à 5 pétales séparés entre eux. **93**

—● Chaque fleur à pétales *soudés entre eux* de façon à former un *tube terminé par 5 lobes* (figures VO, V) ; on ne peut pas enlever l'un de ces lobes sans déchirer la corolle de la fleur. **102**

△ Feuilles ayant 7 à 13 segments **disposés sur 2 rangs** (figure EC) ; fleurs ayant 5 pétales assez écartés les uns des autres (figure ER). → **Erodium à feuilles de Ciguë** [*Erodium cicutarium*] (Bec-de-héron). — Figurée en couleurs : 2, planche 11.

93 (*vient de 92*).

△ Feuilles à segments et à nervures plus ou moins **disposés en éventail** (exemples : figures RT, MA, GR). → **Géranium** (Bec - de - grue) [*Geranium*]. — Pour les principales espèces de Géraniums, continuer au n° .... **94** [*Note 1*, au bas de la page]. — Le Géranium Herbe-à-Robert [*Geranium Robertianum*] est figuré en couleurs : 1, planche 11.

94 (*vient de 93*).

✠ Pétales **échancrés** à leur sommet (figures PY et M).................... **95**

✠ Pétales **non échancrés** à leur sommet (figures R et L).................... **101**

95 (*vient de 94*).

○ Pétales **ne dépassant pas ou presque pas** les cinq petites feuilles vertes du calice qui les entoure........................ **96**

○ Pétales **dépassant nettement** les cinq petites feuilles vertes du calice qui les entoure........................ **98**

96 (*vient de 95*).

★ Feuilles **sans divisions étroites** (figure GR ; fleur : figure P). → **Géranium à tiges grêles** [*Geranium pusillum*].

★ Feuilles **à divisions étroites** (figures DS et CL ci-dessous, au n° 97)........................ **97**

97 (*vient de 96*).

= Fleurs sur des queues dont l'ensemble est **plus court** que la feuille à l'aisselle de laquelle elles se rattachent (figure DS). → **Géranium disséqué** [*Geranium dissectum*].

= Fleurs sur des queues dont l'ensemble est **plus long** que la feuille à l'aisselle de laquelle elles se rattachent (figure CL). → **Géranium colombin** [*Geranium columbinum*].

Note 1. — Il ne faut pas confondre les Géraniums sauvages qui sont ici décrits avec les plantes de jardin qu'on nomme vulgairement (et à tort) des Géraniums. Ces dernières sont en réalité des Pélargoniums, plantes originaires du Cap de Bonne-Espérance. — Pour plus de détails sur les diverses espèces de Géraniums, voir la *Flore complete*, p. 57.

98
(vient de 95).
⊖ Fleurs *de 2 centimètres et demi de largeur ou même plus ;* pétales largement échancrés (figure S) ; feuilles très découpées (figure SAN). → **Géranium sanguin** [*Geranium sanguineum*].

⊖ Fleurs *de moins de 2 centimètres de largeur* **99**

99
(vient de 98).
✕ Pétales ayant *environ 3 fois* la longueur des parties vertes (calice) qui les entourent (figure PY). → **Géranium des Pyrénées** [*Geranium pyrenaicum*] ✿.

✕ Pétales ayant *2 fois ou moins de 2 fois* la longueur des 5 parties vertes (calice) qui les entourent. **100**

100
(vient de 99).
☐ Pétales *dépassant très nettement* les 5 parties vertes (calice) qui les entourent (figure M) ; feuilles ayant, lorsqu'on les froisse, une légère odeur d'encre de Chine. → **Géranium mou** [*Geranium molle*].

☐ Pétales *dépassant peu* les 5 parties vertes (calice) qui les entourent (figure P) ; feuilles sans odeur d'encre de Chine. → **Géranium à tiges grêles** [*Geranium pusillum*].

101
(vient de 94).
★ ★ Feuilles découpées tout au plus *jusqu'à la moitié de leur largeur* (figure GR). → **Géranium à feuilles rondes** [*Geranium rotundifolium*].

★ ★ Feuilles *très divisées* (figure RT) ; fleurs à pétales *allongés* (figure GR). → **Géranium Herbe-à-Robert** (Bec-de-grue-commun) [*Geranium Robertianum*]. — **médicinale**. — Figurée en couleurs : 1, planche 11.

102
(vient de 92).
☉ Fleurs *disposées en longs épis effilés ;* feuilles plus ou moins découpées (figures VE et VER) ; fleur à corolle dont le tube est longuement entouré à sa base par le tube du calice (figure V). → **Verveine officinale** (Herbe-sacrée, Verveine-sauvage) [*Verbena officinalis*]. — **médicinale** ✿. — Figurée en couleurs : 5, planche 45.

☉ Fleurs *non* disposées en longs épis effilés ; feuilles complètement découpées en 7 à 21 divisions (voyez, en haut de la page suivante, les figures O et D, au no 103). **103**

⌒ Feuilles du milieu de la tige ayant *13 à 21 di-visions* (figure O) ; plante ayant, en général, plus de 45 centimètres de hauteur. → **Valériane officinale** (Herbe-à-la-meurtrie, Valériane) [*Valeriana officinalis*]. — **médicinale**. — Figurée en couleurs : 5 et 5 *bis*, planche 27.

103
(*vient de 102*).

⌒ Feuilles du milieu de la tige ayant *7 à 11 divisions* (figure D) ; plante ayant, en général, moins de 45 centimètres. → **Valériane dioïque** (Valériane-des-marais) [*Valeriana dioica*]. — **médicinale**.

104
(*vient de 88*).

• Fleurs *en forme de grelot allongé* (figures EC et TE) ; tiges ayant l'aspect et la dureté du bois, sauf les jeunes rameaux (en réalité les feuilles sont simples, mais on a confondu un jeune rameau feuillé avec une feuille composée). → **Bruyère cendrée** (Bruyère franche) [*Erica cinerea*] 🌸. — Figurée en couleurs : 1, planche 36.

• Fleurs *non* en forme de grelot allongé **105**

105
(*vient de 104*).

⊕ Fleurs *groupées au sommet de la tige ;* plante croissant dans l'eau ; feuilles à segments étroits disposés des deux côtés comme les barbes d'une plume (figure H) ; il y a souvent des feuilles verticillées (exemple : figure HT). → **Hottonie des marais** (Millefeuille-aquatique) [*Hottonia palustris*].

⊕ *Une seule fleur* au sommet de la tige **106**

106
(*vient de 105*).

✠ Fleur *blanche ou d'un blanc rosé,* de moins de 3 centimètres de longueur ; *3 feuilles bien distinctes,* attachées au même niveau, au-dessus de la fleur (figure NV). → **Anémone Sylvie** (Pâquette, Sylvie, Fleur-du-Vendredi-saint) [*Anemone nemorosa*]. — **vénéneuse**. — Figurée en couleurs : 4, planche 1.

✠ Fleur *rougeâtre ou d'un rose foncé,* de plus de 3 centimètres de longueur ; la collerette au-dessous de la fleur est formée de feuilles à lobes étroits (figure PL) ; les autres feuilles sont à la base de la plante (figure PLS). → **Anémone Pulsatille** (Coquelourde, Coquerelle, Pulsatille, Herbe-du-vent) [*Anemone Pulsatilla*]. — **vénéneuse ; médicinale**. — Figurée en couleurs : 5 et 5 *bis*, planche 1.

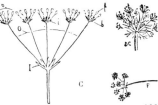

107
(vient de 88).

§ Fleurs *en ombrelle composée ;* c'est-à-dire dont les queues partent toutes du même point, comme les rayons qui soutiennent une ombrelle ; chaque rayon principal porte lui-même, à son sommet, d'autres rayons en ombrelle terminés chacun directement par une fleur. (La figure C montre la disposition d'une ombrelle composée : en I, O est l'ombrelle principale ; en *i, o, f,* sont les petites ombrelles. (Exemples : figures DC et F).. **108**

§ Fleurs *non* en ombrelle composée................... **112**

108
(vient de 107).

+ Fleurs *en ombrelle irrégulière,* à *3, 4 ou 5* rayons principaux (figure S) ; feuilles à nervures *disposées en éventail* (figure SE). → **Sanicle d'Europe** (Sanicle) [*Sanicula europæa*]. — médicinale.

+ Fleurs en *ombrelle régulière* à *nombreux* rayons principaux : feuilles très divisées ; nervures *non* en éventail...... **109**

109
(vient de 108).

—• Les petites feuilles qui sont exactement à la base des rayons *principaux* sont chacune *profondément divisées en lobes étroits* (figures CT, DC) ; lorsque les fleurs sont passées, les rayons de l'ombrelle se resserrent et se recourbent les uns vers les autres. → **Daucus Carotte** (Carotte) [*Daucus Carota*]. — **alimentaire.** — Figurée en couleurs : 5, planche 23.

—• Les petites feuilles qui sont à la base des rayons *principaux ne sont pas* divisées (figure O). **110**

—• *Il n'y a pas de petites feuilles* à la base des rayons principaux............... **110**

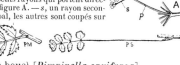

110
(vient de 109).

△ *Il n'y a pas de petites feuilles* placées exactement à la base des rayons *secondaires,* c'est-à-dire à la base des petits rayons qui portent directement chaque fleur (en *o,* figure A. — *s,* un rayon secondaire ; *p,* un rayon principal, les autres sont coupés sur la figure) ; feuilles à folioles *sur deux rangs* (figures PM, PS). → **Boucage saxifrage** (Persil-de-bouc) [*Pimpinella saxifraga*].

△ *Il y a* de petites feuilles placées exactement à la base des rayons *secondaires* (en *f,* figure B ; *s,* un rayon secondaire ; *p,* un rayon principal, les autres sont coupés) ; feuilles divisées en nombreux segments étroits (voir les figures du nᵒ 111)........................... **111**

111
(vient de 110).

⚕ Tiges de *moins de 80 centimètres de hauteur*, en général; feuilles à lobes étroits et *dressés* (figure SES). → **Séséli des montagnes** [*Seseli montanum*].

⚕ Tiges de *plus* de 80 centimètres de hauteur, en général; feuilles à lobes *étroits et étalés* (figure PR). → **Peucédan de Paris** [*Peucedanum parisiense*].

112
(vient de 107).

⊙ Feuilles *toutes à la base de la plante* sauf une collerette de feuilles divisées en lobes étroits et qui se trouve au-dessous de la fleur (figure PLS); *une seule fleur* rougeâtre ou d'un rose foncé de plus de 3 centimètres de largeur.
→ **Anémone Pulsatille** (Coquelourde, Coquerelle, Pulsatille, Herbe-du-vent) [*Anemone Pulsatilla*]. — **vénéneuse; médicinale.** — Figurée en couleurs : 5 et 5 *bis*, planche 1.

⊙ Feuilles *disposées le long des tiges*, et à nombreuses divisions étroites (figure A); plusieurs fleurs ayant chacune 3 à 9 pétales rouges. → **Adonis d'été** (Goutte-de-sang) [*Adonis æstivalis*]. Figurée en couleurs : 4, planche 2. [*Note 1*, au bas de la page.]

⊙ Plante *n'ayant pas* les caractères de l'une ou de l'autre des deux plantes précédentes...................... **113**

113
(vient de 112).

🙼 Chaque fleur ayant *4 ou 8 pétales* (soit 4 ou 8 parties roses, rouges ou rougeâtres)............................ **114**

🙼 Chaque fleur ayant *5 ou 6 pétales* (soit 5 ou 6 parties roses, rougeâtres, d'un vert rougeâtre, ou vertes bordées de pourpre).................................... **118**

🙼 Chaque fleur ayant en apparence de *nombreux pétales ou de nombreux tubes* colorés en rose ou en pourpre. (En réalité la fleur est *composée* de nombreuses petites fleurs sans queue en forme de tube ou de languette dont l'ensemble est entouré par une collerette de petites feuilles ou écailles.) Se reporter au nᵒ.................... **771**

114
(vient de 113).

• L'ensemble des fleurs *forme des boules d'un vert rougeâtre* (figure PS); feuilles divisées en 11 à 13 folioles dentées.
→ **Pimprenelle Sanguisorbe** (Pimprenelle) [*Poterium Sanguisorba*]. — **condimentaire.** Figurée en couleurs : 6, planche 19.

• Fleurs *non* groupées en boules...................... **115**

Note 1. — Pour les diverses espèces d'Adonis, voir la *Nouvelle Flore*, p. 6, et la *Flore complète*, p. 6. — *Flore de Belgique*, p. 6.

115
(vient de 114).

⊕ Pétales *chiffonnés dans le bouton de la fleur* (figure PR) où ils sont enveloppés par deux parties vertes qui tombent lorsque la fleur s'ouvre. . . . **116**

⊕ Pétales *non* chiffonnés dans le bouton de la fleur où ils *ne sont pas* entourés par deux parties vertes tombant lorsque la fleur s'ouvre **117**

116
(vient de 115).

⥅ Feuilles *ayant des poils* et n'entourant pas largement la tige par leur base (figure CO). **→ Pavot Coquelicot** (Coquelicot, Gravesolle) [*Papaver Rhœas*]. — **médicinale** ; **nuisible aux cultures**. — Figurée en couleurs : 1, planche 5. [*Note 1*, au bas de la page.]

⥅ Feuilles *sans poils*, entourant largement la tige par leur base (figure PV). **→ Pavot somnifère** (Pavot-des-jardins) [*Papaver somniferum*]. — **vénéneuse** ; **médicinale**. — On cultive comme plante **industrielle** sous le nom d'Œillette une variété de cette plante. — Figurée en couleurs : 2, planche 5.

117
(vient de 115).

§ Feuilles *étroites, très petites* (figure C) et disposées sur 4 rangs (on a pris de petits rameaux feuillés pour des feuilles composées). — **→ Calluna vulgaire** (Bruyère commune, Brande) [*Calluna vulgaris*] ✿. — Figurée en couleurs : 2, planche 36.

§ Feuilles *divisées en lobes ou en folioles* (figures P et CAR) ; tiges *sans poils*. **→ Cardamine des prés** (Cressonnette, Cresson-des-prés) [*Cardamine pratensis*]. — **alimentaire** ✿ . — Figurée en couleurs : 2, planche 6.

§ Feuilles *irrégulièrement divisées ;* tiges *ayant des poils* . . . **292**

118
(vient de 113).

+ Chaque fleur à *5 parties vertes bordées de pourpre-brun ;* feuilles à lobes distincts allongés et étroits (figure HF). **→ Hellébore fétide** (Pied-de-griffon, Rose-de-serpent) [*Helleborus fœtidus*]. — **vénéneuse** ; **médicinale**. ✿. — Figurée en couleurs : 2, planche 3.

+ Chaque fleur *rose, rosée ou pourpre* **119**

Note 1. — Pour les diverses espèces de Pavots, voir la *Nouvelle Flore*, p. 8, et la *Flore complète*, p. 12. — *Flore de Belgique*, p. 8.

119
(vient de 118).

— • *Il y a 3 très petites feuilles vertes* situées immédiatement au-dessous de la partie verte (calice) qui entoure les pétales roses (exemples : MA, MM qui représentent le calice, sans les pétales); pétales réunis entre eux par la base (figure M). → **Mauve** [*Malva*]. — Pour les principales espèces de Mauves, se reporter au nº.................... **57**

— • *Il n'y a pas* 3 petites feuilles vertes immédiatement au-dessous du calice vert................................ **120**

120
(vient de 119).

△ Feuilles à *poils rudes* et *à folioles sur deux rangs* (figure P) entremêlées de lobes très petits. Corolle couverte de petits poils, à pétales *soudés entre eux à la base;* la corolle peut se détacher tout d'une pièce (figure BO, corolle détachée, vue par-dessous). → **Morelle tubéreuse** (Pomme-de-terre) [*Solanum tuberosum*]. — **alimentaire; médicinale.** — Figurée en couleurs : 4, planche 40.

△ Plante *n'ayant pas* à la fois tous les caractères précédents.. **121**

121
(vient de 120).

✠ Chaque feuille à *3 folioles non dentées* mais échancrées au sommet (figure OA); fleurs à pétales blancs, veinés de pourpre et jaunes à leur base; feuilles toutes à la base de la plante. → **Oxalis Petite-Oseille** (Pain-de-coucou, Alléluia, Surelle) [*Oxalis Acetosella*]. — **médicinale.**

✠ Chaque feuille à *3 ou 5 folioles dentées* et pointues au sommet (figures RF et RC); arbrisseau à aiguillons piquants. → **Ronce frutescente** (Mûrier des-haies, Ronce) [*Rubus fruticosus*]. — **médicinale.** — Figurée en couleurs : 5, planche 19.

✠ Plante *n'ayant pas* ces caractères.................... **122**

122
(vient de 121).

⊙ Fleurs *roses ou pourprées;* feuilles soit à *nervures disposées en éventail,* soit à *7 à 13 folioles.* — Se reporter au nº.................................... **93**

⊙ Fleurs *blanches, rougeâtres en dehors;* feuilles ayant *23 à 41 folioles* (figure P); les folioles principales sont entremêlées de folioles très petites. → **Spirée Filipendule** (Filipendule) [*Spiræa Filipendula*]. — **médicinale.**

— Feuilles **composées ;** c'est-à-dire que la feuille tout entière est formée par la réunion de feuilles secondaires, nommées *folioles*, que l'on prend souvent à tort chacune pour une feuille ; l'ensemble de la feuille composée vient se rattacher à la tige par sa base ou par une queue qui porte toutes les folioles ; la base de la feuille composée *n'est pas* placée juste à l'aisselle d'une autre feuille.. **200**

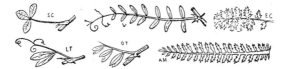

Les figures ci-dessus représentent des exemples de feuilles composées.

— Feuilles **profondément divisées** (sauf parfois les feuilles qui sont tout à fait dans le haut des tiges), c'est-à-dire que chaque feuille est comme découpée jusqu'à plus de la moitié de sa largeur... **200**

123
(vient de 5).

Les figures ci-dessus représentent des exemples de feuilles profondément divisées.

— Feuilles **simples ;** c'est-à-dire soit non découpées jusqu'à plus de la moitié de la largeur de la feuille, soit seulement bordées de dents ou même sans dents sur les bords... **124**

Les figures ci-dessus représentent des exemples de feuilles simples.

— Feuilles **non développées** (voir les figures au n° 125)......... **125**

Remarque. — Si l'on hésite entre feuilles composées et feuilles profondément divisées, cela est indifférent, puisque dans les deux cas on est renvoyé au même numéro.
Si l'on hésite entre feuilles profondément divisées et feuilles simples (comme par exemple dans le cas d'une feuille telle que celle représentée par la figure A), on peut prendre l'une ou l'autre question ; dans les deux cas, on arrivera au nom de la plante. Il en sera de même si la plante possède à la fois des feuilles simples et des feuilles composées ou divisées (en dehors de quelques feuilles simples qui peuvent se trouver tout au sommet des tiges fleuries).

★ Feuilles **opposées** (sauf parfois dans le haut des tiges ou des rameaux) ; c'est-à-dire feuilles disposées par deux, attachées sur la tige au même niveau, en face l'une de l'autre...................... **165**

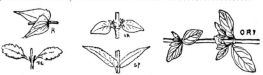

Les figures ci-dessus représentent des exemples de feuilles opposées.

Remarque. — Il se développe assez souvent à l'aisselle des feuilles opposées de petits rameaux feuillés (comme sur la figure ORI ci-dessus, à droite) qui pourraient faire croire que les feuilles sont groupées en grand nombre au même niveau sur la tige et non opposées par deux seulement ; mais en regardant avec attention à la base de ce groupe de feuilles, on distingue très bien les deux feuilles opposées.

★ Feuilles **alternes** ; c'est-à-dire feuilles attachées une par une sur la tige à des niveaux différents.. **126**

124
*(vient
de
123).*

Les figures ci-dessus représentent des exemples de plantes à feuilles alternes.

★ Feuilles **groupées** ; c'est-à-dire feuilles attachées sur la tige, par 2 ou plus, au même niveau, mais disposées à ce niveau d'un seul côté de la tige (Exemple : figure BE)................... **126**

BE

★ Feuilles **toutes à la base** de la plante (figure ME)........ **126**

(La figure ME représente un exemple de plante ayant toutes ses feuilles à la base.)

Remarque. — Si la plante présente à la fois des feuilles alternes (sauf les feuilles qui sont tout à fait en haut des tiges) et des feuilles opposées (comme par exemple figure PD), on peut prendre l'une ou l'autre question ; dans les deux cas, on arrivera au nom de la plante.

Si la plante présente à la fois des feuilles alternes et des feuilles groupées, cela est indifférent, puisque, dans les deux cas, on est conduit au même numéro.

Il en serait de même si la plante avait presque toutes ses feuilles à la base, cas où l'on hésiterait entre « feuilles alternes » et « feuilles toutes à la base de la plante ».

125
(vient de 123).

= Fleurs **sans queue** (figure O) ; la fleur a la forme d'un tube plus ou moins évasé qui se termine en deux lèvres, dont l'inférieure est à 3 lobes (figure OG).
→ **Orobanche** [*Oroban-che*].— **Plantes parasites des plantes vertes ; nuisibles aux cultures.** — L'Orobanche Rave [*Orobanche Rapum*] est figurée en couleurs : 7, planche 42. [Voir la *note 1*, au bas de la page.]

OG

= Fleurs **ayant une courte queue** (figure NN) ; la fleur est formée par 6 parties distinctes et inégales placées au-dessus d'une masse ovale. → **Néottie Nid-d'Oiseau** (Nid d'oiseau) [*Neottia Nidus-avis*] (figure N). — Figurée en couleurs : 6, planche 56.

N

126
(vient de 124).

⊖ Chaque fleur est **formée de 6 parties** distinctes ; l'une de ces 6 parties a une forme très particulière et est parfois prolongée en cornet à sa base (Voyez les figures des nᵒˢ 127 à 137). **127**

⊖ Chaque fleur est formée de **4 parties** distinctes...... **20**

⊖ Chaque fleur **non** formée de 6 ni de 4 parties distinctes. **138**

127
(vient de 126).

✕ L'une des 6 parties de la fleur est **très étroite**, de **plus de 2 centimètres** de longueur et plus ou moins **tordue ou enroulée** (Voir l'ensemble des fleurs : figure LO). → **Loroglosse à odeur de bouc** [*Loroglossum hircinum*]. — Figurée en couleurs : 6, planche 55.

LO

✕ L'une des 6 parties de la fleur a une forme particulière, mais elle a **moins de 2 centimètres**, et n'est **ni tordue ni enroulée**. **128**

128
(vient de 127).

☐ Chaque fleur est prolongée à sa base **par un tube ou un cornet** plus ou moins allongé et de même couleur que la corolle. → **Orchis** [*Orchis*]. [Voir la *note 2*, au bas de la page]. Pour les principales espèces d'Orchis, continuer au nᵒ............ **129**

☐ Chaque fleur **n'est pas** prolongée en tube ou cornet.. **134**

129
(vient de 128).

★ ★ La petite écaille ou très petite feuille (*b*, figure PU) qui est attachée sur la tige à la base de la fleur est **3 à 8 fois plus courte** que ce qui semble être la queue tordue de la fleur (*o*, figure PU), située au-dessous des pétales...................................... **130**

PU

★ ★ La petite écaille ou petite feuille qui est attachée à la base de la fleur **n'est pas** 3 à 8 fois plus courte que ce qui semble être la queue tordue de la fleur, située au-dessous des pétales ; elle est seulement un peu plus courte, égale à cette partie tordue, ou plus grande (Voir les figures des nᵒˢ 131 à 133).... **131**

Note 1. — Pour les diverses espèces d'Orobanches, voir la *Nouvelle Flore*, p. 119, et la *Flore complète*, p. 242. — *Flore de Belgique*, p. 124.

Note 2. — Pour plus de détails sur les espèces d'Orchis, voir la *Nouvelle Flore*, p. 150 et la *Flore complète*, p. 310. — *Flore de Belgique*, p. 160.

130
(vient de 128.)

⊙ Pétale le plus grand à 3 lobes ; le lobe du milieu est *élargi et peu allongé à la base* (figure P). → **Orchis pourpre** [*Orchis purpurea*]. — Figurée en couleurs : 1, planche 55.

⊙ Pétale le plus grand à 3 lobes ; le lobe du milieu est *élargi mais allongé à la base* (fig. MI). → **Orchis militaire** [*Orchis militaris*]. — médicinale.

⊙ Pétale le plus grand à 3 lobes ; le lobe du milieu est *allongé et divisé en deux lobes étroits*, aussi étroits que les deux lobes qui sont sur les côtés. (figure S). → **Orchis Singe** [*Orchis Simia*]. — Figurée en couleurs : 5, planche 55.

131
(vient de 129).

✧ La petite écaille ou petite feuille *b* qui est attachée sur la tige, à la base de la fleur, est *plus longue que la fleur* (figure LA). → **Orchis à larges feuilles** [*Orchis latifolia*]. — médicinale. — Figurée en couleurs : 3, planche 55.

✧ La petite écaille qui est attachée sur la tige, à la base de la fleur, est *plus courte que la fleur ou égale à la fleur* (Voyez les figures PY, ML et MR des nᵒˢ 132 et 133)............... **132**

132
(vient de 131).

• Le pétale le plus grand porte en dessus *deux petites lamelles saillantes ;* le cornet de la fleur est allongé en un tube étroit qui dépasse la base de la fleur (partie verte tordue sur elle-même) (figure PY). → **Orchis pyramidal** [*Orchis pyramidalis*]. — médicinale. Figurée en couleurs : 4, planche 55.

• Le pétale le plus grand *ne porte pas* deux petites lamelles ; cornet de la fleur ne dépassant pas la base de la fleur. **133**

133
(vient de 132.)

⊕ La fleur *présente deux pétales plus ou moins étalés à droite et à gauche* (figure ML) ; le cornet qui est à la base de la fleur

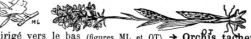

est dirigé vers le bas (figures ML et OT). → **Orchis tacheté** [*Orchis maculata*]. — médicinale.

⊕ La fleur *ne présente pas* 2 pétales plus ou moins étalés ; sauf le pétale le plus grand, les 5 autres sont rapprochés les uns des autres (figure MR) ; le cornet qui est à la base de la fleur est dirigé en travers ou vers le haut (figures MR et OM). → **Orchis Bouffon** [*Orchis Morio*]. — médicinale.

134
(vient de 128).

✠ Le pétale de forme particulière est **velouté** en dessus et marqué de taches non veloutées ; ce pétale est beaucoup plus développé que les autres pétales. (Voir les figures des nᵒˢ 136 et 137). → **Ophrys** [*Ophrys*]. — [Voir la *note 1*, au bas de la page]. Pour les principales espèces d'Ophrys, continuer au nᵒ. **135**

✠ Le pétale de forme particulière **n'est pas** velouté ; ce pétale n'est pas beaucoup plus développé que les autres pétales (*l*, figure E). → **Epipactis à larges feuilles** [*Epipactis latifolia*]. — **médicinale**. — Figurée en couleurs : 7, planche 56.

135
(vient de 134).

§ Le pétale le plus grand **n'est presque pas découpé** sur les côtés (Voir les figures A et AR du nᵒ 136).................. **136**

§ Le pétale le plus grand est **assez profondément découpé** sur les côtés (Voir les figures AP et MU du nᵒ 137)............... **137**

136
(vient de 135).

+ Au milieu et à l'extrémité du pétale qui est le plus grand, se trouve une petite languette jaunâtre **recourbée vers le haut** (*o*, figures A, AC). Le grand pétale (figure ART) est pourpre avec une tache verdâtre. → **Ophrys Frelon** [*Ophrys Arachnites*]. — Figurée en couleurs : 2, planche 56.

+ Au milieu et à l'extrémité du pétale le plus grand, **il n'y a pas** de petite languette jaunâtre recourbée vers le haut ; il y a quelquefois simplement à cet endroit une petite dent (*d*, figure AR et figure OA) ; le grand pétale (figure AF) est brun avec 2 à 4 lignes blanchâtres ou verdâtres. → **Ophrys Araignée** [*Ophrys aranifera*]. — Figurée en couleurs : 1, planche 56.

137
(vient de 135).

—• Le grand pétale est **presque aussi large que long ;** ce pétale est recourbé en dessous à son extrémité (figures AP, AF ; le grand pétale est figuré en APF). → **Ophrys Abeille** [*Ophrys apifera*]. — Figurée en couleurs : 3, planche 56.

—• Le grand pétale est **bien plus long que large ;** ce pétale n'est pas recourbé en dessous (figures MU, MF ; le grand pétale est représenté isolément sur la figure MS). → **Ophrys Mouche** [*Ophrys muscifera*]. — Figurée en couleurs : 4, planche 56.

Note 1. — Pour plus de détails sur les diverses espèces d'Ophrys, voir la *Flore complète*, p. 312.

138
(vient
de
126).

△ Tiges **à poils raides et piquants;** fleurs d'abord rouges, puis bleues ou violettes; corolle presque disposée comme en deux lèvres (figure EV): c'est-à-dire ayant une partie supérieure et une partie inférieure. → **Vipérine vulgaire** (Herbe-aux-vipères, Vipérine) [*Echium vulgare*] ✿. — Figurée en couleurs : 1, planche 39.

△ Tiges **non** à poils raides et piquants; fleurs ne devenant pas bleues ou violettes.............................. **139**

139
vient
de
138).

✠ Chaque fleur **en forme de gueule,** ayant la lèvre inférieure renflée et rapprochée de la lèvre supérieure; il y a une **bosse** à la base de la fleur (voir ci-dessous les figures M et OR, au nᵒ 140). → **Muflier** [*Antirrhinum*]. — Pour les principales espèces de Mufliers [*Antirrhinum*], continuer au nᵒ **140**

✠ Chaque fleur **non** en forme de gueule et **sans bosse** à la base................................. .... **141**

140
(vient
de
139).

○ Fleurs roses ou rouges **à gueule jaune;** corolle dépassant beaucoup les parties vertes (calice) qui l'entourent à la base (figure M). → **Muflier majeur** (Muflier, Gueule-de-loup, Gueule-de-lion, Tête-de-singe) [*Antirrhinum majus*]. — ornementale; **médicinale.** ✿. — Figurée en couleurs : 1, planche 41.

○ Fleurs roses ou pourprées à gueule **non jaune;** corolle dépassant à peine ou ne dépassant pas le calice (figure OR). → **Muflier Orontium** (Tête-de-mort) [*Antirrhinum Orontium*].

141
(vient
de
139).

— Fleur **de plus d'un centimètre et demi de longueur;** corolle en forme de **tube large, évasé,** un peu renflé par-dessous (figure PU). → **Digitale pourpre** (Digitale, Gants-de-Notre-Dame, Gants-de-bergère, Queue-de-loup) [*Digitalis purpurea*]. — **vénéneuse; médicinale.** — ✿. Figurée en couleurs : 5, planche 41.

— Plante **n'ayant pas à la fois** les caractères précédents... **142**

142
(vient
de
141).

★ Corolle **en papillon** (voir figure P); c'est-à-dire formée de 5 pétales inégaux : un pétale plus grand (e) en haut, deux pétales égaux entre eux (a, a) situés à droite et à gauche, et deux pétales réunis entre eux en forme de bateau (cc) situés en dessous et en avant; fleurs entremêlées de feuilles ordinaires (figure O). → **Ononis rampant** (Arrête-bœuf, Bugrane) [*Ononis repens*]. — **médicinale, dangereuse pour les bestiaux.** — Figurée en couleurs : 1, planche 15.

★ Corolle **non** en papillon.............................. **143**

143
(*vient de 142*).

= Chaque fleur ayant **4 pétales roses presque égaux** (figure ES). Plante ayant, en général, plus de 45 centimètres de hauteur, à fleurs en longue grappe dressée (figure EE). → **Epilobe en épi** [*Epilobium spicatum*] 🌿.

= Chaque fleur **non** à 4 pétales roses presque égaux...... **144**

144
(*vient de 143*).

⊖ Feuilles **entourant la tige par leur base**, peu nombreuses le long de la tige — **et** fleur **ayant un cornet ou un tube** à la base. — Se reporter au nᵒ.............................. **129**

⊖ Feuilles **entourant la tige par leur base,** peu nombreuses le long de la tige — **et** fleur **sans** cornet ni tube à la base. — Se reporter au nᵒ.................................. **135**

⊖ Feuilles **n'entourant pas** la tige par leur base : feuilles nombreuses le long de la tige.................................. **145**

145
(*vient de 144*).

✕ Corolle **entourée par 2 petites feuilles roses, ovales** (figures POL, PV). → **Polygala vulgaire** (Laitier commun) [*Polygala vulgaris*]. — **médicinale** [*Note 1*, au bas de la page]. — Figurée en couleurs : 4, planche 7.

✕ Corolle **non** entourée de 2 petites feuilles roses ovales, et présentant deux lèvres (figure R), c'est-à-dire une partie supérieure différente de la partie inférieure. → **Odontitès rouge** [*Odontites rubra*].

146
(*vient de 5*).

☐ Feuilles **étroites très allongées ;** les feuilles inférieures, tout au moins, sont **plus de 10 fois plus longues que larges ;** elles ne sont ni divisées ni dentées...................... **157**

☐ Feuilles **non développées**............................. **157**

☐ Plante **n'ayant pas** les caractères précédents........ **147**

147
(*vient de 146*).

★ ★ Fleurs **entourées par un grand cornet** (figure AR) vert, verdâtre, ou d'un vert blanchâtre ; feuilles en triangle, à longue queue (figure M), partant toutes de la base de la plante. → **Arum tacheté** (Gouët, Pied-de-veau) [*Arum maculatum*]. — **médicinale**. — Figurée en couleurs : 2 et 2 *bis*, planche 57.

★ ★ Fleurs **non** entourée par un grand cornet............ **148**

Note 1. — Pour les diverses espèces de Polygalas, voir la *Nouvelle Flore*, p. 23, et la *Flore complète*, p. 40. — *Flore de Belgique*, p. 25.

148
(vient
de
147).

⊙ Feuilles divisées chacune en *11 à 19 folioles dentées ;* fleurs groupées en masses arrondies (figure PS). → **Pimprenelle Sanguisorbe** (Pimprenelle) [*Poterium Sanguisorba*]. — **condimentaire.** — Figurée en couleurs : 6, planche 19.

⊙ Feuilles *non* divisées en 11 à 19 folioles dentées. **149**

149
(vient
de
148).

↷ Fleurs *réunies en une masse compacte ;* feuilles ovales ou ovales-allongées, *toutes à la base* de la plante............ **150**

↷ Plante *flottant dans l'eau ;* fleurs en épis.............. **721**

↷ Plante *n'ayant pas* ces caractères..................... **151**

150
(vient
de
149).

• Feuilles *allongées,* se rétrécissant *peu à peu* vers la base pour former la queue de la feuille (figure PL). → **Plantain lancéolé** (Oreille-de-lièvre) [*Plantago lanceolata*]. — **médicinale.** — Figurée en couleurs : 7, planche 45.

• Feuilles *ovales* se rétrécissant *brusquement* vers la base pour former la queue de la feuille (figure MA). → **Plantain majeur** (Grand-Plantain) [*Plantago major*]. — **médicinale.** — Figurée en couleurs : 6, planche 45.

151
(vient
de
149).

⊕ Plante *dont il s'écoule un lait blanc,* lorsqu'on brise la tige (on a pris pour une fleur, au sommet de la tige, une déformation accidentelle (figure G) produite par une piqûre d'insecte sur une **Euphorbe**).

⊕ *Pas de lait blanc* lorsqu'on brise la tige.............. **152**

152
vient
de
151).

✠ Feuilles ayant *deux lobes aigus* situés à droite et à gauche de la feuille, vers la base ou vers le milieu.......... **153**

✠ Feuilles *n'ayant pas* ces deux lobes aigus.......... **154**

153
(vient
de
152).

§ Les deux lobes de la feuille sont dirigés plus ou moins *vers le bas* (figure A); plante ayant plus de 50 centimètres. → **Rumex Oseille** (Surette, Oseille-commune, Parelle) [*Rumex Acetosa*] ✿. — **médicinale; comestible.** Figurée en couleurs : 3, planche 46. [*Note 1,* au bas de la page.]

§ Les deux lobes de la feuille sont *étalés ou dirigés vers le haut* (figure AL) ; plantes ayant, en général, moins de 50 centimètres. → **Rumex Petite-Oseille** (Petite-Oseille, Oseille-de-brebis) [*Rumex Acetosella*].

Note 1. — Pour plus de détails sur les diverses espèces de Rumex, voir la *Nouvelle Flore,* page 132, et la *Flore complète,* page 271. — *Flore de Belgique,* page 140.

154
(*vient de 152*).

╱ + Feuilles de la base de la plante *très grandes, de 30 à 80 centimètres de largeur ;* groupes de fleurs les plus élevés non entremêlés de feuilles (figure AQ). → **Rumex Patience-d'eau** (Herbe-britannique, Patience-aquatique, Oseille-d'eau, Patience-d'eau) [*Rumex Hydrolapathum*].

+ Feuilles de la base ayant beaucoup *moins de 30 centimètres* de largeur.. **155**

155
(*vient de 154*).

╱ —• Chaque feuille *rattachée à la tige par une partie engaînante* (exemples : figures H et L).................... **156**

—• Chaque feuille *non* rattachée à la tige par une partie engaînante. — Se reporter au nᵒ.................... **27**

156
(*vient de 155*).

╱ △ Feuilles *crépues-ondulées* (figure RCR). → **Rumex crépu** (Parelle, Patience-crépue) [*Rumex crispus*]. — **médicinale**.

△ Feuilles *non* crépues-ondulées (figure RCM). → **Rumex aggloméré** [*Rumex conglomeratus*].

157
(*vient de 146*).

╱ ✠ Feuilles *arrondies comme des tiges* et *non insérées par 4, 5 ou plus,* au même niveau sur la tige.................. **158**

✠ Feuilles *réduites à des collerettes* dentées et membraneuses qui sont placées les unes au-dessus des autres — *ou, en apparence, feuilles arrondies comme des tiges et insérées par 4, 5 ou plus,* au même niveau, sur la tige (voir les figures au nᵒ 1104). → **Prêle** [*Equisetum*]. — Se reporter au nᵒ.................. **1104**

✠ Feuilles *ni* arrondies comme des tiges *ni* réduites à des collerettes dentées.. **159**

158
(*vient de 157 ou de 146*).

╱ ○ En regardant avec soin, on voit que chaque fleur se compose de *6 parties disposées régulièrement* (figure T). → **Jonc** [*Juncus*]. — Se reporter au nᵒ.......... **36**

○ En regardant avec soin, on voit que les fleurs sont *réduites à des écailles qui se recouvrent les unes les autres* (figures LT, LC). → **Scirpe des lacs** (Jonc-des-tonneliers) [*Scirpus lacustris*]. — **industrielle**. — Figurée en couleurs : 2, planche 58.

○ En regardant avec soin, on voit que chaque fleur est remplacée par une petite masse ovale (bulbille). → **Ail** [*Allium*] à fleurs transformées en bulbilles (figure V).

— 41 —

159
(*vient de 157*).

— De *très longs poils* (figure A), *nombreux, d'un blanc brillant* sortent des fleurs réduites à des écailles noirâtres. — **Linaigrette à larges feuilles** [*Eriophorum angustifolium*]. — Figurée en couleurs : 1, planche 58 [*Note 1*, au bas de la page].

— *Pas de longs poils*, nombreux, d'un blanc brillant, sortant des fleurs.. **160**

160
(*vient de 159*).

★ Feuilles *toutes à la base, à 3 ou 5 nervures bien marquées*, la nervure du milieu plus forte que les autres (figures LA, PL);

en regardant avec soin le groupe des fleurs qui termine la tige, on voit que chacune d'elles a une corolle brune divisée régulièrement en 4 parties. → **Plantain lancéolé** (Oreille-de-lièvre) [*Plantago lanceolata*]. — **médicinale**. — Figurée en couleurs : 7, planche 45.

★ Plante *n'ayant pas à la fois* tous ces caractères....... **161**

161
(*vient de 160*).

= Fleurs dont l'ensemble forme un *long cylindre brun, velouté* (figure A); au-dessus, se trouve un autre cylindre d'un brun clair ou jaune ou jaunâtre. → **Massette** (Canne-de-jonc, Quenouille, Masse-d'eau, Massette) [*Typha*]. — Continuer au n° **162**

= Plante *dont il s'écoule un lait blanc*, lorsqu'on brise la tige (on a pris pour une fleur, au sommet de la tige, une déformation accidentelle (figure G) produite par une piqûre d'insecte sur une **Euphorbe**).

= Plante *n'ayant pas* ces caractères...................... **163**

162
(*vient de 161*).

⊖ Les deux cylindres de fleurs sont *à peine séparés l'un de l'autre* (en I, figure L); feuilles *tout à fait plates*. = **Massette à larges feuilles** [*Typha latifolia*]. — Figurée en couleurs : 3, planche 57.

⊖ Les deux cylindres de fleurs sont séparés l'un de l'autre *par un assez grand intervalle* (en I, figure A). → **Massette à feuilles étroites** [*Typha angustifolia*].

Note 1. — Pour les diverses espèces de Linaigrettes [*Eriophorum*], voir la *Nouvelle Flore*, page 161. et la *Flore complète*, page 325. — *Flore de Belgique*, page 176.

163
(*vient de 161*).

× En regardant avec soin, on voit que chaque fleur se compose de **6 parties disposées régulièrement** (figures T, LZ, B). — Se reporter au nᵒ........ **37**

× En regardant avec soin, on voit que les fleurs sont **réduites à des écailles qui se recouvrent les unes les autres**...... **164**

164
(*vient de 163*).

□ Feuilles se rattachant à la tige par une longue gaine **qui est fendue en long** (*F*, *ft*, *g*, figure G) du côté opposé à la feuille ; tige **plus ou moins arrondie** (*t, t*, figure G) ; la feuille porte une petite languette (*lg*, figure G) ou une ligne de poils spéciaux à l'endroit où elle se joint à la tige, au-dessus de la gaine de la feuille............. **1069**

□ Feuilles se rattachant à la tige par une gaine **qui n'est pas fendue en long** (*F*, *g*, figure C) ; tige à **3 angles** (*t*, figure C), au moins sur une partie de sa longueur ; la feuille ne porte ni languette ni lignes de poils spéciaux à l'endroit où elle se joint à la tige de la feuille, au-dessus de la gaine......................... **1062**

165
(*vient de 124*).

✱✱ Fleur disposée **comme en deux lèvres** (figures ci-dessous) ; la lèvre inférieure est parfois très courte (figure SC)........ **173**

✱✱ Fleurs à **une seule lèvre** pendante, divisée en 3 lobes dont un plus grand (figure T) ; feuilles un peu coriaces, fortement dentées (figure TC). → **Germandrée Petit-Chêne** (Chamédrys, Petit-Chêne) [*Teucrium Chamædrys*]. — **médicinale**. ❀. — Figurée en couleurs : 4, planche 45.

✱✱ Fleurs **non disposées en deux lèvres, ni à une seule lèvre**.. **166**

—
166
(*vient de 165*).

⊙ Fleur portant **à la base un long tube étroit et aigu** (figure C) ; feuilles assez épaisses et sans poils. → **Centranthe rouge** (Valériane-rouge, Barbe-de-Jupiter) [*Centranthus ruber*]. — **ornementale**.

⊙ Plante **n'ayant pas** les caractères précédents.......... **167**

167
(vient de 166).

⌒ Feuilles *à odeur forte et aromatique,* lorsqu'on les froisse. **168**

⌒ Feuilles *sans odeur spéciale ;* tiges *dressées* ; feuilles à longue queue **62**

⌒ Feuilles *sans odeur spéciale ;* tiges *couchées* (figure O) ; feuilles sans longue queue. → **Véronique officinale** (Thé-d'Europe, Véronique-mâle) [*Veronica officinalis*]. — **médicinale.** — Figurée en couleurs (à fleurs bleues) : 3, planche 42.

168
(vient de 167).

• Fleurs *entourées de nombreuses écailles pourpres ;* feuilles non dentées (figures OR, O) ; fleurs presque à deux lèvres. → **Origan vulgaire** (Marjolaine-sauvage, Origan) [*Origanum vulgare*]. — **médicinale.** ❀. — Figurée en couleurs : 3, planche 43.

• Fleurs *non* entourées de nombreuses écailles pourpres ; feuilles plus ou moins dentées ; fleurs presque régulières. → **Menthe** [*Mentha*].— Continuer au nᵒ................ **169**

169
(vient de 168).

⊕ Fleurs disposées en masses *allongées* (figure RON ci-dessous). **170**

⊕ Fleurs disposées en masses *arrondies* (figures A, P, AQ, aux nᵒˢ 171 et 172) **171**

170
(vient de 169).

⊞ Feuilles à dents *arrondies* ; le calice vert, entourant la corolle, a ses dents presque en forme de triangle (figure RO). → **Menthe à feuilles rondes** (Menthe-sauvage, Baume, Menthe-crépue, Herbe-du-mort) [*Mentha rotundifolia*]. — **médicinale** ❀. — Figurée en couleurs : 5, planche 43.

⊞ Feuilles à dents *aiguës* ; le calice a 5 dents très allongées (figure SI). → **Menthe silvestre** [*Mentha silvestris*] ❀. — Figurée en couleurs : 4, planche 43.

171
(vient de 169).

§ Tiges fleuries se terminant au sommet par un *bouquet de petites feuilles* (figure A). → **Menthe des champs** (Pouliot-Thym) [*Mentha arvensis*] ❀.

§ Tiges fleuries *sans* petit bouquet de feuilles............ **172**

172
(vient de 171).

+ Feuilles *sans queue ou presque sans queue,* masses arrondies des fleurs mêlées aux feuilles le long des tiges (figure P). → **Menthe Pouliot** (Pouliot) [*Mentha Pulegium*]. — **médicinale.** ❀.

+ Feuilles *ayant toutes une queue plus ou moins longue ;* masses arrondies des fleurs situées seulement vers le haut (figure AQ). → **Menthe aquatique** [*Mentha aquatica*] ❀.

173
(vient de 165).

— • Plante *grimpante* ou rampant sur le sol sur une grande longueur (figure LC) (en regardant la tige, plus bas, on voit qu'elle a l'aspect et la dureté du bois) ; fleurs *jaunâtres ou blanches striées de rose*. → **Lonicera Périclymène** (Chèvrefeuille-sauvage, Brout-biquette) [*Lonicera Periclymenum*]. 🌸. — Figurée en couleurs : 4, planche 26.

— • Plante *n'ayant pas à la fois* tous ces caractères...... **174**

174
(vient de 173).

△ Fleurs *entremêlées de nombreuses feuilles rouges qui sont chacune divisées en lobes aigus* (figure AR) ; fleurs à tube allongé (figure A). → **Mélampyre des champs** (Queue-de-renard, Queue-de-loup, Rougeole, Blé-de-vache). [*Melampyrum arvense*]. — **dangereuse.** — Figurée en couleurs : 6, planche 42.

△ Fleurs *non* entremêlées de nombreuses feuilles rouges à lobes aigus.................................. **175**

175
(vient de 174).

✠ Fleurs *de plus de 2 centimètres et demi de longueur totale* (mesurez les fleurs depuis leur base jusqu'à leur sommet), blanches tachées de rose ou de pourpre ; feuilles dentées (figure ME). → **Mélitte à feuilles de Mélisse** (Herbe-saine, Mélisse-des-bois) [*Melittis melissophyllum*]. — **médicinale, aromatique.** — Figurée en couleurs : 3, planche 44.

✠ Fleurs de *7 à 22 millimètres* de longueur totale........ **178**

✠ Fleurs de *moins de 7 millimètres* de longueur totale.... **176**

176
(vient de 175).

○ Tiges *couchées sur le sol*, et à rameaux redressés ; feuilles ayant, en général, *moins de 8 millimètres* de largeur, non dentées (figure S). → **Thym Serpolet** (Serpolet, Thym-bâtard) [*Thymus Serpyllum*]. — **médicinale** 🌸.

○ Tiges *dressées ;* feuilles ayant, en général, *plus de 8 millimètres* de largeur.............................. **177**

177
(vient de 176).

— Fleurs *blanches tachées de rouge ;* feuilles à dents très aiguës (figure LY). → **Lycope d'Europe** (Pied-de-loup, Marrube-aquatique) [*Lycopus europæus*]. 🌸.

— Fleurs *roses ;* feuilles sans dents (figures O, OR). → **Origan vulgaire** (Marjolaine sauvage, Origan). [*Origanum vulgare*]. — **médicinale** 🌸. — Figurée en couleurs : 3, planche 43.

178
(vient
de
175).

★ La partie en entonnoir (calice) qui entoure la base de la corolle a cinq dents terminées chacune par une *petite épine piquante* (voir ci-dessous les figures T et LA) ; en dedans et au sommet du tube de la corolle se trouve, de chaque côté, un *pli qui se termine par une petite saillie*. → **Galéopsis** [*Galeopsis*] [*Note 1*, au bas de la page]. Continuez au nᵒ..... **179**

★ Plante *n'ayant pas à la fois* les caractères précédents. **180**

179
(vient
de
178).

= Tige *à poils raides et piquants, très renflée* aux endroits où s'attachent les paires de feuilles ; calice à dents longuement épineuses (figure T). → **Galéopsis Tétrahit** (Cramois, Chanvre-sauvage) [*Galeopsis Tetrahit*] 🌸.

= Tige *sans poils piquants, peu ou pas renflée* aux endroits où s'attachent les feuilles (fig. L) ; calice à dents épineuses seulement à leur sommet (figure LA). → **Galéopsis Ladanum** (Filasse-bâtarde, Gueule-de-chat) [*Galeopsis Ladanum*] 🌸.
— Figurée en couleurs : 2, planche 44.

180
(vient
de
178).

⊖ Fleurs *d'un rouge brun ou d'un rouge noirâtre ;* on distingue une *petite écaille*, colorée comme la corolle, en dedans de la lèvre supérieure (*l*, figure SC, et *e*, figure S ; cette dernière figure représente la corolle fendue et étalée) ; feuilles sans poils ou presque sans poils. → **Scrofulaire** (*Scrofularia*). [*Note 2*, au bas de la page]. — Pour les principales espèces de Scrofulaire [*Scrofularia*], continuez au nᵒ. **181**

⊖ Plante *n'ayant pas à la fois* tous ces caractères....... **182**

181
(vient
de
180).

✕ Feuilles *aiguës* au sommet (figure N), à dents aiguës ; les dents inférieures d'une feuille sont *plus grandes* que les dents supérieures ; tige à 4 angles bien marqués, mais non très aigus. → **Scrofulaire noueuse** (Grande-Scrofulaire) [*Scrofularia nodosa*]. — **médicinale.** 🌸. — Figurée en couleurs : 4, planche 41.

✕ Feuilles *arrondies* au sommet (figure A), à dents arrondies ; les dents inférieures d'une feuille sont *plus petites* que les dents supérieures ; tige à 4 angles très aigus. → **Scrofulaire aquatique** (Herbe-carrée, Bétoine-d'eau, Herbe-du-siège) [*Scrofularia aquatica*] 🌸.

Note 1. — Pour plus de détails sur les diverses espèces de Galéopsis, voir la *Flore complète*, page 252.

Note 2. — Pour plus de détails sur les diverses espèces de Scrofulaires (*Scrofularia*), voir la *Flore complète*, page 231.

182
(*vient de 180*).

☐ Feuilles **à dents aiguës** (Voir, comme exemples, les figures ci-dessous).. **183**

☐ Feuilles **à dents arrondies** (Voir, comme exemples, les figures ci-dessous)... **188**

☐ Feuilles **sans dents**
(exemples : figures VL, OR)............................... **188**

183
(*vient de 182*).

★ ★ Feuilles (figure LC), **profondément divisées en 3 parties**, les feuilles supérieures à 3 dents bien marquées ; feuilles d'un vert foncé en dessus et d'un vert pâle en dessous, toutes portées par une queue. — **Agripaume Cardiaque** (Cardiaque) [*Leonurus Cardiaca*]. — **médicinale.**

★ ★ Feuilles **non** profondément divisées en trois.......... **184**

184
(*vient de 183*).

☉ Fleurs **une par une à l'aisselle des feuilles** (figure GO), d'un blanc jaunâtre un peu rosé. → **Gratiole officinale** (Herbe-au-pauvre-homme) [*Gratiola officinalis*]. — **vénéneuse ; médicinale.**

☉ Fleurs **groupées**............................... **185**

185
(*vient de 184*).

Feuilles **toutes sans queue** (figure O), fleurs rougeâtres ou pourprées ; corolle couverte de très petits poils (figure R) (regarder avec une loupe). → **Odontitès rouge** [*Odontites rubra*].

Feuilles **ayant une queue,** sauf parfois les feuilles qui sont tout à fait en haut des tiges............................... **186**

186
(*vient de 185*).

• Fleurs **d'un pourpre sombre ;** feuilles à dents aiguës et assez profondes (figure SS) ; feuilles ayant toutes une queue (figure S) → **Épiaire des bois** (Grande-Épiaire Ortie-puante) [*Stachys silvatica*] ✿.

• Fleurs **non** d'un pourpre sombre.................... **187**

⊕ Feuilles à dents *assez aiguës et profondes* (figure CT) ; fleurs à lèvre supérieure droite et dressée (figure N), soit roses tachées de blanc ou de pourpre, soit blanches tachées de rose ;

187 (vient de 186). plantes à odeur désagréable. → **Népéta Chataire** (Herbe-aux chats) [*Nepeta Cataria*]. — médicinale.

⊕ Feuilles à dents *peu aiguës et peu profondes*, fleurs roses n'ayant qu'une petite tache blanche au milieu de la lèvre inférieure ; fleurs en grappe assez lâche (figure C) ; plante à odeur aromatique. → **Calament officinal** (Baume-sauvage, Menthe-de-montagne) [*Calamintha officinalis*]. — médicinale. — Figurée en couleurs : 1, planche 43.

188 (vient de 182). ✠ Fleurs *groupées par 2 ou 3, et tournées d'un même côté ;* tiges longuement couchées sur le sol ; feuilles arrondies, en cœur renversés (figure GH). → **Gléchoma Faux-Lierre** (Lierre-terrestre, Herbe-Saint-Jean) [*Glechoma hederacea*]. — médicinale. 🌙. — Figurée en couleurs (à fleurs bleues) : 4, planche 44.

✠ Plante *n'ayant pas à la fois* tous ces caractères **189**

189 (vient de 188). § En regardant la fleur de profil, on voit que la lèvre supérieure a un peu *la forme d'une faucille qui serait comme coupée au sommet* (figures S, P) ; plante assez visqueuse, surtout dans la partie supérieure, où se trouvent les fleurs. → **Sauge des prés** [*Salvia pratensis*]. — médicinale. 🌙. — Figurée en couleurs : 7, planche 43.

§ Plante *n'ayant pas à la fois* tous les caractères précédents. **190**

190 (vient de 189). + Queues des fleurs *ayant plus de 3 millimètres de longueur ;* fleurs non très serrées dans chaque groupe (figure C). → **Calament officinal** (Baume-sauvage, Menthe-de-montagne) [*Calamintha officinalis*]. — médicinale. — Figurée en couleurs : 1, planche 43.

+ Queues des fleurs ayant *moins de 2 millimètres* de longueur ou fleurs *sans queue ;* fleurs très serrées dans chaque groupe. **191**

191 (vient de 190). • Feuilles environ *trois fois plus longues que larges* (figure SB), sauf les feuilles de la base, lesquelles sont en cœur renversé et portées sur une *très longue queue ;* fleurs *groupées vers le sommet de la tige* (figure O). → **Epiaire Bétoine** (Bétoine, Belle-tête) [*Stachys Betonica*]. — médicinale. — Figurée en couleurs : 1, planche 44.

• Plante *n'ayant pas à la fois* ces caractères. **192**

192
(vient de 191).

△ Plante **ayant à la fois** des fleurs roses ou blanches tachées de pourpre ou pourpres tachées de blanc, et des feuilles **un peu cotonneuses en dessous**........................ **193**

△ Plante **n'ayant pas à la fois** ces caractères.......... **194**

193
(vient de 192).

✠ Fleurs **blanches ou roses, ponctuées de rouge ;** feuilles portées sur une queue assez longue (figure CT). → **Népéta Chataire** (Herbe-aux-chats) [*Nepeta Cataria*]. — **médicinale.**

✠ Fleurs **roses ou pourpres, tachées de blanc** vers le haut du tube de la corolle ; feuilles sans queue (figure SP) ou à queue courte ; les feuilles supérieures embrassant la tige par leur base. → **Epiaire des marais** [*Stachys palustris*] ✿.

194
(vient de 192).

○ Feuilles **à peine dentées ou sans dents, poilues grisâtres en dessous ;** chaque groupe de fleurs est entouré de petites écailles aiguës plus nombreuses que les fleurs (figure CC). → **Calament Clinopode** (Roulette, Pied-de-lit) [*Calamintha Clinopodium*] ✿. — Figurée en couleurs : 2, planche 43.

○ Feuilles **nettement dentées** et **non** poilues grisâtres en dessous... **195**

195
(vient de 194).

— Fleurs **entremêlées d'écailles larges, ciliées, membraneuses et vertes, brusquement terminées en pointe** (figure B), et embrassant la tige par la base ; feuilles ayant une queue, sauf les deux feuilles qui sont à la base du groupe serré formé par les fleurs. → **Brunelle vulgaire** (Charbonnière, Brunelle) [*Brunella vulgaris*]. — **médicinale.** ✿. — Figurée en couleurs : 6, planche 43.

— Plante **n'ayant pas à la fois** tous les caractères précédents. **196**

196
(vient de 195).

★ Partie verte en entonnoir entourant la base de la corolle (calice) **plissée en long** (figure BF), à 5 dents au sommet : chaque dent est pliée en long. → **Ballote fétide** (Marrube-noir, Ballote) [*Ballota fœtida*]. — Figurée en couleurs : 7, planche 44.

★ Calice **non** plissé, à dents **non** pliées en long **197**

197
(vient de 196).

= Corolle ayant deux petits lobes très étroits et aigus sur les deux côtés de la lèvre inférieure (figure M) ; tube de la corolle recourbé vers le haut. → **Lamier tacheté** [*Lamium maculatum*].

= Plante **n'ayant pas à la fois** ces caractères.......... **198**

— 49 —

198
(vient de 197).

⊖ Feuilles *alternes* dans la partie supérieure des tiges et des rameaux ; fleurs en grappes plus ou moins allongées ; corolle couverte extérieurement de petits poils (figure R) ; feuilles sans queue (figure O). → **Odontitès rouge** [*Odontites rubra*]. [*Note 1*, au bas de la page].

⊖ Feuilles *toutes opposées ;* fleurs serrées en masses compactes **199**

199
(vient de 198).

⊕ Feuilles supérieures *arrondies embrassant la tige tout autour* (figure AM) ; corolle à tube allongé (la figure LA représente la fleur coupée en long et grossie). → **Lamier amplexicaule** (Pas-de-poule) [*Lamium amplexicaule*]. — Figurée en couleurs : 5, planche 44.

⊕ Feuilles supérieures *ovales en triangle,* n'embrassant *pas* la tige tout autour (figure P) ; feuilles inférieures à longue queue (figure PU). → **Lamier pourpre** (Ortie rouge) [*Lamium purpureum*].

200
(vient de 123).

☐ Corolle *en papillon,* c'est-à-dire à 5 pétales inégaux : un pétale supérieur plus grand (*e*, figures ci-dessous), deux pétales égaux entre eux situés à droite et à gauche (*a, a,* figures ci-dessous), et deux pétales inférieurs soudés entre eux (*cc,* figures ci-dessous), en forme de bateau, rarement contournés ensemble sur eux-mêmes (figure PV, à droite)............................. **212**

Les figures ci-dessus représentent des exemples de fleurs en papillon ; dans la figure PS, on voit les cinq pétales détachés, dont deux, *cc*, sont soudés entre eux.

☐ Corolle *non* en papillon, c'est-à-dire ne présentant pas à la fois tous les caractères précédents............................. **201**

Les figures ci-dessus représentent quelques exemples de fleurs non en papillon.

Note 1. — Pour les diverses espèces d'Odontitès, voir la *Flore complète*, page 238.

★ ★ Feuilles **opposées ;** c'est-à-dire feuilles disposées par deux, et attachées sur la tige au même niveau, en face l'une de l'autre **202**

201
(vient de 200).

VAL

Les figures ci-dessus représentent des exemples de feuilles opposées.

★ ★ Feuilles **alternes ;** c'est-à-dire feuilles attachées une par une sur la tige à des niveaux différents (la figure DE représente un exemple de feuilles alternes) **206**

DE

—
202
(vient de 201).

⊙ Fleurs **presque régulières,** à 5 lobes (voyez ci-dessous figures V et VO, au nᵒ 203) **203**

⊙ Fleurs **très irrégulières,** dont la corolle présente comme deux lèvres, l'une supérieure, l'autre inférieure **204**

203
(vient de 202).

Fleurs disposées en **longs épis effilés ;** feuilles plus ou moins profondément découpées (figures VE, VER) ; corolle dont le tube est recouvert en grande partie par le tube vert qui forme le calice (figure V). → **Verveine officinale** (Herbe-sacrée, Verveine) [*Verbena officinalis*]. — **médicinale.** ✿. — Figurée en couleurs : 5, planche 45.

VE

VER

Fleurs disposées en **groupes non allongés,** et venant s'épanouir presque toutes au même niveau ; feuilles complètement découpées en 7 à 21 divisions (figure VAL) ; corolle dont le tube n'est pas recouvert par le calice (figure VO). → **Valériane** [*Valeriana*]. — Pour les principales espèces de Valérianes, se reporter au nᵒ **103**

VAL

VO

Fleurs **peu nombreuses dans chaque groupe ;** pétales séparés entre eux jusqu'à la base. — Se reporter au nᵒ **211**

204
(vient de 202).

• Fleurs **roses ou pourprées ;** feuilles inférieures à **plus de 20 divisions** (figure P) ; lèvre supérieure de la fleur en forme de casque un peu recourbé (figure SI). → **Pédiculaire des bois** [*Pedicularis silvatica*] [*Note 1,* au bas de la page].

P

SI

• Fleurs **roses tachées de pourpre** ou **blanches tachées de rouge ;** feuilles inférieures ayant 3 divisions ou 5 à 9 divisions. **205**

Note 1. — Pour les diverses espèces de Pédiculaires [*Pedicularis*], voir la **Flore complète,** page 239.

205
(vient de 204).

⊕ Feuilles **profondément divisées en 3 parties ;** les feuilles supérieures à 3 dents bien marquées (figure LC) ; fleurs **roses** tachées de pourpre.
→ **Agripaume Cardiaque** (Cardiaque) [*Leonurus Cardiaca*]. — **médicinale.**

⊕ Feuilles **plus ou moins divisées en lobes inégaux** (figure LY), les feuilles supérieures à nombreuses dents aiguës ; vers la base de la plante, les feuilles sont profondément divisées ; fleurs **blanches tachées de rouge.**
→ **Lycope d'Europe** (Pied-de-loup, Marrube-aquatique) [*Lycopus europæus*] 🌿.

206
(vient de 201).

✠ Fleurs **en ombrelle composée,** c'est-à-dire dont les queues partent toutes du même point comme les rayons qui soutiennent une ombrelle ; chaque rayon principal porte lui-même à son sommet d'autres rayons en ombrelle terminés chacun par une fleur (figure DC). **Il y a une collerette de petites feuilles divisées** exactement au-dessous de l'ombrelle.. **675**

✠ Fleurs **en ombrelle composée,** mais **sans collerette de petites feuilles** au-dessous de l'ombrelle..................... **687**

✠ Fleurs **non** en ombrelle composée................... **207**

207
(vient de 206).

§ Fleurs **toutes à peu près disposées au même niveau ;** feuilles à plus de 40 segments disposés sur 2 rangs (figure AM). (En examinant la plante avec soin, on voit que chaque fleur est une fleur *composée* de très petites fleurs en tube, entourées de petites fleurs en languette, et qu'autour de l'ensemble se trouve une collerette de très petites écailles vertes). → **Achillée Millefeuille** (Millefeuille, Herbe-au-charpentier) [*Achillea Millefolium*] — **médicinale.** — Figurée en couleurs (à fleurs blanches) : 6, planche 31.

§ Plante **n'ayant pas à la fois** tous ces caractères........ **208**

208
(vient de 207).

+ Chaque fleur **prolongée à la base ou au delà de la queue de la fleur en un cornet allongé** (figure D) **ou en une bosse arrondie** (figure OF)........................... **209**

+ Chaque fleur **non** prolongée en cornet, en tube ou en bosse arrondie à la base....................... **210**

Les figures ci-dessus représentent des fleurs sans cornet ni bosse à la base.

209
(*vient de 208*).

— • Fleurs *de plus d'un centimètre de longueur* à 5 parties colorées en rose dont l'une se prolonge en un cornet *allongé et étroit* (figure D) ; feuilles divisées en lobes très allongés (figure DE). → **Dauphinelle Consoude** (Pied-d'Alouette, Éperon-de-chevalier, Bec-d'oiseau) [*Delphinium Consolida*]. — **médicinale**. ✿. — Figurée en couleurs : 3, planche 3. — [*Note 1, au bas de la page*].

— • Fleurs *de moins d'un centimètre de longueur* prolongées chacune au delà de la queue de la fleur par une bosse arrondie, courte (figure OF); feuilles à nombreuses divisions qui ne sont pas très allongées (figure FO). → **Fumeterre officinale** (Fumeterre) [*Fumaria officinalis*]. — **médicinale**. — Figurée en couleurs : 4, planche 5 [*Note 2, au bas de la page*].

210
(*vient de 208*).

△ Fleurs dont la corolle est en forme de tube à la base et à deux lèvres, dont la supérieure *en forme de casque* (figure SI); feuilles à divisions disposées sur 2 rangs (figure P). → **Pédiculaire des bois** [*Pedicularis silvatica*] [*Note 3, au bas de la page*]

△ Fleurs à corolle *non* en tube à la base et *non* à deux lèvres dont la supérieure en casque.............. .... **211**

211
(*vient de 210*).

✠ Fleurs *rouges* à 4 pétales dont 2 plus grands......... ... **116**

✠ Fleurs *rouges*, à pétales égaux mais irrégulièrement disposés (figure AA) ; feuilles à divisions étroites (figure A) de moins de deux millimètres de largeur. → **Adonis d'été** (Goutte-de-sang) [*Adonis æstivalis*] [*Note 4, au bas de la page*]. — Figurée en couleurs (à fleurs régulières) : 4, planche 2.

✠ Fleurs *roses* à 5 pétales presque égaux (figure E) ; feuilles ayant 7 à 13 folioles dentées (figure EC). → **Erodium à feuilles de Ciguë** (Bec-de-Héron) [*Erodium Cicutarium*]. — Figurée en couleurs : 2, planche 11.

Note 1. — Pour les diverses espèces de Dauphinelles [*Delphinium*], voir la *Flore complète*, page 10.
Note 2. — Pour les diverses espèces de Fumeterres [*Fumaria*], voir la *Nouvelle Flore*, page 9, et la *Flore complète*, page 14. — *Flore de Belgique*, page 9.
Note 3. — Pour les diverses espèces de Pédiculaires [*Pedicularis*], voir la *Flore complète*, page 239.
Note 4. — Pour les diverses espèces d'Adonis, voir la *Nouvelle Flore*, page 6, et la *Flore complète*, page 6. — *Flore de Belgique*, page 6.

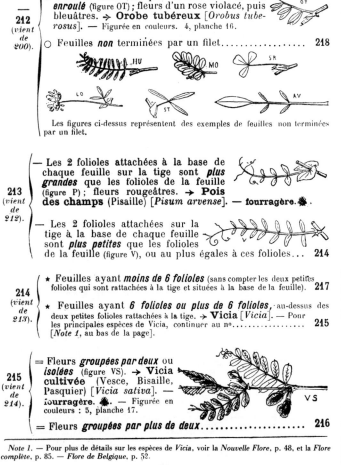

○ Feuilles terminées par un *filet plus ou moins enroulé*.. **213**

Les figures ci-dessus représentent des exemples de feuilles terminées par un filet enroulé.

212
(*vient de 200*).

○ **Feuilles terminées par un *filet court et non enroulé*** (figure OT); fleurs d'un rose violacé, puis bleuâtres. → **Orobe tubéreux** [*Orobus tuberosus*]. — Figurée en couleurs. 4, planche 16.

○ Feuilles *non* terminées par un filet................. **218**

Les figures ci-dessus représentent des exemples de feuilles non terminées par un filet.

213
(*vient de 212*).

— Les 2 folioles attachées à la base de chaque feuille sur la tige sont *plus grandes* que les folioles de la feuille (figure P); fleurs rougeâtres. → **Pois des champs** (Pisaille) [*Pisum arvense*]. — **fourragère.** ✿.

— Les 2 folioles attachées sur la tige à la base de chaque feuille sont *plus petites* que les folioles de la feuille (figure V), ou au plus égales à ces folioles... **214**

214
(*vient de 213*).

★ Feuilles ayant *moins de 6 folioles* (sans compter les deux petites folioles qui sont rattachées à la tige et situées à la base de la feuille). **217**

★ Feuilles ayant *6 folioles ou plus de 6 folioles*, au-dessus des deux petites folioles rattachées à la tige. → **Vicia** [*Vicia*]. — Pour les principales espèces de Vicia, continuer au nᵒ................. **215** [*Note 1*, au bas de la page].

215
(*vient de 214*).

= Fleurs *groupées par deux* ou *isolées* (figure VS). → **Vicia cultivée** (Vesce, Bisaille, Pasquier) [*Vicia sativa*]. — **fourragère.** ✿. — Figurée en couleurs : 5, planche 17.

= Fleurs *groupées par plus de deux*..................... **216**

Note 1. — Pour plus de détails sur les espèces de *Vicia*, voir la *Nouvelle Flore*, p. 48, et la *Flore complète*, p. 85. — *Flore de Belgique*, p. 52.

⊖ Grappes **à moins de 8 fleurs** rosées ou bleuâtres ; la queue de la grappe est **bien plus courte** que la feuille à l'aisselle de laquelle elle s'attache (figure S). — **Vicia des haies** (Vesceron, Faux-pois) [*Vicia sepium*] ✿. — Figurée en couleurs ; 6, planche 17.

216
(vient de **215**).

⊖ Grappes **à plus de 8 fleurs** violettes ; la queue de la grappe est **aussi longue ou presque aussi longue** que la feuille à l'aisselle de laquelle elle s'attache (figure CR) → **Vicia Cracca** [*Vicia Cracca*] ✿. — Figurée en couleurs . 7, planche 17.

✕ Fleurs **roses** ; tiges portant des **lames aplaties sur toute leur longueur et fleurs groupées par plus de 3** ; folioles très aiguës (figure LS). → **Gesse sauvage** [*Lathyrus silvestris*]. — **fourragère**. ✿. — Figurée en couleurs : 3, planche 17.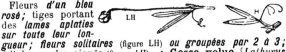

217
(vient de **214**).

✕ Fleurs **d'un bleu rosé** ; tiges portant des **lames aplaties sur toute leur longueur** ; **fleurs solitaires** (figure LH) **ou groupées par 2 à 3** ; folioles ovales aiguës (figure LH). → **Gesse velue** [*Lathyrus hirsutus*].

✕ Fleurs **rouges** ; tiges **sans** lames aplaties sur toute leur longueur ; fleurs groupées par plus de 3 ; folioles aiguës (figure LT). → **Gesse tubéreuse** (Gland-de-terre) [*Lathyrus tuberosus*]. — **comestible**.

☐ Feuilles inférieures ayant leur foliole terminale **beaucoup plus grande** que les autres folioles (figure AV) ; à la base des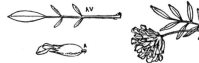

218
(vient de **212**).

fleurs sont de petites feuilles **en forme d'éventail** (figure V) ; le calice, entourant la base des pétales, est plus ou moins renflé (figure A). → **Anthyllis Vulnéraire** (Vulnéraire) [*Anthyllis Vulneraria*]. — **médicinale**.

☐ Plante **n'ayant pas à la fois** tous ces caractères....... **219**

★ ★ Feuilles à *3 folioles* (sans compter les deux petites folioles attachées sur la tige et qui sont à la base de la feuille) **220**

Les figures ci-dessus représentent des exemples de feuilles à 3 folioles.

219
(*vient
de
218*).

★ ★ Feuilles *en apparence à 5 folioles*, les
folioles attachées sur la tige ressemblant
plus ou moins aux 3 folioles de la feuille (fi-
gure LO). → **Lotier corniculé** (Pied-de-poule, Cornette) [*Lotus
corniculatus*] ✿. — Figurée en couleurs : 1, planche 14.

★ ★ Feuilles à *plus de 5 folioles* **226**

Les figures ci-dessus représentent des exemples de feuilles à plus de 5 folioles.

220
(*vient
de
219*).

⊙ Plante *grimpante ;* fleurs d'un rouge
écarlate, dont les pétales inférieurs
sont contournés sur eux-mêmes
(figure P) ; feuilles à 3 folioles aiguës
(figure H). → **Haricot à fleurs
nombreuses** (Haricot-d'Espagne)
[*Phaseolus multiflorus*]. — **ornementale.**

⊙ Plante *non* grimpante **221**

221
(*vient
de
220*).

⌒ Fleurs *entremêlées aux feuilles ordinaires* (figure RE) et *non* réunies en masses serrées au
sommet des rameaux. → **Ononis rampant**
(Arrête-bœuf, Bugrane) [*Ononis repens*]. — **médicinale ; dangereuse.** — Figurée en couleurs : 1, planche 15.

⌒ Fleurs *toutes réunies en masses serrées* au sommet des
rameaux. (Voir les figures des numéros 222 à 225) **222**

222
(*vient
de
221*).

• Tiges *rampant sur le sol et portant
çà et là des racines* (figure R) ; fleurs
blanches un peu rosées en dessous.
→ **Trèfle rampant** (Trèfle-blanc,
Triolet) [*Trifolium repens*]. — **fourragère.** ✿. — Figurée en couleurs : 3, planche 14.

• Plante *n'ayant pas* ces caractères **223**

223
(*vient de 222*).

⊕ Chacune des masses de fleurs est allongée (figure TI) et a de *4 à 6 centimètres* de longueur ; fleurs rouges ou d'un pourpre vif. → **Trèfle incarnat** (Trèfle-anglais, Farouche, Mangeaille) [*Trifolium incarnatum*]. — **fourragère.** ❀. — Figurée en couleurs : 5, planche 14.

⊕ Chacune des masses de fleurs est allongée ou arrondie, et a *moins de 3 centimètres de longueur* **224**

224
(*vient de 223*).

✠ Chacune des masses de fleurs est *un peu cotonneuse* et *plus de 2 fois plus longue que large* (figure A) ; fleurs d'un *blanc rosé.* → **Trèfle des champs** (Pied-de-lièvre) [*Trifolium arvense*].

✠ Plante *n'ayant pas à la fois* ces caractères **225**

225
(*vient de 224*).

§ Chacune des masses de fleurs devient *renflée, épaisse,* à fleurs soudées entre elles en une tête arrondie (figure F). → **Trèfle porte-fraise** [*Trifolium fragiferum*].

§ Chacune des masses de fleurs (figure TP) *ne devient pas* renflée, épaisse, et les fleurs restent séparées entre elles. → **Trèfle des prés** (Trèfle-rouge, Gros-trèfle) [*Trifolium pratense*]. — **fourragère.** — Figurée en couleurs : 4, planche 14.

226
(*vient de 219*).

—• Chaque fleur de *moins de 6 millimètres de longueur;* fleurs blanchâtres, veinées de rose, couleur de chair ; il y a souvent une petite feuille exactement au-dessous du groupe de fleurs (figure OI). → **Ornithope délicat** (Pied-d'oiseau) [*Ornithopus perpusillus*] ❀.

—• Chaque fleur de *plus* de 6 millimètres **227**

227
(*vient de 226*).

△ Fleurs disposées *en grappes plus ou moins allongées* (figure OS) ; tiges dressées. → **Sainfoin cultivé** (Sainfoin, Esparcette, Bourgogne) [*Onobrychis sativa*]. — **fourragère.** ❀. — Figurée en couleurs : 3, planche 16.

△ Fleurs disposées *en couronnes* (figure V) au sommet des rameaux ; tiges plus ou moins couchées sur le sol ou retombantes. → **Coronille variée** [*Coronilla varia*]. — **médicinale.** ❀. — Figurée en couleurs : 1, planche 16.

✠ Chaque fleur **régulière,** c'est-à-dire que les parties semblables de la fleur qui sont colorées en bleu, lilas ou violet, sont régulièrement disposées autour du centre de la fleur, et sont sensiblement égales entre elles 229

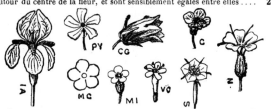

Les figures ci-dessus représentent quelques exemples de fleurs régulières.

✠ Chaque fleur **irrégulière,** c'est-à-dire que les fleurs n'ont pas la disposition précédente.. 297

Remarque. — Il ne faut pas considérer comme régulières les fleurs qui ont la moitié droite et la moitié gauche semblables entre elles.

Les figures ci-dessus représentent quelques exemples de fleurs irrégulières.

✠ Chaque fleur **réduite à de petites écailles bleuâtres ou violacées** ou entourées par un grand cornet violacé....... 352

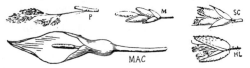

Les figures ci-dessus représentent quelques exemples de fleurs réduites à des écailles. — La figure MAC représente un grand cornet entourant les fleurs très réduites.

Remarque. — Si l'on hésite entre fleur régulière ou fleur irrégulière, comme par exemple pour les fleurs représentées par les figures VT, M et AR, on peut prendre l'un ou l'autre des numéros auxquels on est renvoyé ; on arrivera au nom de la plante dans les deux cas.

On peut aussi hésiter entre fleurs réduites à des écailles et fleurs régulières, car certaines fleurs, bien que régulières, sont formées de parties membraneuses et elles semblent réduites à des écailles ; on peut choisir l'un ou l'autre des numéros auxquels on est renvoyé ; on arrivera au nom de la plante dans les deux cas.

○ Feuilles **composées ;** c'est-à-dire que la feuille tout entière est formée par la réunion de feuilles secondaires, ou *folioles*, que l'on prend souvent à tort chacune pour une feuille ; la feuille composée se rattache à la tige par sa base ou par une queue qui porte toutes les folioles. La base de la feuille composée *n'est pas* placée juste à l'aisselle d'une autre feuille............ **284**

Les figures ci-dessus représentent des exemples de feuilles composées.

○ Feuilles **profondément divisées** (sauf parfois les feuilles qui sont tout à fait dans le haut des tiges), c'est-à-dire que chaque feuille est comme découpée jusqu'à plus de la moitié de sa largeur... **284**

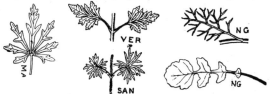

Les figures ci-dessus représentent des exemples de feuilles divisées.

○ Feuilles **simples ;** c'est-à-dire soit non découpées jusqu'à plus de la moitié de la largeur de la feuille, soit seulement bordées de dents ou même sans dents sur les bords.................................... **230**

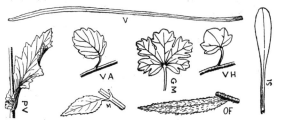

Les figures ci-dessus représentent des exemples de feuilles simples.

○ Feuilles **non développées**............................. **231**

Remarque. — Si l'on hésite entre feuilles composées et feuilles profondément divisées, cela est indifférent, puisque dans les deux cas on est renvoyé au même numéro.

Si l'on hésite entre feuilles profondément divisées et feuilles simples, on peut prendre l'une ou l'autre question ; dans les deux cas, on arrivera au nom de la plante. Il en sera de même si la plante possède à la fois des feuilles simples et des feuilles composées ou divisées (en dehors de quelques feuilles simples qui peuvent se trouver tout au sommet des tiges fleuries).

229
(*vient de 228*).

— Feuilles **opposées** (sauf parfois dans le haut des tiges ou des rameaux) ; c'est-à-dire feuilles disposées par deux, attachées sur la tige au même niveau, en face l'une de l'autre........................ **267**

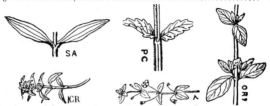

Les figures ci-dessus représentent des exemples de feuilles opposées.

Remarque. — Il se développe assez souvent, à l'aisselle des feuilles opposées, de petits rameaux feuillés (comme sur la figure ORI, ci-dessus, à droite) qui pourraient faire croire que les feuilles sont groupées en grand nombre au même niveau sur la tige et non opposées par deux seulement ; mais en regardant avec attention à la base de ce groupe de feuilles, on distingue très bien les deux feuilles opposées.

— Feuilles **verticillées** au moins vers le milieu des tiges ; c'est-à-dire feuilles attachées au même niveau sur la tige par 3, 4, 5 ou même plus, et régulièrement disposées tout autour de cette tige..... **267**

Les figures ci-dessus représentent des exemples de feuilles verticillées.

230
(*vient de 229*).

— Feuilles **alternes ;** c'est-à-dire feuilles attachées une par une sur la tige à des niveaux différents (exemples : figures GA, HM)......... **231**

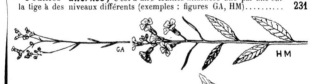

— Feuilles **groupées ;** c'est-à-dire feuilles attachées sur la tige, par 2 ou plus, au même niveau, mais disposées à ce niveau d'un seul côté de la tige (Exemple : figure BE)....... ... **231**

— Feuilles **toutes à la base** de la plante (exemple : fig. A). ... **231**

Remarque. — Si la plante présente à la fois des feuilles verticillées et des feuilles opposées (comme par exemple figure P) ou à la fois des feuilles alternes et verticillées (comme par exemple figure LS), on peut prendre l'une ou l'autre question ; dans les deux cas, on arrivera au nom de la plante.

★ Chaque fleur a les *pétales séparés entre eux jusqu'à la base ;* c'est-à-dire qu'on peut enlever jusqu'à la base l'un des pétales (ou partie de la fleur colorée en bleu, violet ou lilas) sans déchirer les autres. Il s'agit des parties de la fleur dont l'ensemble forme la corolle ou partie colorée qui entoure les filets et autres organes situés au milieu de la fleur ; lorsque la fleur se fane, chaque pétale (ou pièce colorée) tombe ou se flétrit isolément [*Note 1*, au bas de la page]................................. **232**

La figure E (à droite, en haut) représente une fleur à pétales séparés dont on voit les 6 pétales (ou parties colorées en bleu) détachés. — Les autres figures représentent quelques exemples de fleurs à pétales séparés. Sur la figure N, les pétales (ou parties colorées en bleu) semblent réunis entre eux, mais il suffit de détacher l'une des 6 parties de la fleur pour voir qu'elle est libre jusqu'à la base (comme l'indique la figure E, au-dessus).

231
(*vient de 230*).

★ Chaque fleur a les *pétales soudés entre eux, au moins à la base ;* c'est-à-dire qu'en essayant de détacher l'une des parties de la fleur colorée en bleu, violet ou lilas, on est obligé de déchirer la corolle, au moins à sa base. Lorsque la fleur se fane, la corolle tombe ou se flétrit tout d'une pièce.. **242**

Les pétales sont soudés entre eux, à des hauteurs très variées suivant les diverses fleurs. La figure M représente la corolle d'une fleur dont les pétales sont très peu soudés entre eux par leur base ; dans la corolle BO, les pétales sont plus soudés entre eux et plus encore dans les corolles CY, MV, MS, C qui sont en forme de tube à la base ; dans la fleur CG les pétales ne sont séparés qu'au sommet où ils forment cinq dents ; enfin, dans la fleur S, les pétales sont soudés entre eux presque jusqu'au sommet. — La figure CD représente la corolle détachée de la fleur CO.

Note 1. — Dans la plupart des fleurs on trouve, en dehors de la corolle, une autre enveloppe de la fleur, généralement verte, appelée *calice,* qui entoure la base de la corolle. Dans d'autres fleurs il est difficile de distinguer le calice et la corolle, qui sont plus ou moins confondus en une seule enveloppe florale. D'autres fleurs enfin n'ont réellement qu'une seule enveloppe florale colorée en bleu, lilas ou violet, comme une corolle. On comprend ici, sous les noms de pétales et de corolle, les pièces colorées en bleu, lilas ou violet, qui entourent immédiatement les filets ou autres organes placés au milieu de la fleur.

232
(*vient de 231*).

= Fleurs *d'un lilas rose, presque sans queue,* disposées en longue grappe (figure LS). La partie verte qui entoure les

pétales à leur base (calice) a là forme d'un tube portant *8 à 12 dents* disposées sur 2 rangs (on voit 6 dents du rang extérieur sur la figure SI) ; les feuilles sont tantôt alternes, tantôt opposées, tantôt verticillées. → **Lythrum Salicaire** (Salicaire) [*Lythrum Salicaria*]. — **médicinale.** — Figurée en couleurs ; 4, planche 21.

= Plante *n'ayant pas à la fois* tous ces caractères **233**

233
(*vient de 232*).

⊖ Chaque fleur ayant *4 pétales* ou 4 parties semblables entre elles, colorées en bleu, lilas ou violet **234**

⊖ Chaque fleur ayant *5 pétales* ou 5 parties semblables entre elles colorées en bleu, lilas ou violet **237**

⊖ Chaque fleur ayant *3, 6 ou 9 pétales,* ou 3, 6, 9 parties semblables entre elles colorées en bleu, lilas ou violet **240**

⊖ Chaque fleur *en apparence à nombreux pétales* (En examinant une fleur avec soin, on voit qu'en réalité c'est une fleur *composée* de très nombreuses petites fleurs en forme de tubes ou de languettes qui sont entourées par une collerette de nombreuses petites feuilles ou écailles). — Se reporter au nᵒ **810**

234
(*vient de 233*).

× Chaque fleur *de plus de 5 centimètres de largeur ;* les quatre pétales sont chiffonnés dans le bouton et sont enveloppés par 2 parties vertes qui tombent lorsque la fleur s'ouvre ; les feuilles sont sans poils et embrassent largement la tige par leur base (figure PV). → **Pavot somnifère** (Pavot-des-jardins) [*Papaver somniferum*]. — **médicinale ; ornementale.** — On cultive sous le nom d'Œillette une variété de cette plante qui est **industrielle.** — Figurée en couleurs : 2, planche 5.

× Chaque fleur de *moins* de 5 centimètres de largeur . . . **235**

235
(*vient de 234*).

□ Les feuilles inférieures sont *profondément divisées* (figure NG), les autres plus ou moins divisées ou dentées ; fleurs à pétales violacés *à veines foncées* (figure RR). → **Radis Ravenelle** (Raveluche, Ravenelle, Jotte, Pied-de-glène) [*Raphanus Raphanistrum*]. 🌺 On cultive l'espèce voisine : Radis cultivé (*Raphanus sativus*) pour ses racines renflées, alimentaires.

□ Plante *n'ayant pas* ces caractères **236**

236
(*vient de 235*).

★ ★ Feuilles *aiguës à la base* (figure HM); fleurs à odeur suave → **Julienne des Dames** (Julienne, Girarde) [*Hesperis matronalis*]. — **ornementale**.

★ ★ Feuilles *non* aiguës à la base, souvent en cœur renversé (figure LB); fleurs sans odeur bien marquée. → **Lunaire bisannuelle** (Monnaie-du-pape) [*Lunaria biennis*]. — **ornementale**. ✿

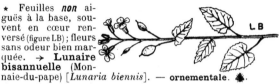

237
(*vient de 233*).

⊙ Feuilles *dentées et plus ou moins découpées* **238**

⊙ Feuilles *n'étant pas à la fois* dentées et découpées **239**

238
(*vient de 237*).

⌐ Feuilles *plus ou moins poilues, mais très vertes* ; il y a *3 très petites feuilles* ou écailles vertes au-dessous de la partie verte (calice) qui entoure les pétales à leur base (figures MM, MA (calices seuls) et MS, fleur entière). → **Mauve** [*Malva*]. — Pour les principales espèces de Mauve, se reporter au nᵒ.. **57**

⌐ Feuilles (figure GO), *très velues, blanchâtres*; il y a *6 à 9 très petites feuilles* ou écailles vertes au-dessus du calice vert qui entoure les pétales à leur base (figure AO). → **Guimauve officinale** (Guimauve) [*Althæa officinalis*]. — **médicinale**. ✿

239
(*vient de 237*).

• Fleurs *violettes* (les pétales sont en réalité soudés entre eux à leur base) ; chacun des pétales porte vers sa base deux taches vertes bordées de blanc ; feuilles assez larges, parfois divisées (figure DU). → **Morelle douce-amère** (Douce-amère, Vigne-de-Judée) [*Solanum Dulcamara*]. — **vénéneuse ; médicinale**. — Figurée en couleurs : 2 et 2 *bis*, planche 40.

• Fleurs *bleues* ; feuilles allongées, étroites (figure L), lisses sur les bords. → **Lin usuel** [*Linum usitatissimum*]. — **industrielle ; médicinale**. — Figurée en couleurs : 1 et 1 *bis*, planche 10.

• Fleurs *lilas ou d'un lilas rose* ; feuilles allongées, étroites, un peu rudes sur les bords. → **Lin à feuilles menues** [*Linum tenuifolium*]. — Figurée en couleurs : 2, planche 10.

240
(*vient de 233*).

⊖ Feuilles **non développées** lorsque la plante fleurit ; fleur **en entonnoir** (figure CO) (Les parties colorées en lilas ou violacé sont en réalité soudées à la base en un long tube). → **Colchique d'automne** (Colchique, Tue-chien, Veilleuse, Safran-bâtard) [*Colchicum autumnale*]. — **vénéneuse ; médicinale**. — Figurée en couleurs : 4, planche 52.

⊖ Feuilles **développées** en même temps que les fleurs.. 241

241
(*vient de 240*).

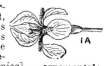

⌣ Fleurs **de plus de 3 centimètres de largeur**, ayant **9 parties** colorées en violet, les unes renversées ou étalées, les autres dressées (figure IA) ; feuilles aiguës au sommet, disposées le long de la tige et à la base de la plante. → **Iris d'Allemagne** (Flambe, Flamme) [*Iris germanica*]. — **ornementale**.

⌣ Fleurs de **moins** de 3 centimètres de largeur, disposées en grappe, et ayant **6 parties** recourbées en dehors à leur sommet (figure N), plante de moins de 46 centimètres de hauteur ; feuilles toutes à la base de la plante. → **Endymion penché** (Jacinthe-des-bois, Jacinthe-sauvage) [*Endymion nutans*]. — **Figurée** en couleurs : 5, planche 53.

⌣ Fleurs de **moins** de 3 centimètres, à **6 parties** disposées **en étoile** 259

242
(*vient de 231*).

★ Chaque fleur en forme de **cloche, de grelot, de tube ou d'entonnoir** (retirer la corolle de la fleur pour voir sa forme). 243

Les figures ci-dessus représentent des exemples de fleurs en cloche, en grelot, en tube ou en entonnoir.

★ Chaque fleur **étalée en coupe élargie** ou **en étoile** (exemples). 257

Les figures ci-dessus représentent des exemples de fleurs étalées en coupe ou en étoile.

⊕ Chaque fleur à **6 parties profondément séparées,** se réunissant en un **long tube** à la base (figure CO); feuilles non développées quand la plante fleurit.
— Se reporter au n°... **240**

243
(vient de **242**).

⊕ Chaque fleur a **6 parties séparées presque jusqu'à la base** et **sans** long tube. — Se report r au n°....................... **241**

⊕ Chaque fleur à **6 dents courtes ;** feuilles toutes à la base.. **244**

⊕ Chaque fleur à **5 divisions**...................................... **245**

✠ Fleurs **en grappe très allongée** (figure C), plus de 3 fois plus longue que large ; fleurs supérieures dressées en houppe. → **Muscari à toupet** (Ail-à-toupet, Jacinthe-chevelue, Vaciet) [*Muscari comosum*]. — Figurée en couleurs : 3, planche 53.

244
(vient de **243**).

✠ Fleurs en **grappe courte** (figure R), moins de 3 fois plus longue que large ; fleurs supérieures non dressées en houppe. → **Muscari en grappe** (Ail-de-chien, Poireau-femelle) [*Muscari racemosum*].

245
(vient de **243**).

① Fleurs **de moins de 8 millimètres de largeur** et **toutes serrées en une seule masse très compacte** au sommet de la tige. (Voir les figures I et PS du n° 826)............................. **826**

① Plante **n'ayant pas à la fois** ces caractères........... **246**

246
(vient de **245**).

+ Fleurs **d'un violet pourpre foncé ou rougeâtres ;** feuilles supérieures **groupées par deux** au même niveau sur la tige (figure B). → **Atropa Belladone** (Belladone) [*Atropa Belladona*]. — **médicinale; vénéneuse** ♣.

+ Plante **n'ayant pas à la fois** les caractères précédents. **247**

247
(vient de **246**).

—• Fleurs **sans queue ;** fleurs serrées au sommet (figure CA). →**Campanule agglomérée** [*Campanula glomerata*]. Figurée en couleurs : 2, planche 35.

—• Fleurs **portées par une queue** parfois assez courte.. **248**

248
(vient de **247**).

§ La corolle de chaque fleur **peut être détachée tout d'une pièce,** et se termine par 5 lobes **plus ou moins étalés** ou recourbés en dehors. (Voir les figures des n°s 253 à 256)................. **253**

§ La corolle de chaque fleur **ne peut être détachée tout d'une pièce** sans se déchirer, au moins à la base et se termine par **5** lobes **dressés.** (Voir les figures des n°s 247 à 251)........... **249**

249
(vient de 248).

△ Feuilles *rudes* au toucher, très poilues ; **les 5 parties vertes** qui entourent la corolle sont couvertes de *poils rudes*.. **250**

△ Feuilles ordinairement *non rudes* au toucher, à poils fins ou sans poils ; les 5 parties vertes qui entourent la corolle sont sans poils ou à poils *non rudes*........................ **251**

250
(vient de 249).

✠ Les 5 parties vertes (calice) qui entourent la corolle sont *renversées* (figure RO) quand la fleur est passée. → **Campanule Fausse-Raiponce** [*Campanula rapunculoides*].

✠ Les 5 parties vertes (calice) qui entourent la corolle sont *dressées* (figures T, CG), même quand la fleur est passée. → **Campanule gantelée** (Gants-de-Notre-Dame, Gantelée) [*Campanula Trachelium*]. — **médicinale**. — Figurée en couleurs : 4, planche 35.

251
(vient de 249).

○ Fleurs *de plus de 2 centimètres* de largeur ; les 5 lobes du sommet de la corolle sont plus ou moins arrondis (figure P). → **Campanule à feuilles de pêcher** (Cloche) [*Campanula persicæfolia*].

○ Fleurs de *moins* de 2 centimètres de largeur ; les 5 lobes du sommet de la corolle sont plus ou moins aigus........ **252**

252
(vient de 251).

— Fleurs disposées en grappe *dressée, allongée* (figure CRP) ; queues des fleurs *toutes dressées,* même les queues des fleurs complètement passées. → **Campanule Raiponce** (Raiponce) [*Campanula Rapunculus*]. — **alimentaire.** — Figurée en couleurs, 3, planche 35.

— Fleurs disposées en une grappe *plus ou moins étalée* (figure CRD) ; queues des fleurs se recourbant vers le bas quand les fleurs sont complètement passées [*Note* 1, au bas de la page]. → **Campanule à feuilles rondes** (Clochette) [*Campanula rotundifolia*]. — Figurée en couleurs : 5, planche 35.

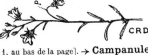

Note 1. — Quand la plante est jeune, elle porte à sa base des rameaux à feuilles arrondies qui ont généralement disparu lorsque la plante fleurit.

■ Fleurs *d'abord rouges, puis violettes, puis bleues ;* feuilles souvent tachées de blanc en dessus ; fleurs à 5 lobes profonds (figure P ; la figure O représente la fleur coupée en long). → **Pulmonaire à feuilles étroites** (Herbe-aux-poumons, Pulmonaire) [*Pulmonaria angustifolia*]. — **médicinale**. — Figurée en couleurs : 2, planche 39.

253
(vient de 247).

═ Fleurs *violettes ou violacées ;* feuilles se prolongeant à leur base sur la tige (figures SO, S) ; fleurs à 5 petits lobes recourbés en dehors (figure CO). → **Consoude officinale** (Grande-Consoude) [*Symphytum officinale*]. — **médicinale** ✿. — Figurée en couleurs 3, planche 39.

═ Fleurs *d'un rouge brun violacé ;* feuilles embrassant la tige par leur base ; fleurs à tube court et à 5 lobes profonds (figure CY représentant la corolle détachée). — **Cynoglosse officinale** (Langue-de-chien, Cynoglosse) [*Cynoglossum officinale*]. — **vénéneuse ; médicinale** ✿.

═ Fleurs *bleues, rouges, ou d'un blanc bleuâtre,* ayant *moins de 7 millimètres de largeur* ou, au plus, 7 millimètres...... **254**

254
(vient de 253).

⊖ Plante ayant des *poils piquants ;* en retirant la corolle, on voit que le tube de la corolle est comme coudé légèrement (figure AR). → **Lycopsis des champs** (Petite-Buglosse) [*Lycopsis arvensis*]. — Figurée en couleurs : 5, planche 39.

⊖ Plante ayant des poils *non piquants*.................. **255**

255
[*vient de 254*).

✕ Une *petite feuille* se trouve sur la tige, immédiatement au-dessous de chaque fleur (figure EC). → **Echinosperme Bardanette** (Bardanette) [*Echinospermum Lappula*].

✕ *Pas de petite feuille* sur la tige immédiatement au-dessous de chaque fleur..................................... **256**

256
(vient de 255).

☐ Fleur *d'un blanc bleuâtre,* à grappes très recourbées (figure H) ; corolle dont le tube n'est pas fermé au sommet ou fermé par 5 petites écailles. → **Héliotrope d'Europe** (Herbe-de-Saint-Fiacre) [*Heliotropium europæum*].

☐ Fleurs *bleues,* à grappes recourbées dans le haut ; corolle dont le tube est bordé au sommet ou fermé par 5 petites écailles (figure P) ; fleurs passées s'écartant les unes des autres (figure H). → **Myosotis** [*Myosotis*]. — Pour les divers Myosotis, continuer au nᵒ........ **261**

257
(vient de 242).

★ ★ Chaque fleur à *6 parties* colorées en bleu ou en violet.
→ **Scille** [*Scilla*]. — Pour les principales espèces de Scilles
[*Scilla*], se reporter au n°.................................... **259**

★ ★ Chaque fleur à *5 parties ou 5 lobes* bleus ou violets. **258**

★ ★ Chaque fleur ayant *4 parties* un peu inégales (figure VT), colorées en bleu ou lilas.
→ **Véronique** [*Veronica*]. — Pour les principales
espèces de Véroniques [*Veronica*], se reporter au n°..... ... **315**

258
(vient de 257).

⊙ Corolle *violette* avec deux *taches vertes bordées de blanc* à la base de chaque pétale ;
tiges ayant l'aspect et la dureté du bois, sauf
dans les parties jeunes ; feuilles parfois divisées (figure DU). → **Morelle Douce-amère** (Douce-amère,
Vigne-de-Judée) [*Solanum Dulcamara*]. — **médicinale ; vénéneuse.** — Figurée en couleurs : 2 et 2 *bis*, planche 40.

⊙ Fleurs *toutes serrées en une masse compacte* au sommet
de la tige. (Voir les figures I et PS du n° 826). **826**

⊙ Plante *n'ayant pas à la fois* ces caractères........... **260**

259
(vient de 257).

↬ Fleurs dont la queue est *plus
longue* que la fleur épanouie ; feuilles
beaucoup plus courtes que la tige
(fig. A). → **Scille d'automne** [*Scilla
autumnalis*].

↬ Fleurs dont la queue est *environ de la longueur* de la fleur
épanouie ; feuilles à peu près
aussi longues que la tige fleurie
(figure B). → **Scille à 2 feuilles** [*Scilla bifolia*]. — Figurée en
couleurs : 4, planche 53.

260
(vient de 258).

• Fleurs *de plus de 7 millimètres* de largeur........... **264**

• Fleurs *de moins de 7 millimètres* de largeur, à tube jaune
en dedans. → **Myosotis** [*Myosotis*] [*Note 1*, au bas de la page].
— Pour les principales espèces de Myosotis, continuer au n°...... **261**

261
vient de 260).

⊕ Le calice vert qui entoure le tube de la corolle
est couvert de poils *appliqués* (figure PA), *non en
crochet* (regarder à la loupe) ; plante croissant dans
les endroits humides. → **Myosotis des marais**
(Ne-m'oubliez-pas, Vergissmeinnicht, Aimez-moi) [*Myosotis
palustris*]. — Figurée en couleurs : 6, planche 39.

⊕ Le calice est couvert de *poils en crochet*
(figure MI), surtout dans sa moitié inférieure (regarder à la loupe)................. ... **262**

Note 1. — Pour plus de détails sur les diverses espèces de Myosotis, voir la *Flore complète*,
page 223.

262
(vient de 261).

✠ Fleurs *jaunes, puis blanchâtres, puis rougeâtres, puis bleues ;* corolle à tube beaucoup plus long que le calice qui l'entoure (figures MV et V) → **Myosotis versicolore** [*Myosotis versicolor*].

✠ Fleurs *bleues à gorge jaune ;* corolle à tube n'étant pas plus long que le calice (figure MI). ... **263**

263
(vient de 262).

§ Fleurs fanées les plus inférieures portées chacune par une queue environ *deux fois plus longue que la fleur* (figure I). → **Myosotis intermédiaire** (Oreille-de-souris) [*Myosotis intermedia*].

§ Fleurs fanées les plus inférieures portées chacune par une queue qui est environ *de la même longueur* que la fleur (figure H). → **Myosotis hérissé** [*Myosotis hispida*].

264
(vient de 260).

+ Fleurs *d'un rose lilas ;* au-dessous du calice vert qui entoure les pétales à leur base, il y a 3 à 9 petites feuilles ou écailles vertes (figures MR, MA, MM, AO, ci-dessous au n° 265) **265**

+ Fleurs *bleues ou d'un bleu violet*.. .... **266**

265.
(vient de 264).

—• Feuilles *plus ou moins poilues mais très vertes ;* il y a *3* petites feuilles ou écailles vertes au-dessous du calice vert de la fleur (figure MR, fleur entière vue en dessous, et MA, MM, qui représentent le calice seul et les trois petites feuilles ou écailles vertes qui sont au-dessous).
— Pour les principales espèces de Mauves [*Malva*], se reporter au n°... **57**

—• Feuilles *très velues blanchâtres ;* il y a *6 à 9* petites feuilles ou écailles vertes au-dessous du calice (figure AO). → **Guimauve officinale** (Guimauve) [*Althæa officinalis*]. — **médicinale** ✿

266
(vient de 264).

△ Plante *à poils piquants ;* queues des fleurs se recourbant vers le bas ; pétales profondément séparés (figure B). → **Bourrache officinale** (Bourrache) [*Borrago officinalis*]. — **médicinale** ✿. — Figurée en couleurs : 4, planche 39.

△ Plante *sans poils ou à poils piquants ;* queues des fleurs toujours dressées ; pétales à peine séparés ; leur ensemble forme une corolle à 5 angles (figure S). → **Spéculaire Miroir** (Miroir-de-Vénus) [*Specularia Speculum*]. — Figurée en couleurs : 6, planche 35.

✠ Chaque fleur a les ***pétales séparés entre eux jusqu'à la base ;***
c'est-à-dire qu'on peut enlever jusqu'à la base l'un des pétales (ou partie de la
fleur colorée en bleu, lilas ou violet), sans déchirer les autres. Il s'agit des parties de la fleur dont l'ensemble forme la corolle ou partie colorée qui entoure
les filets et autres organes situés au milieu de la fleur ; lorsque la fleur se fane,
chaque pétale (ou pièce colorée) tombe ou se flétrit isolément [*Note 1,*
au bas de la page].. **268**

Dans certains cas (figures S, N, OP, ci-dessous, par exemple) on est obligé de
déchirer le tube vert ou brunâtre qui entoure les pétales pour voir que les pétales
sont séparés entre eux jusqu'à leur base.

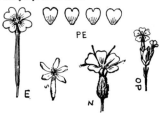

267
*(vient
de
230).*

La figure E représente une fleur à pétales séparés dont on voit les 4 pétales
détachés (figure PE). — Les autres figures (S, N, OP) représentent quelques
exemples de fleurs à pétales séparés.

✠ Chaque fleur a les ***pétales soudés entre eux, au moins à la
base ;*** c'est-à-dire qu'en essayant de détacher l'une des parties de la fleur
colorée en bleu, lilas ou violet, on est obligé de déchirer la corolle, au moins
à sa base ; lorsque la fleur se fane, la corolle tombe ou se flétrit tout
d'une pièce.. **271**

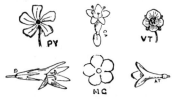

Les pétales sont soudés entre eux, à des hauteurs très variées, suivant les
diverses fleurs. Les figures MC, VT représentent la corolle d'une fleur (MC) ou
une fleur (VT) dont les pétales sont très peu soudés entre eux par leur base ;
les fleurs que représentent les figures PY, CA, G, AT, ont les pétales soudés
sur une plus ou moins grande longueur en tube ou en entonnoir.

Note 1. — Dans la plupart des fleurs, on trouve, en dehors de la corolle, une autre enveloppe
de la fleur, généralement verte, appelée *calice,* qui entoure la base de la corolle. Dans d'autres
fleurs, il est difficile de distinguer le calice et la corolle, qui sont plus ou moins confondus en une
seule enveloppe florale. D'autres fleurs enfin n'ont réellement qu'une seule enveloppe florale
colorée en bleu, lilas ou violet, comme une corolle. On comprend ici, sous les noms de pétales et
de corolle, les pièces colorées en bleu, lilas ou violet, qui entourent immédiatement les filets ou
autres organes placés au milieu de la fleur.

○ Chaque fleur **presque sans queue ;** fleurs **disposées en longue**

268
(vient
de
267).

grappe (figure LS). La partie verte qui entoure les pétales à leur base (calice) a la forme d'un tube portant **8 ou 12 dents** disposées sur 2 rangs (on voit 6 dents du rang extérieur sur la figure SI, grossie) ; → **Lythrum Salicaire** (Salicaire) [*Lythrum Salicaria*]. — **médicinale**. — Figurée en couleurs : 4, planche 21.

○ Plante **n'ayant pas à la fois** les caractères précédents.　**269**

269
(vient
de
268).

— Fleur **à 8 divisions d'un violet verdâtre ;** les divisions intérieures sont plus étroites que les divisions extérieures ; feuilles par 4 (figure PA) ou quelquefois par 5. → **Parisette à 4 feuilles** (Raisin-de-renard, Herbe-à-Pâris) [*Paris quadrifolia*].

— Chaque fleur **à 4 ou 8 divisions d'un rose lilas** et à tiges dures comme du bois, sauf les jeunes rameaux. — Se reporter au n°.　**117**

— Chaque fleur **à 5 pétales lilas ou violacés**..............　**270**

— Chaque fleur **à 4 pétales** (figure E) roses ou pourprés : tiges non dures comme du bois. → **Épilobe** (Nériette) [*Epilobium*]. — Pour les principales espèces d'Épilobes [*Epilobium*], se reporter au n°..　**15**

270
(vient
de
269).

★ Fleurs **lilas** et chaque fleur **de moins d'un centimètre de largeur ;** fleurs entourées d'écailles membraneuses ayant une toute petite pointe vers leur sommet (figures OP et P). → **Œillet prolifère** [*Dianthus prolifer*].

★ Fleurs **lilas** et chaque fleur **de plus d'un centimètre de largeur ;** feuilles ovales (figure SA) à poils peu nombreux ; calice entourant les pétales, à 4 dents plus courtes que les pétales (la figure S représente une fleur). → **Saponaire officinale** (Saponaire, Savonière) [*Saponaria officinalis*]. — **médicinale**, **industrielle**. — Figurée en couleurs : 1, planche 8.

★ Fleurs **d'un rouge violet** et chaque fleur **de plus de 2 centimètres de largeur ;** feuilles très allongées, très poilues ; calice à 5 divisions vertes plus longues que les pétales (figure N). → **Lychnis Nielle** (Nielle-des-blés, Couronne-des-blés) [*Lychnis Githago*]. — **vénéneuse ;** **nuisible aux cultures**. — Figurée en couleurs : 4, planche 8.

271
(vient de 267).

= Feuilles **verticillées par 4 ou par plus de 4** (figure SA); c'est-à-dire disposées régulièrement par 4 ou plus de 4 et attachées au même niveau sur la tige............................... **272**

= Feuilles **opposées, ou verticillées par 3**, c'est-à-dire disposées deux par deux, attachées au même point sur la ti_e en face l'une de l'autre, ou plus rarement attachées par trois au même point sur la tige.......... **274**

272
(vient de 271).

⊖ Fleurs **d'un rose lilas** et **en forme de grelot allongé ;** feuilles petites et très étroites ; tiges dures comme du bois, sauf les jeunes rameaux. → **Bruyère cendrée** (Bruyère franche) [*Erica cinerea*] [*Note 1*, au bas de la page]. — Figurée en couleurs : 2, planche 36.

⊖ Plante **n'ayant pas à la fois** les caractères précédents. **273**

273
(vient de 272).

✕ Fleurs **d'un rose lilas** et **à tube étroit** (figure S); feuilles ayant de nombreux poils sur toute leur face supérieure (regarder à la loupe). → **Shérardie des champs** [*Sherardia arvensis*].

✕ Fleurs **bleues** ; feuilles ciliées sur les bords et sur la nervure principale (figure A). → **Aspérule des champs** [*Asperula arvensis*].

274
(vient de 271).

□ Fleurs **d'un blanc bleuâtre** en forme de petit entonnoir à 5 lobes (figure CA) ; chaque fleur de moins de 3 millimètres de largeur : fleurs serrées en groupes (figure OL). → **Valérianelle potagère** (Mâche, Doucette) [*Valerianella olitoria*]. — **alimentaire.** — Figurée en couleurs : 4, planche 27) [*Note 2*, au bas de la page].

□ Plante **n'ayant pas à la fois** les caractères précédents. **275**

275
(vient de 274).

★ ★ Pétales **en réalité séparés les uns des autres jusqu'à la base** (Déchirer le calice de la fleur qui forme un tube au-dessous des pétales, pour voir les bases étroites des pétales distinctes les unes des autres). — Se reporter au nᵒ... **270**

★ ★ Pétales **en réalité soudés entre eux, au moins à la base.** **276**

Note 1. — Pour les diverses espèces de Bruyères [*Erica*], voir la *Nouvelle Flore*, p. 100 et la *Flore complète*. p. 202. — *Flore de Belgique*, p. 104.
Note 2. — Pour les diverses espèces de Valérianelles [*Valerianella*], voir la *Nouvelle Flore*, page 78, et la *Flore complète*, page 145. — *Flore de Belgique*, p. 82.

276
(vient de 275),
⊙ Les 4 ou 5 lobes de la fleur sont *bien égaux entre eux*. **277**

⊙ Les 4 ou 5 lobes de la fleur *ne sont pas exactement égaux entre eux* (figures VT, V, par exemple). **281**

277
(vient de 276).
⌇ Tiges *couchées sur le sol, puis redressées* et *fleurs, à 5 pétales très étalés, attachées à l'aisselle des feuilles ordinaires*. . . **280**

⌇ Plante *n'ayant pas à la fois* tous ces caractères. → **Gentiane** [*Gentiana*]. — [*Note 1*, au bas de la page]. Pour les principales espèces de Gentiane [*Gentiana*], continuez au nᵒ. **278**

278
(vient de 277).
• Chaque fleur *sans queue ;* fleurs *groupées à l'aisselle des feuilles* (figure CR). → **Gentiane Croisette** (Croisette) [*Gentiana Cruciata*]. — **médicinale.** — Figurée en couleurs : 2, planche 38.

• Chaque fleur *ayant une queue ;* fleurs *non groupées*. . . . **279**

279
(vient de 278).
⊕ Chaque fleur *violacée,* barbue en dedans, à 5 lobes allongés (figure G). → **Gentiane d'Allemagne** [*Gentiana germanica*].

⊕ Chaque fleur *d'un beau bleu,* non barbue en dedans, à 5 lobes courts (figure PN). → **Gentiane Pneumonanthe** (Pulmonaire-des-marais) [*Gentiana Pneumonanthe*].

280
(vient de 277).
✠ Fleurs *de plus d'un centimètre et demi de largeur ;* corolle à tube terminé par 5 lobes étalés, un peu courbés et comme coupés obliquement à leur sommet (figure PY) ; feuilles parfois en apparence verticillées par trois (figure P). → **Pervenche mineure** (Violette-de-serpent, Petite-Pervenche) [*Vinca minor*]. — **médicinale.** [*Note 2*, au bas de la page.] — Figurée en couleurs : 4, planche 37.

✠ Fleurs *de moins* d'un centimètre et demi de largeur ; corolle dont le tube est très court, terminée par 5 lobes arrondis (figures MC et A). → **Mouron des champs** (Faux-Mouron) [*Anagallis arvensis*] — Figurée en couleurs : 6 *bis*, planche 36. [Voir la *note 1*, au nᵒ 73].

281
(vient de 276).
§ Chaque fleur à *5 lobes*. **282**

§ Chaque fleur à *4 lobes*. **283**

Note 1. — Pour plus de détails sur les diverses espèces de Gentianes [*Gentiana*], voir la *Flore complète*, p. 214.
Note 2. — On cultive dans les jardins la Pervenche majeure (*Vinca major*), à grandes fleurs.

282
(vient de 281).

+ Feuilles *fortement dentées ou divisées*
(figure VE) ; fleurs disposées en épis allongés, grêles ; fleurs à 5 lobes un peu inégaux (figure V). → **Verveine officinale** (Herbe-sacrée, Verveine-sauvage) [*Verbena officinalis*]. — **médicinale** ✿. — Figurée en couleurs : 5. planche 45.

+ Feuilles *à peine dentées ou sans dents ;* fleurs en groupes compacts (figure O) ; chaque fleur assez irrégulière. → **Origan vulgàire** (Marjolaine-sauvage, Origan) [*Origanum vulgare*]. — **médicinale** ✿. — Figurée en couleurs : 3, planche 43.

283
(vient de 281).

—• Feuille *à forte odeur aromatique* (odeur bien connue de la menthe) ; chaque fleur à lobes non étalés (figure M). → **Menthe** [*Mentha*]. — Pour les principales espèces de Menthes [*Mentha*], se reporter au nᵒ.......... **169**

—• Feuilles *sans* forte odeur aromatique ; chaque fleur (figure VT) à pétales soudés à la base en un tube très court. → **Véronique** [*Veronica*]. — Pour les principales espèces de Véroniques [*Veronica*], se reporter au nᵒ.............. **315**

—
284
(vient de 229).

△ Chaque fleur *en forme de grelot allongé* (figure EC) ; (on a pris pour des feuilles composées des rameaux à feuilles simples) (figure EC). → **Bruyère cendrée** (Bruyère-franche) [*Erica cinerea*] ✿. — Figurée en couleurs : 1, planche 36.

△ Chaque fleur *non* en forme de grelot................ **285**

285
(vient de 284).

⊞ Feuilles *opposées* (au moins celles qui sont vers la base de la plante), c'est-à-dire feuilles disposées par deux, attachées sur la tige au même niveau, en face l'une de l'autre (exemples : figures SAN, VER)................· **287**

⊞ Feuilles *verticillées,* c'est-à-dire feuilles attachées au même niveau sur la tige par 3 ou 4, et régulièrement disposées tout autour de cette tige (exemple : figure HT)....................... ... **286**

⊞ Feuilles *toutes alternes,* c'est-à-dire feuilles attachées une par une sur la tige à des niveaux différents (exemple : figure DU)................ **289**

⊞ Feuilles *groupées,* c'est-à-dire feuilles attachées sur la tige par 2 ou plus, au même niveau, mais disposées à ce niveau d'un seul côté de la tige. **289**

⊞ Feuilles *toutes à la base* de la plante (exemple : figure PLS)....... ... **286**

286
vient de z85).

○ Feuilles *toutes à la base de la plante,* sauf une collerette de feuilles à divisions étroites placée au-dessous de la fleur (figure P et figure PLS au bas de la page précédente) ; fleurs d'un *violet pourpre*. → **Anémone Pulsatille** (Coquelourde, Coquerelle, Pulsatille, Herbe-du-vent [*Anemone Pulsatilla*]. — **vénéneuse ; médicinale**. — Figurée en couleurs : 5 et 5 *bis*, planche 1.

○ Feuilles *verticillées* par groupes le long des tiges, à divisions étroites et sur 2 rangs (figure H) ; fleurs d'un *lilas pâle ;* plante croissant dans l'eau ou dans les endroits inondés. → **Hottonie des marais** (Millefeuille-aquatique) [*Hottonia palustris*].

287
(vient de z85).

— Fleurs *à 5 pétales complètement séparés les uns des autres jusqu'à la base* (figure G ; on voit en PG les 5 pétales détachés) ; c'est-à-dire qu'on peut enlever un des pétales colorés en rose violacé, jusqu'à sa base, sans déchirer les autres pétales, même à leur base ; feuilles à nervures disposées en éventail. → **Géranium** [*Geranium*]. — Se reporter au n°. **94**

— Fleurs à 4 ou 5 lobes réunis entre eux à la base de façon à former un tube, parfois très court (la corolle peut être détachée tout d'une pièce).. **288**

288
(vient de z87).

★ Fleurs à *4 lobes* (figure VT) *d'un bleu foncé ;* feuilles supérieures alternes et à 3 divisions (figure TR). → **Véronique à 3 feuilles** [*Veronica triphyllos*].

★ Fleurs à *5 lobes* (figure V) *d'un lilas clair ;* feuilles toutes opposées (figure VER). → **Verveine officinale** (Herbe sacrée, Verveine-sauvage) [*Verbena officinalis*]. — **médicinale** ✿. — Figurée en couleurs : 5, planche 45.

289
(vient de z85).

= Fleurs dont 5 des 10 parties colorées en bleu ou violet sont prolongées en dessous par un *cornet recourbé* (fig AV) ; feuilles très divisées (la figure AN représente un fragment d'une grande feuille). → **Ancolie vulgaire** (Colombine, Cornette, Ancolie, Gants-de-Notre-Dame) [*Aquilegia vulgaris*]. — **ornementale** ✿. — Figurée en couleurs : 4 et 4 *bis*, planche 3.

= Fleurs *n'ayant pas* ces caractères...................... **290**

290
(vient de 289).

⊖ Fleurs à **4 pétales** ou parties colorées soit en lilas, soit d'une teinte violacée.................................. **291**

⊖ Fleurs à **5 pétales** ou parties colorées en lilas, violet ou bleu.. **293**

⊖ Fleurs **à nombreux pétales,** languettes ou tubes colorés en bleu, violet ou lilas (en examinant la fleur avec soin, on voit que c'est une fleur qui est en réalité *composée* de nombreuses petites fleurs en tube ou en languette entourées par une collerette à nombreuses petites feuilles ou écailles). Se reporter au nᵒ.................... **810**

291
(vient de 290).

✕ Pétales **chiffonnés dans le bouton de la fleur** (figure PR) et entourés par deux parties vertes qui tombent lorsque la fleur s'ouvre ; feuilles sans poils embrassant la tige par leur base (figure PV) ; fleurs d'une couleur lilas ou plus ou moins violacée. → **Pavot somnifère** (Pavot des jardins) [*Papaver somniferum*]. — **vénéneuse** ; **médicinale** (On cultive comme plante industrielle sous le nom d'Œillette, une variété de cette plante). — Figurée en couleurs : 2, planche 5.

✕ Plante **n'ayant pas** à la fois tous ces caractères........ **292**

292
(vient de 291).

☐ Tiges **sans poils ;** feuilles supérieures très profondément divisées (figure PR), celles de la base à folioles arrondies

(figure P) ; fleur peu allongée au-dessous de l'épanouissement des pétales (figure C). → **Cardamine des prés** (Cressonnette, Cresson-des-prés) [*Cardamine pratensis*]. — **alimentaire** ✿. Figurée en couleurs : 2, planche 6.

☐ Tiges **ayant des poils ;** feuilles supérieures ou pétales (figure R) non divisés ou irrégulièrement découpés ; fleur assez allongée au-dessous de l'épanouissement des pétales (figure RR). → **Radis Ravenelle** (Ravenelle, Raveluche, Pied-de-glène, Jotte, Radis-sauvage) [*Raphanus Raphanistrum*] ✿.

293
(vient de 290).

★ ★ Feuilles à **nervures disposées en éventail ;** fleurs *lilas* ou d'un *rose-lilas*................................. **294**

★ ★ Plante **n'ayant pas à la fois** ces caractères........... **295**

294
(vient de 293).

⊙ Pétales *soudés entre eux tout à fait à leur base* (figure M) ; il y a trois très petites feuilles ou écailles vertes immédiatement au-dessous du calice vert qui entoure les pétales lilas. → **Mauve** [*Malva*]. — Pour les principales espèces de Mauve [*Malva*] se reporter au nᵒ.............. ... **57**

⊙ Pétales *libres entre eux jusqu'à la base ;* c'est-à-dire qu'on peut enlever l'un des pétales lilas ou rose-lilas jusqu'à sa base sans déchirer les autres pétales, même à leur base (exemple : figure G ; on voit en PG les 5 pétales de la fleur G détachés jusqu'à leur base et isolés les uns des autres). → **Géranium** [*Geranium*]. [*Note 1,* au bas de la page]. Pour les principales espèces de Géraniums, se reporter au nᵒ................................... **94**

295
(vient de 293).

⌒ Feuilles *à nombreuses divisions très étroites* (figure NG) ; les divisions ont chacune moins de 3 millimètres de largeur ; fleurs (figure N), d'un bleu clair ou blanchâtres veinées de bleu. → **Nigelle des champs** (Araignée) [*Nigella arvensis*]. — **médicinale** ❋. — Figurée en couleurs : 5, planche 2. [*Note 2,* au bas de la page].

⌒ Feuilles *non* à divisions étroites (figure N) ; fleur à pétales soudés, au moins par leur base. ... **296**

296
(vient de 295).

• Fleurs dont chaque division porte à la base *deux taches vertes bordées de blanc ;* tiges ayant l'aspect et la dureté du bois vers la base de la plante ; feuilles parfois divisées (figure DU) ; plante grimpante ou se soutenant plus ou moins en appuyant ses tiges sur les autres plantes. → **Morelle Douce-amère** (Douce-amère, Vigne-de-Judée) [*Solanum Dulcamara*]. — **médicinale, vénéneuse**. — Figurée en couleurs : 2 et 2 *bis*, planche 40.

• Fleurs à divisions *n'ayant pas* à leur base deux taches vertes bordées de blanc ; tiges n'ayant pas l'aspect ni la dureté du bois, même vers la base de la plante ; feuilles composées de folioles (figure P), tiges dressées, non grimpantes ; les tiges qui sont sous terre forment des tubercules renflés. → **Morelle Tubéreuse** (Pomme-de-terre) [*Solanum tuberosum*]. — **alimentaire ; médicinale**. — Figurée en couleurs : 4, planche 40.

Note 1. — Il ne faut pas confondre les Géraniums sauvages avec les plantes de jardin qu'on nomme vulgairement (et à tort) des Géraniums. Celles-ci sont en réalité des Pélargoniums, plantes originaires du Cap-de-Bonne-Espérance.

Note 2. — Pour les diverses espèces de Nigelles [*Nigella*], voir la *Flore complète*, page 10.

⊕ Feuilles **composées ;** c'est-à-dire que la feuille tout entière est formée par la réunion de feuilles secondaires, nommées *folioles*, que l'on prend souvent à tort chacune pour une feuille ; l'ensemble de la feuille composée vient se rattacher à la tige par sa base ou par une queue qui porte toutes les folioles ; la base de la feuille composée *n'est pas* attachée juste à l'aisselle d'une autre feuille **340**

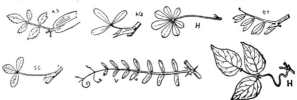

Les figures ci-dessus représentent quelques exemples de feuilles composées.

⊕ Feuilles **profondément divisées** (sauf parfois les feuilles qui sont tout à fait dans le haut des tiges), c'est-à-dire que chaque feuille est comme découpée jusqu'à plus de la moitié de sa largeur.... **340**

Les figures ci-dessus représentent des exemples de feuilles divisées.

297
(vient de 228).

⊕ Feuilles **simples ;** c'est-à-dire soit non découpées jusqu'à plus de la moitié de la largeur de la feuille, soit seulement bordées de dents ou même sans dents sur les bords **298**

Les figures ci-dessus représentent des exemples de feuilles simples.

Remarque. — Si l'on hésite entre feuilles composées et feuilles profondément divisées, cela est indifférent, puisque dans les deux cas on est renvoyé au même numéro.

Si l'on hésite entre feuilles profondément divisées et feuilles simples (exemple : figure A), on peut prendre l'une ou l'autre question ; dans les deux cas, on arrivera au nom de la plante. Il en sera de même si la plante possède à la fois des feuilles simples et des feuilles composées ou divisées (en dehors de quelques feuilles simples qui peuvent se trouver tout au sommet des tiges fleuries).

✠ Feuilles *opposées* (sauf parfois dans le haut des tiges ou des rameaux) ; c'est-à-dire feuilles disposées par deux, attachées sur la tige au même niveau, en face l'une de l'autre........ .... **324**

Les figures ci-dessus représentent des exemples de feuilles opposées.

Remarque. — Il se développe assez souvent à l'aisselle des feuilles opposées de petits rameaux feuillés (comme sur la figure ORI ci-dessus, à droite) qui pourraient faire croire que les feuilles sont groupées en grand nombre au même niveau sur la tige, et non opposées par deux seulement ; mais en regardant avec attention à la base de ce groupe de feuilles, on distingue très bien les deux feuilles opposées.

✠ Feuilles *verticillées* au moins vers le milieu des tiges ; c'est-à-dire feuilles attachées au même niveau sur la tige par 3 ou 4, et régulièrement disposées tout autour de cette tige (exemple : figure LS). **310**

298
(vient de 297).

✠ Feuilles *alternes ;* c'est-à-dire feuilles attachées une par une sur la tige à des niveaux différents................................. **299**

Les figures ci-dessus représentent des exemples de feuilles alternes.

✠ Feuilles *groupées ;* c'est-à-dire feuilles attachées sur la tige, par 2 ou plus, au même niveau, mais disposées à ce niveau d'un seul côté de la tige... **299**

✠ Feuilles *toutes à la base* de la plante........................ ... **299**

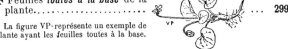

La figure VP·représente un exemple de plante ayant les feuilles toutes à la base.

Remarque. — Si la plante présente à la fois des feuilles alternes et des feuilles opposées (comme par exemple figure LM) ou à la fois des feuilles alternes et verticillées, on peut prendre l'une ou l'autre question ; dans les deux cas, on arrivera au nom de la plante.

§ Chaque fleur a les **pétales séparés entre eux jusqu'à la base;** c'est-à-dire qu'on peut enlever jusqu'à la base l'un des pétales (ou partie de la fleur colorée en bleu, lilas, violet), sans déchirer les autres. Il s'agit des parties de la fleur dont l'ensemble forme la corolle (ou partie colorée) qui entoure les filets et autres organes situés au milieu de la fleur ; lorsque la fleur se fane, chaque pétale (ou pièce colorée) tombe ou se flétrit isolément [*Note 1*, au bas de la page].. **300**

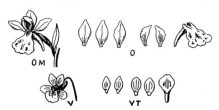

La figure OM représente une fleur à pétales séparés dont on voit les 6 pétales détachés (figure O) ; la figure V représente une fleur à pétales séparés dont on voit les 5 pétales détachés (figure VT).

299
(vient
de
298).

§ Chaque fleur a les **pétales soudés entre eux, au moins à la base;** c'est-à-dire qu'en essayant de détacher l'une des parties de la fleur colorée en bleu, lilas, violet, on est obligé de déchirer la corolle, au moins à sa base ; lorsque la fleur se fane, la corolle tombe ou se flétrit tout d'une pièce.. **307**

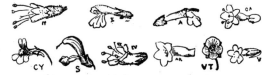

Les pétales sont soudés entre eux, à des hauteurs très variées suivant les diverses fleurs. La figure VT représente la corolle d'une fleur dont les pétales sont très-peu soudés entre eux par leur base ; les pétales sont plus soudés entre eux dans les autres fleurs dont la corolle est en forme de tube à la base.

Remarque. — Si l'on hésite entre fleur à pétales séparés entre eux jusqu'à la base et fleur à pétales soudés entre eux au moins à la base (comme par exemple dans le cas de la fleur qui est représentée par la figure POL), on peut adopter l'une ou l'autre question ; dans les deux cas, on arrivera au nom de la plante.

Note 1. — Dans la plupart des fleurs on trouve, en dehors de la corolle, une autre enveloppe de la fleur, généralement verte, appelée *calice*, qui entoure la base de la corolle. Dans d'autres fleurs, il est difficile de distinguer le calice et la corolle, qui sont plus ou moins confondus en une seule enveloppe florale. D'autres fleurs enfin n'ont réellement qu'une seule enveloppe florale colorée en bleu, lilas ou violet, comme une corolle. On comprend ici, sous les noms de pétales et de corolle, les pièces colorées en bleu, lilas ou violet, qui entourent immédiatement les filets ou autres organes placés au milieu de la fleur.

—
300
vient
de
299).

= Chaque fleur ayant *un pétale* prolongé à la base *en cornet ou en tube fermé* (voir les figures V et MR, aux numéros 301 et 306); 5 ou 6 pétales distincts les uns des autres jusqu'à leur base. **301**

= Chaque fleur *sans* pétale prolongé à la base en cornet ou en tube ; il y a *deux petites parties ovales violettes ou lilas* distinctes du reste de la fleur (figure POL). **→ Polygala vulgaire** (Laitier-commun) [*Polygala vulgaris*]. — **médicinale** [*Note 1*, au bas de la page]. — Figurée en couleurs : 4, planche 7.

= Chaque fleur *sans* pétale prolongé à la base en cornet ou en tube, à *6 pétales* dont un plus grand. — Se reporter au nᵒ.. **135**

301
(vient
de
300).

⊖ Chaque fleur ayant *5 pétales* (figures V et T) ; feuilles dont les nervures sont plus ou moins ramifiées (regarder la feuille par transparence). **→ Violette** (comprenant les Pensées et les Violettes proprement dites) [*Viola*]. — Continuer au nᵒ............ **302**

⊖ Chaque fleur ayant *6 pétales,* dont un plus grand...... **306**

302
(vient
de
301).

✕ Les *4 pétales supérieurs dressés* (voyez ci-dessus, à droite, figure T, au nᵒ 301). — Se reporter au nᵒ..................... **493**

✕ Les *2 pétales supérieurs seuls dressés* (voyez ci-dessus : figure V, à gauche, au nᵒ 301).............................. **303**

303
(vient
de
302).

□ Fleurs *très odorantes ;* tige produisant des rameaux qui rampent sur le sol et portent çà et là des racines ; pétales non échancrés au sommet (figure O). **→ Violette odorante** (Violette) [*Viola odorata*]. — **médicinale.** — Figurée en couleurs : 3, planche 7.

□ Fleurs *sans odeur prononcée*......................... **304**

304
(vient
de
303).

★ ★ Feuilles *toutes à la base de la plante ;* pétales échancrés au sommet (figure H). **→ Violette hérissée** [*Viola hirta*].

★ ★ Feuilles *à la base, et aussi le long des tiges fleuries.* **305**

305
(vient
de
304).

⊙ Les 2 petites écailles qui sont attachées sur la tige à droite et à gauche de la queue de chaque feuille, ont des *cils à peu près aussi longs* que la largeur de chacune de ces écailles (figure S). **→ Violette des bois** [*Viola silvestris*].

⊙ Les 2 petites écailles qui sont attachées sur la tige, à droite et à gauche de la queue de chaque feuille, ont des *cils moins longs* que la largeur de chacune de ces écailles (figure C). **→ Violette de chien** [*Viola canina*].

Note 1. — Pour les diverses espèces de Polygalas, voir la *Nouvelle Flore,* page 23, **et la Flore Complète,** page 40. — *Flore de Belgique,* p. 25.

306
(vient de 301).

☞ Fleurs *violettes ou lilas foncé ;* le cornet ou long tube qui prolonge la fleur en dessous est dirigé *vers le haut* ou *en travers* (figures MR et OM). → **Orchis Bouffon** [*Orchis Morio*]. — **médicinale.**

☞ Fleurs *blanches, veinées ou tachetées de violet ;* le cornet de la fleur est dirigé *vers le bas* (figures ML et OT). → **Orchis tacheté** [*Orchis maculata*]. — **médicinale.**

307
(vient de 299).

• Chaque fleur *en forme de gueule,* c'est-à-dire à lèvre inférieure renflée et rapprochée de la lèvre supérieure, prolongée vers le bas par *un renflement en cornet* ou *un tube plus ou moins long* (exemples : figures PE, ST).............................. **308**

• Chaque fleur *non* en forme de gueule et *sans* cornet ni tube à la base................................ **311**

308
(vient de 307).

△ Feuilles *portées par une queue bien nette, mais parfois très courte ;* tiges plus ou moins couchées ou retombantes. **309**

△ Feuilles *sans queue ;* tiges dressées **310**

309
(vient de 308).

⚙ Fleurs *jaunes,* mais violettes à l'intérieur de la lèvre supérieure ; plante poilue ; feuilles ayant une très courte queue (figure S). → **Linaire bâtarde** (Velvote) [*Linaria spuria*].

⚙ Fleurs (figure CY) *lilas ou d'un rose bleuâtre ;* plante sans poils ; feuilles ayant une assez longue queue (figure C). → **Linaire Cymbalaire** (Ruine-de-Rome, Cymbalaire) [*Linaria Cymbalaria*]. — **ornementale.** — Figurée en couleurs : 2, planche 41.

310
(vient de 308).

○ Plante *sans poils ;* feuilles parfois attachées par 3 ou 4 au même niveau sur la tige (figure LS) ; fleurs ayant à la base un cornet qui est court (figure ST). → **Linaire striée** [*Linaria striata*] ✽.

○ Plante *ayant des poils ;* feuilles inférieures attachées par deux au même niveau sur la tige (figure LM) ; fleurs ayant à la base un cornet assez allongé et aigu (figure MI). → **Linaire mineure** [*Linaria minor*].

311
(vient de 307).

(— Tiges *à poils raides, piquants*.......................... **312**

(— Tiges *à poils mous, non* piquants, ou tiges *sans poils*.. **313**

312
(vient de 311).

★ Fleurs *de moins de 9 millimètres de longueur,* à corolle *presque régulière ;* en détachant avec soin la corolle, on voit que le tube de la corolle est un peu coudé vers le milieu (figure AR grossie). → **Lycopsis des champs** (Petite-Buglosse) [*Lycopsis arvensis*]. — Figurée en couleurs : 5, planche 39.

★ Fleurs de *plus* de 9 millimètres de longueur, à corolle nettement *irrégulière* (figure EV). → **Vipérine vulgaire** (Herbe-aux-vipères, Vipérine) ✿ [*Echium vulgare*]. — Figurée en couleurs : 1, planche 39. [*Note 1*, au bas de la page].

313
(vient de 311).

⊖ Chaque fleur nettement *à deux lèvres,* c'est-à-dire à partie supérieure différant de la partie inférieure (figure E) ; fleurs blanches striées de violet et jaunes en dedans au sommet du tube de la corolle ; feuilles dentées sur les bords (la figure O représente la plante). → **Euphraise officinale** (Casse-lunettes, Euphraise) [*Euphrasia officinalis*]. — **médicinale.**

⊖ Plante *n'ayant pas à la fois* tous ces caractères......... **314**

314
(vient de 313).

= Chaque fleur *ayant deux parties ovales, libres jusqu'à leur base* (figures POL, PV) et colorées en violet ou en lilas. → **Polygala vulgaire** (Laitier-commun) [*Polygala vulgaris*]. — **médicinale.** — Figurée en couleurs : 4, planche 7 [*Note 2*, au bas de la page].

= Chaque fleur ayant **5 lobes** un peu inégaux ; fleurs jaunâtres veinées de violet, ayant plus d'un centimètre et demi de largeur ; fleurs en grappe recourbée (figure HN). → **Jusquiame noire** (Potelée, Jusquiame, Herbe-des-chevaux; Hanebane) [*Hyoscyamus niger*]. — **vénéneuse; médicinale.** — Figurée en couleurs : 1, planche 40.

= Chaque fleur ayant **4 lobes** un peu inégaux (figure VT) ; fleurs bleues, violettes ou blanches, veinées soit de violet, soit de bleu. → **Véronique** [*Veronica*]. [*Note 3*, au bas de la page]. Pour les principales espèces de Véroniques [*Veronica*], continuer au no.................................. **315**

Note 1. — Pour les diverses espèces de Vipérines [*Echium*], voir la *Flore complète*, p. 223.

Note 2. — Pour les diverses espèces de Polygalas, voir la *Nouvelle Flore*, p. 23, et la *Flore complète*, p. 40. — *Flore de Belgique*, p. 25.

Note 3. — Pour plus de détails sur les espèces de Véroniques [*Veronica*], voir la *Flore complète*, p. 234.

315
(vient de 314).

(✕ Feuilles *toutes opposées*............................ **316**

(✕ Feuilles *alternes, au moins celles du haut des tiges*...... **320**

316
(vient de 315).

(☐ Feuilles *sans poils* (regarder à la loupe)............... **317**

(☐ Feuilles *ayant des poils*.......................... **318**

317
(vient de 316).

★ ★ Fleurs *d'un beau bleu ;* feuilles (au moins
les inférieures), plus ou moins arrondies au
sommet, ayant une queue plus ou moins
longue (figure B), n'embrassant pas la tige par leur base ; tiges
arrondies. → **Véronique Beccabonga** (Cresson-de-cheval,
Beccabonga) [*Veronica Beccabunga*]. — **alimentaire, médicinale.**

★ ★ Fleurs *lilas ou d'un bleu pâle ;* feuilles
aiguës au sommet, toutes sans queue
(figure AN), embrassant plus ou moins la tige
par leur base ; tiges presque à 4 angles. → **Véronique
Mouron** [*Veronica Anagallis*].

318
(vient de 316).

⊙ Tiges ayant *deux lignes
de poils opposées* (figure PC) ;
fleurs assez écartées les
unes des autres. → **Véronique Petit-Chêne** (Herbe-
Thérèse, Véronique-femelle)
[*Veronica Chamædrys*]. —
Figurée en couleurs : 2, planche 42.
— **médicinale.**

⊙ Tiges *ayant des poils tout autour ;* fleurs rapprochées les
unes des autres.................................. **319**

319
vient de 318).

↘ Fleurs *d'un bleu pâle ou rosé ;* tiges couchées
sur le sol, sauf les rameaux qui portent les
grappes (figure O). → **Véronique officinale** (Thé-
d'Europe, Véronique-mâle) [*Veronica officinalis*].
— **médicinale.** — Figurée en couleurs : 3, planche 42.

↘ Fleurs *d'un beau bleu ;* tiges
plus ou moins dressées ;
feuilles dentées ou sans dents
(figure TE, P). → **Véronique Germandrée** [*Veronica Teucrium*].
— **médicinale.** — Figurée en couleurs : 1, planche 42.

320
(vient de 315).

• Feuilles luisantes, *sans poils* (regarder à la
loupe) ; les feuilles sont ovales (figure SP).
→ **Véronique à feuilles de Serpolet**
[*Veronica serpyllifolia*].

• Feuilles *ayant des poils*........................... **321**

321
(vient de 320).

⊕ Feuilles à *3 ou 4 divisions* (figure TR), découpées jusqu'à plus de la moitié de la largeur de la feuille. → **Véronique** à **3 lobes** [*Veronica triphyllos*].

⊕ Feuilles *non profondément divisées*..................... **322**

322
(vient de 321).

⚥ Tiges *dressées ;* chaque fleur épanouie ayant la queue plus courte que la longueur de la fleur (figure A). → **Véronique des champs** [*Veronica arvensis*].

⚥ Tiges *couchées ou retombantes ;* chaque fleur épanouie ayant la queue plus longue que la largeur de la fleur. **323**

323
vient de 322).

§ Chaque feuille *à lobe du milieu plus grand* que les autres lobes (figures VH et H) ; fleurs d'un bleu pâle. → **Véronique à feuilles de Lierre** [*Veronica hederæfolia*].

§ Chaque feuille *à lobe du milieu non* sensiblement plus grand que les autres lobes (figures VA et AG) ; fleurs d'un beau bleu. → **Véronique agreste** [*Veronica agrestis*].

324
(vient de 298).

+ Fleurs *à deux lèvres,* c'est-à-dire à deux parties différentes, l'une supérieure et l'autre inférieure (exemples : figures S, E, AL)...... **325**

+ Fleurs *à une seule lèvre pendante* et à 3 lobes, dont celui du milieu plus grand (exemple : figure A)... **336**

+ Fleurs en apparence *presque régulières, à 4 ou 5 lobes* (exemples : figures M, V, CA, VT, ci-dessus)...... .... **337**

325
(vient de 324).

— • *La lèvre supérieure* de chaque fleur, vue de côté, *a la forme d'une faucille* qui serait comme coupée en travers au sommet (figures S et P) ; plante plus ou moins visqueuse, collant un peu aux doigts dans sa partie supérieure. → **Sauge des prés** [*Salvia pratensis*]. — **médicinale** ✿. — Figurée en couleurs : 7, planche 43.

— • Plante *n'ayant pas* ces caractères.................... **326**

326 (vient de 325).

△ Fleurs ***groupées en masses serrées au sommet des tiges ou des rameaux*** (Voyez ci-dessous, aux n°s 327 à 331, les figures S, V, OL, HY, O).. **327**

△ Fleurs ***en masse non serrées*** ou ***fleurs plus ou moins espacées le long de la tige; fleurs ou groupes de fleurs entremêlées de feuilles ordinaires*** (Voyez plus loin, aux n°s 332 à 335, les figures ME, GH, O, GA, AC).. **332**

327 (vient de 326).

✠ Tiges ***couchées sur le sol,*** à rameaux redressés; feuilles ***de moins d'un demi-centimètre de largeur,*** ovales-allongées (figure S). → **Thym Serpolet** (Serpolet, Thym-bâtard) [*Thymus Serpyllum*]. — **médicinale.** ✿. On cultive assez souvent dans les jardins une espèce voisine, le Thym vulgaire [*Thymus vulgaris*], qui croît naturellement dans la région méditerranéenne, et qui est une plante **condimentaire.**

✠ Plante ***n'ayant pas à la fois*** ces caractères............ **328**

328 (vient de 327).

○ Fleurs entremêlées d'***écailles larges, ciliées, membraneuses et vertes, brusquement terminées en pointe*** et embrassant la tige par leur base (figure B; la figure V représente une tige fleurie). → **Brunelle vulgaire** (Charbonnière, Brunelle) [*Brunella vulgaris*]. — **médicinale** ✿. — Figurée en couleurs : 6, planche 43. [*Note 1*, au bas de la page].

○ Plante ***n'ayant pas*** ces caractères.................... **329**

329 (vient de 328).

— Feuilles ***à forte odeur aromatique*** lorsqu'on les froisse entre les doigts.. **330**

— Feuilles ***sans*** odeur aromatique spéciale (les figures CA et OL représentent une fleur (grossie) et un rameau fleuri). → **Valérianelle potagère** (Mâche, Doucette) [*Valerianella olitoria*]. — **alimentaire.** — [*Note 2*, au bas de la page]. — Figurée en couleurs : 4, planche 27.

330 (vient de 329).

★ Fleurs ***bleues;*** feuilles étroites, allongées (figure HY), sans poils ou presque sans poils. → **Hysope officinale** (Hysope) [*Hyssopus officinalis*]. — **médicinale**; **condimentaire.** ✿.

★ Fleurs ***lilas ou d'un lilas rosé;*** feuilles ovales ou arrondies.. **331**

Note 1. — Pour les diverses espèces de Brunelles [***Brunella***], voir la ***Flore complète***, page 255.
Note 2. — Pour les diverses espèces de Valérianelles [***Valerianella***], voir la ***Nouvelle Flore***, page 78, et la ***Flore complète***, page 145. — ***Flore de Belgique***, p. 82.

331
(vient de 330).

= Fleurs *entourées de nombreuses écailles pourpres ;* feuilles non dentées ou à peine dentées (figures OR et O) ; chaque fleur est presque à deux lèvres. → **Origan vulgaire** (Marjolaine-sauvage, Origan) [*Origanum vulgare*]. — **médicinale**. ✿. — Figurée en couleurs : 3, planche 43.

= Fleurs *non* entourées de nombreuses écailles pourpres ; feuilles plus ou moins dentées sur les bords ; chaque fleur presque régulière (figure M). → **Menthe** [*Mentha*]. — Pour les principales espèces de Menthes [*Mentha*], se reporter au n°.................... **169**

332
(vient de 326).

⊖ Tiges fleuries *se terminant par des feuilles*, et chaque fleur *de plus de 2 centimètres de longueur ;* fleurs blanches avec des taches violacées sur la lèvre inférieure (figures ME et MM). → **Mélitte à feuilles de Mélisse** (Herbe-saine, Mélisse-des-bois) [*Melittis melissophyllum*]. — **médicinale**. — Figurée en couleurs : 3, planche 44.

⊖ Tiges fleuries *se terminant par des feuilles*, et chaque fleur *de moins de 2 centimètres de longueur ;* plante à tiges couchées puis redressées ; feuilles arrondies en cœur renversé portées chacune sur une queue assez allongée (figure GH). → **Gléchoma Faux-Lierre** (Lierre-terrestre, Herbe-Saint-Jean) [*Glechoma hederacea*]. — **médicinale**. ✿. — Figurée en couleurs : 4, planche 44.

⊖ Plante *n'ayant pas* ces caractères.................... **333**

333
(vient de 332).

✕ Fleurs *blanches ou bleuâtres marquées de lignes violettes et de couleur jaune en dedans ;* à 2 lèvres très inégales (figure E) ; feuilles ovales (figure O) à dents aiguës. → **Euphraise officinale** (Casse-lunettes, Euphraise) [*Euphrasia officinalis*]. — **médicinale**.

✕ Fleurs *bleuâtres, lilas ou violacées ;* feuilles à dents non aiguës ou sans dents................................. **334**

334
(vient de 333).

□ Fleurs *toutes attachées une par une* à l'aisselle des feuilles (figure GA) ; corolle à tube courbé. → **Scutellaire Toque** (Tertianaire, Toque) [*Scutellaria galericulata*]. — **médicinale**. [*Note 1*, au bas de la page].

□ Fleurs *groupées par deux, ou par plus de deux,* à l'aisselle des feuilles................................. **335**

Note 1. — Pour les diverses espèces de Scutellaire [*Scutellaria*], voir la *Nouvelle Flore*, page 124, et la *Flore complète*, page 255. — *Flore de Belgique*, p. 131.

335
(vient de 334).

★ ★ Chaque fleur *presque régulière :* fleurs serrées en grand nombre les unes contre les autres. → **Menthe** [*Mentha*].
— Se reporter au nᵒ **169**

★ ★ Chaque fleur *très irrégulière, à 2 lèvres* bien marquées (fig. ACI) ; fleurs groupées par 2 à 3 (figure AC). → **Calament Acinos** [*Calamintha Acinos*].

336
(vient de 324).

⊙ Tige *velue sur 2 de ses faces seulement* (figure AR) ; plante produisant à sa base des rameaux rampants et sans fleurs (figure RE). → **Bugle rampant** (Bugle) [*Ajuga reptans*]. ❀. — Figurée en couleurs : 2, planche 45.

⊙ Tige *velue sur les 4 faces* (figure G) ; plante ne produisant pas à sa base des rameaux rampants et sans fleurs. → **Bugle de Genève** [*Ajuga genevensis*]. — Figurée en couleurs : 1, planche 45.

337
(vient de 324).

◠ Chaque fleur à *4 lobes* plus ou moins étalés (figure VT) au-dessus d'un tube très court. → **Véronique** [*Veronica*]. — Pour les principales espèces de Véroniques [*Veronica*], se reporter au nᵒ **315**

◠ *Chaque* fleur à *5 lobes* **338**

338
(vient de 337).

• Feuilles *plus ou moins divisées* (figure VER), sauf celles du haut des tiges (figure VE) ; fleurs en longs épis effilés ; corolle à 5 lobes étalés (figure V). → **Verveine officinale** (Herbe-sacrée, Verveine) [*Verbena officinalis*]. — **médicinale.** ❀. — Figurée en couleurs : 5, planche 45.

• Feuilles *non* divisées ; fleurs disposées en masses serrées **339**

339
(vient de 338).

⊕ Feuilles *à forte odeur aromatique* lorsqu'on les froisse entre les doigts. → **Menthe** [*Mentha*]. — Se reporter au nᵒ **169**

⊕ Feuilles *sans* odeur aromatique ; fleurs en petits groupes serrés terminant les rameaux supérieurs (figure OL). → **Valérianelle potagère** (Mâche, Doucette) [*Valerianella olitoria*]. — **alimentaire** [*Note 1,* au bas de la page]. — Figurée en couleurs : 4, planche 27.

Note 1. — Pour les diverses espèces de Valérianelles [*Valerianella*], voir la *Nouvelle Flore,* page 78, et la *Flore complète,* page 145. — *Flore de Belgique,* p. 82.

✠ Fleurs **en papillon,** c'est-à-dire à 5 pétales inégaux : un pétale supérieur plus grand (*e*, figures ci-dessous), deux pétales égaux entre eux, situés à droite et à gauche (*a, a,* figures ci-dessous), et deux pétales inférieurs (*cc*) soudés entre eux en forme de dessous de bateau (la figure PS ci-dessous à droite fait voir les pétales détachés d'une corolle en papillon); plus rarement les deux pétales inférieurs sont enroulés sur eux-mêmes (figure PH).............. **341**

340
(*vient de* 297).

✠ Fleurs **non** en papillon........................... **349**

Les figures V, A, D, AG montrent quelques exemples de fleurs non en papillon.

§ Feuilles **terminées par un filet enroulé ou ramifié**
(Voir ci-dessous les figures P et V)......................... **342**

341
(*vient de* 340).

§ Feuilles terminées par un filet **court, non enroulé ni ramifié** (figure OT). → **Orobe tubéreux** (Orobe) [*Orobus tuberosus*]. — Figurée en couleurs : 4, planche 16.

§ Feuilles **non** terminées par un filet et à **folioles distinctes.** **345**

§ Feuilles **non** terminées par un filet et **profondément divisées,** sans folioles distinctes (voir la figure AN au n° 351).......... **351**

342
(*vient de 341*).

+ Fleurs de **moins d'un demi-centimètre** de longueur.... **343**

+ Fleurs de **plus** d'un demi-centimètre de longueur.... **344**

343
(*vient de* 342).

—• Les deux petites feuilles rattachées à la tige, à droite et à gauche de la base de chaque feuille située vers le milieu de la tige, ont la forme d'un **fer de flèche.** → **Ervum à 4 graines** (Ers, Petit-Vesceron) [*Ervum Tetraspermum*] (figure TE). — **fourragère** ✿.

—• Les deux petites feuilles rattachées à la tige, à la base de chaque feuille située vers le milieu de la tige, ont une forme **ovale et non dentée.** → **Ervum Lentille** (Lentille) [*Ervum Lens*] (figure LE). — **alimentaire.** [*Note 1*, au bas de la page].

Note 1. — Pour les divers *Ervum*, voir la *Nouvelle Flore*, page 46. — *Flore de Belgique*, p. 50.

344
(vient de 342).

△ Les deux folioles situées a la base de chaque feuille et rattachées **à la** tige, à droite et à gauche de la feuille, sont *plus grandes* que les folioles de la feuille (figure P); fleurs d'un rouge violacé. ← **Pois des champs** (Pisaille) [*Pisum arvense*]. — fourragère ✿.

△ Les deux folioles situées à la base de chaque feuille et rattachées à la tige sont *plus petites* que les folioles de la feuille (figure V, par exemple). → **Vicia** [*Vicia*]. — Pour les principales espèces de *Vicia* se reporter au n°.. **215**

345
(vient de 341).

✠ Feuilles ayant *3 folioles* (sans compter les deux petites folioles rattachées à la tige et qui sont à la base de la feuille)............... **346**

✠ Feuilles ayant *5 à 9 folioles* disposées en éventail (figure H). → **Lupin varié** (Lupin) [*Lupinus varius*]. — alimentaire.

✠ Feuilles ayant *11 à 25 folioles* (sauf les feuilles du haut des tiges); plante à tiges retombantes ou étalées; fleur en couronnes (figure V). → **Coronille variée** [*Coronilla varia*]. — médicinale ✿. — Figurée en couleurs : 1, planche 16.

346
(vient de 345).

○ Tiges *s'enroulant autour des autres plantes ;* chaque fleur de plus d'un centimètre de largeur, à pétales *contournés sur eux-mêmes* (figure P); feuilles à folioles larges et aiguës au sommet (figure H). → **Haricot vulgaire** (Haricot) [*Phaseolus vulgaris*]. — alimentaire ✿. — Figurée en couleurs (à fleurs blanches) : 2, planche 14.

○ Plante *n'ayant pas* ces caractères................... **347**

347
(vient de 346).

— Fleurs *violettes* ou *bleuâtres,* rarement mêlées de jaune ; à la base de la queue courte qui porte chaque fleur, une toute petite écaille étroite et aiguë (figure SA). → **Luzerne cultivée** [*Medicago sativa*]. — fourragère ✿. — Figurée en couleurs : 2, planche 15.

— Fleurs *d'un lilas rose* ou *d'un blanc lilacé*............. **348**

348
(vient de 347).

★ L'ensemble des fleurs *forme une masse cotonneuse* nettement plus longue que large (figure A); feuilles à folioles étroites. → **Trèfle des champs** (Pied-de-lièvre) [*Trifolium arvense*].

★ L'ensemble des fleurs *ne forme pas* une masse cotonneuse et est presque arrondie (figure TP); feuilles à folioles ovales. → **Trèfle des prés** (Trèfle-commun, Trèfle-rouge, Gros-Trèfle) [*Trifolium pratense*]. — fourragère. — Figurée en couleurs : 4, planche 14.

349
(*vient de 340*).

+ Fleurs *en ombrelle composée* (figure ANG) ; c'est-à-dire que les queues qui portent des groupes de fleurs partent toutes exactement du même point comme les rayons qui soutiennent une ombrelle, et que ces rayons principaux portent eux-mêmes des rayons secondaires qui partent aussi tous exactement du même point et se terminent chacun par une fleur ; les tiges sont creuses en dedans et ont, lorsqu'on les brise, l'odeur bien connue de l'Angélique. → **Angélique sauvage** [*Angelica silvestris*]. — **médicinale** ✿. — Figurée en couleurs : 1, planche 25.

+ Fleurs *non* en ombrelle composée...................... **350**

350
(*vient de 349*).

○ Fleurs *presque régulières, à 5 lobes* (figure V) de moins d'un demi-centimètre de largeur ; feuilles plus ou moins divisées (figures VE, VER). → **Verveine officinale** (Herbe-sacrée, Verveine) [*Verbena officinalis*]. — **médicinale** ✿. — Figurée en couleurs : 5, planche 45.

○ Fleurs *presque régulières, à 4 lobes* (figure VT), de moins d'un demi-centimètre de largeur ; feuilles à 3 lobes (figure TR). → **Véronique à 3 lobes** [*Veronica triphyllos*].

○ Fleurs *très irrégulières* (voir les figures D et A, ci-dessous, au n° 351) de plus d'un centimètre de largeur.................. **351**

351
(*vient de 350*).

— Fleur *prolongée à sa base par un long cornet ou tube* fermé à son extrémité (figure D) ; feuilles à lobes très étroits et allongés (figure DE). → **Dauphinelle Consoude** (Pied-d'alouette-sauvage, Bec-d'oiseau, Eperon-de-chevalier) [*Delphinium Consolida*]. — **médicinale** ✿. [*Note 1* au bas de la page]. — Figurée en couleurs : 3, planche 3.

— Fleur *non* prolongée à sa base par un long cornet ou tube fermé ; pièce supérieure de la fleur *en forme de capuchon* (figure A) ; feuilles à nervures en éventail (figure AN). → **Aconit Napel** (Casque-de-Jupiter, Char-de-Vénus, Aconit) [*Aconitum Napellus*]. — **véneneuse ; médicinale** ✿. [*Note 2*, au bas de la page]. — Figurée en couleurs : 1, planche 3.

Note 1. — Pour les diverses espèces de Dauphinelles [*Delphinium*], voir la *Flore complète*, p. 10.
Note 2. — Pour les diverses espèces d'Aconits [*Aconitum*], voir la *Flore complète*, p. 11.

352
(vient de 228).

★ Groupe de fleurs entouré par *un grand cornet* (figure MAC) vert jaunâtre ou d'un vert blanchâtre,  parfois violacé sur les bords ; ce groupe de fleurs se termine par une sorte de massue violacée ; les fleurs sont réduites à de très petites masses jaunâtres, rougeâtres ou violacées serrées les unes contre les autres à l'intérieur du cornet. → **Arum tacheté** (Gouët, Pied-de-veau) [*Arum maculatum*]. — **médicinale.** — Figurée en couleurs : 2 et 2 *bis*, planche 57.

★ Plante *n'ayant pas à la fois* tous les caractères précédents **353**

353
(vient de 352).

= Feuilles se rattachant à la tige par une *gaine qui est fendue en long* du côté opposé à la feuille (*ft*, figure G) ; tige *plus ou moins arrondie* (*t, t*, figure G) ; la feuille F porte une petite languette (*lg*, figure G) ou une ligne de poils spéciaux à l'endroit où elle se joint à la tige au-dessus de la gaine de la feuille.. **1069**

= Feuilles se rattachant à la tige par une gaine qui *n'est pas fendue en long* (*f, g*, figure C) ; tige *à trois angles*, au moins sur une partie de sa longueur ; la feuille (figure C) ne porte ni languette ni ligne de poils spéciaux à l'endroit où elle se rattache à la tige, au-dessus de la gaine de la feuille.. **1062**

354
(vient de 4).

⊖ Fleurs *en ombrelle composée*, c'est-à-dire que toutes les queues qui portent les groupes de fleurs partent exactement d'un même point, comme les rayons qui soutiennent une ombrelle et portent elles-mêmes des queues partant d'un même point et se terminant chacune directement par une fleur (voir les figures ci-dessous).. **374**

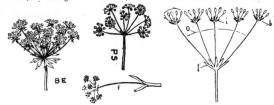

La figure C montre comment est constituée une ombrelle composée : IO, ombrelle principale portant les rayons principaux : *o, i* ou *bf*, ombrelles secondaires portant les rayons secondaires. — Les figures PS, BE et F représentent des exemples de fleurs disposées en ombrelle composée.

⊖ Fleurs *non* en ombrelle composée.................... **355**

╳ Chaque fleur *régulière,* c'est-à-dire que les parties semblables de la fleur qui sont colorées en jaune ou jaunâtre sont régulièrement disposées autour du centre de la fleur et sont sensiblement égales entre elles..... **356**

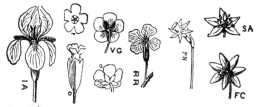

Les figures ci-dessus représentent des exemples de fleurs régulières.

╳ Chaque fleur *irrégulière,* c'est-à-dire que les fleurs n'ont pas la disposition précédente.. **455**

Remarque. — Il ne faut pas considérer comme régulières les fleurs qui ont la moitié droite et la moitié gauche semblables entre elles.

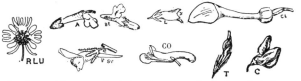

Les figures ci-dessus représentent quelques exemples de fleurs irrégulières.

╳ Chaque fleur *réduite à de petites écailles* qui sont jaunes ou jaunâtres ou fleurs entourées par *un cornet* (figure MAC) de plus de 6 centimètres de longueur et non jaune........ **502**

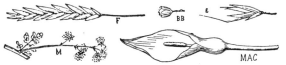

Les figures ci-dessus représentent quelques exemples de fleurs ou de groupes de fleurs réduites à des écailles.

Remarque importante. — Si l'on hésite entre fleur régulière ou fleur irrégulière, comme par exemple pour la fleur représentée par la figure ML, on peut prendre l'une ou l'autre question ; on arrivera au nom de la plante dans les deux cas. On peut aussi hésiter entre fleurs réduites à des écailles et fleurs régulières, car certaines fleurs, bien que régulières, sont formées de parties membraneuses et elles semblent réduites à des écailles, comme par exemple pour la fleur représentée en SI ou pour le groupe de fleurs figuré ci-dessus en M ; on peut choisir l'une ou l'autre question : on arrivera au nom de la plante dans les deux cas.

355
(vient de 354).

☐ Feuilles **composées ;** c'est-à-dire que la feuille tout entière est formée par la réunion de feuilles secondaires, nommées *folioles*, que l'on prend souvent à tort chacune pour une feuille ; l'ensemble de la feuille composée vient se rattacher à la tige par sa base ou par une queue qui porte toutes les folioles ; la base de la feuille composée *n'est pas* placée juste à l'aisselle d'une autre feuille **416**

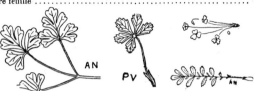

Les figures ci-dessus représentent quelques exemples de feuilles composées.

☐ Feuilles **profondément divisées** (sauf parfois les feuilles qui sont tout à fait dans le haut des tiges), c'est-à-dire que chaque feuille est comme découpée jusqu'à plus de la moitié de sa largeur.... **416**

Les figures ci-dessus représentent des exemples de feuilles divisées.

☐ Feuilles **simples ;** c'est-à-dire soit non découpées jusqu'à plus de la moitié de la largeur de la feuille, soit seulement bordées de dents ou même sans dents sur les bords **357**

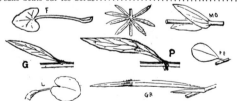

Les figures ci-dessus représentent des exemples de feuilles simples.

☐ Feuilles **non développées ou réduites à des écailles** (voir les figures aux n°° 359 et 360) **359**

356
(vient de 355).

Remarque. — Si l'on hésite entre feuilles composées et feuilles profondément divisées cela est indifférent. Si l'on hésite entre feuilles profondément divisées et feuilles simples (comme par exemple figure A), on peut prendre l'une ou l'autre question ; dans les deux cas, on arrivera au nom de la plante. Il en sera de même si la plante possède à la fois des feuilles simples et des feuilles composées ou divisées (en dehors de quelques feuilles simples qui peuvent se trouver tout au sommet des tiges fleuries)

★ ★ Feuilles **opposées** (sauf parfois dans le haut des tiges ou des rameaux); c'est-à-dire feuilles disposées par deux, attachées sur la tige au même niveau, en face l'une de l'autre.................... .... **397**

Les figures ci-dessus représentent des exemples de feuilles opposées.

Remarque. — Il se développe assez souvent à l'aisselle des feuilles opposées de petits rameaux feuillés qui pourraient faire croire que les feuilles sont groupées en grand nombre au même niveau sur la tige, et non opposées par deux seulement ; mais, en regardant avec attention à la base de ce groupe de feuilles, on distingue très bien les deux feuilles opposées.

★ ★ Feuilles **verticillées ;** c'est-à-dire feuilles attachées au même niveau sur la tige par 3, 4, 5 ou même plus, et régulièrement disposées tout autour de cette tige.. **397**

Les figures ci-dessus représentent des exemples de feuilles verticillées.

★ ★ Feuilles **alternes ;** c'est-à-dire feuilles attachées une par une sur la tige à des niveaux différents................................. **358**

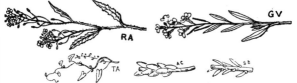

Les figures ci-dessus représentent des plantes à feuilles alternes.

★ ★ Feuilles **groupées,** c'est-à-dire feuilles attachées sur la tige, par 2 ou plus, au même niveau, mais disposées, à ce niveau, d'un seul côté de la tige (exemple : figure BE).......... ... **358**

★ ★ Feuilles **toutes à la base** de la plante................ **358**

Les figures Vl et P représentent des exemples de plantes ayant toutes leurs feuilles à la base.

Remarque. — Si la plante présente à la fois des feuilles alternes (sans compter celles du haut des tiges) et des feuilles opposées, ou à la fois des feuilles alternes et verticillées, on peut prendre l'une ou l'autre question ; dans les deux cas, on arrivera au nom de la plante.

357
(vient de 356).

⊙ Chaque fleur a les ***pétales séparés entre eux juqu'à la base ;***
c'est-à-dire qu'on peut enlever jusqu'à la base l'un des pétales (ou partie de
la fleur colorée en jaune ou jaunâtre), sans déchirer les autres. Il s'agit des
parties de la fleur dont l'ensemble forme la corolle (ou partie colorée qui
entoure les filets et autres organes situés au milieu de la fleur) ; lorsque la
fleur se fane, chaque pétale (ou pièce colorée) tombe ou se flétrit
isolément [*Note 1*, au bas de la page]............................ **361**

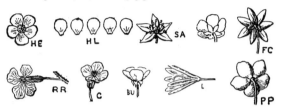

358
(*vient
de
357*).

La figure HE représente une fleur à pétales séparés dont on voit les 5 pétales
détachés (figure HL). — Les autres figures représentent des exemples de fleurs à
pétales séparés vues par-dessus, de côté ou par-dessous.

⊙ Chaque fleur a les ***pétales soudés entre eux, au moins à la
base ;*** c'est-à-dire qu'en essayant de détacher l'une des parties de la fleur
colorée en jaune ou jaunâtre, on est obligé de déchirer la corolle, au
moins à sa base ; lorsque la fleur se fane, la corolle tombe ou se
flétrit tout d'une pièce................................ **386**

Les pétales sont soudés entre eux, à des hauteurs très variées suivant les diverses
fleurs. La figure ML représente la corolle d'une fleur dont les pétales sont très peu
soudés entre eux par leur base. Dans les fleurs représentées par les autres figures,
la corolle est formée de pétales soudés entre eux en un tube plus ou moins long,
sauf au sommet où ils forment des lobes étalés ou dressés.

359
(*vient
de
356*).

↝ Plante ***grimpante***, enroulée autour des autres
plantes où elle s'attache par de petits suçoirs
(figure CS) ; tiges très minces de couleur
jaune ; plante parasite de la luzerne ; fleurs odorantes.
→ **Cuscute odorante** (Teigne-d'Amérique, Cuscute-de-la-
Luzerne) [*Cuscuta suaveolens*]. — **nuisible aux cultures.**

↝ Plante ***non grimpante***.............................. **360**

Note 1. — Dans la plupart des fleurs on trouve, en dehors de la corolle, une autre enveloppe
de la fleur généralement verte, appelée *calice*, qui entoure la base de la corolle. Dans d'autres
fleurs, il est difficile de distinguer le calice et la corolle, qui sont plus ou moins confondus en
une seule enveloppe florale (figures L, PN, par exemple). D'autres fleurs enfin n'ont réellement
qu'une seule enveloppe florale colorée en jaune ou jaunâtre, comme une corolle. On comprend
ici, sous les noms de pétales et de corolle, les pièces colorées en jaune ou jaunâtre, qui entourent
immédiatement les filets ou autres organes placés au milieu de la fleur.

- Feuilles *jaunâtres ;* fleurs *jaunâtres,* tournées du même côté (figure M) ; tige fleurie recourbée au sommet. → **Mo- notrope Suce-pin** (Sucepin) [*Mono- tropa Hypopithys*].

360
(vient de 359).

- Feuilles *vertes ;* fleurs *jaunes,* isolées au sommet des tiges (figure F) (En réalité, la fleur est une fleur *composée* d'un grand nombre de très petites fleurs sans queue, serrées les unes contre les autres). → **Tussilage Pas-d'âne** (Pas-d'âne, Tussilage) [*Tussilago Farfara*]. — **médicinale** ✿. — Figurée en couleurs : 2, planche 31.

361
(vient de 358).

⊕ Plante *dont il s'écoule un lait blanc*................... **396**

⊕ Plante *sans* lait blanc................................. **362**

362
(vient de 361).

✠ Plante *grasse,* à feuilles épaisses, charnues, juteuses.. **384**

✠ Plante *non* grasse.................................... **363**

363
(vient de 362).

§ Chaque pétale jaune présente à la base *une petite écaille jaune* (e, figure K) ou *une petite fossette* (Détacher avec soin l'un des pétales, et examiner la base de ce pétale du côté qui est tourné vers le centre de la fleur. → **Renoncule** [*Ranunculus*] [*Note 1,* au bas de la page*]*. — Pour les principales espèces de Renoncules [*Ranunculus*], se reporter au nº....................... **442**

§ *Pas de petite écaille jaune ni de petite fossette* à la base et en dedans des pétales............................... **364**

364
(vient de 363).

—• Chaque fleur *à 4 pétales* (c'est-à-dire 4 parties colorées en jaune ou jaunâtre)........................ **365**

—• Chaque fleur à *5 pétales* (c'est-à-dire 5 parties colorées en jaune ou jaunâtre)...................... **378**

—• Chaque fleur à *plus de 5 pétales* (ou parties colorées en jaune ou jaunâtre) ou *à nombreux petits tubes jaunes*. **380**

365
(vient de 364).

△ *Il y a* une petite feuille sur la tige à l'endroit où vient se rattacher chaque fleur ; jeunes boutons des fleurs aigus au sommet (figure O B). → **Onagre bisannuelle** (Herbe- aux-ânes) [*OEnothera biennis*]. — **ornementale** ✿. — Figurée en couleurs : 2, planche 21.

△ *Il n'y a pas* de petite feuille sur la tige à l'endroit où vient se rattacher chaque fleur............................... **366**

Note 1. — Pour plus de détails sur les diverses espèces de Renoncules [*Ranunculus*], voir la *Nou- velle Flore,* p. 4, et la *Flore complète,* p. 6. — *Flore de Belgique,* p. 4.

366
(vient de 365).

✠ Feuilles *sans poils* (regarder à la loupe)................. **367**

✠ Feuilles *ayant des poils*............................ **370**

367
(vient de 366).

○ Chaque fleur *de plus de 12 millimètres de largeur* lorsqu'elle est épanouie.................................... **368**

○ Chaque fleur de *moins* de 12 millimètres de largeur lorsqu'elle est épanouie.............................. **369**

368
(vient de 367).

— Feuilles *toutes amincies à la base en une très courte queue* (figures GV, G) ; fleurs à *odeur suave*. → **Giroflée Violier** (Giroflée-de-muraille, Carafée, Muret, Violier-jaune, Bâton-d'or) [*Cheiranthus Cheiri*]. — **ornementale.** 🌸. — Figurée en couleurs : 1, planche 6. — On cultive comme plante ornementale une variété de cette plante à fleurs veinées ou panachées de brun.

— Plante *n'ayant pas à la fois* ces deux caractères...... **373**

369
(vient de 367).

★ Feuilles *embrassant la tige comme par deux oreilles étroites* (figure P) ; plante croissant dans des endroits arides. → **Pastel des teinturiers** (Guède, Vouède, Pastel) [*Isatis tinctoria*]. — **industrielle.** 🌸.

★ Feuilles, vers le milieu de la hauteur de la plante, *n'embrassant pas la tige comme par deux oreilles étroites* (figures RA

et AM) ; plante croissant dans les endroits humides. → **Roripe amphibie** (Raifort-aquatique-jaune) [*Roripa amphibia*].

370
(vient de 366).

= Fleurs jaunes ou d'un jaune brun, *à odeur suave ;* à feuilles *ni divisées ni dentées* (fig. GV) ; chaque fleur ayant *plus de deux centimètres* lorsqu'elle est épanouie. → **Giroflée Violier** (Giroflée-de-muraille, Carafée, Muret, Violier-jaune, Bâton-d'or) [*Cheiranthus Cheiri*]. — **ornementale.** 🌸. — Figurée en couleurs : 1, planche 6. — On cultive comme plante ornementale une variété de cette plante à fleurs veinées ou panachées de brun.

= Plante *n'ayant pas à la fois* ces trois caractères...... **371**

371
(vient de 370).

⊖ Fleurs *jaunâtres, passant au blanc lorsqu'elles se fanent ;* fleurs de moins de 3 millimètres de longueur; feuilles sans aucune dent; plante à feuilles petites (figure AC), toute couverte de petits poils en étoile (regarder à la loupe). → **Alysson calicinal** [*Alyssum calycinum*].

⊖ Fleurs *jaunâtres veinées de violet* (figure RR). → **Radis Ravenelle** (Raveluche, Ravenelle, Jotte) [*Raphanus Raphanistrum*] ✿.

⊖ Fleurs *jaunes*..................................... **372**

372
(vient de 371).

✕ Les quatre petites parties vertes ou jaunâtres (calice) qui entourent la base des quatre pétales jaunes de chaque fleur sont *étalées* lorsque la fleur est épanouie (figure AR). — Se reporter au n°........ **436**

✕ Les quatre parties vertes du calice sont toujours *dressées* (figure ES); aucune feuille n'est divisée (figure VF). → **Vélar Fausse-Giroflée** [*Erysimum cheiranthoides*] ✿.

373
(vient de 368).

☐ Les quatre petites parties vertes ou jaunâtres (calice) qui entourent immédiatement la base des quatre pétales jaunes sont *étalées* lorsque la fleur est épanouie (figure AR); feuilles du milieu de la tige non divisées et embrassant la tige à leur base (figure CN). → **Chou Navet** (Navet) [*Brassica Napus*]. — **alimentaire.** ✿.

On cultive aussi, sous le nom de Colza, une variété **industrielle** de cette plante.

☐ Les quatre parties vertes ou jaunâtres sont *dressées* (figure LI). Se reporter au n°... **433**

374
(vient de 354).

★ ★ Feuilles *non divisées ni dentées* (figure F); *il ne s'écoule pas de lait blanc* lorsqu'on coupe la tige. → **Buplèvre en faux** (Oreille-de-lièvre) [*Buplevrum falcatum*]. — **médicinale** ✿.

★ ★ Feuilles *non divisées;* il s'écoule du *lait blanc* lorsqu'on coupe la tige................................ **706**

★ ★ Feuilles *profondément divisées* (Voir les figures PC, PA, AF, SI des n°° 375, 376 et 377).......................... **375**

375
(vient de 374).

☉ Plante ayant *l'odeur bien connue du persil ;* fleurs d'un *vert jaunâtre ;* feuilles luisantes, à lobes divisés en trois (figure PC). → **Persil cultivé** (Persil) [*Petroselinum sativum*]. — **condimentaire ; médicinale.**

☉ Plante *n'ayant pas* ces caractères.................... **376**

376
(vient de 375).

Feuilles à divisions les plus larges *d'au moins un centimètre de largeur* ; à divisions disposées sur deux rangs opposés (figure PA). → **Panais cultivé** (Panais) [*Pastinaca sativa*]. — **alimentaire.** 🌑. — Figurée en couleurs : 3, planche 24.

Feuilles à divisions les plus larges de *moins d'un demi-centimètre de largeur* et dont les divisions sont elles-mêmes divisées (voir les figures AF et SI, ci-dessous, au n° 377)...... **377**

377
(vient de 376).

• Divisions des feuilles ayant *moins de 2 millimètres* de largeur, en forme de filaments allongés (figure AF). → **Aneth Fenouil** (Fenouil) [*Anethum Fœniculum*]. — **médicinale, condimentaire.** 🌑. — Figurée en couleurs : 1, 1 *bis*, planche 24.

• Divisions des feuilles ayant plus de *2 millimètres de largeur*, n'étant pas plus de 8 fois plus longues que larges (figure SI). → **Silaüs des prés** (Persil-bâtard, Cumin-des-prés) [*Silaus pratensis*].

378
(vient de 364).

⊕ En regardant la fleur par-dessous, on voit 5 très petites feuilles ou écailles vertes, verdâtres ou brunâtres, dont *3 grandes et 2 petites* placées immédiatement au-dessous des cinq pétales jaunes (figure VG ; la figure V représente le calice seul, vu par-dessous). → **Hélianthème** [*Helianthemum*]. [*Note 1*, au bas de la page]. — Pour les principales espèces d'Hélianthèmes [*Helianthemum*], continuer au n°.................. **379**

⊕ En regardant la fleur par-dessous, *on ne voit aucune* petite feuille ou écaille placée immédiatement au-dessous des 5 parties jaunes de la fleur (figure PP). → **Caltha des marais** (Populage, Souci-d'eau) [*Caltha palustris*]. — **vénéneuse.** 🌑. — Figurée en couleurs : 3, planche 2.

379
(vient de 378).

✠ Fleurs jaunes *avec une tache brune* sur chaque pétale (figure G) ; *il n'y a pas* de petite feuille à la base de la queue de chaque fleur (figure G). → **Hélianthème à gouttes** (Grille-midi) [*Helianthemum guttatum*] 🌑.

✠ Fleurs jaunes *sans tache brune* (figure HE) ; il y a une petite feuille située à la base de la queue de chaque fleur (figure VUL). → **Hélianthème vulgaire** [*Helianthemum vulgare*]. — **médicinale.** — Figurée en couleurs : 1, planche 7.

Note 1. — Pour plus de détails sur les espèces d'Hélianthèmes [*Helianthemum*], voir la *Nouvelle Flore*, page 19, et la *Flore complète*, page 35. — *Flore de Belgique*, p. 21.

380
(vient de 364).

§ Parties semblables de la fleur *disposées 3 par 3* (figure IP) ; feuilles aiguës, à nervures non ramifiées. → **Iris Faux-Acore** (Iris-jaune, Iris-des-marais, Glaïeul-des-marais) [*Iris pseudacorus*]. — **médicinale**. — Figurée en couleurs : 5, planche 54.

§ Fleur à *6 parties jaunâtres ;* rameaux fins, verts, *en groupes,* ressemblant à des *feuilles très étroites* **557**

§ Plante *n'ayant pas* les caractères précédents **381**

381
(vient de 380).

+ Feuilles *arrondies comme des tiges* (figure J) ; fleurs *de consis-*

tance sèche. → **Jonc épars** [*Juncus effusus*]. — **industrielle**. — Figurée en couleurs : 4, planche 57.

+ Feuilles *non* arrondies comme des tiges **382**

382
(vient de 381).

— • Plante *plongée dans l'eau,* à grandes feuilles nageantes ; fleurs isolées, venant s'épanouir à la surface de l'eau, (la figure NL représente la fleur coupée en long). → **Nénuphar jaune** (Plateau, Aillout-d'eau) [*Nuphar luteum*]. — Figurée en couleurs : 1, 1 *bis* et 1 *ter*, planche 4.

— • Plante *non* plongée dans l'eau **383**

383
(vient de 382).

△ Chaque fleur ayant *6 à 9 pétales jaunes* entourés à leur base par *3 petites feuilles ou écailles verdâtres ou jaunâtres* (figure FC) ; plante sans poils, à feuilles en cœur renversé (figure F). → **Ficaire Fausse-Renoncule** (Petite-Éclaire, Éclairette, Ficaire, Herbe-au-fic, Petite-Chélidoine) [*Ficaria ranunculoides*]. — **vénéneuse ; médicinale**. — Figurée en couleurs : 2, planche 2.

△ Chaque fleur ayant *6 à 9 pétales* mais *sans* 3 petites feuilles ou écailles verdâtres ou jaunâtres, en dessous **378**

△ Chaque fleur en apparence à *nombreux pétales ou à nombreux petits tubes jaunes* (En examinant la fleur avec soin, on voit qu'en réalité c'est une fleur *composée* de nombreuses petites fleurs en languette ou en tube dont l'ensemble est entouré par un grand nombre de petites feuilles ou écailles formant une collerette). — Se reporter au nᵒ **828**

384
(vient de 362).

✠ Feuilles inférieures *opposées* par paires, plus ou moins plates ; feuilles des rameaux, alternes ou groupées au sommet des rameaux (figure O). → **Pourpier potager** (Pourpier) [*Portulaca oleracea*]. — **alimentaire ; médicinale**.

✠ Feuilles *toutes alternes ;* feuilles en forme de grains ovales ou de cylindres ; pétales aigus au sommet **385**

385
vient de 384).

○ Feuilles en forme de grains *arrondis* au sommet (figure AC); chaque fleur ayant 4 ou 5 pétales (figure SA). → **Sédum âcre** (Poivre-de-muraille, Vermiculaire) [*Sedum acre*]. — **vénéneuse; médicinale.** ❀ — Figurée en couleurs : 3, planche 22.

○ Feuilles en cylindre, *aiguës* au sommet (figure R); chaque fleur ayant en général 6, 7 ou 8 pétales (figure SR). → **Sédum réfléchi** [*Sedum reflexum*]. — **médicinale.** — Figurée en couleurs : 2, planche 22.

386
(vient de 358).

— Feuilles *toutes à la base* de la plante................ **387**

— Feuilles *disposées le long de la tige*................ **391**

387
(vient de 386).

★ Chaque fleur ayant **5 lobes** jaunes (figures O et G); queues des fleurs partant toutes du même point; feuilles à nervures ramifiées. → **Primevère** [*Primula*] [*Note 1,* au bas de la page]. — Pour les principales espèces de Primevères [*Primula*], continuer au n°.... **388**

★ Chaque fleur ayant **6 parties** jaunes ou jaunâtres...... **390**

388
vient de 387).

= Fleurs d'un *jaune foncé* souvent avec des taches oranges; la partie verdâtre qui entoure le tube de la corolle (calice) est *renflée*, très ouverte, à lobes larges (figure O). → **Primevère officinale** (Coucou, Coqueluchon, Primevère-commune, Brayette) [*Primula officinalis*]. — **médicinale.** — Figurée en couleurs : 4, planche 36.

= Fleurs *d'un jaune pâle*; le tube de la corolle est entouré par un calice étroit à lobes aigus (figure G)........ .... **389**

389
vient de 388).

⊖ Fleurs dont les queues partent toutes du sommet *d'une tige allongée;* feuilles *brusquement* rétrécies (figure E). → **Primevère élevée** [*Primula elatior*].

⊖ Fleurs dont les queues partent toutes *de la base de la plante;* feuilles *peu à peu* rétrécies (figure PG). → **Primevère à grandes fleurs** (Primevère) [*Primula grandiflora*]. — **ornementale.** — Figurée en couleurs : 3, planche 36.

Note 1. — Pour plus de détails sur les diverses espèces de Primevères [*Primula*], voir la *Flore complète*, page 206.

× Chaque fleur *de plus de 3 centimètres de largeur ;* en dedans des six divisions de la fleur (figure PN) se trouve une sorte de couronne ou de coupe, colorée en jaune clair et à lobes arrondis sur les bords ou peu marqués. → **Narcisse Faux-Narcisse** (Narcisse-des-prés, Aiault, Porillon, Poriot, Chaudron, Bonhomme, Coucou, Jeannette) [*Narcissus pseudo-Narcissus*]. — **ornementale ; vénéneuse ; médicinale**. — Figurée en couleurs : 4, planche 54 [*Note 1*, au bas de la page].

390
(*vient de 387*).

× Chaque fleur *de moins de 3 centimètres de largeur ;* il n'y a ni couronne ni coupe en dedans des six divisions de la fleur ; fleurs en grappe (figure PY) ; fleurs jaunâtres ou d'un jaune un peu verdâtre. → **Ornithogale des Pyrénées** [*Ornithogalum pyrenaicum*].

391
(*vient de 386*).

☐ Plante *grimpante,* soit à l'aide de longs filaments enroulés sur eux-mêmes, soit en s'enroulant autour d'autres tiges **395**

☐ Plante *non* grimpante.................................. **392**

392
(*vient de 391*).

★ ★ Fleurs *jaunâtres veinées de lignes brunes ou de lignes noirâtres qui sont disposées en réseau ;* feuilles inférieures profondément divisées ; plante couverte de poils un peu visqueux (la figure HN représente le sommet de la plante). → **Jusquiame noire** (Potelée, Jusquiame, Hanebane, Herbe-aux-Chevaux) [*Hyoscyamus niger*]. — **vénéneuse, médicinale**. — Figurée en couleurs : 1, planche 40 [*Note 2*, au bas de la page].

★ ★ Fleurs *n'étant pas à la fois* jaunâtres et veinées de lignes brunes ou noirâtres **393**

393
(*vient de 392*).

⊙ Chaque fleur ayant 5 divisions *un peu inégales* (figure ML) ; feuilles se prolongeant sur la tige par leur base. → **Molène Bouillon-blanc** (Bouillon-blanc) [*Verbascum Thapsus*]. — **médicinale**. — Figurée en couleurs : 5, planche 40 [*Note 3*, au bas de la page].

⊙ Chaque fleur ayant 5 divisions *égales* ou 5 lobes *égaux entre eux ;* feuilles ne se prolongeant pas sur la tige par leur base **394**

Note 1. — Pour les diverses espèces de Narcisses [*Narcissus*], voir la *Flore complète*, p. 306.
Note 2. — Pour les diverses espèces de Jusquiames [*Hyoscyamus*], voir la *Flore complète*, p. 227.
Note 3. — Pour les diverses espèces de Molènes [*Verbascum*], voir la *Nouvelle Flore*, p. 112 et la *Flore complète*, p. 228. — *Flore de Belgique*, p. 118.

🗘 Fleurs jaunâtres *à 5 lobes verdâtres en dehors ;* feuilles très étroites (figures T et TH) ; fleurs en grappes (figure TH). → **Thésium couché** [*Thesium humifusum*].

394
(*vient de 393*).

🗘 Fleurs *d'abord jaunes puis jaunâtres, puis roses, puis bleues* (on peut voir des fleurs de ces diverses teintes sur la même plante) ; corolle à tube allongé terminée par 5 lobes étalés (figures MV et V). → **Myosotis versicolore** [*Myosotis versicolor*].

🗘 Fleurs *jaunes ;* plante ayant à la fois des feuilles alternes et des feuilles opposées, parfois des feuilles verticillées par 3 ou 4 (figure VUL). → **Lysimaque vulgaire** (Chasse-bosse, Corneille) [*Lysimachia vulgaris*].

395
(*vient de 391*).

• Plante *s'accrochant* aux autres plantes *par de minces filets s'enroulant sur eux-mêmes* (figure BR) ; chaque fleur à *5 divisions.* → **Bryone dioïque** (Bryone, Rave-de-serpent, Navet-du-Diable) [*Bryonia dioica*]. — **vénéneuse ; médicinale ☙.** — Figurée en couleurs : 1 et 1 *bis*, planche 21.

• Plante *s'enroulant* autour des autres plantes par ses tiges (figure TA) ; chaque fleur à *6 divisions.* → **Tamier commun** (Herbe-aux-femmes-battues, Sceau-de-Notre-Dame) [*Tamus communis*].

396
(*vient de 361*).

⊕ Chaque fleur ayant en apparence de *nombreux pétales jaunes* (En examinant une fleur avec soin, on voit qu'en réalité c'est une fleur composée de très nombreuses petites fleurs en forme de languette, et dont l'ensemble est entouré par une collerette de petites feuilles ou écailles). — Se reporter au nᵒ.. **828**

⊕ Chaque fleur ayant *2 ou 4 parties jaunes ou jaunâtres ;* les queues qui portent les groupes de fleurs, vers le haut de la plante, viennent s'attacher toutes sur la tige au même point. (Voir, par exemple, les figures ci-dessous). → **Euphorbe** [*Euphorbia*]. — Se reporter au nᵒ.. **706**

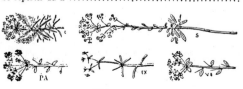

⌘ Chaque fleur a les **pétales séparés entre eux jusqu'à la base ;** c'est-à-dire qu'on peut enlever jusqu'à la base l'un des pétales (ou partie de la fleur colorée en jaune ou jaunâtre) sans déchirer les autres. Il s'agit des parties de la fleur dont l'ensemble forme la corolle ou partie colorée qui entoure les filets et autres organes situés au milieu de la fleur ; lorsque la fleur se fane, chaque pétale (ou pièce colorée) tombe ou se flétrit isolément [*Note 1*, au bas de la page]. **398**

397
(*vient de 357*).

Les figures FC, H et T représentent quelques exemples de fleurs à pétales séparés.

⌘ Chaque fleur a les **pétales soudés entre eux, au moins à la base ;** c'est-à-dire qu'en essayant de détacher l'une des parties de la fleur colorée en jaune ou jaunâtre, on est obligé de déchirer la corolle, au moins à sa base ; lorsque la fleur se fane, la corolle tombe ou se flétrit tout d'une pièce (exemples : figures MC, GM et VC). **410**

398
(*vient de 397*).

§ Plante **grimpante**, à tiges s'enroulant autour des autres plantes ou autour de supports ; feuilles rudes en dessous, plus ou moins profondément **découpées** (figure H). → **Houblon grimpant** (Houblon) [*Humulus Lupulus*]. — — **industrielle** ; **médicinale** ✿. — Figurée en couleurs : 1 et 1 *bis*, planche 48.

§ Plante **non** grimpante ; feuilles **non** découpées. **399**

399
(*vient de 398*).

+ Plante **fixée sur des branches d'arbres ;** tiges dures, mais vertes ; rameaux disposés en fourches successives, quelquefois par 3 ou plus ; feuilles non dentées (figure VI). → **Gui blanc** (Gui, Morvé) [*Viscum album*]. — **médicinale**. ✿. — Figurée en couleurs : 3 et 3 *bis*, planche 26.

+ Plante **non** fixée sur des branches d'arbres. **400**

400
(*vient de 399*).

—• Plante **grasse,** à feuilles épaisses, charnues ; fleurs sans queue ; feuilles alternes ou groupées, sur les rameaux (figure O). → **Pourpier potager** (Pourpier) [*Portulaca oleracea*]. — **alimentaire** ; **médicinale**.

—• Plante **non** grasse ; fleurs portées par une queue plus ou moins longue. **401**

Note 1. — Dans la plupart des fleurs on trouve, en dehors de la corolle, une autre enveloppe de la fleur, généralement verte, appelée *calice*, qui entoure la base de la corolle. Dans d'autres fleurs, il est difficile de distinguer le calice et la corolle, qui sont plus ou moins confondus en une seule enveloppe florale. D'autres fleurs enfin n'ont réellement qu'une seule enveloppe florale colorée en jaune ou jaunâtre, comme une corolle. On comprend ici, sous les noms de pétales et de corolle, les pièces colorées en jaune ou jaunâtre, qui entourent immédiatement les filets ou autres organes placés au milieu de la fleur.

401
(vient
de
400).

△ Chaque fleur ayant **4 pétales ou 4 divisions**............ **402**

△ Chaque fleur ayant **5 pétales**........................ **404**

△ Chaque fleur ayant **6 à 9 pétales** (figure FC, fleur vue par-dessous); plante sans poils à feuilles en cœur renversé (fig. F). → **Ficaire Fausse-Renoncule** (Petite-Eclaire, Eclairette, Herbe-au-fic, Petite-Chélidoine) [*Ficaria ranunculoides*]. — **vénéneuse; médicinale.** — Figurée en couleurs : 2, planche 2.

△ Chaque fleur ayant **plus de 9 pétales** ou **à nombreux petits tubes jaunes** (en examinant une fleur avec soin, on voit que c'est une fleur *composée* de nombreuses petites fleurs en forme de languette ou de tube, dont l'ensemble est entouré par une collerette d'écailles ou de petites feuilles).. **828**

402
(vient
de
401).

✠ Feuilles **dentées ou divisées,** attachées une par une sur la tige à des hauteurs différentes, rarement opposées par paires (comme figure T); à la base des feuilles, sont deux petites folioles rattachées à la tige (figure TO). → **Potentille Tormentille** (Tormentille) [*Potentilla Tormentilla*]. — **médicinale.** — Figurée en couleurs : 1, planche 19.

✠ Feuilles **ni dentées ni divisées**, attachées au même point sur la tige par 4 à 12, et disposées régulièrement tout autour de la tige.................................. **403**

403
(vient
de
402).

○ Feuilles ovales, attachées **par 4** au même niveau sur la tige (figures GC et CT); groupes de fleurs intercalés entre les feuilles ordinaires. → **Gaillet Croisette** (Croisette) [*Galium Cruciata*]. — Figurée en couleurs : 2, planche 27.

○ Feuilles allongées et étroites, attachées **par 6 à 12** au même niveau sur la tige (figure V); groupes de fleurs situés surtout vers le haut de la tige, au-dessus des feuilles ordinaires → **Gaillet vrai** (Caille-lait-jaune) [*Galium verum*]. — **industrielle; médicinale.** — Figurée en couleurs : 1, planche 27.

404
(vient
de
401).

— En examinant une fleur avec soin, on voit que les pétales sont en réalité **soudés** entre eux **par leur base** (comme figure MC). → **Lysimaque** [*Lysimachia*]. — Se reporter au nᵒ..... **415**

— Pétales **réellement séparés les uns des autres jusqu'à leur base** **405**

405
(vient de 404).

★ En regardant la fleur par-dessous, on voit 5 très petites feuilles ou écailles vertes (calice) qui sont *égales entre elles ;* les pétales jaunes sont bordés de très petites glandes noires (regarder à la loupe). → **Millepertuis** [*Hypericum*] [*Note 1,* au bas de la page]. — Pour les principales espèces de Millepertuis [*Hypericum*], continuer au nº. **406**

★ En regardant la fleur par-dessous, on voit 5 très petites folioles ou écailles verdâtres ou brunâtres *dont 3 grandes et 2 petites* (figure VG ; la figure P représente le calice seul) ; les pétales jaunes ne sont pas bordés de très petites glandes noires. → **Hélianthème** [*Helianthemum*]. — Pour les principales espèces d'Hélianthèmes [*Helianthemum*], se reporter au nº. **379**

406
(vient de 405).

= Fleurs épanouies de *moins d'un centimètre* de largeur ; tiges plus ou moins *couchées sur le sol* (figure HU). → **Millepertuis couché** [*Hypericum humifusum*].

= Plante n'ayant pas *à la fois* ces caractères. **407**

407
(vient de 406).

⊖ Tiges ayant *2 lignes* plus ou moins saillantes sur leur longueur (la figure PE montre la trace de ces deux lignes sur la section de la tige coupée en travers). (En regardant les feuilles par transparence, on voit qu'elles semblent percées de petits trous ; cette apparence est due à de petites glandes à huile plus transparentes que le reste de la feuille). → **Millepertuis perforé** (Millepertuis, Herbe-de-la-Saint-Jean) [*Hypericum perforatum*]. — **médicinale.** Figurée en couleurs : 3, planche 11.

⊖ Tiges ayant *4 lignes* plus ou moins saillantes sur leur longueur (les figures Q et T montrent la trace des 4 lignes sur la section de la tige coupée en travers). **408**

⊖ Tiges *sans* lignes saillantes sur leur longueur. **409**

408
(vient de 407).

✕ Les pétales jaunes sont *couverts de très petites glandes noires* (figure HQ, grossie) (regarder à la loupe) ; tiges à 4 lignes peu saillantes. → **Millepertuis à 4 angles** [*Hypericum quadrangulum*].

✕ Les pétales jaunes *n'ont de petites glandes noires que sur leurs bords* (figure TE, grossie) ; tiges à *4 lames très saillantes.* → **Millepertuis à 4 ailes** [*Hypericum tetrapterum*].

Note 1. — Pour plus de détails sur les diverses espèces de Millepertuis [*Hypericum*], voir la *Flore complète,* page 59.

409
vient
de
407).

☐ Tiges *sans poils ;* feuilles embrassant la tige par leur base (figure MO). → **Millepertuis des montagnes** [*Hypericum montanum*].

☐ Tiges *ayant des poils ;* feuilles n'embrassant pas la tige par leur base (figure HI). → **Millepertuis velu** [*Hypericum hirsutum*].

410
(vient
de
397).

★ ★ Feuilles *verticillées,* c'est-à-dire attachées, par trois ou plus, exactement au même niveau sur la tige, et disposées régulièrement tout autour de la tige (exemple : figure GA)............................ ... **411**

★ ★ Feuilles *opposées,* c'est-à-dire attachées par deux au même niveau sur la tige en face l'une de l'autre (exemple : figure DV) ; parfois (sur les rameaux) les feuilles sont attachées isolément ou groupées irrégulièrement (exemple : figure O, au nᵒ 413). ... **413**

Remarque. — Si la plante présente à la fois des feuilles verticillées et des feuilles opposées (comme figure VUL, ci-dessous), on peut prendre l'une ou l'autre question ; dans les deux cas, on arrivera au nom de la plante.

411
(vient
de
410).

⊙ Chaque fleur *de plus de 8 millimètres de largeur,* à 5 divisions jaunes ; certaines feuilles sont verticillées, d'autres opposées (figure VUL). → **Lysimaque vulgaire** (Chassebosse, Corneille) [*Lysimachia vulgaris*].

⊙ Chaque fleur de *moins* de 8 millimètres de largeur ; toutes les feuilles sont verticillées............................ **412**

412
(vient
de
411).

⌣ Fleurs *d'un blanc jaunâtre ;* feuilles ayant sur les bords de très petites dents piquantes (fig. RP). → **Garance voyageuse** (Garance-sauvage [*Rubia peregrina*]. — On cultivait autrefois comme plante industrielle la Garance des teinturiers [*Rubia tinctorum*].

⌣ Fleurs *jaunes ;* feuilles sans petites dents piquantes. — Se reporter au nᵒ.................................... **403**

413
(vient
de
410).

• Plante *grasse,* à feuilles épaisses, charnues ; fleurs sans queue ; feuilles alternes ou groupées sur les rameaux (figure O). → **Pourpier potager** (Pourpier) [*Portulaca oleracea*]. — **alimentaire** ; **médicinale**.

• Plante *non* grasse.................................... **414**

414
(*vient de 113*).

⊕ Fleurs *d'un jaune blanchâtre ;* feuilles à nervures secondaires recourbées (figure D) ; tige ayant, en long, 2 lignes de poils (voir plus haut la figure DV, au nᵒ 410. → **Dompte-venin officinal** (Dompte-venin, Ipécacuanha-des-Allemands) [*Vincetoxicum officinale*]. — **vénéneuse; médicinale**. — Figurée en couleurs : 5, planche 37.

⊕ Fleurs franchement *jaunes.* → **Lysimaque** [*Lysimachia*] [*Note 1*, au bas de la page]. — Pour les principales espèces de Lysimaques [*Lysimachia*], continuer au nᵒ..... .... **415**

415
(*vient de 414*).

✠ Tiges *dressées ;* feuilles les unes opposées, les autres verticillées, parfois alternes (fig. VUL). → **Lysimaque vulgaire** (Chasse-bosse, Corneille) [*Lysimachia vulgaris*].

✠ Tiges *couchées sur le sol ;* feuilles toutes opposées (figure N). → **Lysimaque Nummulaire** (Herbe-aux-écus, Nummulaire, Monnoyère) [*Lysimachia Nummularia*]. — **médicinale**. — Figurée en couleurs : 5, planche 36.

416
(*vient de 356*).

§ Fleurs *jaunes*........................ .... **422**

§ Fleurs *jaunâtres, veinées de lignes brunes, de lignes violacées ou de lignes noirâtres*........................... **417**

§ Fleurs *jaunâtres, non* veinées de lignes foncées, ou fleurs *d'un jaune verdâtre* ou *d'un jaune blanchâtre*.......... **418**

417
(*vient de 416*).

+ Fleurs *de plus d'un centimètre et demi* de largeur ; corolle à pétales soudés à la base et se détachant d'une seule pièce, à *5 divisions* (le haut de la plante est figuré en HN) ; feuilles plus ou moins divisées. → **Jusquiame noire** (Jusquiame, Herbe-des-chevaux, Hanebane) [*Hyoscyamus niger*]. — **vénéneuse ; médicinale**. — Figurée en couleurs : 1, planche 40 [*Note 2*, au bas de la page].

+ Fleurs de *moins* d'un centimètre et demi de largeur ; corolle *à 4 pétales* séparés entre eux jusqu'à leur base (figure RR). → **Radis Ravenelle** (Ravenelle, Raveluche, Pied-de-glène, Jotte) [*Raphanus Raphanistrum*] ✿.

Note 1. — Pour plus de détails sur les diverses espèces de Lysimaques [*Lysimachia*], voir la *Flore complète*, page 209.
Note 2. — Pour les diverses espèces de Jusquiames [*Hyoscyamus*], voir la *Flore complète*, page 227.

418
(vient de 416).

—• Plante *grimpante*, à tiges s'enroulant ; feuilles *disposées par paire*, et chacune divisée en 3 lobes (figure H) ou 5 lobes. → **Houblon grimpant** (Houblon) [*Humulus Lupulus*]. - industrielle ; médicinale ♣ — Figurée en couleurs : 1, planche 48.

—• Plante *grimpante ;* feuilles *attachées une par une sur la tige ;* chaque fleur à 5 pétales...................... **395**

—• Plante *non* grimpante........................... .. **419**

419
(vient de 418).

△ Feuilles divisées en *très nombreuses folioles* (exemple : figure CH). → **Pigamon** [*Thalictrum*] [*Note 1*, au bas de la page]. — Pour les principales espèces de Pigamon [*Thalictrum*], continuez au nᵒ.................................. **421**

△ Feuilles *non* divisées en très nombreuses folioles...... **420**

420
(vient de 419).

✠ En examinant une fleur avec soin, on voit que c'est en réalité une *fleur composée* de nombreuses fleurs en tube extrêmement petites, dont l'ensemble est entouré par une collerette de très petites écailles. — Se reporter au nᵒ.... **828**

✠ Fleurs *non* composées (figure AU). → **Renoncule Tête-d'or** [*Ranunculus auricomus*].

421
(vient de 419).

○ Fleurs *dressées et rapprochées en masses compactes* au sommet des rameaux (figure F). → **Pigamon jaunâtre** (Rhubarbe-des-pauvres, Rue-des-prés) [*Thalictrum flavum*]. — Figurée en couleurs : 1, planche 2.

○ Fleurs *penchées* et plus ou moins isolées les unes des autres, même au sommet des rameaux (figure M). → **Pigamon mineur** [*Thalictrum minus*].

422
(vient de 416).

— Chaque fleur ayant *4 pétales* (ou 4 parties colorées en jaune).. **423**

— Chaque fleur ayant *5 à 10 pétales* (ou 5 à 10 parties colorées en jaune)....................................... **438**

— Chaque fleur ayant en apparence *plus de 10 pétales jaunes ou plus de 10 parties en forme de tubes jaunes* (En examinant une fleur avec soin, on voit qu'en réalité c'est une fleur *composée* de nombreuses petites fleurs sans queue en forme de languettes ou de tubes, dont l'ensemble est entouré par une collerette de très petites feuilles ou écailles). — Se reporter au nᵒ.................................. **828**

Note 1. — Pour plus de détails sur les diverses espèces de Pigamons [*Thalictrum*], voir la *Flore complète*, page 4.

423
(vient de 122).

★ Un **suc jaune** s'écoule de la tige lorsqu'on la brise ou lorsqu'on la coupe ; les 4 pétales jaunes sont entourés, dans le bouton de la fleur, par deux parties vertes ou d'un vert jaunâtre qui tombent lorsque la fleur s'ouvre (la figure C représente une extrémité de rameau fleuri). → **Chélidoine majeure** (Grande-Eclaire, Herbe-aux-verrues, Grande-Chélidoine, Herbe-aux-boucs, Herbe-de-l'hirondelle) [*Chelidonium majus*]. — **vénéneuse ; médicinale.** — Figurée en couleurs : 3, planche 5.

★ **Pas de suc jaune** s'écoulant lorsqu'on brise la tige..... **424**

424
(vient de 423).

= Feuilles à **3, 5 ou 7 folioles disposées en éventail ;** les 2 folioles situées au bas de chaque feuille, à droite et à gauche, et rattachées à la tige, sont plus ou moins semblables aux folioles de la feuille (figure TO). → **Potentille Tormentille** (Tormentille) [*Potentilla Tormentilla*]. — **médicinale.** — Figurée en couleurs : 1, planche 19.

= Feuilles **n'ayant pas** la forme précédente (voir, par exemple, les formes de feuilles représentées sur les figures du nᵒ 427 ou encore celles des nᵒˢ 433 et 435)................... **425**

425
(vient de 424).

⊖ Chaque fleur de **moins de 6 millimètres de longueur**.... **426**

⊖ Chaque fleur de **plus** de 6 millimètres de longueur...... **429**

426
(vient de 425).

✕ Les feuilles attachées vers le milieu de la tige ont **11 divisions ou plus de 11 divisions** (les feuilles supérieures ont un nombre moindre de divisions)........................ **427**

✕ Les feuilles attachées vers le milieu de la tige ont **moins** de 11 divisions..................................... **428**

427
(vient de 426).

☐ Les pétales jaunes sont **plus courts** que les quatre petites parties vertes ou verdâtres du calice ; tige dressée dès la base ; feuilles à divisions très étroites (figure SF). → **Sisymbre Sagesse** (Sagesse-des-chirurgiens) [*Sisymbrium Sophia*]. — **médicinale** ❀.

☐ Les pétales jaunes sont **plus longs** que les quatre petites parties vertes ou verdâtres du calice qui les entourent ; tiges couchées, étalées ou redressées ; feuilles à divisions non très étroites (figure CS). → **Cresson sauvage** (Roquette-sauvage) [*Nasturtium silvestre*]. — **médicinale.**

— 111 —

428
(vient de 426).

★ ★ Tige *poilue, un peu rude;* feuilles du milieu des tiges à lobes rejetés vers le bas (figure OFF ; la figure OF représente le sommet de la tige fleurie). → **Sisymbre officinal** (Herbe-aux-chantres, Tortelle, Vélar) [*Sisymbrium officinale*]. — **médicinale.**

★ ★ Tige *sans poils ou presque sans poils ;* feuilles *aiguës* au sommet à lobes étalés (figure SI). → **Sisymbre Irio** (Vélaret) [*Sisymbrium Irio*].

★ ★ Tiges et feuilles *sans poils ;* feuilles du milieu de la tige à lobe supérieur très grand et *arrondi* au sommet.... **433**

429
(vient de 425).

☉ Feuilles *sans poils* (regarder à la loupe)................. **430**

☉ Feuilles *ayant des poils*................................. **436**

430
(vient de 429).

↶ Les 4 parties vertes ou jaunâtres (calice) qui entourent la base des 4 pétales jaunes sont *étalées* (figure AR) quand la fleur est épanouie.. **431**

↶ Les 4 parties vertes ou jaunâtres (calice) qui entourent la base des 4 pétales jaunes sont *dressées* et appliquées contre la partie inférieure des pétales (figure LI) quand la fleur est épanouie.. **433**

431
(vient de 430).

● Les feuilles qui sont vers le milieu de la tige ne sont *ni divisées ni dentées* (figure CN); racine ayant l'odeur bien connue de navet. → **Chou Navet** (Navet) [*Brassica Napus*]. — **alimentaire.** On cultive comme plante industrielle, sous le nom de Colza, une variété de cette plante) 🌸.

● Les feuilles qui sont vers le milieu de la tige sont *plus ou moins dentées ou divisées;* racine sans odeur de navet... **432**

432
(vient de 431).

⊕ Feuilles *toutes très profondément divisées* (figure CS). → **Cresson sauvage** (Roquette-sauvage)[*Nasturtium silvestre*]. — **médicinale.**

⊕ Feuilles *supérieures dentées* (figures AM, RA). → **Roripe amphibie** (Raifort-aquatique-jaune) [*Roripa amphibia*].

⌖ Feuilles *embrassant la tige par leur base,* comme par deux *petites oreilles* (figure BAR). → **Barbarée vulgaire** (Herbe-de-Sainte-Barbe, Barbarée, Girarde-jaune) [*Barbarea vulgaris*]. — **médicinale**.

BAR

433
(*vient de 430*).

⌖ Feuilles *n'embrassant pas* la tige comme par deux petites oreilles, mais quelquefois embrassant la tige à demi... **434**

434
(*vient de 433*).

§ Les 4 parties vertes ou jaunâtres qui entourent les pétales (dont l'ensemble forme le calice) sont *dressées,* même lorsque la fleur est épanouie (figure ES) ; les feuilles du milieu de la tige sont *sans queue.* → **Chou potager** (Chou) [*Brassica oleracea*]. — **alimentaire.** ✿. — Figurée en couleurs : 6, planche 5.

§ Les 4 parties vertes ou jaunâtres du calice sont *un peu étalées* lorsque la fleur est épanouie (figure T) ; les feuilles du milieu de la tige *ont une queue* plus ou moins longue. ✿...... **435**

435
(*vient de 434*).

+ Queue de la fleur ayant *2 à 4 fois la longueur* de la fleur épanouie (figure DTE). → **Diplotaxis à feuilles ténues** [*Diplotaxis tenuifolia*] ✿.

+ Queue de la fleur *plus courte* que la fleur épanouie (figure NO). → **Chou noir** (Moutarde-noire, Sénevé-noir) [*Brassica nigra*]. — **médicinale**.

DTE

NO

436
(*vient de 429*).

—• Feuilles *ayant toutes une queue plus ou moins longue.* **435**

—• Feuilles *supérieures sans queue* (voir ci-dessous les figures MB et MC, au nº 437).................. **437**

437
(*vient de 436*).

△ Les 4 parties vertes ou jaunâtres qui entourent les pétales sont *dressées* et appliquées contre les pétales.......... **417**

△ Les 4 parties qui sont à la base des pétales sont *étalées ;* feuilles supérieures *plus ou moins divisées* (figure MB). → **Moutarde blanche** [*Sinapis alba*]. — **médicinale** ✿.

△ Les 4 parties qui sont à la base des pétales sont *étalées ;* feuilles supérieures *non divisées* (figure MC). → **Moutarde des champs** (Moutarde-sauvage, Senève, Sanve) [*Sinapis arvensis*]. — **nuisible aux** cultures ✿. — Figurée en couleurs : 5, planche 5.

MB

MC

438
(vient de 422).

⌧ Feuilles à divisions *etroites et allon-gées* (figure A) ; chaque division *ayant partout moins de 3 millimètres* de largeur ; fleurs ayant 5 à 10 pétales jaunes *sans* petite languette en dedans et à la base de chaque pétale.
→ **Adonis** d'été (Goutte-de-sang) [*Adonis æstivalis*] [*Note 1*, au bas de la page]. — Figurée en couleurs (à fleurs jaunes) : 4, planche 2.

⌧ Feuilles *n'ayant pas à la fois* les caractères précédents.   **439**

439
(vient de 438).

○ Fleurs disposées en une *longue grappe dressée* (figure AF) ; au-dessous des 5 pétales jaunes se trouve une partie verte couverte de petites épines crochues (la figure A représente la fleur coupée en long) ; chaque feuille a de nombreuses divisions sur deux rangs opposés. → **Aigremoine d'Europe** (Aigremoine) [*Agrimonia Eupatoria*]. — **médicinale.** — Figurée en couleurs : 3, planche 19.

○ Fleurs *non* disposées en une longue grappe dressée ; pas de petites épines crochues au-dessous des pétales........   **440**

440
(vient de 439).

— *Il s'écoule un lait blanc* lorsqu'on brise ou lorsqu'on coupe la tige ; chacune des 5 parties jaunes de la fleur (figure P) porte *5 petites dents au sommet* (figure PH). (En réalité, ce qu'on a pris pour la fleur est une fleur composée de 5 petites fleurs en languette). → **Phénope des murailles** (Laitue-de-muraille) [*Phænopus muralis*].

— *Pas de lait blanc* lorsqu'on brise ou lorsqu'on coupe la tige ; chacun des pétales jaunes de la fleur *ne porte pas* 5 petites dents au sommet.................................   **441**

441
(vient de 440).

★ Chaque pétale porte, à sa base et en dedans, *une petite languette ou une petite fossette* (e, figure R). → **Renoncule** (Bouton-d'or) [*Ranunculus*] [*Note 2*, au bas de la page]. — Pour les principales espèces de Renoncules [*Ranunculus*], continuer au nᵒ.................   **442**

★ Pétales *sans* languette ni petite fossette à sa base et en dedans...   **449**

442
(vient de 441).

⊖ Feuilles *en cœur renversé ;* fleur ayant *6 à 9 pétales* ovales-allongés. — Se reporter au nᵒ.................   **383**

⊖ Feuilles *sans aucune découpure;* fleur à pétales plus ou moins arrondis.................................   **448**

⊖ Feuilles *plus ou moins profondément découpées*.......   **443**

Note 1. — Pour les diverses espèces d'*Adonis*, voir la *Nouvelle Flore*, p. 6, et la *Flore complète*, p. 6. — *Flore de Belgique* p. 6.
Note 2. — Pour plus de détails sur les espèces de Renoncules [*Ranunculus*], voir la *Nouvelle Flore*, p. 4, et la *Flore complète*, p. 6. — *Flore de Belgique*, p. 4.

443
(vient de 442).

= Les 5 parties vertes ou jaunâtres (dont l'ensemble forme le calice) et qui entourent la base des 5 pétales jaunes sont *dressées ou étalées*, même quand la fleur est complètement épanouie (figure A)............... **444**

= Les 5 parties vertes ou jaunâtres du calice sont *renversées* quand la fleur est complètement épanouie (figure BU)................... BU ... **447**

444
(vient de 443).

× Fleurs *d'un jaune un peu verdâtre, veinées.* ne dépassant pas 1 centimètre de largeur; feuilles à divisions assez allongées (figure RAR). → **Renoncule des champs** (Bassinet-des-champs) [*Ranunculus arvensis*]. — Figurée en couleurs : 2, planche 1.

× Fleurs *d'un beau jaune brillant*..................... **445**

445
(vient de 444).

□ Le lobe du milieu de la feuille est lui-même *porté par une petite queue* qui prolonge la queue de la feuille (figure RP); tiges souvent rampantes et portant des racines (figure RE). → **Renoncule rampante** (Clair-bassin, Pied-de-poule) [*Ranunculus repens*].

□ Le lobe du milieu de la feuille *n'est pas* porté par une petite queue. **446**

446
(vient de 445).

★ ★ Tiges et feuilles *couvertes de poils* plus ou moins fins;

feuilles à nervures disposées en éventail (figures ACR, RAC). → **Renoncule âcre** (Bassin-d'or, Bassinet) [*Ranunculus acris*].

★ ★ Tiges et feuilles *sans poils ou presque sans poils.* → **Renoncule Tête-d'or** [*Ranunculus auricomus*].

447
(*vient de 443*).

⊙ Feuilles *sans poils ;* les 5 pétales jaunes (figure SC) ne sont pas plus longs ou à peine plus longs que les 5 parties vertes qui les entourent. → **Renoncule scélérate** [*Ranunculus sceleratus*]. — **vénéneuse.**

⊙ Feuilles *ayant des poils ;* les 5 pétales jaunes sont nettement plus longs que les 5 parties vertes ou jaunâtres qui les entourent (figure BU). → **Renoncule bulbeuse** (Pied-de-coq, Rave-de-Saint-Antoine) [*Ranunculus bulbosus*]. — **vénéneuse ; médicinale.** — Figurée en couleurs : 1, planche 1.

448
(*vient de 442*).

▽ Fleurs *de moins d'un centimètre et demi* de largeur ; les feuilles qui sont attachées vers le milieu de la tige s'amincissent en une queue assez longue (figure F). → **Renoncule Flamette** (Petite-Douve) [*Ranunculus Flammula*]. — **dangereuse.**

▽ Fleurs *de plus d'un centimètre et demi* de largeur ; les feuilles qui sont attachées vers le milieu de la tige n'ont pas de queue (figure L). → **Renoncule Langue** (Grande-Douve) [*Ranunculus Lingua*]. — **dangereuse.**

449
vient de 441).

● Feuilles à 3 folioles *non dentées* (figure OS) ; pétales jaunes, blanchâtres à leur base (la figure S représente le sommet d'un rameau fleuri) → **Oxalis droite** [*Oxalis stricta*].

● Feuilles à folioles *dentées sur les bords ;* pétales jaunes, non blanchâtres à leur base..... .... **450**

450
(*vient de 449*).

⊕ Feuilles supérieures *non divisées ou à 3 lobes* (fig. B) (sans compter les deux folioles attachées sur la tige et situées à droite et à gauche de la base de chaque feuille) ; celles situées plus bas ont 3 folioles (fig. B) ; les 5 parties vertes sur lesquelles s'attachent les 5 pétales ont, en dedans, une étroite bordure cotonneuse (regarder à la loupe). → **Benoîte urbaine** (Benoîte, Herbe-de-Saint-Benoît) [*Geum urbanum*]. — **médicinale.**

⊕ Plante *n'ayant pas* à la fois ces caractères. → **Potentille** [*Potentilla*] [*Note 1*, au bas de la page]. — Pour les principales espèces de Potentilles [*Potentilla*], continuer au nᵒ.............. **451**

Note 1. — Pour plus de détails sur les diverses espèces de Potentilles [*Potentilla*], voir la *Nouvelle Flore*, page 52, et la *Flore complète*, page 97. — *Flore de Belgique*, p. 56.

451
(*vient de 450*).

✠ Chaque feuille ayant des folioles *disposées sur 2 rangs*, entremêlées de folioles plus petites (figure AN), vertes en dessus et soyeuses-argentées en dessous. → **Potentille Ansérine** (Patte-d'oie, Ansérine, Argentine) [*Potentilla Anserina*]. — **médicinale**.

✠ Chaque feuille ayant ses folioles *disposées en éventail,* et partant toutes du même point........................ **452**

452
(*vient de 451*).

§ Feuilles *blanches en dessous* (fig. PA). → **Potentille argentée** [*Potentilla argentea*].

§ Feuilles *vertes sur les deux faces*.................... **453**

453
vient de 452).

+ Les deux folioles qui s'attachent sur la tige, à droite et à gauche de la base de la queue de chaque feuille, sont *assez semblables* aux folioles de la feuille (figures TO et T) ; tiges plus ou moins dressées ; chaque fleur a quatre pétales jaunes, plus rarement 5 pétales. → **Potentille Tormentille** (Tormentille) [*Potentilla Tormentilla*]. — **médicinale**. — Figurée en couleurs : 1, planche 19.

+ Les deux petites folioles qui s'attachent sur la tige, à la base de la queue de chaque feuille, sont *très différentes* des folioles de la feuille (exemple : figure PR) ; tiges couchées sur le sol, au moins sur une grande partie de leur longueur.......... ... **454**

454
(*vient de 453*).

—• Feuilles *sans poils ou seulement finement poilues en dessous ;* tiges portant des racines au-dessous de l'endroit où s'attachent les feuilles (fig. RE et figure PR ci-dessus). → **Potentille rampante** (Quintefeuille) [*Potentilla reptans*]. — **médicinale**. — Figurée en couleurs : 2, planche 19.

—• Feuilles *finement poilues sur les deux faces* (regarder à la loupe) *et poilues sur les bords ;* tiges ne portant pas de racines au-dessous de l'endroit où s'attachent les feuilles (figures V et AP) ; les tiges sont souvent moins allongées que celle représentée ici. → **Potentille printanière** [*Potentilla verna*].

△ Feuilles **composées ;** c'est-à-dire que la feuille tout entière est formée par la réunion de feuilles secondaires, nommées *folioles,* que l'on prend souvent à tort chacune pour une feuille ; l'ensemble de la feuille composée vient se rattacher à la tige par sa base ou par une queue qui porte toutes les folioles : la base de la feuille composée ou de la queue *n'est pas* placée juste au même point et au-dessus d'une autre feuille.......... **456**

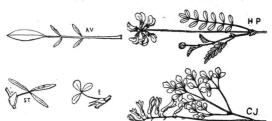

Les figures ci-dessus représentent quelques exemples de feuilles composées ou de plantes à feuilles composées.

△ Feuilles **profondément divisées** (sauf parfois les feuilles tout à fait dans le haut des tiges), c'est-à-dire que chaque feuille est comme découpée jusqu'à plus de la moitié de sa largeur............ **456**

Les figures ci-dessus représentent des exemples de plantes à feuilles profondément divisées.

△ Feuilles **simples ;** c'est-à-dire soit non découpées jusqu'à plus de la moitié de la largeur de la feuille, soit seulement bordées de dents ou même sans dents sur les bords..... .... **470**

Les figures ci-dessus représentent des exemples de feuilles simples.

△ Feuilles **réduites à des écailles**.................. ...... **470**

Remarque. — Si l'on hésite entre feuilles composées et feuilles profondément divisées, cela est indifférent, puisque dans les deux cas on est renvoyé au même numéro. Si l'on hésite entre feuilles profondément divisées et feuilles simples, on peut prendre l'une ou l'autre question ; dans les deux cas, on arrivera au nom de la plante. Il en sera de même si la plante possède à la fois des feuilles simples et des feuilles composées ou divisées (sans compter quelques feuilles simples qui peuvent se trouver tout au sommet des tiges fleuries).

455
(vient de 355).

456
(vient de 455).

⚜ Fleurs **en papillon**, c'est-à-dire à 5 pétales inégaux ; un pétale supérieur plus grand, deux pétales égaux entre eux (*a*, *a*), situés à droite et à gauche, et deux pétales inférieurs (*cc*) soudés entre eux en forme de bateau (voir les figures ci-dessous).................................. **462**

⚜ Fleurs **non** en papillon............................ **457**

457
(vient de 456).

○ Feuilles **divisées en lobes très étroits et allongés** (figure V); fleur **en forme de gueule,** ayant la lèvre inférieure renflée (figure UV); plante flottant dans l'eau → **Utriculaire vulgaire** (Utriculaire) [*Utricularia vulgaris*].

○ Fleurs en **grappes allongées,** chaque fleur ayant moins de 7 millimètres de largeur ; pétales très divisés (regarder à la loupe)... **497**

○ Plante **n'ayant pas** les caractères précédents.......... **458**

458
(vient de 457).

— Fleurs **presque régulières,** jaunâtres, veinées de violet foncé ou de brun; feuilles supérieures souvent peu divisées (figure N). — Se reporter au nᵒ........ **500**

— Fleurs **très irrégulières,** jaunes, non veinées........ **459**

459
vient de 458).

★ Feuilles **opposées** par paires, chacune à 3 divisions profondes (figure O; la figure AP représente une fleur) ; une seule fleur à l'aisselle des feuilles. → **Bugle Petit-Pin** (Yvette) [*Ajuga Chamæpytis*]. — **médicinale.**

★ Feuilles **non** opposées **460**

460
(vient de 459).

= Fleurs en apparence à **nombreux pétales** non régulièrement disposés. (En réalité, ce qu'on prend pour la fleur est une fleur *composée* de nombreuses petites fleurs en tube ou en languette entourées d'une collerette de très petites feuilles ou écailles). — Se reporter au nᵒ... **828**

= Fleurs **n'ayant pas** ces caractères.................... **461**

461
(vient de 460).

⊖ Fleurs **en grappes ;** feuilles divisées en un grand nombre de folioles (figure CJ). → **Corydale jaune** [*Corydallis lutea*]. — **ornementale.**

⊖ Fleurs **non** en grappes figure AU) : feuilles à divisions peu nombreuses, découpées ou dentées. → **Renoncule Tête-d'or** [*Ranunculus auricomus*].

 ✕ Fleurs **serrées les unes contre les autres en masses plus ou moins arrondies**....................................... **463**

462
(vient de 456).

Les figures ci-dessus représentent des exemples de plantes à fleurs serrées en masses plus ou moins arrondies.

 ✕ Fleurs **en grappes, en couronnes ou isolées,** non à la fois serrées les unes contre les autres et en masses plus ou moins arrondies....................................... **466**

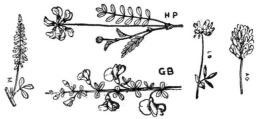

Les figures ci-dessus représentent des exemples de plantes à fleurs en grappes, en couronnes ou isolées.

463
(vient de 462).

☐ Les feuilles qui sont vers la base de la plante ont la **foliole du sommet bien plus grande que les autres folioles** (figure AV) ; calice un peu gonflé (figure V) ; il y a sous les fleurs de petites feuilles en forme d'éventail (figure VU). → **Anthyllis Vulnéraire** (Vulnéraire) [*Anthyllis Vulneraria*]. — **médicinale**.

☐ Plante **n'ayant pas** à la fois tous ces caractères.......... **464**

464
(*vient de 463*).

⋆⋆ Chaque fleur ayant *plus de 6 millimètres de longueur totale* et feuilles à trois folioles *allongées* (figure LF). → **Luzerne en faux** (Luzerne-sauvage, Luzerne-jaune, Luzerne-de-Suède) [*Medicago falcata*]. — **fourragère.**

⋆⋆ Plante *n'ayant pas à la fois* ces deux caractères... **465**

465
(*vient de 464*).

⊙ Feuilles *ayant de petits poils appliqués* sur tout le dessous des trois folioles (regarder à la loupe); pétales jaunes des fleurs tombant lorsque les fleurs sont flétries (figure MN). → **Luzerne Lupuline** (Minette, Lupuline, Mignonette, Petit-Triolet) [*Medicago Lupulina*]. — **fourragère.** 🌺. — Figurée en couleurs : 3, planche 15.

⊙ Feuilles *n'ayant pas* de petits poils appliqués sur le dessous des folioles, sauf sur la nervure principale de chaque foliole (regarder à la loupe); pétales jaunes des fleurs ne tombant pas lorsque les fleurs sont flétries (figure P), et devenant membraneux jaunâtres ou roussâtres en persistant. → **Trèfle couché** (Trèfle-jaune) [*Trifolium procumbens*]. — **fourragère** [*Note 1*, au bas de la page].

466
(*vient de 462*).

✠ Chaque feuille *à 2 folioles* (sans compter les 2 petites folioles de la base, rattachées à la tige) (figure L). → **Gesse des prés** [*Lathyrus pratensis*]. — Figurée en couleurs : 4, planche 17.

✠ Chaque feuille *à 3 folioles* **467**

✠ Chaque feuille *en apparence à 5 folioles* (les 2 folioles qui sont à la base de la feuille et rattachées à la tige étant presque semblables aux 3 folioles de la feuille) (figure LO); fleurs plus ou moins en couronne. → **Lotier corniculé** (Pied-de-poule, Cornette) [*Lotus corniculatus*] 🌺. — Figurée en couleurs : 1, planche 14.

✠ Chaque feuille à *plus de 5 folioles* disposées à droite et à gauche, sur deux rangs, avec une foliole au sommet de la feuille (exemple: figure GLY). ... **469**

Note 1. — Pour les diverses espèces de Trèfles jaunes, voir la *Nouvelle Flore*, page 42, **et la Flore complète**, page 77. — *Flore de Belgique*, p. 46.

467
(*vient
de
466*).

§ La partie inférieure de la fleur épanouie est plus ou moins *pendante* au-dessous du reste de la fleur (figure GB); la partie qui entoure immédiatement la base des pétales (calice) a une  *consistance membraneuse ;* tiges ayant la dureté du bois, sauf les jeunes rameaux. → **Sarothamne à balais** (Genêt-à-balais, Genette) [*Sarothamnus scoparius*]. — **industrielle ; vénéneuse ; médicinale**. 🌿. — Figurée en couleurs : 2, planche 13.

§ Plante *n'ayant pas à la fois* les caractères précédents... **468**

468
(*vient
de
467*).

△ Fleurs *en grappes très allongées* (figure M) ; les fleurs *ne sont pas entremêlées de feuilles ordinaires*. → **Mélilot des champs** [*Melilotus arvensis*]. — **médicinale**. 🌿. [*Note 1*, au bas de la page]. — Figurée en couleurs : 4, planche 15.

△ Fleurs en grappes *non* très allongées ; les fleurs *sont* entremêlées de feuilles (fleur : figure N). → **Ononis Natrix** (Coqsi-grue, Bugrane-jaune) [*Ononis Natrix*].

469
(*vient
de
466*).

• — Fleurs *jaunes, disposées en couronnes* ou *groupées par 2 à 3 ;* chaque groupe de fleurs est porté par une queue *plus longue* que la feuille située à sa base (figure HP). → **Hippo-crépis à toupet** (Fer-à-cheval) [*Hippocrepis comosa*].

• — Fleurs *d'un jaune verdâtre, disposées en grappes* (figure AG) ; chaque grappe est portée par une queue *plus courte* que la feuille située à sa base. → **Astragale Réglisse** (Réglisse-sauvage) [*Astragalus glycyphyllos*].

470
(*vient
de
455*).

☙ Fleurs *en papillon,* c'est-à-dire à 5 pétales inégaux : un pétale supérieur plus grand (*e*), deux pétales égaux entre eux (*a, a*), situés à droite et à gauche, et deux pétales inférieurs (*cc*) soudés entre eux en forme de bateau (voir les figures ci-dessous)................. **471**

☙ Fleurs *non* en papillon............................. **478**

Note 1. — Pour les diverses espèces de Mélilots [*Melilotus*], voir la *Nouvelle Flore*, page 45, et la *Flore complète*, page 76. — *Flore de Belgique*, p. 49.

471
(vient de 470).

- Feuilles ayant chacune la forme d'un *filet plus ou moins allongé ;* à droite et à gauche de ce filet, rattachées à la tige, se trouvent deux folioles qui ressemblent à des feuilles (figure A); fleurs attachées une par une sur la tige. → **Gesse Aphaca** (Pois-de-serpent, Poigreau) [*Lathyrus Aphaca*]. — Figurée en couleurs : 2, planche 17.

- Feuilles *n'ayant pas* cette forme...................... **472**

472
(vient de 471).

⊕ Groupe de fleurs ayant à leur base de *petites feuilles en forme d'éventail*. La partie qui entoure la base des pétales (calice) est un peu renflée (figure V). → **Anthyllis Vulnéraire** (Vulnéraire) [*Anthyllis Vulneraria*]. — **médicinale.**

⊕ Plante *n'ayant pas* à la fois ces caractères.......... **473**

473
(vient de 472).

✠ Feuilles *dentées* sur les bords dans leur partie supérieure (figure N) ; plante un peu visqueuse, surtout dans le haut. → **Ononix Natrix** (Coqsigrue, Bugrane-jaune [*Ononis Natrix*].

✠ Feuilles *sans dents* sur les bords.................... **474**

474
(vient de 473).

§ Chaque fleur épanouie ayant l'ensemble des 2 pétales soudés en bateau *pendants* au-dessous du reste de la fleur (figure S) ; la partie qui entoure immédiatement la base des pétales (calice) a une *consistance membraneuse*. → **Sarothamne à balais** (Genêt-à-balais, Genette) [*Sarothamnus scoparius*]. — **médicinale ; industrielle.** 🐝 — Figurée en couleurs : 2, planche 13.

§ Plante *n'ayant pas à la fois* ces caractères. → **Genêt** [*Genista*]. — Pour les principales espèces de Genêts [*Genista*], continuer au n⁰.. **475**

475
(vient de 474).

+ Tiges portant dans le sens de leur longueur de *larges lames vertes* (figure GS). → **Genêt à tiges ailées** [*Genista sagittalis*].

+ Tiges *sans* lames vertes.................... **476**

476
(vient de 475).

—• Plante *à rameaux épineux*, sauf les petits rameaux qui portent les fleurs (figures AN et GA). → **Genêt d'Angleterre** [*Genista anglica*].

—• Plante *sans* rameaux épineux...................... **477**

477
(vient de 476).

△ Fleurs **ayant des poils** (regarder à la loupe) (figure GP), ne dépassant pas, en général, un centimètre de longueur totale ; tiges plus ou moins couchées ou étalées. → **Genêt velu** [*Genista pilosa*].

△ Fleurs **sans poils** (figure GT) de moins d'un centimètre de longueur ; tiges dressées. → **Genêt des teinturiers** (Herbe-à-jaunir, Genestrolle) [*Genista tinctoria*]. — **industrielle**. — Figurée en couleurs : 3, planche 13.

478
(vient de 470).

⊞ Feuilles **opposées** (sauf parfois dans le haut des tiges ou des rameaux) ; c'est-à-dire feuilles disposées par deux, attachées sur la tige au même niveau, en face l'une de l'autre.................... **479**

Les figures ci-dessus représentent des exemples de feuilles opposées.

Remarque. — Il se développe assez souvent à l'aisselle des feuilles opposées de petits rameaux feuillés qui pourraient faire croire que les feuilles sont groupées en grand nombre au même niveau sur la tige et non opposées par deux seulement ; mais en regardant avec attention à la base de ce groupe de feuilles, on distingue très bien les deux feuilles opposées.

⊞ Feuilles **verticillées** au moins vers le milieu des tiges ; c'est-à-dire feuilles attachées au même niveau sur la tige par 3 ou 4, et régulièrement disposées tout autour de cette tige (exemple : figure LS).................. **488**

⊞ Feuilles **alternes ;** c'est-à-dire feuilles attachées une par une sur la tige à des niveaux différents........................ ...... **488**

Les figures ci-dessus représentent des exemples de feuilles alternes.

⊞ Feuilles **groupées ;** c'est-à-dire feuilles attachées sur la tige, par 2 ou plus, au même niveau, mais disposées d'un seul côté, à ce niveau. **488**

⊞ Feuilles **toutes à la base** de la plante............... **488**

Remarque. — Si la plante présente à la fois des feuilles alternes et des feuilles opposées ou à la fois des feuilles opposées et verticillées, on peut prendre l'une ou l'autre question ; dans les deux cas, on arrivera au nom de la plante.

○ Plante soit **grimpante** (figure LC), s'enroulant par ses tiges autour des autres plantes, soit **à tiges couchées sur le sol ou retombantes ;** sauf dans les parties jeunes, la tige a l'aspect et la dureté du bois. → **Lonicera Périclymène** (Chèvrefeuille-sauvage, Brout-biquette) [*Lonicera Periclymenum*] ❀. — Figurée en couleurs (à fleurs roses) : 4, planche 26.

479
(*vient de 478*).

○ Plante *n'ayant pas à la fois* ces caractères............. **480**

480
(*vient de 479*).

— Corolle entourée par **5 fines épines** qui terminent les 5 dents de la partie verte entourant la corolle **481**

— Corolle *non* entourée par 5 fines épines (il peut y en avoir 4)... **483**

481
(*vient de 480*).

⊙ Fleurs **jaunes ;** les groupes de fleurs sont placés à l'aisselle des feuilles ordinaires ; feuilles à queue allongée (figure GA ; la (figure G représente une fleur coupée en long). → **Lamier Galéobdolon** (Ortie-jaune) [*Lamium Galeobdolon*]. — médicinale.

⊙ Fleurs **jaunâtres ou blanches tachées de jaune ;** les groupes de fleurs sont placés vers le haut de la plante, à l'aisselle de feuilles plus petites que les feuilles ordinaires.......... **482**

482
(*vient de 481*).

★ Feuilles **ayant de nombreux poils ;** il n'y a pas de poils sur les 5 fines épines du calice (regarder à la loupe) (figure R) ; feuilles inférieures presque sans queue (figure SR). → **Epiaire droite** (Crapaudine) [*Stachys recta*] ❀.

★ Feuilles **presque sans poils ;** il y a des poils sur les 5 fines épines du calice (regarder à la loupe) (fig. A) ; feuilles inférieures portées sur une queue plus ou moins longue (figure AN). → **Epiaire annuelle** [*Stachys annua*] ❀.

483
(*vient de 480*).

= Feuilles **sans queue ou ayant une queue de moins de 2 millimètres de longueur**................................ **484**

= Feuilles **ayant une queue de plus de 2 millimètres de longueur ;** fleurs disposées en grappes allongées, au sommet des tiges (figure S) ; corolle à **une** lèvre (figure T) ; feuilles bossuées entre les nervures. — Se reporter au nᵒ.... **651**

= Feuilles **ayant une queue allongée** et une corolle à **deux** lèvres. Se reporter au nᵒ................................ **481**

484
(vient de 483).

① Feuilles *épaisses, charnues*, fleurs *presque régulières ;* feuilles alternes ou groupées sur les rameaux (figure O). → **Pourpier potager** (Pourpier) [*Portulaca oleracea*]. — **alimentaire; médicinale.**

① Plante *n'ayant pas les caractères précédents* **485**

485
(vient de 484).

✕ Fleurs *d'un blanc jaunâtre un peu rosé ;* feuilles embrassant un peu la tige par leur base ; fleurs une par une à l'aisselle des feuilles (figure GO). → **Gratiole officinale** (Gratiole, Herbe-au-pauvre-homme) [*Gratiola officinalis*]. — **vénéneuse; médicinale.**

✕ Fleurs ayant à leur base un *cornet allongé* **491**

✕ Plante *n'ayant pas* ces caractères **486**

486
(vient de 485).

☐ Fleurs *striées de lignes violettes*, à tube *largement ouvert* au sommet (figure E) ; plante de moins de 18 centimètres : feuilles supérieures alternes (figure O). → **Euphraise officinale** (Casse-lunettes) [*Euphrasia officinalis*]. — **médicinale.**

☐ Plante *n'ayant pas à la fois* les caractères précédents. **487**

487
(vient de 486).

★ ★ Corolle dont la lèvre inférieure a *deux bosses* d'un jaune vif, situées l'une à côté de l'autre, vers l'intérieur de la fleur (figure MP) ; fleurs *non* entremêlées de nombreuses feuilles rouges divisées chacune en lobes aigus (figure PR) ; la partie de la fleur (calice) qui entoure la base de la corolle n'est ni renflée, ni aplatie. → **Mélampyre des prés** [*Melampyrum pratense*]. — Figurée en couleurs : 5, planche 42 [*Note 1*, au bas de la page].

★ ★ Corolle dont la lèvre inférieure a *deux bosses* d'un jaune vif ; fleurs *entremêlées de feuilles rouges qui sont chacune divisées en lobes aigus.* — Se reporter au n⁰ **174**

★ ★ Corolle dont la lèvre inférieure *n'a pas* deux bosses ; la partie de la fleur (calice) qui entoure le tube de la corolle est renflée et un peu aplatie sur les côtés (figure MA). → **Rhinanthe Crête-de-coq** (Cocriste, Croquette, Rougette-blanche) [*Rhinanthus Crista-galli*]. — Figurée en couleurs : 4, planche 42.

Note 1. — Pour les diverses espèces de Mélampyres à fleurs jaunes, voir la *Flore complète*, page 240.

① Corolle **en forme de gueule,** dont la lèvre inférieure est rapprochée de la lèvre supérieure................ **489**

488
(vient de 478).

Les figures ci-dessus représentent des fleurs à corolle en forme de gueule.

① Corolle **non** en forme de gueule, **non** à deux lèvres rapprochées l'une de l'autre............................ **492**

⌣ Corolle **ayant une courte bosse à la base** (figure M). → **Muflier majeur** (Gueule-de-loup, Muflier, Gueule-de-lion, Tête-de-singe) [*Antirrhinum majus*]. — **ornementale**; **médicinale**. ✿. — Figurée en couleurs (à fleurs rouges) : 1, planche 41.

489
(vient de 488).

⌣ Corolle prolongée à la base **en un tube ou cornet étroit** et plus ou moins allongé (fig. SU, ST) ; feuilles tantôt attachées une par une sur la tige, tantôt par 2, 3 ou 4 au même niveau, surtout vers la base des tiges. → **Linaire** [*Linaria*] [*Note 1*, au bas de la page]. — Pour les principales espèces de Linaires [*Linaria*] à fleurs jaunes, continuer au n⁰................................ **490**

● La lèvre supérieure de la corolle est **violette** en dedans ; feuilles n'étant **pas plus de 2 fois plus longues que larges,** rattachées à la tige par une queue très courte, mais bien nette (figure S). → **Linaire bâtarde** (Velvote) [*Linaria spuria*].

490
(vient de 489).

● La lèvre supérieure de la corolle **n'est pas** violette en dedans ; feuilles **plus de 2 fois** plus longues que larges, ovales-allongées ou très étroites............................ **491**

⊕ Tiges **dressées ;** fleurs en grappes allongées ; le calice vert qui entoure la base de la corolle jaune est sans poils (figure V). → **Linaire vulgaire** (Linaire) [*Linaria vulgaris*] ✿. — Figurée en couleurs : 3, planche 41.

491
(vient de 490).

⊕ Tiges **couchées ;** fleurs en grappes courtes (figure SP) ; le calice vert qui entoure la base de la corolle est poilu (figure SU). → **Linaire couchée** [*Linaria supina*].

Note 1. — Pour plus de détails sur les diverses espèces de Linaires [*Linaria*], voir la *Flore complète*, page 232.

492
(vient de 488).

✠ Chaque fleur a les *pétales séparés entre eux jusqu'à la base ;* c'est-à-dire qu'on peut enlever jusqu'à la base l'un des pétales (ou partie de la fleur colorée en jaune ou jaunâtre), sans déchirer les autres. Il s'agit des parties de la fleur dont l'ensemble forme la corolle ou partie colorée qui entoure les filets et autres organes situés au milieu de la fleur ; lorsque la fleur se fane, chaque pétale (ou pièce colorée) tombe ou se flétrit isolément [*Note 1*, au bas de la page]............................ **493**

La figure RLU représente une fleur à pétales séparés dont on voit l'un des pétales détaché (figure LU) ; les figures NN et TRI représentent des exemples de fleurs à pétales séparés.

✠ Chaque fleur a les *pétales soudés entre eux, au moins à la base ;* c'est-à-dire qu'en essayant de détacher l'une des parties de la fleur colorée en jaune ou jaunâtre, on est obligé de déchirer la corolle, au moins à sa base ; lorsque la fleur se fane, la corolle tombe ou se flétrit tout d'une pièce... **498**

Les figures ci-dessus représentent quelques exemples de fleurs à pétales soudés entre eux.

493
(vient de 492).

§ Pétale supérieur *prolongé à la base en un cornet ou tube étroit ;* 4 pétales dirigés vers le haut et un vers le bas (figures T et TRI). → **Violette tricolore** (Pensée) [*Viola tricolor*]. — **ornementale.** — Figurée en couleurs : 2, planche 7.

§ Plante *n'ayant pas* ces caractères...................... **494**

494
(vient de 493).

+ Feuilles *non développées,* réduites à des écailles jaunâtres ou brunâtres (figure N) ; fleur à 6 divisions très inégales (figure NN). → **Néottie Nid-d'oiseau** (Nid-d'oiseau) [*Neottia Nidus-avis*]. — Figurée en couleurs : 6, planche 56.

+ Feuilles *développées et vertes* **495**

Note 1. — Dans la plupart des fleurs on trouve, en dehors de la corolle, une autre enveloppe de la fleur, généralement verte, appelée *calice,* qui entour' la base de la corolle. Dans d'autres fleurs, il est difficile de distinguer le calice et la corolle, qui sont plus ou moins confondus en une seule enveloppe florale. D'autres fleurs enfin n'ont réellement qu'une seule enveloppe florale colorée en jaune ou jaunâtre, comme une corolle. On comprend ici, sous les noms de pétales et de corolle, les pièces colorées en jaune ou jaunâtre, qui entourent immédiatement les filets ou autres organes placés au milieu de la fleur.

495
(vient de 494).

—• Fleur en réalité **composée ;** c'est-à-dire qu'en examinant avec soin ce qu'on nomme ordinairement la fleur, on voit qu'elle est constituée par la réunion de très petites fleurs sans queue en forme de languettes ou en forme de tubes, l'ensemble étant entouré par une collerette de nombreuses petites feuilles ou petites écailles. — Se reporter au nᵒ.............. **828**

—• Fleur **non** composée................................. **496**

496
(vient de 495).

△ Fleurs en **grappes allongées** (voir ci-dessous les figures RL et LL du nᵒ 497); chaque fleur ayant moins de 7 millimètres de largeur (En examinant la fleur avec soin, on voit que les pétales, au moins les supérieurs, sont très divisés; regarder à la loupe). → **Réséda** [Reseda]. — Pour les principales espèces de Résédas, continuer au nᵒ **497**

△ Fleurs **non** en grappes allongées (figure AU); chaque fleur de plus de 7 millimètres de largeur; les pétales ne sont pas divisés.
→ **Renoncule Tête-d'or** [Ranunculus auricomus].

497
(vient de 496).

✠ Feuilles plus ou moins **divisées** (figure RL) ; les pétales supérieurs sont très profondément divisés (regarder à la loupe : figures RE, RS). → **Réséda jaune** (Réséda-sauvage) [Reseda lutea] ✿. — Figurée en couleurs : 5, planche 7.

✠ Feuilles **non divisées** (figure LL) ; les pétales supérieurs sont divisés environ jusqu'à leur moitié (regarder à la loupe : figures RLU, LU). → **Réséda jaunâtre** (Gaude, Herbe-à-jaunir) [Reseda luteola] ✿. — Figurée en couleurs : 6, planche 7.

498
(vient de 492).

○ Feuilles **non développées,** réduites à des écailles brunâtres, jaunâtres ou blanchâtres (figure OG); fleurs jaunâtres à 2 lèvres, l'une supérieure, l'autre inférieure (figures O et OG). → **Orobanche Rave** [Orobanche Rapum] [Note 1, au bas de la page]. — Figurée en couleurs : 7, planche 42.

○ Feuilles **développées et vertes**....................... **499**

499
(vient de 498).

— Fleurs **presque régulières**........................... **500**

— Fleurs **très irrégulières, en forme de large tube évasé ou de cornet** **501**

Note 1. — Pour les diverses espèces d'Orobanches, voir la *Nouvelle Flore*, p. 119, et la *Flore complète*, p. 242. — *Flore de Belgique*, p. 125.

500
(vient de 499).

★ Fleurs *jaunâtres* veinées de violet foncé ou de brun ; fleurs en grappe recourbée (figure HN). → **Jusquiame noire** (Jusquiame, Hanebane, Herbe-aux-chevaux) [*Hyoscyamus niger*]. — **vénéneuse ; médicinale.** — Figurée en couleurs : 1, planche 40.

★ Fleurs *jaunes ;* fleurs en grappe dressée, ayant un pétale plus grand que les autres (figure ML). → **Molène Bouillon-blanc** (Bouillon-blanc) [*Verbascum Thapsus*]. — **médicinale.** — Figurée en couleurs : 5, planche 40.

501
(vient de 499).

= Fleurs *en forme de tube évasé* au sommet (figure L), en longue grappe, fleurs toutes tournées du même côté ; feuilles ovales allongées. → **Digitale jaune** [*Digitalis lutea*]. — **dangereuse.**

= Fleurs *en forme de cornet* (figure CL) ; fleurs entremêlées aux feuilles ordinaires ; feuilles en forme de cœur renversé. → **Aristoloche Clématite** [*Aristolochia Clematitis*]. — **médicinale.** — Figurée en couleurs : 6, planche 46.

502
(vient de 355).

⊖ Feuilles *composées d'un grand nombre de petites feuilles secondaires* (folioles); fleurs en grappe rameuse (figure F représentant une partie de la grappe). → **Pigamon** [*Thalictrum*]. — Pour les principales espèces de Pigamon [*Thalictrum*], se reporter au nº... **421**

⊖ Feuilles *divisées en 3 à 5 lobes* ou à dents bien marquées, disposées par paires (figure H) ; plante grimpante. → **Houblon grimpant** (Houblon) [*Humulus Lupulus*]. — **industrielle ; médicinale** 🌿. — Figurée en couleurs : 1 et 1 *bis*, planche 48.

⊖ Feuilles *ni composées ni divisées ni dentées ou non développées*... **503**

503
(vient de 502).

× Feuilles *arrondies comme des tiges* (figure J) *ou feuilles non*

développées. → **Jonc** [*Juncus*] [*Note 1*, au bas de la page]; voir le nº... **36**

× Feuilles *réduites à de petites écailles en collerette* d'où parfois partent des rameaux verts disposés régulièrement tout autour de la tige (figure AV) (en réalité, c'est une plante sans fleurs). → **Prêle** [*Equisetum*]. — Se reporter au nº.............. **1104**

× Feuilles *ni* arrondies *ni* réduites à des écailles......... **504**

Note 1. - Pour le détail des espèces de Joncs [*Juncus*], voir la *Nouvelle Flore*, page 158, et la *Flore complète*, page 319 — *Flore de Belgique,* p. 170.

□ Fleurs *disposées en boules* qui sont placées les unes au-dessus des autres (figure S). → **Rubannier rameux** [*Sparganium ramosum*].

□ Fleurs *renfermées dans un grand cornet* (figure AR) vert ou verdâtre. → **Arum tacheté** (Gouet, Pied-de-veau) [*Arum maculatum*]. — médicinale. — Figurée en couleurs : 2 et 2 *bis*, planche 57.

504
(*vient de 503*).

□ Fleurs *disposées en deux cylindres compacts* qui sont placés *l'un au-dessus de l'autre* (figure L); le cylindre inférieur est brun. → **Massette** [*Typha*]. — Continuer au n°.... **162**

□ Fleurs *ni* en boules, *ni* en cylindres, *ni* dans un grand cornet ; les feuilles sont *opposées* par paires (figures PE, AN). — Se reporter n°.................. **722**

□ Plantes *n'ayant pas* les caractères précédents........ **505**

505
(*vient de 504*).

★ ★ Feuilles se rattachant à la tige par une gaine *qui est fendue en long* (*F, ft, g*, figure G) du côté opposé à la feuille ; tige *plus ou moins arrondie* (*t, t*, figure G) ; la feuille porte une petite languette (*lg*, figure G) ou une ligne de poils spéciaux à l'endroit où elle se joint à la tige......... **1069**

★ ★ Feuilles se rattachant à la tige par une gaine *qui n'est pas fendue en long* (*F, g*, figure C); tige à *3 angles* (*t*, figure C), au moins sur une partie de sa longueur ; la feuille ne porte ni languette ni lignes de poils spéciaux à l'endroit où elle se joint à la tige, au-dessus de la gaine................. **1062**

506
(*vient de 504*).

⊙ Fleurs *en ombrelle composée ;* c'est-à-dire que toutes les queues qui portent les groupes de fleurs partent *exactement* d'un même point, comme les rayons qui soutiennent une ombrelle, et portent elles-mêmes des queues partant *exactement* d'un même point et se terminant chacune par *une seule* fleur........ .... **670**

La figure C représente la disposition des fleurs en ombrelle composée : IO, ombrelle principale et rayons principaux ; *i, o, f*, ombrelles secondaires et rayons secondaires portant directement des fleurs. — Les figures S, SEL représentent des exemples de fleurs en ombrelle composée.

⊙ Fleurs *non* en ombrelle composée, c'est-à-dire n'ayant pas *tous* les caractères précédents........................ **507**

⌒ Chaque fleur *régulière*, c'est-à-dire que les parties semblables de la fleur qui sont colorées en blanc ou blanchâtre sont régulièrement disposées autour du centre de la fleur et sont sensiblement égales entre elles. **508**

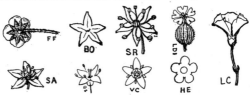

Les figures ci-dessus représentent quelques exemples de fleurs régulières.

⌒ Chaque fleur *irrégulière*, c'est-à-dire que les fleurs n'ont pas la disposition précédente.................................... **618**

Remarque. — Il ne faut pas considérer comme régulières les fleurs qui ont la moitié droite et la moitié gauche semblables entre elles.

507
(vient
de
506).

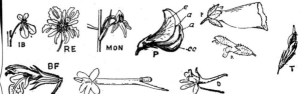

Les figures ci-dessus représentent quelques exemples de fleurs irrégulières.

⌒ Chaque fleur *réduite à de petites écailles blanches ou blanchâtres*................................... **702**

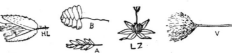

Les figures ci-dessus représentent quelques exemples de fleurs ou de groupes de fleurs réduites à des écailles.

Remarque. — Si l'on hésite entre fleur régulière ou fleur irrégulière, comme par exemple pour les fleurs représentées par les figures VT, L et CA, on peut prendre l'un ou l'autre des n°s auxquels on est renvoyé ; on arrivera au nom de la plante dans les deux cas.

On peut aussi hésiter entre les fleurs réduites à des écailles et les autres fleurs, car certaines fleurs, bien que régulières, sont formées de parties membraneuses, et elles semblent réduites à des écailles, comme par exemple pour la fleur représentée en ML ou pour le groupe de fleurs figuré en LC ; on peut choisir l'un ou l'autre des n°s auxquels on est renvoyé ; on arrivera au nom de la plante dans les deux cas

• Feuilles **composées ;** c'est-à-dire que la feuille tout entière est formée par la réunion de feuilles secondaires, nommées *folioles*, que l'on prend souvent à tort chacune pour une feuille ; l'ensemble de la feuille composée vient se rattacher à la tige par sa base ou par une queue qui porte toutes les folioles ; la base de la feuille composée *n'est pas* placée juste à l'aisselle d'une autre feuille.............................. .... **593**

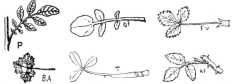

Les figures ci-dessus représentent quelques exemples de feuilles composées.

• Feuilles **profondément divisées** (sauf parfois les feuilles qui sont tout à fait dans le haut des tiges), c'est-à-dire que chaque feuille est comme découpée jusqu'à plus de la moitié de sa largeur.. **593**

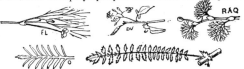

Les figures ci-dessus représentent des exemples de feuilles divisées.

508
(*vient*
de
507).

• Feuilles **simples ;** c'est-à-dire soit non découpées jusqu'à plus de la moitié de la largeur de la feuille, soit seulement bordées de dents ou même sans dents sur les bords................................. **509**

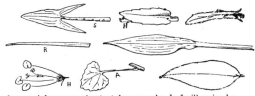

Les figures ci-dessus représentent des exemples de feuilles simples.

• Feuilles **non développées** ou réduites à des écailles..... **511**

Les figures CS et M représentent des plantes dont les feuilles sont non développées ou réduites à des écailles.

Remarque. — Si l'on hésite entre feuilles composées et feuilles profondément divisées, cela est indifférent, puisque dans les deux cas on est renvoyé au même numéro.

Si l'on hésite entre feuilles profondément divisées et feuilles simples, on peut prendre l'une ou l'autre question ; dans les deux cas, on arrivera au nom de la plante. Il en sera de même si la plante possède à la fois des feuilles simples et des feuilles composées ou divisées (en dehors de quelques feuilles simples qui peuvent se trouver tout au sommet des tiges fleuries).

⊕ Feuilles ***opposées*** (sauf parfois dans le haut des tiges ou des rameaux) ; c'est-à-dire feuilles disposées par deux, attachées sur la tige au même niveau, en face l'une de l'autre.................... **560**

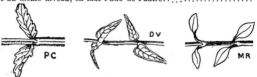

Les figures ci-dessus représentent des exemples de feuilles opposées.

Remarque. — Il se développe assez souvent à l'aisselle des feuilles opposées de petits rameaux feuillés qui pourraient faire croire que les feuilles sont groupées au même niveau sur la tige et non opposées par deux seulement ; mais en regardant avec atten_tion à la base de ce groupe de feuilles, on distingue très bien les deux feuilles opposées.

⊕ Feuilles ***verticillées*** au moins vers le milieu des tiges ; c'est-à-dire feuilles attachées au même niveau sur la tige par 3, 4, 5 ou même plus, et régulièrement disposées tout autour de cette tige.... **584**

Les figures ci-dessus représentent des exemples de feuilles verticillées.

509
(*vient de 508*).

⊕ Feuilles ***alternes ;*** c'est-à-dire feuilles attachées une par une sur la tige à des niveaux différents (exemples : figures ci-dessous)........ **510**

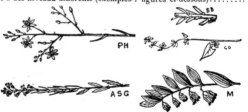

⊕ Feuilles ***groupées ;*** c'est-à-dire, feuilles attachées sur la tige, par 2 ou plus, au même niveau, mais disposées d'un seul côté...... **510**

⊕ Feuilles ***toutes à la base*** de la plante (exemple : figures V et PR). **510**

Remarque. — Si la plante présente à la fois des feuilles alternes et des feuilles opposées, ou à la fois des feuilles alternes et verticillées, on peut prendre l'une ou l'autre question ; dans les deux cas, on arrivera au nom de la plante.

✠ Chaque fleur a les ***pétales séparés entre eux jusqu'à la base*** ; c'est-à-dire qu'on peut enlever jusqu'à la base l'un des pétales (ou partie de la fleur colorée en blanc ou blanchâtre), sans déchirer les autres. Il s'agit des parties de la fleur dont l'ensemble forme la corolle ou partie colorée qui entoure les filets et autres organes situés au milieu de la fleur ; lorsque la fleur se fane, chaque pétale (ou pièce colorée) tombe ou se flétrit isolément [*Note 1*, au bas de la page].......................... **512**

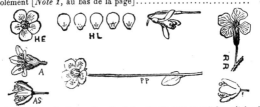

510
(*vient de 509*).

La figure HE représente une fleur à pétales séparés dont on voit les pétales détachés (figure HL). — Les autres figures représentent des exemples de fleurs à pétales séparés vues par-dessus, de côté ou par-dessous.

✠ Chaque fleur a les ***pétales soudés entre eux, au moins à la base*** ; c'est-à-dire qu'en essayant de détacher l'une des parties de la fleur colorée en blanc ou blanchâtre, on est obligé de déchirer la corolle, au moins à sa base ; lorsque la fleur se fane, la corolle tombe ou se flétrit tout d'une pièce.......................... **541**

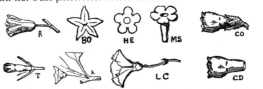

Les pétales sont soudés entre eux, à des hauteurs très variées suivant les diverses fleurs. Les figures BO, HE représentent la corolle d'une fleur dont les pétales sont très peu soudés entre eux par leur base. Dans les fleurs représentées par les autres figures, la corolle est formée de pétales plus ou moins longuement soudés entre eux. A droite, on voit une fleur CO dont la corolle est détachée en CD.

—
541
(*vient de 508*).

§ Plante ***grimpante***, s'attachant sur les autres plantes (figure CS). → **Cuscute odorante** [*Cuscuta suaveolens*], parasite sur la Luzerne cultivée. - **nuisible aux cultures**.

§ Plante ***non grimpante*** ; plante blanchâtre qui noircit lorsqu'elle se dessèche (figure M). → **Monotrope Suce-Pin** (Sucepin) [*Monotropa Hypopitys*].

Note 1. — Dans la plupart des fleurs on trouve, en dehors de la corolle, une autre enveloppe de la fleur généralement verte, appelée *calice*, qui entoure la base de la corolle. Dans d'autres fleurs, il est difficile de distinguer le calice et la corolle, qui sont plus ou moins confondus en une seule enveloppe florale (figures AS et R, par exemple). D'autres fleurs enfin n'ont réellement qu'une seule enveloppe florale colorée en blanc ou blanchâtre, comme une corolle. On comprend ici, sous les noms de pétales et de corolle, les pièces colorées en blanc ou blanchâtre, qui entourent immédiatement les filets ou autres organes placés au milieu de la fleur.

512
(vient de 510).

+ Feuilles *divisées en lobes, à nervures disposées en éventail* (figure G); plante croissant dans l'eau ou dans les endroits qui sont inondés.
→ **Renoncule aquatique** (Grenouillette) [*Ranunculus aquatilis*]. — Figurée en couleurs : 3, planche 1.

+ Feuilles *arrondies, dont la queue est attachée sur la face inférieure* de la feuille (figure H); plante croissant dans l'eau ou dans les endroits inondés. → **Hydrocotyle vulgaire** (Ecuelle-d'eau) [*Hydrocotyle vulgaris*]. — **médicinale.**

+ Plante *n'ayant pas* les caractères précédents........ **513**

513
(vient de 512).

—• Fleurs ayant *5 pétales* (ou parties blanches, blanchâtres). **514**

—• Fleurs ayant *4 ou 8 pétales* (ou parties blanches).... **523**

—• Fleurs ayant *3 ou 6 pétales* (ou parties colorées en blanc, en blanc verdâtre ou en blanc avec taches roses ou rouges). **535**

—• Fleurs à *plus de 8 pétales* (ou parties blanches)...... **540**

514
(vient de 513).

△ Chaque fleur de *plus de 4 millimètres de largeur,* lorsqu'elle est épanouie.................................. **515**

△ Chaque fleur *ayant 4 millimètres de largeur* ou *moins* de 4 millimètres.................................. **522**

515
(vient de 514).

✠ Fleurs étalées *en étoile,* à 5 pétales *un peu soudés entre eux à la base;* chaque pétale porte à la base *deux taches vertes;* feuilles simples ou parfois profondément divisées (figure DU). → **Morelle Douce-amère** (Vigne-de-Judée, Douce-amère) [*Solanum Dulcamara*]. — **vénéneuse ; médicinale.** — Figurée en couleurs (à fleurs violettes) : 2 et 2 *bis*, planche 40.

✠ Plante *n'ayant pas à la fois* ces caractères. **516**

516
(vient de 515).

○ Plante *ayant des poils visqueux* dans sa partie supérieure ; feuilles ayant 3 à 8 divisions, sauf celles de la base (figure SGR). → **Saxifrage granulée** [*Saxifraga granulata*]. — Figurée en couleurs : 1, planche 23.

○ Plante *sans* poils visqueux ; feuilles non divisées..... **517**

517
vient de 516).

— Feuilles *toutes, ou toutes sauf une, à la base de la plante*. **518**

— Feuilles *disposées le long de la tige*.................... **519**

518
vient de 517).

★ *Une seule fleur au sommet de la tige* (figure PP) ; on voit dans la fleur, en dedans des pétales, cinq écailles en éventail, bordées par des cils portant chacun une petite tête ronde à leur sommet. → **Parnassie des marais** (Foin-du-Parnasse) [*Parnassia palustris*].

★ *Fleurs en grappe* (figure PR) ; pas d'écailles spéciales dans la fleur. →**Pyrole à feuilles rondes** (Verdure-d'hiver) [*Pyrola rotundifolia*]. — **médicinale** [*Note 1*, au bas de la page].

519
(vient de 517).

= Fleurs à pétales en réalité *réunis entre eux à la base* (figure N), disposés en étoile ; fleurs par groupes de 3 à 6 (figure SN) ; feuilles irrégulièrement dentées et à dents arrondies. →**Morelle noire** (Tue-chien, Amourette, Bonbon-noir) [*Solanum nigrum*]. — **vénéneuse ; médicinale.**

= Plante *n'ayant pas* ces caractères **520**

520
(vient de 519).

⊖ Plante *grasse*, à feuilles charnues, épaisses, juteuses ; feuilles sans queue ou presque sans queue ; fleurs de forme étoilée lorsqu'elles sont épanouies (figure SR) **521**

⊖ Plante *non* grasse, à feuilles *non* charnues portées chacune sur une queue plus ou moins allongée, plus ou moins **en forme de fer de flèche** ou de cœur renversé (figure FG) : fleurs non en étoile. → **Renouée Sarrasin** (Blé-noir, Sarrasin) [*Polygonum Fagopyrum*]. — **alimentaire ; fourragère.** 🌸 — Figurée en couleurs : 4, planche 46.

521
(vient de 520).

✕ Chaque feuille *ayant la forme d'un grain allongé* (figure AL). → **Sédum blanc** (Raisin-de-rat, Perruque, Trique-Madame) [*Sedum album*]. — **médicinale.** 🌸 — Figurée en couleurs : 4, planche 22.

✕ Chaque feuille *plate et épaisse,* plus ou moins dentée sur les bords (figure TE). → **Sédum Reprise** (Grand-Orpin, Reprise, Herbe-à-la coupure) [*Sedum Telephium*]. — **médicinale.** 🌸 — Figurée en couleurs (à fleurs roses) : 1, planche 22.

Note 1. — Pour le détail des espèces de Pyroles [*Pyrola*], voir la *Flore complète*, page 203.

☐ Feuilles *en fer de flèche* (figure CO), ayant une queue plus ou moins allongée ; plante grimpante ou à tiges rampant longuement sur le sol ; fleurs blanchâtres. → **Renouée Liseron** (Faux-Liseron, Vrillée-bâtarde, Liseron-noir) [*Polygonum Convolvulus*].

522
(*vient de 514*).

☐ Feuilles *non* en fer de flèche : fleurs *blanches*, non mêlées aux feuilles ordinaires (figure TR) ; feuilles un peu charnues. → **Saxifrage à 3 doigts** (Perce-pierre) [*Saxifraga tridactylites*]. — Figurée en couleurs : 2, planche 23.

☐ Feuilles *non* en fer de flèche ; fleurs *blanchâtres ou d'un blanc rosé*, mêlées aux feuilles ordinaires le long de la tige (figure AV) ; feuilles non charnues. → **Renouée des oiseaux** (Traînasse, Centinode) [*Polygonum aviculare*] ✳. — Figurée en couleurs : 5, planche 46.

523
(*vient de 513*).

⊙ Feuilles *sans poils* (regarder à la loupe) **524**

⊙ Feuilles *ayant des poils*, au moins sur les nervures, en dessous de la feuille ou sur la queue de la feuille. **526**

524
(*vient de 523*).

⌒ Chaque fleur ayant *plus de 3 centimètres* de largeur ; feuilles supérieures embrassant beaucoup la tige par leur base (figure VP). **20**

⌒ Chaque fleur ayant *moins de 3 centimètres et plus d'un demi-centimètre de largeur ;* feuilles supérieures embrassant peu la tige par leur base (figure CP). → **Chou potager** (Chou) [*Brassica oleracea*]. — **alimentaire.** ✳. — Figurée en couleurs (à fleurs jaunes) : 6, planche 5.

⌒ Chaque fleur ayant *moins d'un demi-centimètre* de largeur. **525**

525
(*vient de 524*)

• Feuilles *embrassant la tige par leur base* qui se prolonge à droite et à gauche comme par deux oreillettes *aiguës* (figure AR) ; les feuilles inférieures ne sont pas profondément divisées. → **Tabouret des champs** (Monnoyère, Herbe-aux-écus) [*Thlaspi arvense*].

• Feuilles embrassant largement la tige à leur base, par deux oreillettes *arrondies ;* les feuilles inférieures ne sont pas divisées. → **Tabouret perfolié** [*Thlaspi perfoliatum*].

• Feuilles *n'embrassant pas* la tige par leur base qui s'amincit (figure G) ; les feuilles inférieures sont profondément divisées. → **Passerage à feuilles de graminée** (Petit-Passerage, Nasitort-sauvage) [*Lepidium graminifolium*].

526
(vient de 523).

⊕ Fleurs ayant en apparence *8 pétales* (regarder la fleur à la loupe) (figure VER ; grossi) ; en réalité, chacun des 4 pétales est profondément divisé en deux jusqu'à sa base ; feuilles toutes à la base de la plante (figure V). → **Draba printanier** (Drave) [*Draba verna*]. — Figurée en couleurs : 4, planche 6.

⊕ Fleurs à *4 pétales* blancs.......................... **527**

527
(vient de 526).

⊞ Feuilles *embrassant la tige par leur base*, au moins en partie... **528**

⊞ Feuilles *n'embrassant pas* la tige par leur base........ **530**

528
(vient de 527).

§ Rameaux fleuris du haut de la plante venant souvent *presque tous se terminer* à peu près au même niveau (figure CM) ; feuilles embrassant la tige par la base (figure C) et dont les poils ne sont *ni à 2 branches ni en étoile*. → **Passerage champêtre** (Bourse-de-Judas) [*Lepidium campestre*].

§ Plante *n'ayant pas à la fois* ces caractères............ **529**

529
(vient de 528).

+ Tige *raide, sans rameaux* (figure AS), ou, si la tige a quelques rameaux, ceux-ci sont accolés à la tige ; feuilles ayant des *poils qui ont 2 branches* (regarder à la loupe). → **Arabette sagittée** [*Arabis sagittata*].

+ Tige *à rameaux s'écartant plus ou moins de la tige principale* (figure CBP) ; feuilles ayant çà et là des *poils ramifiés en étoile*. → **Capselle Bourse-à-pasteur** [Bourse-de-capucin, Bourse-à-pasteur) [*Capsella Bursa-pastoris*]. — **médicinale**. — Figurée en couleurs : 5, planche 6.

530
(vient de 527).

— • Feuilles en cœur renversé, *à queue allongée* (figure A), *ayant une odeur d'ail* lorsqu'on les froisse. → **Alliaire officinale** (Alliaire) [*Alliaria officinalis*]. — **médicinale**.

— • Feuilles *sans odeur d'ail*............................ **531**

531
(vient
de
530).

△ Fleurs **veinées de violet ou de brun** (figure RR) ; tiges à poils raides. → **Radis Ravenelle** (Raveluche, Ravenelle, Pied-de-glène, Jotte) [*Raphanus Raphanistrum*] ❀.

△ Fleurs **non** veinées de violet ou de brun............... 532

532
(vient
de
531).

✠ Tiges **sans poils dans leur partie supérieure ;** feuilles ayant des poils qui sont divisés en 2 à 3 branches (regarder à la loupe) ; feuilles formant pour la plupart une rosette à la base de la plante (figure AT). → **Arabette de Thalius** [*Arabis Thaliana*].

✠ Tiges **ayant** des poils dans leur partie supérieure.... 533

533
(vient
de
532).

○ Fleurs **de plus d'un centimètre de largeur,** ayant une **odeur suave ;** feuilles aiguës à la base. et au sommet (figure HM). → **Julienne des dames** (Girarde, Julienne) [*Hesperis matronalis*]. — ornementale ❀.

○ Fleurs **de moins** d'un centimètre de largeur, sans odeur suave... 534

534
(vient
de
533).

— Fleurs **jaunâtres,** devenant blanches lorsqu'elles sont passées ; feuilles petites et ovales (figure AC). → **Alysson calycinal** [*Alyssum calycinum*].

— Fleurs **blanches.** — Se reporter au n°.............. 529

535
(vient
de
513).

★ **Une seule fleur** au sommet de la tige (figure G) ; les trois parties intérieures de la fleur sont en cœur avec une tache verte en forme de croissant. → **Galanthe des neiges** (Perce-neige, Nivéole) [*Galanthus nivalis*]. — ornementale.

★ Plante **n'ayant pas** ces caractères.................... 536

536
(vient
de
535).

= Plante **croissant dans l'eau,** à feuilles en forme de fer de flèche (Voir la figure S, en haut de la page suivante, au n° 537) ou arrondies en cœur................................ 537

= Plante **ne croissant pas dans l'eau,** à feuilles ovales ou très allongées, ni en fer de flèche, ni arrondies en cœur.. 538

537
(vient de 536).

⊝ Les feuilles développées dans l'air sont **en fer de flèche** (figure S) ; fleurs **en grappe dressée** ; la plante peut aussi avoir des feuilles plus ou moins arrondies flottant sur l'eau ou des feuilles en forme de rubans très allongés dans l'eau. → **Sagittaire à feuilles en flèche** (Flèche-d'eau, Fléchière, Sagittaire) [*Sagittaria sagittifolia*]. — Figurée en couleurs : 1 et 1 *bis*, planche 52.

⊝ Les feuilles sont **toutes arrondies et en cœur renversé à la base** (figure H) ; fleurs **non** en grappe dressée. → **Hydrocharis Mors-de-Grenouille** (Petit-Nénuphar, Mors-de-grenouille) [*Hydrocharis Morsus-ranæ*].

538
(vient de 536).

✕ La plante **n'a que deux feuilles** qui sont ovales et portées chacune sur une queue allongée (figure AU). → **Ail des ours** (Ail-des-bois) [*Allium ursinum*]. — **médicinale**.

✕ La plante a **plus de deux feuilles** qui sont très allongées et non portées par une queue......................... **539**

539
(vient de 538).

☐ Fleurs **ayant** une bande verte en dessous, sur chaque division blanche de la fleur ; tige sans autres rameaux que les queues des fleurs (figure U). → **Ornithogale en ombelle** (Dame-d'onze-heures) [*Ornithogalum umbellatum*]. — Figurée en couleurs : 6, planche 53.

☐ Fleurs **n'ayant pas** une bande verte en dessous, sur chaque division blanche de la fleur ; la tige est rameuse (figure PH). → **Phalangium rameux** [*Phalangium ramosum*].

540
(vient de 513).

★ ★ Plante **entièrement plongée dans l'eau** ; feuilles arrondies, en cœur renversé ; chaque fleur de **plus de 8 centimètres** de largeur, à nombreux pétales assez aigus au sommet (la figure NA représente la fleur coupée par moitié). → **Nymphéa blanc** (Lis-des-étangs, Nénuphar-blanc, Lunifa) [*Nymphæa alba*]. — **ornementale** ; **médicinale**. — Figurée en couleurs : 2, planche 4.

★ ★ Plante **non** plongée dans l'eau ; chaque fleur de **moins de 5 centimètres** de largeur (En réalité, ce qu'on a pris pour une fleur est une fleur *composée* d'un grand nombre de petites fleurs sans queue en forme de languettes ou de tubes et dont l'ensemble est entouré par une collerette de nombreuses petites feuilles ou écailles). — Se reporter au n°... **891**

⊙ Fleurs *à 4 divisions ou à 4 lobes blancs,* un peu irrégulières (figure VT). → **Véronique** [*Veronica*]. — Pour les principales espèces de Véroniques [*Veronica*], se reporter au n°...................... VT ... **315**

— **541** (*vient de 510*).

⊙ Fleurs *à 4 divisions membraneuses brunes ou verdâtres* (en réalité les écailles de la fleur ne sont ni blanches ni blanchâtres). — Se reporter au n°.................................... **150**

⊙ Fleurs *à 4 divisions* dont *2 échancrées au sommet et 2 aiguës* — Se reporter au n°.......................... **62**

⊙ Fleurs *à 5 pétales ou à 5 lobes blancs*................. **542**

⊙ Fleurs *à 3 ou 6 divisions ou lobes*................... **556**

⊙ Fleurs *sans divisions* à pétales soudés jusqu'au sommet en forme d'entonnoir................................. **546**

542 (*vient de 541*).

↶ Plante *grasse,* à feuilles épaisses, charnues, chaque feuille en forme de grain allongé (figure AL). → **Sédum blanc** (Raisin-de-rat, Perruque, Trique-Madame) [*Sedum album*]. — **médicinale.** ✿. — Figurée en couleurs (à fleurs violettes) : 4, planche 22.

↶ Plante *non grasse*.............................. **543**

543 (*vient de 542*).

• Fleur à pétales *réunis seulement par leur base* ; chaque pétale ayant *deux taches vertes* à sa base ; plante à feuilles tantôt simples, tantôt divisées (figure DU) ; tiges ayant l'aspect et la dureté du bois dans leur partie inférieure. → **Morelle Douce-amère** (Vigne-de-Judée, Douce-amère) [*Solanum Dulcamara*]. — **vénéneuse ; médicinale.** — Figurée en couleurs (à fleurs violettes) : 2 et 2 *bis*, planche 40.

• Plante *n'ayant pas à la fois* ces caractères............. **544**

544 (*vient de 543*).

⊕ Plante à *tiges grimpantes ou rampant longuement* sur le sol... **545**

⊕ Plante à tiges *non* grimpantes et *non* rampantes...... **547**

545 (*vient de 544*).

✠ Tiges s'accrochant aux autres plantes par des *filaments enroulés sur eux-mêmes* (figure BR) ; feuilles plus ou moins divisées et dont les nervures sont disposées en éventail. → **Bryone dioïque** (Couleuvrée, Navet-du-diable, Bryone, Rave-de-serpent) [*Bryonia dioica*]. — **vénéneuse ; médicinale** ✿. — Figurée en couleurs : 1 et 1 *bis*, planche 21.

✠ Tiges *s'enroulant* autour des autres plantes ou *rampant longuement* sur le sol................................. **546**

546
(*vient de 545*).

§ Chaque fleur de *moins de 3 centimètres* de longueur ; deux très petites feuilles sont attachées sur la queue de la fleur, à une certaine distance de la base de la fleur (figure A). — **Liseron des champs** (Vrillée, Petit-Liseron, Clochette-des-champs) [*Convolvulus arvensis*]. — Figurée en couleurs : 3, planche 38.

§ Chaque fleur de *plus* de 3 centimètres de longueur ; il y a deux petites feuilles placées immédiatement au-dessous de la base de la fleur (figure S). → **Liseron des haies** (Grand-Liseron, Manchettes, Chemise-de-Notre-Dame) [*Convolvulus sepium*]. — Figurée en couleurs : 4, planche 38.

547
(*vient de 544*).

+ Chaque fleur ayant une corolle *à 5 pétales aigus* et *réunis seulement à la base par un tube très court* (exemple : figure B).......... . ... **548**

+ Chaque fleurs *à 5 pétales arrondis au sommet* et *à peine réunis à leur base*................................. **520**

+ Chaque fleur ayant une corolle qui *ne forme 5 lobes qu'au sommet d'un tube allongé ou évasé* (exemples figures ci-dessous). **549**

548
(*vient de 547*).

—• Tiges et feuilles à *poils piquants ;* la fleur épanouie a plus d'un centimètre de largeur ; les 5 parties vertes du calice se voient entre les pétales (figure B). → **Bourrache officinale** (Bourrache) [*Borrago officinalis*]. — **médicinale**. ❀. — Figurée en couleurs (à fleurs bleues) : 4, planche 39.

—• Tiges et feuilles ayant des *poils non piquants ;* la fleur épanouie a moins d'un centimètre de largeur ; les 5 parties vertes du calice ne se voient pas entre les pétales (figure N) ; feuilles à dents arrondies (figure SN). - **Morelle noire** (Tue-chien, Amourette, Bonbon-noir) [*Solanum nigrum*]. — **vénéneuse** ; médicinale.

549
(*vient de 547*).

△ Feuilles *étroites et allongées,* de moins de 4 millimètres de largeur ; fleurs à lobes blanchâtres en dedans et verdâtres en dehors, allongées (figure T) ; fleurs disposées en grappe (figure TH). → **Thésium couché** [*Thesium humifusum*].

△ Plante *n'ayant pas à la fois* les caractères précédents... **550**

550
(vient
de
549).

✠ Fleurs *de plus de 5 centimètres et demi de longueur,* à long tube (figure D), à 5 plis et à 5 dents courtes et aiguës. → **Datura Stramoine** (Pomme-épineuse, Endormie, Jusquiame-du-Pérou) [*Datura Stramonium*]. — **médicinale ; vénéneuse.**

✠ Fleurs ayant *moins* de 5 centimètres et demi de longueur. **551**

551
(vient
de
550).

○ Les queues des fleurs s'attachent chacune *exactement au-dessus d'une petite feuille*............................. **552**

○ Les queues des fleurs s'attachent sur la tige *sans* petite feuille placée exactement à leur point d'attache (voir les figures ci-dessous)............................. **554**

552
(vient
de
551).

— Chaque fleur de *plus d'un centimètre de largeur,* en forme d'entonnoir très ouvert (fig. CO) ; la partie qui entoure la corolle (calice) s'accroît beaucoup quand la fleur est fanée et forme une sorte de ballon (figure P) d'abord vert, puis rouge ou orangé. → **Coqueret Alkékenge** (Alkékenge, Coqueret) [*Physalis Alkekengi*]. — **médicinale.**

— Chaque fleur de *moins* d'un centimètre de largeur, en forme de tube à 5 lobes au sommet (la figure LA représente la fleur coupée en long). → **Grémil** [*Lithospermum*] [*Note 1*, au bas de la page]. — Pour les principales espèces de Grémils [*Lithospermum*], continuer au nº............................. **553**

553
(vient
de
552).

★ Chaque feuille ayant *une seule nervure* saillante sur la face inférieure de la feuille (figure AV) ; les autres nervures sont peu saillantes ou peu visibles. → **Grémil des champs** [*Lithospermum arvense*].

★ Chaque feuille ayant *plusieurs nervures* saillantes sur la face inférieure de la feuille (figure LO). → **Grémil officinal** (Herbe-aux-perles, Thé-de-Fontainebleau) [*Lithospermum officinale*].

Note 1. — Pour plus de détails sur les diverses espèces de Grémils [*Lithospermum*], voir la *Flore complète,* page 222.

554
(*vient de 551*).

= Feuilles *se prolongeant longuement sur la tige* par leur base (figures SO et S) ; fleurs de plus d'un centimètre de longueur, se terminant par 5 lobes très courts rejetés en dehors (figure CD). → **Consoude officinale** (Grande-Consoude) [*Symphytum officinale*]. — **médicinale**. ❀. — Figurée en couleurs (à fleurs violacées : 3, planche 39.

= Feuilles *ne se prolongeant pas* sur la tige à leur base... **555**

555
(*vient de 554*).

⊖ En regardant la fleur de face, on voit *5 petites écailles*, situées en dedans et qui ferment presque complètement le tube de la corolle (figure P) ; les fleurs passées s'écartent les unes des autres (figure I). → **Myosotis** [*Myosotis*]. — Pour les principales espèces de Myosotis, se reporter au nᵒ.. **261**

⊖ En regardant la fleur de face on voit qu'*il n'y a pas* 5 petites écailles, situées en dedans ; les fleurs passées restent en grappes serrées au-dessous des fleurs ouvertes (figure H). → **Héliotrope d'Europe** (Tournesol, Herbe-de-Saint-Fiacre) [*Heliotropium europæum*].

556
(*vient de 541*).

× Tige *ayant des rameaux* (voir ci-dessous les figures AS et PH du nᵒ 557)... **557**

× Tige *sans rameaux* (voir ci-dessous les figures C et P du nᵒ 558). **558**

557
(*vient de 556*).

☐ Les tiges portent de *courts rameaux fins et verts*, ressemblant à des feuilles et disposés par groupes serrés (figure P ; la figure AS représente un rameau fleuri). → **Asperge officinale** (Asperge) [*Asparagus officinalis*]. — **alimentaire** ; **médicinale**. ❀. — Figurée en couleurs (en fruits) : 1, planche 53.

☐ Les tiges *ne portent pas* de courts rameaux fins et verts en groupes serrés ; feuilles insérées une par une (figure PH). → **Phalangium rameux** [*Phalangium ramosum*].

558
(*vient de 556*).

★★ Fleurs *arrondies, en forme de grelot* (figure C) ; feuilles s'attachant à la base de la tige. → **Muguet de mai** (Muguet) [*Convallaria maialis*]. — **médicinale** ; **ornementale**. — Figurée en couleurs : 3, planche 54.

★★ Fleurs *en forme de tube* (figure P) ; feuilles situées le long de la tige et entremêlées aux fleurs. → **Polygonatum** [*Polygonatum*]. — Pour les principales espèces de Polygonatum, continuer au nᵒ........................... **559**

559
(*vient de* 558).

⊙ **Tige angaleuse** dans sa longueur (figure A, représentant un fragment de tige) ; fleurs isolées ou groupées par 2 (figure P). → **Polygonatum vulgaire** (Sceau-de-Salomon) [*Polygonatum vulgare*]. — Figurée en couleurs : 2, planche 54.

⊙ Tige **arrondie** dans sa longueur (figure PM) ; fleurs groupées souvent par 3 à 5 (figure M). → **Polygonatum multiflore** (Sceau-de-Salomon) [*Polygonatum multiflorum*].

560
(*vient de* 509).

⌒ Chaque fleur a les *pétales séparés entre eux jusqu'à la base ;* c'est-à-dire qu'on peut enlever jusqu'à la base l'un des pétales ou partie de la fleur colorée en blanc ou blanchâtre, sans déchirer les autres. Il s'agit des parties de la fleur dont l'ensemble forme la corolle ou partie colorée qui entoure les filets et autres organes situés au milieu de la fleur ; lorsque la fleur se fane, chaque pétale (ou pièce colorée) tombe ou se flétrit isolément [*Note 1*, au bas de la page].............................. **570**

Remarque. — Il arrive quelquefois que le tube du calice qui entoure les pétales ne permet pas de voir au premier aspect que les pétales sont séparés jusqu'à la base (exemple figure DI, ci-dessous) ; il faut alors déchirer le tube du calice pour voir les pétales séparés entre eux jusqu'à leur base.

Les figures ci-dessus représentent des exemples de fleurs à pétales séparés entre eux.

⌒ Chaque fleur a les *pétales soudés entre eux, au moins à la base ;* c'est-à-dire qu'en essayant de détacher l'une des parties de la fleur colorée en blanc ou blanchâtre, on est obligé de déchirer la corolle, au moins à sa base ; lorsque la fleur se fane, la corolle tombe ou se flétrit tout d'une pièce... **561**

Les figures ci-dessus représentent des exemples de fleurs à pétales soudés entre eux, au moins à la base. — Dans les figures M et P on voit des pétales soudés en une corolle formant un tube et ayant des lobes au sommet ; les figures MC, VC et VT représentent des exemples de fleurs à pétales soudés seulement à leur base.

Note 1. — Dans la plupart des fleurs on trouve, en dehors de la corolle, une autre enveloppe de la fleur, généralement verte, appelée *calice*, qui entoure la base de la corolle. Dans d'autres fleurs, il est difficile de distinguer le calice et la corolle, qui sont plus ou moins confondus en une seule enveloppe florale. D'autres fleurs enfin n'ont réellement qu'une seule enveloppe florale colorée en blanc ou blanchâtre, comme une corolle. On comprend ici, sous les noms de calice et de corolle, les pièces colorées en blanc ou blanchâtre, qui entourent immédiatement les filets ou autres organes placés au milieu de la fleur.

561
(vient de 560).

> • Les 4 *ou* 5 *lobes* de la fleur sont *bien égaux entre eux*.. 562
>
> • Les **4** *ou* **5** *lobes* de la fleur **ne sont pas** exactement égaux entre eux.. **566**
>
> Les figures ci-dessus représentent des exemples de fleurs dont les lobes ne sont pas exactement égaux entre eux.

562
(vient de 561).

> ⊕ Chaque fleur à 5 lobes *étalés en étoile* ou en coupe élargie, réunis à leur base par un tube très court (figures MC et VC)...................... **563**
>
> ⊕ Chaque fleur à 5 lobes placés au sommet d'un tube allongé *cylindrique, en cloche ou en entonnoir* (exemples : figures CA et E). ... **564**

563
(vient de 562).

> ⊞ Tige *dressée ;* fleurs *groupées,* blanchâtres ; feuilles aiguës au sommet (figures VC, D). → **Dompte-venin officinal** [*Vincetoxicum officinale*].— **vénéneuse ; médicinale.** — Figurée en couleurs : 5, planche 37.
>
> ⊞ Tiges *plus ou moins étalées sur le sol ;* fleurs blanches attachées une par une à l'aisselle des feuilles (figures MC et A) ; feuilles ovales. → **Mouron des champs** (Faux-Mouron) [*Anagallis arvensis*]. — Figurée en couleurs (à fleurs bleues ou rouges) : 6 et 6 *bis*, planche 36 [*Note 1*, au bas de la page].

564
(vient de 562).

> § Chaque fleur en cloche ou en entonnoir, *à tube élargi au sommet* (figures P et G). → **Gentiane** [*Gentiana*] [*Note 2*, au bas de la page]. La Gentiane Croisette [*Gentiana Cruciata*] est figurée en couleurs (à fleurs bleues) : 2, planche 38. — Pour les principales espèces de Gentiane [*Gentiana*], se reporter au nᵒ................................. **278**
>
> § Chaque fleur à tube *peu ou pas* élargi au sommet (Voir, en haut de la page suivante, les figures E et CA du nᵒ............ **565**

Note 1. — Il ne faut pas confondre le Mouron des champs avec le Mouron-des-oiseaux ; ce dernier est figuré en couleurs : 4, planche 9.
Note 2. — Pour plus de détails sur les diverses espèces de Gentianes [*Gentiana*], voir la *Flore complete*, page 214.

565
(vient
de
564).

+ Fleurs ayant *plus d'un demi-centimètre de longueur ;* tube de la corolle entouré par le tube vert du calice (figures E, EC). → **Erythrée Petite-Centaurée** (Herbe-à-mille-florins, Petite-Centaurée) [*Erythræa Centaurium*]. — **médicinale.** — Figurée en couleurs (à fleurs roses) : 1, planche 38.

+ Fleurs de *moins de 3 millimètres de largeur ;* tube de la corolle non entouré par un tube vert (figure CA) ; la figure OL, au no 568, représente un rameau fleuri. → **Valérianelle potagère** (Mâche, Doucette) [*Valerianella olitoria*]. — **alimentaire** [*Note 1*, au bas de la page]. — Figurée en couleurs (à fleurs bleues) : 4, planche 27.

566
(vient
de
561).

—• Feuilles *ayant une forte odeur aromatique,* lorsqu'on les froisse **567**

—• Feuilles *sans* forte odeur aromatique **568**

567
(vient
de
566).

△ Feuilles *sans dents ou non nettement dentées sur les bords* (fig. OR et O) ; il y a de nombreuses petites écailles ovales entourant les fleurs. → **Origan vulgaire** (Marjolaine-sauvage, Origan) [*Origanum vulgare*]. — **médicinale.** — Figurée en couleurs (à fleurs roses) : 3, planche 43.

△ Feuilles *nettement dentées* sur les bords ; il n'y a pas de nombreuses petites écailles ovales entourant les fleurs ; fleurs presque régulières (figure M). → **Menthe** [*Mentha*]. — Pour les principales espèces de Menthes [*Mentha*], se reporter au no **169**

568
(vient
de
566).

✠ Chaque fleur à *5 lobes* (fig. CA) ; fleurs en groupes serrés au sommet des rameaux (figure OL). → **Valérianelle potagère** (Mâche, Doucette) (*Valerianella olitoria*). → **alimentaire.** — Figurée en couleurs (à fleurs bleuâtres) : 4, planche 27.

✠ Chaque fleur à *4 lobes* **569**

569
(vient
de
568).

○ Corolle à *lobes étalés* (figure VT), réunis entre eux par un tube court : → **Véronique** [*Veronica*] [*Note 2*, au bas de la page]. — Pour les principales espèces de Véroniques [*Veronica*], se reporter au no **315**

○ Corolle en forme d'enton-noir, à *lobes dressés* (figure L) ; feuilles à dents profondes, aiguës (fig. LY), ou même divisées. → **Lycope d'Europe** (Pied-de-loup, Marrube-aquatique) [*Lycopus europæus*].

Note 1. — Pour les diverses espèces de Valérianelles [*Valerianella*], voir la *Nouvelle Flore*, p. 78, et la *Flore complète*, p. 145. — *Flore de Belgique*, p. 82.

Note 2. — Pour plus de détails sur les diverses espèces de Véroniques [*Veronica*], voir la *Nouvelle Flore*, p. 116, et la *Flore complète*, p. 234. — *Flore de Belgique*, p. 122.

570
(vient de 560).

— Plante **grasse,** à feuilles épaisses, charnues, en forme de grains allongés (fig. AL) ; pétales aigus au sommet (les pétales sont presque complètement séparés) → **Sédum blanc** (Raisin-de rat, Perruque, Trique-Madame) [*Sedum album*]. — **médicinale** 🌿 . — Figurée en couleurs : 4, planche 22.

— Plante **non** grasse................................... **571**

571
(vient de 570).

★ Chaque fleur ayant **2 pétales** divisés chacun en deux **et 2 autres** parties vertes ou rougeâtres. — Se reporter au n°.. **62**

★ Chaque fleur ayant **5 pétales** non divisés ou divisés chacun en deux parties mais non jusqu'à leur base............ **573**

★ Chaque fleur ayant **en apparence 10 pétales,** par suite de la séparation en deux parties, et jusqu'à la base, des 5 pétales de la fleur.. **572**

★ Chaque fleur ayant **en apparence 4 ou 8 pétales ;** tiges ayant l'aspect et la dureté du bois, sauf les jeunes rameaux ; feuilles très petites et très serrées (figure C). → **Calluna vulgaire** (Bruyère-commune, Brande) [*Calluna vulgaris*] 🌿 . — Figurée en couleurs (à fleurs roses) : 2, planche 36.

572
(vient de 571).

= Plante **sans poils,** à feuilles **très aiguës** (fig. SG). → **Stellaire graminée** [*Stellaria graminea*].

= Plante **ayant des poils ;** on voit sur la tige une ligne de poils allant d'une paire de feuilles à la paire de feuilles suivante (figure MR). → **Stellaire intermédiaire** (Mouron-des-oiseaux, Mouron-blanc, Morgeline) [*Stellaria media*]. — Figurée en couleurs : 4, planche 9. — **utilisée** pour les petits oiseaux.

573
(vient de 571).

⊖ Tiges **sans poils,** sauf parfois vers la base............. **574**

⊖ Tiges **ayant des poils** jusqu'en haut..... .... **577**

574
(vient de 573).

✕ Chacun des 5 pétales est **divisé en deux au sommet** (exemple : figure CV)........................ ... **576**

✕ Chacun des 5 pétales **non** divisé au sommet (exemple : figure AS)................................. **575**

□ Pétales **plus courts** que les 5 parties vertes du calice qui les entoure ; feuilles très étroites et aiguës (figure AT). → **Alsine à feuilles ténues** [*Alsine tenuifolia*].

575
(*vient de 574*).

□ Pétales **plus longs** que les 5 parties vertes du calice qui les entoure ; feuilles ovales (figure C) ; pétales tombant très facilement. → **Lin purgatif** [*Linum catharticum*]. — **médicinale**.

★ ★ Fleurs **renflées** autour des pétales (figure SI) ; feuilles **moins** de **4 fois plus longues que larges**. → **Silène enflé** (Behen-blanc, Cornillet) [*Silene inflata*]. — Figurée en couleurs : 3, planche 8.

576
(*vient de 574*).

★ ★ Fleurs **non** renflées autour des pétales ; feuilles **plus** de 4 fois plus longues que larges (figure SH). → **Stellaire Holostée** (Langue-d'oiseau, Gramen-fleuri) [*Stellaria Holostea*]. — Figurée en couleurs : 5, planche 9.

577
(*vient de 573*).

⊙ Pétales **dépassant** les 5 petites parties vertes du calice qui les entoure **578**

⊙ Pétales **ne dépassant pas** les 5 petites parties vertes du calice qui les entoure. **583**

578
(*vient de 577*).

⌒ Chaque pétale ayant, au sommet, de **petites dents irrégulières** (fig. H) ; fleurs dont toutes les queues partent du même point (figure HU) ; plante ne dépassant pas 20 centimètres de hauteur. → **Holostée en ombelle** [*Holosteum umbellatum*].

⌒ Plante **n'ayant pas** à la fois ces caractères. **579**

579
vient de 578).

• Plante **très visqueuse, collant aux doigts** si l'on cueille les tiges dans leur partie supérieure ; fleurs plus ou moins penchées (figure N). → **Silène penché** (Attrape-mouches-blanc) [*Silene nutans*].

• Plante **non** très visqueuse, **ne collant pas** aux doigts. . . . **580**

580
(vient de 579).

⊕ Fleurs étant *plus ou moins rênflées* (figures LDI, LY) ; le calice (partie renflée qui entoure les pétales) est un peu resserré vers le haut et porte en long des côtes vertes ou violacées. → **Lychnis dioïque** (Compagnon-blanc, Robinet) [*Lychnis dioica*] — Figurée en couleurs : 2 et 2 bis, planche 9.

⊕ Fleurs à pétales très *étalés* (figure CC) ; le calice qui entoure les pétales est très ouvert ; plante à tiges lâches, presque grimpantes ; feuilles ayant toutes une queue. → **Cucubale à baies** (Behen) [*Cucubalus bacciferus*].

⊕ Plante *n'ayant pas* les caractères précédents........ **581**

581
(vient de 580).

⊞ Chaque pétale *divisé en deux au sommet* (fig. CV). → **Céraiste** [*Cerastium*] [*Note 1*, au bas de la page]. Pour les principales espèces de Céraistes [*Cerastium*], continuer au nº... **582**

⊞ Chaque pétale *non* divisé en deux au sommet (figure AS) ; feuilles groupées, en apparence verticillées, c'est-à-dire semblant partir du même point de la tige (figure SC) en réalité les feuilles sont opposées). → **Spergule des champs** (Spargoute, Fourrage-de-disette) [*Spergula arvensis*].

582
(vient de 581).

§ Chaque fleur de *plus de 12 millimètres de largeur* lorsqu'elle est épanouie ; pétales dépassant longuement les cinq petites parties vertes du calice qui les entoure (figure CC). → **Céraiste des champs** [*Cerastium arvense*]. — Figurée en couleurs · 3, planche 9.

§ Chaque fleur de *moins d'un centimètre de largeur;* pétales dépassant à peine les cinq petites parties vertes du calice qui les entoure]. → **Céraiste vulgaire** [*Cerastium vulgatum*].

583
(vient de 577).

+ Chaque pétale *nettement divisé en deux au sommet* (figure CV) ; feuilles velues. → **Céraiste vulgaire** [*Cerastium vulgatum*].

+ Chaque pétale *non divisé en deux ou à peine échancré au sommet;* feuilles sans poils ou peu poilues (figure S). → **Sabline à feuilles de Serpolet** [*Arenaria serpyllifolia*].

Note 1. — Pour plus de détails sur les diverses espèces de Céraistes [*Cerastium*], voir la *Nouvelle Flore*, page 29, et la *Flore complète*, page 52. — *Flore de Belgique*, p. 31.

584 (vient de 509).

—• Feuilles *par groupes opposés l'un à l'autre deux à deux*, n'étant verticillées qu'en apparence (figure SC) ; pétales *séparés les uns des autres jusqu'à la base*, c'est-à-dire qu'on peut détacher l'un des pétales blancs jusqu'à sa base sans déchirer les autres pétales, même à la base. → **Spergule des champs** (Spargoute, Fourrage-de-disette) [*Spergula arvensis*].

—• Feuilles *réellement verticillées* (figure GA) ; pétales *soudés entre eux, au moins à la base ;* c'est-à-dire que l'on ne peut détacher complètement l'un des pétales sans déchirer la corolle au moins à sa base **585**

585 (vient de 584).

△ Fleurs à *5 pétales ou à 5 lobes* blancs ou blanchâtres.. **586**

△ Fleurs à *4 pétales ou à 4 lobes* blancs ou blanchâtres.. **587**

586 (vient de 585).

✠ Tiges *ayant des poils ;* feuilles ayant des poils sur les nervures et sur les bords ; fleurs à pétales réunis entre eux seulement à la base (figure VC). → **Dompte-venin officinal** (Ipécacuanha-des-Allemands, Dompte-venin) [*Vincetoxicum officinale*]. — **dangereuse.** — Figurée en couleurs (à feuilles opposées) : 5, planche 37.

✠ Tiges *sans poils,* mais ayant de petites pointes (figure GA) et s'accrochant aux vêtements ; les feuilles sont sans poils, à bords munis de petites pointes (figure RP) ; fleurs à pétales réunis à la base en un tube assez long. → **Garance voyageuse** (Garance-sauvage) [*Rubia peregrina*].

587 (vient de 585).

○ Fleurs *en forme de grelot allongé* (figure EC) ; tiges ayant l'aspect et la dureté du bois, sauf les jeunes rameaux. → **Bruyère cendrée** (Bruyère-franche) [*Erica cinerea*] 🌸. — Figurée en couleurs (à fleurs roses) : 1, planche 36.

○ Plante *n'ayant pas* ces caractères.................. **588**

588 (vient de 587).

— Chaque fleur *en forme d'entonnoir* (figure AC). → **Aspérule à l'esquinancie** (Herbe-à-l'esquinancie [*Asperula cynanchica*]. — **médicinale.**

— Chaque fleur *à 4 lobes étalés* réunis seulement par leur base (figure GM). → **Gaillet** [*Galium*] [Note 1, au bas de la page]. — Pour les principales espèces de Gaillets [*Galium*], continuer au n°.................. **589**

Note 1. — Pour plus de détails sur les diverses espèces de Gaillets [*Galium*], voir la *Nouvelle Flore*, page 76, et la *Flore complète*, page 139. — *Flore de Belgique*, p. 80.

589
(vient de 588).

★ Plante *s'accrochant aux vétements* par de petites pointes qui sont sur les angles des tiges ou sur les feuilles **590**

★ Plante *ne s'accrochant pas* aux vétements **591**

590
(vient de 589).

= Plante de plus de 45 centimètres, à tiges *retombantes ou se soutenant en s'accrochant sur d'autres plantes.* (La figure GG représente une tige fleurie). → **Gaillet Gratteron** (Rièble, Grateron) [*Galium Aparine*]. — **alimentaire ; médicinale.**

= Plante de moins de 45 centimètres, *à tiges dressées* se soutenant par elles-mèmes. (La figure GSR représente une tige fleurie). → **Gaillet à 3 cornes** [*Galium tricorne*].

591
(vient de 589).

⊖ Feuilles *arrondies ou peu aiguës à leur extrémité* (figure P). → **Gaillet des marais** [*Galium palustre*].

⊖ Feuilles *terminées en pointe ou aiguës au sommet* (exemple : figure M) **592**

592
(vient de 591).

✕ Pétales *terminés par une petite pointe* (figure GM). → **Gaillet Mollugine** (Caille-lait-blanc) [*Galium Mollugo*]. — **médicinale.** — Figurée en couleurs : 3, planche 27.

✕ Pétales *aigus au sommet* mais sans petite pointe (figure GS). → **Gaillet silvestre** [*Galium silvestre*].

—
593
(vient de 508).

☐ Au-dessous de la fleur unique qui termine la tige se trouvent *trois feuilles attachées au même point* sur la tige (figure AN). → **Anémone Sylvie** (Pâquette, Sylvie, Fleur-du-vendredi-saint) [*Anemone nemorosa*]. — Figurée en couleurs : 4, planche 1.

☐ Plante *n'ayant pas* ce caractère **594**

594
(vient de 593).

★ ★ Fleurs *toutes placées à peu près au même niveau ;* feuilles à nombreuses folioles dentées, sur deux rangs (figure AM). (En réalité, ce que l'on prend pour chaque fleur est une fleur composée d'un grand nombre de très petites fleurs en forme de tubes ou de languettes dont l'ensemble est entouré par une collerette de très petites écailles). — Se reporter au no **908**

★ ★ Feuilles très divisées en segments qui sont eux-mêmes divisés en *nombreuses folioles ; fleurs petites et très nombreuses,* en grappes ramifiées. — Se reporter au no **421**

★ ★ Plante *n'ayant pas* ces caractères **595**

595
(vient de 594).

⊙ Chaque fleur ayant *4 pétales ou 4 lobes*............... 596

⊙ Chaque fleur ayant *plus de 4 pétales ou de 4 lobes*..... 601

596
(vient de 595).

Chaque fleur ayant *4 lobes au sommet, à corolle un peu en forme d'entonnoir* (figure L) ; feuilles profondément dentées, à dents aiguës (figure LY) ou même profondément divisées ; fleurs blanches ponctuées de rouge. → **Lycope d'Europe** (Pied-de-loup, Marrube-aquatique) [*Lycopus europæus*] ✿.

Chaque fleur ayant *4 pétales, séparés les uns des autres jusqu'à la base*.................................... 597

597
(vient de 596).

● Fleurs ayant *moins de 7 millimètres de longueur*....... 598

● Fleurs ayant *plus* de 7 millimètres de longueur........ 599

598
(vient de 597).

⊕ Plante *sans poils ;* feuilles d'une saveur piquante, à lobe supérieur plus ou moins arrondi (figure OF). → **Cresson officinal** (Cresson-de-fontaine, Cresson, Santé-du-corps) [*Nasturtium officinale*]. — **médicinale; alimentaire.** — Figurée en couleurs : 3, planche 6.

⊕ Plante *ayant des poils* (regarder à la loupe) ; feuilles sans saveur piquante, non divisées ou divisées ; mais, dans ce dernier cas, le lobe supérieur de la feuille n'est pas arrondi. (La figure CBP représente une plante entière). → **Capselle Bourse-à-pasteur** (Bourse-de-capucin, Bourse-à-pasteur) [*Capsella Bursa-pastoris*]. — **médicinale.** — Figurée en couleurs : 5, planche 6.

599
(vient de 597).

✠ Chaque fleur de *plus de 3 centimètres de largeur ;* feuilles embrassant la tige par leur base (figure PV) ; pétales chiffonnés dans le bouton de la fleur (figure PR). → **Pavot somnifère** (Pavot-des-jardins) [*Papaver somniferum*]. — **vénéneuse: médicinale.** — On cultive une variété de Pavot **industrielle**, sous le nom d'Œillette. — Figurée en couleurs (à fleurs lilas) : 2, planche 5.

✠ Plante *n'ayant pas à la fois* ces caractères............. 600

600
(*vient de 599*).

§ Pétales *veinés de lignes brunes ou violettes* (figure RR); feuilles supérieures *dentées.* → **Radis Ravenelle** (Raveluche, Ravenelle, Pied-de-glène, Jotte) [*Raphanus Raphanistrum*] ✿.

§ Pétales **non** veinés de lignes brunes ou violettes, mais seulement plus ou moins striés (figure C); feuilles supérieures

profondément divisées (figure CAR); les feuilles inférieures ont des folioles arrondies (figure P). → **Cardamine des prés** (Cresson-des-prés) [*Cardamine pratensis*] ✿. — Figurée en couleurs (à fleurs lilas) : 2, planche 6.

601
(*vient de 595*).

+ Plante *croissant dans l'eau*, à *feuilles divisées en lanières très étroites et allongées* (voir les figures FL, RAQ, ci-dessous, au nº 602). **602**

+ Plante *n'ayant pas à la fois* ces caractères............. **603**

602
(*vient de 601*).

—• Feuilles à *divisions très allongées et toutes dirigées en longueur, dans le même sens* (figure FL). → **Renoncule flottante** [*Ranunculus fluitans*].

—• Feuilles à divisions **non** toutes dirigées en longueur, dans le même sens (figures RAQ et G). → **Renoncule aquatique** (Grenouillette) [*Ranunculus aquatilis*]. — Figurée en couleurs 3, planche 1 [*Note 1*, au bas de la page].

603
(*vient de 601*).

△ Fleurs ayant *5 à 7 pétales*........................... **604**

△ Fleurs ayant *plus de 7 pétales* (En réalité ce que l'on prend pour une fleur est une fleur *composée* de nombreuses petites fleurs en forme de petites languettes ou de petits tubes, dont l'ensemble est entouré par une collerette de petites feuilles ou de petites écailles). — Se reporter au nº **891**

604
(*vient de 603*).

✠ Chaque fleur *de forme étoilée* (figure N), à 5 pétales à peine soudés entre eux; chaque pétale porte à sa base deux taches vertes; feuilles parfois divisées (figure DU); plante grimpante ou se soutenant plus ou moins sur d'autres plantes. → **Morelle Douce-amère** (Vigne-de-Judée, Douce-amère) [*Solanum Dulcamara*]. — **vénéneuse; médicinale.** — Figurée en couleurs (à fleurs violettes) : 2 et 2 *bis*, planche 40.

✠ Plante *n'ayant pas à la fois* ces caractères........... **605**

Note 1. — Pour plus de détails sur les espèces de Renoncules [*Ranunculus*] à fleurs blanches, voir la *Nouvelle Flore*, page 4, et la *Flore complete*, page 6. — *Flore de Belgique*, p. 4.

○ Feuilles à folioles ou à divisions *très nettement séparées les unes des autres*, sauf parfois les folioles de l'extrémité de la feuille.. **606**

605
(*vient de 604*).

Les figures ci-dessus représentent des exemples de feuilles à folioles ou à divisions nettement séparées.

○ Feuilles à divisions *non* nettement séparées les unes des autres jusqu'à leur base............................. **616**

Les figures ci-dessus représentent des exemples de feuilles à divisions non séparées les unes des autres jusqu'à leur base.

606
(*vient de 605*).

— Feuilles un peu odorantes, *à nombreuses divisions peu inégales sur deux rangs et dentées* (figure EC); fleurs à pétales un peu inégaux (figure ER) et bordées de cils à la base (regarder à la loupe). → **Erodium à feuilles de Ciguë** (Bec-de-Héron) [*Erodium cicutarium*]. — Figurée en couleurs (à fleurs roses) : 2, planche 11.

— Plante *n'ayant pas à la fois* ces caractères.......... **607**

607
(*vient de 606*).

★ Feuilles *opposées,* c'est-à-dire attachées par deux, en face l'une de l'autre, au même niveau sur la tige (voir les figures Y et VAL, ci-dessous, au n° 608)... **608**

★ Feuilles *alternes,* c'est-à-dire attachées une par une sur la tige à des niveaux différents................................. **609**

★ Feuilles *toutes à la base* de la plante................. **609**

608
(*vient de 607*).

= *Il y a 2 petites folioles inégales* rattachées à la tige, à droite et à gauche de la base de chaque feuille (figure E; la figure Y représente un rameau fleuri). → **Sureau Yèble** (Yèble, Hièble) [*Sambucus Ebulus*]. — médicinale. ✿. — Figurée en couleurs : 5, planche 26.

= *Il n'y a pas* 2 petites folioles rattachées à la tige, à droite et à gauche de la base de chaque feuille (figure VAL). → **Valériane** [*Valeriana*]. — Pour les principales espèces, se reporter au n°........................... **103**

609
(vient
de
607).

⊖ Tiges et queues des feuilles portant çà et là des *aiguillons piquants* (figure RC). → **Ronce frutescente** (Mûrier-des-haies, Ronce) [*Rubus fruticosus*]. — médicinale ; **comestible. ❋.** — Figurée en couleurs : 5, planche 19.

RC

⊖ Tiges et queues des feuilles *sans aiguillons* **610**

610
(vient
de
609).

• Chaque feuille *à 3 folioles ou à 3 divisions* (sans compter, lorsque le cas se présente, les 2 petites folioles, rattachées à la tige, et qui sont à la base de la feuille) **611**

• Chaque feuille *à plus de 3 folioles* ou à *plus de 3 divisions.* **613**

611
(vient
de
610).

✕ Plante *croissant dans l'eau* ou dans les endroits inondés ; feuilles *non* dentées régulièrement sur les bords (figure T). → **Ményanthe à 3 folioles** (Trèfle-d'eau) [*Menyanthes trifoliata*]. — médicinale.

T

✕ Plante *ne croissant pas* dans l'eau ; feuilles régulièrement dentées sur les bords **612**

612
(vient
de
611)

▢ Chaque fleur ayant *un anneau orangé* en dedans, à la base des pétales ; queue des fleurs ayant des poils *appliqués* (figure FF) (regarder à la loupe). → **Potentille Faux-Fraisier** (Fraisier-stérile, Faux-Fraisier) [*Potentilla Fragariastrum*]. — [*Note 1*, au bas de la page].

FF

▢ Chaque fleur *sans* anneau orangé en dedans, à la base des pétales ; queue des fleurs à poils *non appliqués* (figure FC). → **Fraisier comestible** (Fraisier-commun, Fraisier-des-bois) [*Fragaria vesca*]. — **comestible ; médicinale.** — Figurée en couleurs : 3, planche 18.

FC

613
vient
de
610).

★★ Chaque fleur ayant *plus d'un centimètre et demi* de largeur, à pétales soudés entre eux et formant une corolle étoilée ; feuilles à folioles non divisées et sans dents aiguës (figure P). → **Morelle tubéreuse** (Pomme-de-terre) [*Solanum tuberosum*]. — **comestible : médicinale.** — Figurée en couleurs (à fleurs roses) : 4, planche 40.

P

★★ Chaque fleur de *moins* d'un centimètre et demi de largeur **614**

Note 1. — Pour les diverses espèces de Potentilles [*Potentilla*] à fleurs blanches, **voir la** *Nouvelle Flore*, **page 52**, et la *Flore complète*, **page 97.** — *Flore de Belgique*, p. 56.

614
(*vient*
de
613).

⊙ Fleurs *en petits groupes ;* les queues des fleurs sont toutes attachées exactement au même point (figure PV) ; feuilles à divisions qui sont elles-mêmes très divisées (la figure P représente un rameau quand les fleurs sont passées). → **Scandix Peigne-de-Vénus** (Aiguille-de-berger, Aiguillette, Peigne-de-Vénus) [*Scandix Pecten-Veneris*].

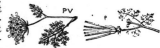

⊙ Fleurs *en grappes rameuses ;* queues des fleurs ne s'attachant pas exactement au même point ; feuilles à folioles dentées (figures UL et S du no 615). → **Spirée** [*Spiræa*].
— Pour les principales espèces de Spirée [*Spiræa*], continuer au no **615**

615
(*vient*
de
614).

↷ Feuilles *n'ayant pas plus de 11 folioles* (ne pas prendre les feuilles en haut des tiges) très inégales (figure UL). → **Spirée Ulmaire** (Reine-des-prés) [*Spiræa Ulmaria*]. — **médicinale.** — Figurée en couleurs : 4, planche 18.

↷ Feuilles ayant *31 à 41 folioles* (ne pas prendre les feuilles qui sont en haut des tiges) peu inégales (figure F). → **Spirée Filipendule** (Filipendule) [*Spiræa Filipendula*]. — **médicinale**.

616
(*vient*
de
605).

⊕ Plante *grimpante,* dont les tiges portent de minces filets enroulés sur eux-mêmes (figure BR) et qui s'attachent à d'autres plantes. → **Bryone dioïque** (Navet-du-Diable, Couleuvrée, Bryone, Rave-de-serpent) [*Bryonia dioica*]. — **vénéneuse ; médicinale.** 🌶. — Figurée en couleurs : 1 et 1 *bis*, planche 21.

⊕ Plante *non* grimpante. → **Saxifrage** [*Saxifraga*]. — [*Note 1*, au bas de la page]. — Pour les principales espèces de Saxifrages [*Saxifraga*], continuer au no.................................. **617**

617
(*vient*
de
616).

✠ Chaque fleur de *plus d'un centimètre de largeur ;* plante un peu visqueuse dans sa partie supérieure ; feuilles inférieures arrondies et dentées dans leur partie supérieure (figure SGR). → **Saxifrage granulée** [*Saxifraga granulata*]. — Figurée en couleurs : 1, planche 23.

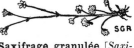

✠ Chaque fleur de *moins* d'un centimètre de largeur ; la plupart des feuilles *à 3 divisions* (figure TR) ; feuilles un peu charnues, épaisses. → **Saxifrage à 3 doigts** (Perce-pierre) [*Saxifraga tridactylites*]. — Figurée en couleurs : 2, planche 23.

Note 1. — Pour plus de détails sur les diverses espèces de Saxifrages [*Saxifraga*], voir la *Flore complète,* page 113.

§ Feuilles **composées ;** c'est-à-dire que la feuille tout entière est formée par la réunion de feuilles secondaires, nommées *folioles*, que l'on prend souvent à tort chacune pour une feuille ; l'ensemble de la feuille composée vient se rattacher à la tige par sa base ou par une queue qui porte toutes les folioles ; la base de la feuille composée *n'est pas* attachée juste à l'aisselle d'une autre feuille.. **655**

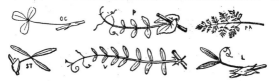

Les figures ci-dessus représentent des exemples de feuilles composées.

§ Feuilles **profondément divisées** (sauf parfois les feuilles qui sont tout à fait dans le haut des tiges), c'est-à-dire que chaque feuille est comme découpée jusqu'à plus de la moitié de sa largeur.. **655**

618
(vient de 507).

Les figures ci-dessus représentent des exemples de feuilles profondément divisées.

§ Feuilles **simples ;** c'est-à-dire soit non découpées jusqu'à plus de la moitié de la largeur de la feuille, soit seulement bordées de dents ou même sans dents sur les bords.. **619**

Les figures ci-dessus représentent des exemples de feuilles simples.

Remarque. — Si l'on hésite entre feuilles composées et feuilles profondément divisées, cela est indifférent, puisque dans les deux cas on est renvoyé au même numéro.

Si l'on hésite entre feuilles profondément divisées et feuilles simples (exemple : fig. A), on peut prendre l'une ou l'autre question ; dans les deux cas, on arrivera au nom de la plante. Il en sera de même si la plante possède à la fois des feuilles simples et des feuilles composées ou divisées (sans compter les quelques feuilles simples qui peuvent se trouver tout au sommet des tiges fleuries).

+ Feuilles *opposées* (sauf parfois dans le haut des tiges ou des rameaux) ; c'est-à-dire feuilles disposées par deux, attachées sur la tige au même niveau, en face l'une de l'autre...................... **632**

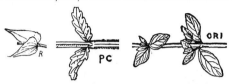

Les figures ci dessus représentent des exemples de feuilles opposées.

Remarque. — Il se développe assez souvent à l'aisselle des feuilles opposées de petits rameaux feuillés (comme sur la figure ORI ci-dessus, à droite) qui pourraient faire croire que les feuilles sont groupées en grand nombre au même niveau sur la tige et non opposées par deux seulement ; mais en regardant avec attention à la base de ce groupe de feuilles, on distingue très bien les deux feuilles opposées.

+ Feuilles *verticillées* au moins vers le milieu des tiges ; c'est-à-dire feuilles attachées au même niveau sur la tige par 3 ou 4 et régulièrement disposées tout autour de cette tige (exemple : figure LS).................................. **621**

619
(*vient de 618*).

+ Feuilles *alternes ;* c'est-à-dire feuilles attachées une par une sur la tige à des niveaux différents.................................. **620**

Les figures ci-dessus représentent des exemples de plantes à feuilles alternes.

+ Feuilles *groupées ;* c'est-à-dire feuilles attachées sur la tige, par 2 ou plus, au même niveau, mais disposées à ce niveau d'un seul côté de la tige.................................. **620**

+ Feuilles *toutes à la base* de la plante....................... **625**

La figure VP représente un exemple de plante ayant les feuilles toutes à la base.

Remarque. — Si la plante présente à la fois des feuilles alternes et des feuilles opposées (comme par exemple figure PD) ou à la fois des feuilles alternes et verticillées, on peut prendre l'une ou l'autre question ; dans les deux cas, on arrivera au nom de la plante.

—
620
(*vient de 619*).

(— • Fleur *en forme de gueule*, à lèvre inférieure renflée et rapprochée de la lèvre supérieure (voir les figures M et ST, ci-dessous, au nᵒ 621)............................ **621**
(— • Fleur *non* en forme de gueule................... **622**

—
621
(*vient de 620*).

△ Chaque fleur de plus de 2 centimètres de largeur et *ayant une bosse à la base* (figure M). → **Muflier majeur** (Gueule-de-loup, Mufle-de-veau, Gueule-de-lion, Muflier, Tête-de-Singe) [*Antirrhinum majus*]. — ornementale ; médicinale. 🌸. — Figurée en couleurs (à fleurs rouges) : 1, planche 41.

△ Chaque fleur de moins de 2 centimètres de longueur, ayant à la base *un cornet ou un tube* (figure ST) ; feuilles alternes ou verticillées. → **Linaire striée** [*Linaria striata*]. 🌸.

—
622
(*vient de 620*).

✠ Fleurs blanches *marquées de lignes violettes ;* corolle formant un tube à la base et s'ouvrant en deux lèvres, l'une supérieure, l'autre inférieure (figure E). → **Euphraise officinale** (Casse-lunettes, Euphraise) [*Euphrasia officinalis*]. — médicinale.

✠ Plante *n'ayant pas à la fois* ces caractères........... **623**

—
623
(*vient de 622*).

○ Fleurs *en forme de tube largement évasé* (figure P), un peu courbe en dessous ; fleurs en longue grappe, et toutes tournées du même côté. → **Digitale rouge** (variété à fleurs blanches) (Gants-de-Notre-Dame, Queue-de-loup, Digitale) [*Digitalis purpurea*]. — vénéneuse ; médicinale ; ornementale. 🌸. — Figurée en couleurs (à fleurs pourpres) : 5, planche 41.

○ Fleurs *non* en forme de tube largement évasé......... **624**

—
624
(*vient de 623*).

— Chaque fleur à *2 parties libres* situées à droite et à gauche du reste de la fleur (figure POL). → **Polygala vulgaire** (figure PV) (Laitier-commun) [*Polygala vulgaris*]. — Figurée en couleurs (à fleurs roses ou lilas) : 4, planche 7.

— Plante à fleurs *n'ayant pas* cette forme.............. **625**

—
625
(*vient de 624*).

★ Chaque fleur à *4 pétales* ou *4 lobes*.................. **626**

★ Chaque fleur ayant *5 pétales* dont l'un est prolongé en cornet à la base................................ **628**

★ Chaque fleur ayant *5 lobes*, sans cornet à la base..... **500**

★ Chaque fleur ayant *6 ou 7 pétales*, ou *6 parties* blanches ou blanchâtres..................................... **629**

626
(vient de 625).

= **2 pétales plus grands** que les autres (figures IB et I). → **Ibéris amer** (Petit-Tabouret) [*Iberis amara*] ❀.

= **Un pétale** plus grand que les autres ou ayant une forme différente des autres.............................. **627**

627
(vient de 626).

⊖ Fleur ayant à la base **un cornet ou un tube allongé** (figure MT) (En réalité la fleur est formée de 6 parties, mais il y a 2 pétales, ramenés vers le centre de la fleur et qu'on ne distingue pas bien au premier abord). → **Orchis des montagnes** [*Orchis montana*]. — Figurée en couleurs : 2, planche 55.

⊖ Fleur **sans cornet ni tube** à la base ; pétales soudés à la base seulement (fig. VT). → **Véronique** [*Veronica*]. — Se reporter au no...................,...... **315**

628
(vient de 625).

× **2 pétales dirigés vers le haut** et 3 pétales dirigés vers le bas (figure H). → **Violette** [*Viola*]. — Se reporter au no.................... **303**

× **4 pétales dirigés vers le haut** et un pétale dirigé vers le bas (figure TRI). → **Violette tricolore** (Pensée) [*Viola tricolor*]. — **ornementale** : **médicinale.** — Figurée en couleurs (à fleurs jaunes et violettes) : 2, planche 7. — On cultive dans les jardins une forme de cette espèce, sous le nom de Pensée des jardins.

629
(vient de 625).

☐ Fleurs de **moins d'un centimètre de largeur**, dont plusieurs pétales sont profondément divisés (regarder à la loupe) (figure RE, grossi) ; fleurs en grappe allongée (figure RL) ; feuilles non divisées (figure U). → **Réséda Raiponce** [*Reseda Phyteuma*] ❀. — On cultive comme plante **ornementale** l'espèce voisine, Réséda odorant [*Reseda odorata*].

☐ Fleurs de **plus** d'un centimètre de largeur, ayant **un pétale très différent des autres**.............................. **630**

630
(vient de 629).

★ ★ Fleurs **tachetées de pourpre ou de violet**, ayant à la base un cornet ou tube dirigé vers le bas ; feuilles souvent tachetées (figure OT). → **Orchis tacheté** [*Orchis maculata*]. — **médicinale.**

★ ★ Fleurs **non** tachetées de pourpre ni de violet...... **631**

— 162 —

631
(*vient de 630*).

⊙ Fleurs *blanches et en partie d'un blanc jaunâtre*, ayant à leur base *un tube allongé* (figures BI et B). → **Orchis à 2 feuilles** [*Orchis bifolia*].

⊙ Fleurs *d'un blanc verdâtre, sans* tube à la base (figure E). → **Epipactis à larges feuilles** [*Epipactis latifolia*]. — **médicinale**. 🌸. — Figurée en couleurs (à fleurs roses) : 7, planche 56.

632
(*vient de 619*).

◠ Plante *grimpante* (figure LC) à tiges s'enroulant autour des autres plantes ; tiges ayant l'aspect et la dureté du bois, sauf les jeunes rameaux. → **Lonicéra Périclymène** (Chèvrefeuille-sauvage, Brout-biquette) [*Lonicera Periclymenum*]. — **médicinale** 🌸. — Figurée en couleurs : 4, planche 26.

◠ Plante *non* grimpante............................ **633**

633
(*vient de 632*).

• Fleurs ayant comme *deux lèvres bien marquées ;* c'est-à-dire qu'on y reconnaît deux parties de forme différente, l'une supérieure, l'autre inférieure (exemples : figures ci-dessous)..................... **634**

• Fleurs *n'ayant pas deux lèvres bien marquées* (exemples : figures ci-dessous, parfois à une seule lèvre, comme figure A)....... **650**

634
(*vient de 633*).

⊕ Chaque fleur ayant des *taches rouges, lilas, ou brunes, sur la lèvre inférieure*................................ **635**

⊕ Fleurs *non* tachées de rouge, de lilas ou de brun.... **639**

635
(*vient de 634*).

✠ Chaque fleur de *plus de 2 centimètres et demi de longueur ;* feuilles portées sur des queues très nettes ; fleurs isolées ou placées par 2 à 3 à l'aisselle des feuilles (figures MM et ME). → **Mélitte à feuilles de Mélisse** (Herbe-saine, Mélisse-des-bois) [*Melittis melissophyllum*]. — **médicinale**. — Figurée en couleurs : 3, planche 44.

✠ Chaque fleur de *moins* de 2 centimètres et demi de longueur. **636**

636
(*vient*
de
635).

§ Fleurs *jaunâtres ou d'un blanc jaunâtre ;* les feuilles qui sont sur le haut des tiges sont terminées par une petite pointe.. **637**

§ Fleurs *blanches ;* les feuilles qui sont sur le haut des tiges ne sont pas terminées par une petite pointe.......... **638**

637
(*vient*
de
636).

+ Feuilles *très poilues ;* autour du tube de la corolle, les 5 dents du calice sont en forme de petites *épines sans poils* (figure S) ; feuilles sans queue (figure R). → **Epiaire droite** (Crapaudine) [*Stachys recta*] ✿.

+ Feuilles *presque sans poils ;* autour de la corolle, les 5 dents du calice sont en forme de petites *épines pointues* (figure A) ; feuilles ayant une queue (figure AR). → **Epiaire annuelle** [*Stachys annua*] ✿.

638
(*vient*
de
636).

—• Plante *à odeur forte et aromatique ;* feuilles sans dents ou n'étant pas nettement dentées (figures OR et O) ; il y a de nombreuses petites écailles ovales entourant les fleurs. → **Origan vulgaire** (Marjolaine-sauvage, Origan) [*Origanum vulgare*]. —**médicinale.** ✿. — Figurée en couleurs : 3, planche 43.

—• Plante *à odeur forte et désagréable ;* feuilles assez profondément dentées (au moins quelques-unes), en forme de cœur renversé (figure CT) ; corolle à lèvre supérieure droite (figure N). → **Népéta Chataire** (Herbe-aux-chats) [*Nepeta Cataria*]. —médicinale.

—• Plante *sans* odeur, ni aromatique, ni forte et désagréable ; feuilles ovales ou allongées à dents profondes (figure LY) ou même profondément divisées ; corolle à lèvres peu marquées (figure L). → **Lycope d'Europe** (Pied-de-loup, Marrube-aquatique) [*Lycopus europæus*] ✿.

639
(*vient*
de
634).

△ Fleurs *à lèvre inférieure jaunâtre,* mais *non renflée* (figure E) ; autour du tube de la corolle, on voit les 5 dents du calice terminées par de petites épines (figure A) ; feuilles ayant une queue (figure AN). → **Epiaire annuelle** [*Stachys annua*] ✿.

△ Plante *n'ayant pas à la fois* ces caractères.............. **640**

640 (*vient* *de* *639*).	✠ Chaque fleur *de plus d'un centimètre et demi de longueur totale*. . . . . **641** ✠ Chaque fleur de *moins* d'un centimètre et demi de longueur totale. **644**

641
(*vient*
de
640).

O Chaque fleur *plus ou moins en forme de gueule,* à lèvre inférieure un peu renflée (figure M) ou présentant deux petites bosses en dedans (figure MP). **642**

O *Tiges à poils raides et piquants,* très renflées près de l'attache des feuilles. — Se reporter au nᵒ. **179**

O Plante *n'ayant pas* ces caractères. **643**

642
(*vient*
de
641).

— Feuilles *alternes dans le haut des tiges;* chaque fleur ayant une bosse à la base (figure M). → **Muflier majeur** (Gueule-de-loup, Gueule-de-lion, Mufle-de-veau, Muflier) [*Antirrhinum majus*]. — **ornementale**; **médicinale**. ✿ — Figurée en couleurs (à fleurs rouges) : 1, planche 41.

— Feuilles *toutes opposées* (figure PR); fleurs sans bosse à la base, mais ayant deux petites bosses à l'intérieur de la lèvre inférieure (figure MP). → **Mélampyre des prés** [*Melampyrum pratense*]. — Figurée en couleurs (à fleurs jaunes) : 5, planche 42.

643
(*vient*
de
641).

★ Fleurs dont la lèvre supérieure a un peu la *forme d'une faucille qui serait comme coupée au sommet* (regarder la fleur de profil : figures S et P) ; plante assez visqueuse dans sa partie supérieure. → **Sauge des prés** [*Salvia pratensis*]. — **médicinale**. — Figurée en couleurs (à fleurs bleues) : 7, planche 43.

★ Fleurs dont la lèvre supérieure *n'a pas* la forme d'une faucille (figure A) ; plante non visqueuse dans sa partie supérieure. → **Lamier blanc** (Ortie-blanche) [*Lamium album*]. — **médicinale**. — Figurée en couleurs : 6, planche 44.

644
(*vient*
de
640).

= Fleurs *marquées de lignes violettes ;* feuilles supérieures non opposées (figure O ; la figure E représente une fleur). → **Euphraise officinale** (Casse-lunettes, Euphraise) [*Euphrasia officinalis*]. — **médicinale**.

= Fleurs *non* marquées de lignes violettes ; feuilles toutes opposées. **645**

645
(vient
de
644).

⊖ Fleurs dont la corolle a ***deux bosses en haut de la lèvre inférieure,*** et est entourée par les dents du calice qui sont ***terminées par de petites épines droites et pointues*** (figures T et LA représentent les calices). → **Galéopsis** [*Galeopsis*]. — Se reporter au nᵒ... **179**

⊖ Plante ***n'ayant pas à la fois*** ces caractères............. **646**

646
(vient
de
645).

✕ Fleurs dont la corolle est entourée par les dents du calice qui sont ***recourbées en crochet à leur sommet*** (figure MAR). → **Marrube vulgaire** (Marrube-blanc)[*Marrubium vulgare*]. — médicinale ✿.

✕ Plante ***n'ayant pas*** ce caractère...................... **647**

647
(vient
de
646).

☐ Feuilles ***à odeur de citron*** lorsqu'on les froisse ; feuilles grossièrement ***dentées*** (figure M); corolle à tube courbé. → **Mélisse officinale** (Piment-des-abeilles, Mélisse, Citronelle) [*Melissa officinalis*]. — **médicinale** ✿.

☐ Feuilles ***non*** à odeur de citron et n'ayant pas à la fois les caractères précédents.................. .... **648**

648
(vient
de
647).

★ ★ Fleurs dont la corolle est entourée à la base par le tube du calice qui est ***régulièrement plissé*** (figure BF); feuilles ridées, ayant en général une odeur forte et désagréable lorsqu'on les froisse. → **Ballote fétide** (Marrube-noir, Ballote) [*Ballota fœtida*]. — Figurée en couleurs (à fleurs roses). 7, planche 44.

★ ★ Plante ***n'ayant pas*** à la fois les caractères précédents. **649**

649
·(vient
de
648).

☉ Tiges ***se terminant par des feuilles ;*** fleurs entremêlées aux feuilles ordinaires (figure GH). → **Gléchoma Faux-Lierre** (Lierre-terrestre, Herbe-Saint-Jean) [*Glechoma hederacea*]. — **médicinale.** ✿. — Figurée en couleurs (à fleurs bleues) 4, planche 44.

☉ Tiges ***se terminant par des fleurs*** groupées vers la partie supérieure de la tige (figure P). → **Lamier pourpre** (à fleurs blanches) (Ortie-rouge) [*Lamium purpureum*].

——
650
(vient
de
633).

⌒ Chaque fleur portant à la base un ***tube fin et allongé*** fermé à son extrémité (figure C) ; plante sans poils. → **Centranthe rouge** (à fleurs blanches) (Valériane-rouge, Barbe-de-Jupiter) [*Centranthus ruber*]. — **ornementale.**

⌒ Chaque fleur ***sans*** tube allongé à la base............ **651**

651
(*vient de 650*).

- Chaque fleur à corolle en forme de tube qui se termine au sommet par *une seule lèvre inférieure* divisée en 3 ou 5 lobes (voir ci-dessous les figures A et T, du nᵒ 652)............. **652**

- Chaque fleur à corolle *n'ayant pas* cette forme......... **653**

652
(*vient de 651*).

⊕ Fleurs *blanches* dont la lèvre inférieure est à 3 lobes (figure A). → **Bugle** (à fleurs blanches) [*Ajuga*]. —Pour les principales espèces de Bugles [*Ajuga*], se reporter au nᵒ.. **336**

⊕ Fleurs *d'un blanc jaunâtre ou d'un blanc verdâtre* dont la lèvre inférieure paraît divisée en 5 lobes ; les 4 lobes situés sur les côtés sont beaucoup plus petits que le lobe du milieu (figure T) ; fleurs en grappes allongées (figure S). → **Germandrée Scorodoine** (Germandrée-sauvage. Sauge-des-bois) [*Teucrium Scorodonia*]. — **médicinale.** ✿. — Figurée en couleurs : 3, planche 45.

653
(*vient de 651*).

✠ Chaque fleur à *2 pétales divisés chacun en 2* et à deux parties rougeâtres ou verdâtres. — Se reporter au nᵒ................ **62**

✠ Chaque fleur dont la corolle est à tube très court et à 4 lobes *plus ou moins étalés* (figure VT). → **Véronique** (à fleurs blanches) [*Veronica*].... ... **315**

✠ Chaque fleur dont la corolle est à tube *non* très court et divisé au sommet en 4 lobes *non étalés* ou dont un n'est pas étalé. **654**

654
(*vient de 653*).

§ Feuilles *sans dents ou n'étant pas nettement dentées* sur les bords (figures OR et O) ; il y a de nombreuses petites écailles ovales entourant les fleurs ; feuilles à odeur aromatique. → **Origan vulgaire** (Marjolaine-sauvage, Origan) [*Origanum vulgare*]. — **médicinale.** ✿. — Figurée en couleurs (à fleurs roses) : 3, planche 43.

§ Feuilles *nettement dentées* sur les bords ; il n'y a pas de nombreuses petites écailles entourant les fleurs ; fleurs presque régulières (figure M) ; feuilles ayant l'odeur bien connue de la menthe. → **Menthe** [*Mentha*]. — Pour les principales espèces de Menthes [*mentha*], se reporter au nᵒ................ **169**

§ Feuilles *très fortement dentées* (figure LY) ou même divisées ; fleur à corolle assez courte (figure M), blanche tachetée de rouge ; feuilles sans odeur aromatique. → **Lycope d'Europe** (Pied-de-loup, Marrube-aquatique) [*Lycopus europæus*] ✿.

655
(vient
de
618).

+ Chaque fleur portant à la base *un long cornet* (figure D); feuilles à divisions allongées et étroites (figure DE) ayant chacune moins de 3 millimètres de largeur. → **Dauphinelle Consoude** (Pied-d'alouette, Bec-d'oiseau, Eperon-de-chevalier) [*Delphinium Consolida*]. — **médicinal.** 🌺 — Figurée en couleurs (à fleurs violettes) : 3, planche 3.

+ Fleurs *sans cornet* allongé la base................... **656**

656
(vient
de
655).

— • Corolle *en papillon*, c'est-à-dire à 5 pétales inégaux : un pétale supérieur plus grand (*e*, figures ci-dessous), deux pétales égaux entre eux situés à droite et à gauche (*a*, *a*, figures ci-dessous), et deux pétales inférieurs soudés entre eux (*cc*, figures ci-dessous), en forme de bateau, rarement contournés ensemble sur eux-mêmes (figure P, à droite)..................... **657**

Les figures ci-dessus représentent des exemples de fleurs en papillon ; dans la figure PS, on voit les cinq pétales dont deux, *cc*, sont soudés entre eux.

— • Fleurs *non* en papillon ; c'est-à-dire ne présentant pas la disposition précédente................................. **666**

657
(vient
de
656).

△ Feuilles *terminées par un mince filet*, souvent enroulé, simple ou ramifié ; feuilles *à plus de 3 folioles* (exemple : figure V et les figures P, TE du n° 660 ou la figure LE du n° 661)............. **658**

△ Feuilles *non* terminées par un mince filet; feuilles *à 3 folioles* (exemples : figures ST, SR et H, ci-dessous)............... **662**

658
(vient
de
657).

✠ Feuilles terminées par un *filet ramifié* et enroulé (exemple : figure V)......... ... **660**

✠ Feuilles terminées par un filet *simple* enroulé ou non (exemple : figure LE)..... ... **659**

659
(*vient de* 658).

○ Chaque fleur de **plus de 2 centimètres** de longueur, marquée d'une tache noire de chaque côté (figure F). → **Fève vulgaire** (Fève, Fève-de-marais, Féverole) [*Faba vulgaris*]. — **alimentaire.** 🌑 — Figurée en couleurs : 2, planche 16.

○ Chaque fleur d'environ **un demi-centimètre de longueur,** ou même moins longue, **non** marquée d'une tache noire de chaque côté.. **661**

660
(*vient de* 658).

— Chaque fleur de **plus d'un centimètre** de longueur ; les deux folioles qui sont à la base de chaque feuille, et rattachées à la tige, sont **plus grandes** que les folioles de la feuille (figure P). → **Pois cultivé** (Pois, Petit-pois, Pois-vert) [*Pisum sativum*]. — **alimentaire ; fourragère.** 🌑 — Figurée en couleurs : 1, planche 17.

— Chaque fleur d'**un demi-centimètre de longueur,** ou même moins ; les deux folioles qui sont à la base de chaque feuille et rattachées à la tige sont **plus petites** que les folioles de la feuille (figure TE). → **Ervum à 4 graines** [*Ervum tetraspermum*] 🌑.

661
(*vient de* 659).

★ Le calice vert qui entoure la corolle n'est divisé en 5 lobes qu'environ **jusqu'à la moitié de sa longueur** (figure PU, représentant le calice seul, grossi) ; à la base des feuilles qui sont vers le milieu de la tige, les deux très petites folioles ou languettes, rattachées à la tige, sont divisées en deux lobes aigus au sommet. → **Ervum à 4 graines** (Ers, Petit-Vesceron) [*Ervum tetraspermum*] 🌑.

★ Le calice vert qui entoure la corolle est profondément divisé en 5 lobes presque **jusqu'à la base** (figure L, représentant une fleur isolée, grossie) ; à la base des feuilles qui sont vers le milieu de la tige, les deux très petites folioles ou languettes, rattachées à la tige, sont ovales et non divisées (figure LE). → **Ervum Lentille** (Lentille) [*Ervum Lens*]. — **alimentaire.**

662
(*vient de* 657).

= Chaque fleur dont la partie du milieu est **contournée sur elle-même** (figure P) ; feuilles à 3 folioles (figure H) ; plante souvent grimpante par ses tiges enroulées. → **Haricot commun** (Haricot) [*Phaseolus vulgaris*]. — **alimentaire** 🌑. — Figurée en couleurs : 2, planche 14.

= Fleurs **non** contournées sur elles-mêmes............... **663**

663
(*vient
de
662*).

⊖ Fleurs *en grappes allongées* (figure M), mais cependant assez séparées les unes des autres vers la base de la grappe. → **Mélilot blanc** [*Melilotus alba*] ✿.

⊖ Fleurs *en grappes serrées* ou en *masses arrondies et serrées* (voir les figures TI, A et R, ci-dessous, aux nos 664 et 665).... **664**

664
(*vient
de
663*).

✕ Fleurs en grappes *de 4 à 6 centimètres de longueur*, ovales, allongées (fig. TI). → **Trèfle incarnat** (Trèfle - anglais, Farouche, Mangeaille) [*Trifolium incarnatum*]. — **fourragère**. ✿. — Figurée en couleurs (à fleurs pourpres) : 5, planche 14.

✕ Fleurs en masses arrondies ou en grappes serrées qui ont *moins de 4 centimètres de longueur*................... **665**

665
(*vient
de
664*).

☐ Fleurs en masses velues comme des *touffes cotonneuses* (figure A) ; tiges et feuilles ayant des poils ; feuilles à folioles assez étroites et allongées. → **Trèfle des champs** (Pied-de-lièvre) [*Trifolium arvense*].

☐ Fleurs en *masses arrondies non* cotonneuses ; tiges et feuilles sans poils ; feuilles à folioles ovales ; tiges rampantes, portant çà et là des racines (fig. R). → **Trèfle rampant** (Trèfle-blanc, Triolet) [*Trifolium repens*]. — **fourragère** ✿. — Figurée en couleurs : 3, planche 14.

666
(*vient
de
656*).

★ ★ Fleurs *tachetées de rouge*, dont la corolle est *en tube* à la base (fig. L) ; feuilles très dentées, à dents aiguës (fig. LY) ou même très divisées. → **Lycope d'Europe** (Pied-de-loup, Marrube-aquatique) [*Lycopus europæus*] ✿.

★ ★ Fleurs *non* tachetées de rouge, à corolle *non* en tube à la base................................. **667**

667
(*vient
de
666*).

⊙ Fleurs très petites dont *toutes les queues s'attachent exactement au même point* (fig. PV). → **Scandix Peigne-de-Vénus** (Aiguillette, Aiguille-de-berger, Peigne-de-Vénus) [*Scandix Pecten-Veneris*].

⊙ Fleurs dont les queues *ne s'attachent pas toutes exactement au même point*................................. **668**

668
(*vient de* 667).

⌇ Feuilles ayant un grand nombre de petites divisions étroites disposées sur deux rangs (figure AM) (En réalité, ce qu'on prend pour chaque fleur est une fleur *composée* d'un assez grand nombre de très petites fleurs en tube, et, sur le pourtour, de quelques très petites fleurs en languette, l'ensemble étant entouré d'une collerette de petites écailles serrées) ; les fleurs viennent s'épanouir presque toutes au même niveau. → **Achillée Millefeuille** (Herbe-au-charpentier, Millefeuille) [*Achillea Millefolium*]. — **médicinale**. — Figurée en couleurs : 6, planche 31.

⌇ Fleurs divisées mais *non* en un très grand nombre de petites divisions étroites disposées sur 2 rangs........ **669**

669
(*vient de* 668).

• Fleurs en *grappes allongées* (figure RL) ; chaque fleur de *moins d'un demi-centimètre de largeur*, à pétales plus ou moins divisés (regarder à la loupe). → **Réséda odorant** [*Reseda odorata*]. — **ornementale**. ✿

• Fleurs *non* en grappes ; chaque fleur de *plus d'un demi-centimètre* de largeur, à 4 pétales tournés vers le haut et un pétale tourné vers le bas (figures T, TRI). → **Violette tricolore** (Pensée) [*Viola tricolor*]. — **ornementale ; médicinale**. — Figurée en couleurs (à fleurs jaunes) : 2, planche 7

**—
670**
(*vient de* 506).

⊕ *Il n'y a pas* de petites feuilles ou languettes placées exactement à la base des rayons *secondaires* (fig. A), c'est-à-dire en *o*, à la base des queues *s* qui portent directement les fleurs (regarder à la loupe) (*p*, un des rayons principaux ; les autres ont été coupés sur la figure).... ... **671**

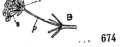

⊕ *Il y a* une ou plusieurs petites feuilles en languettes (*f*, figure B) placées exactement à la base des rayons *secondaires s* (regarder à la loupe) (*p*, un des rayons principaux, les autres ont été coupés sur la figure)....... ... **674**

671
(*vient de* 670).

⊞ Fleurs *d'un blanc ver-dâtre ;* groupes de fleurs développés *tout le long de la plante*, même vers sa base (fig. C) ; feuilles sans poils et luisantes. → **Céleri odorant** (Céleri, Ache) [*Apium graveolens*]. — **alimentaire**.

⊞ Fleurs *blanches* et plante *n'ayant pas à la fois* les caractères précédents **672**

672
(vient de 671).

+ *2 à 5 rayons principaux* portant chacun un groupe arrondi de fleurs serrées (figure F); plante sans poils, à tige creuse; feuilles à divisions allongées (figure FS). — Se reporter au no **681**

+ *6 à 25 rayons principaux* **673**

673
(vient de 672).

§ Les feuilles du milieu des tiges ou de la base de la plante ont *3 divisions elles-mêmes divisées chacune en 3* (figure Æ). → **Egopode des goutteux** (Podagraire, Herbe-aux-goutteux) [*Ægopodium Podagraria*]. — **médicinale**.

§ Les feuilles du milieu des tiges ou de la base de la plante ont *plus de 3 divisions*, disposées sur deux rangs, et qui ne sont pas elles-mêmes complètement divisées (figures PM et PS). → **Boucage saxifrage** [*Pimpinella saxifraga*].

674
(vient de 670).

—• Les petites feuilles qui sont exactement à la base des rayons *principaux* sont chacune *découpées en parties étroites* (fig. CT et CA)............................... **675**

—• Les petites feuilles, écailles ou languettes, qui sont exactement à la base des rayons principaux *ne sont pas* découpées en parties étroites (figure O)..... **676**

—• *Il n'y a pas* de petites feuilles; écailles ou languettes à la base des rayons principaux....................... **676**

675
(vient de 674).

△ Les ombrelles les plus grandes ont *23 à 40 rayons principaux;* plante ne croissant ni dans l'eau ni dans les endroits inondés; les fleurs du pourtour des ombrelles ont des *pétales plus grands vers l'extérieur* (figure CHS); la figure DC représente une ombrelle vue par-dessous). → **Daucus Carotte** (Carotte) [*Daucus Carota*]. Figurée en couleurs : 5, planche 23.

△ Les ombrelles les plus grandes ont *9 à 22 rayons principaux;* plante croissant dans l'eau ou dans les endroits inondés; fleurs toutes presque régulières; folioles sur 2 rangs (figure A); les petites feuilles qui sont à la base des rayons principaux sont plus ou moins divisées (figures B et BE). → **Berle à feuilles étroites** [*Sium angustifolium*]. — **médicinale**.

676
(vient de 674).

✛ Tiges portant sur toute leur longueur des *feuilles simples dentées*, attachées régulièrement tout autour de la tige, au même niveau, par 4 ou plus........................... **588**

✛ Plantes à feuilles *divisées*, et *sans poils* (regarder à la loupe)... **677**

✛ Plantes à feuilles *divisées*, et *ayant des poils*.......... **692**

677
(vient de 676).

○ A la base des rayons *secondaires*, il y a *3 petites languettes allongées, dirigées vers le bas*, et qui sont *plus longues* que la petite ombrelle secondaire à la base de laquelle elles se trouvent (figure CY ; les rayons principaux ont été coupés, sauf un) ; ombrelle composée ayant 5 à 10 rayons principaux ; feuilles très divisées. → **Éthuse Petite-Ciguë** (Faux-Persil, Petite-Ciguë) [*Æthusa Cynapium*]. — **vénéneuse ; médicinale.** — Figurée en couleurs : 2, planche 25.

○ Plante *n'ayant pas à la fois* les caractères précédents... **678**

678
(vient de 677).

— Tiges *couchées sur le sol ;* feuilles à divisions principales dentées (figure N) ; ombrelles ayant 4 à 8 rayons principaux. → **Hélosciadie nodiflore** [*Helosciadium nodiflorum*].

— Plante *n'ayant pas à la fois* les caractères précédents. **679**

679
(vient de 678).

★ *2 à 5* rayons *principaux* à chaque ombrelle composée.. **680**

★ *6 à 30* rayons *principaux* à chaque ombrelle composée. **682**

680
(vient de 679).

= Feuilles *simples*, ayant les *nervures disposées en éventail* (figure SE) ; groupes de fleurs très serrées (figure S), et chaque fleur sans queue. → **Sanicle d'Europe** (Sanicle) [*Sanicula europæa*]. — **médicinale.**

= Feuilles *profondément divisées, à divisions très étroites* (voir ci-dessous les figures FS et PE, au nᵒ 681) ; tige creuse... **681**

681
(vient de 680).

⊖ *2 ou 3* rayons *principaux* à chaque ombrelle composée (figure F) ; feuilles du milieu des tiges à divisions *qui ne sont pas* profondément divisées (figure FS). → **Œnanthe fistuleuse** [*Œnanthe fistulosa*]. — **vénéneuse ; médicinale.**

⊖ *4 ou 5* rayons *principaux* à chaque ombrelle composée ; feuilles du milieu des tiges à divisions *qui sont* elles-mêmes profondément divisées (figure PE). → **Œnanthe à feuilles de Peucédan** [*Œnanthe peucedanifolia*].

682
(vient de 679).

× Les divisions les moins étroites des feuilles ont *moins de 3 millimètres de largeur* et sont *4 fois plus longues que larges* ou même plus longues encore........................ **683**

× Les divisions les moins étroites des feuilles sont *moins de 4 fois* plus longues que larges **686**

683
(vient de 682).

☐ Plante *croissant dans l'eau ou dans les endroits inondés ;* en regardant avec soin (à la loupe) chacune des petites fleurs des ombrelles secondaires, on voit, autour des pétales blancs, les 5 dents vertes du calice qui s'agrandissent beaucoup lorsque les fleurs sont passées........................ **684**

☐ Plante *ne croissant pas dans l'eau ni dans les endroits inondés ;* même en regardant avec soin (à la loupe) chacune des petites fleurs des ombrelles secondaires, on distingue difficilement, autour des pétales blancs, les 5 dents vertes du calice qui s'agrandissent à peine lorsque les fleurs sont passées... **685**

684
(vient de 683).

★ ★ Chaque fleur des ombrelles secondaires est portée sur une queue *très nette ;* les fleurs extérieures des ombrelles ont des pétales *peu inégaux ;* feuilles à divisions principales qui sont elles-mêmes une à deux fois divisées (figure P).
→ **Œnanthe Phellandre** (Ciguë-d'eau, Phellandre) [*Œnanthe Phellandrium*]. — **vénéneuse ; médicinale.**

★ ★ Chaque fleur des ombrelles secondaires est portée sur une *queue extrémement courte* ou même chaque fleur est *sans queue* (regarder à la loupe) ; les fleurs extérieures des ombrelles ont des pétales *très inégaux* (figure CHS) ; feuilles à divisions principales qui sont elles-mêmes au plus une fois divisées (figure PE). → **Œnanthe à feuilles de Peucédan** [*Œnanthe peucedanifolia*].

685
(vient de 683).

⊙ Feuilles dont les divisions les plus longues ont *moins de 3 centimètres* de longueur ; divisions des feuilles *dressées* (figure SES) ; la plupart des ombrelles composées ont 4 à 10 rayons principaux. → **Séséli des montagnes** [*Seseli montanum*].

⊙ Feuilles dont les divisions les plus longues ont *plus* de 3 centimètres de longueur ; divisions des feuilles *étalées* (figure PR) ; la plupart des ombrelles composées ont 10 à 20 rayons principaux. → **Peucédan de Paris** [*Peucedanum parisiense*].

686
(*vient de 682*).

↶ Chaque feuille à *deux rangées de folioles qui ne sont pas elles-mêmes profondément divisées* (figure A) ; les ombrelles

composées sont portées sur des queues courtes ; les petites feuilles qui sont à la base des rayons principaux sont divisées ou non divisées (figures B et BE). → **Berle à feuilles étroites** [*Sium angustifolium*].

↶ Chaque feuille (sauf celles du haut des tiges) a des *divisions qui sont elles-mêmes complètement divisées*............ 687

687
(*vient de 686*).

• En brisant la tige, on sent *l'odeur bien connue de l'angélique ;* les folioles des feuilles ont *plus de 2 centimètres de largeur* et sont dentées tout autour (figures AS et ANG). → **Angélique sauvage** [*Angelica silvestris*].— **médicinale** ✿. Figurée en couleurs : 1, planche 25.

• Plante *n'ayant pas* les caractères précédents.......... 688

688
(*vient de 687*).

⊕ La queue de la feuille composée se prolonge et se divise en *parties un peu courbes, qui font suite les unes aux autres* (figure PO) ; les divisions principales de la feuille sont raides et écartées les unes des autres. → **Peucédan Oréosélin** [*Peucedanum Oreoselinum*].

⊕ Plante dont les feuilles *n'ont pas* ces caractères...... 689

689
(*vient de 688*).

✠ Ombrelles composées, portées sur des *queues courtes* (figure PH) qui sont en général moins longues que les rayons principaux de l'ombrelle ; autour des pétales blancs de chaque fleur, il y a un calice à *5 dents bien développées* (regarder à la loupe). (La figure P représente une feuille). → **Œnanthe Phellandre** (Ciguë-d'eau, Phellandre) [*Œnanthe Phellandrium*]. — **vénéneuse ; médicinale**.

✠ Ombrelles composées portées sur des *queues allongées* qui sont plus longues que les rayons principaux de l'ombrelle ; le calice, qui est à la base des 5 pétales blancs, est *à peine visible* 690

§ Les fleurs du bord des ombrelles sont *presque régulières* (figures CMA et SEL ; les fleurs du pourtour peuvent même être moins irré-

CMA   SE   SEL

690
(*vient de 689*).

gulières que sur cette figure) ; feuilles à divisions *très étroites* (figure SE), ayant *toutes moins de 4 millimètres de largeur.*
→ **Selin à feuilles de Carvi** [*Selinum carvifolium*].

§ Les fleurs du bord des ombrelles sont *irrégulières ;* les pétales extérieurs tournés vers le bord externe des ombrelles sont plus grands que les pétales situés vers l'intérieur des ombrelles (figures BL et CHS) ; feuilles dont *certaines divisions ont plus de 4 millimètres de largeur* **691**

BL   CHS

691
(*vient de 690*).

+ *Il y a 3 à 7 petites feuilles ou écailles renversées* à la base des rayons *principaux* (figure GC) ; les ombrelles composées les plus grandes ont 11 à 20 rayons principaux ; les tiges sont marquées de taches pourpres surtout vers le bas. → **Ciguë tachée** (Grande-Ciguë, Ciguë-officinale) [*Conium maculatum*]. — **vénéneuse** ; **médicinale**. — Figurée en couleurs : 3, planche 25.

GC

+ *Il n'y a pas* de petites feuilles ou écailles à la base des rayons principaux (figure ASI) ; les ombrelles composées les plus grandes ont 5 à 10 rayons principaux. → **Chérophylle silvestre** [*Chærophyllum silvestre*]. — **vénéneuse ; médicinale**.

ASI

692
(*vient de 676*).

—• Chaque fleur extérieure de l'ombrelle à pétales extérieurs *au moins trois fois plus grands* que les pétales intérieurs de la même fleur (figure BL, représentant une ombrelle secondaire) ; *ombrelles* les plus grandes *à plus de 12 rayons ;* tiges à poils rudes. → **Berce Spondyle** (Branc-Ursine, Berce) [*Heracleum Sphondylium*]. — **médicinale**. ❀. Figurée en couleurs : 2, planche 24.

BL

—• Plante *n'ayant pas à la fois* ces caractères **693**

693
(*vient de 692*)

△ Tiges qui, dans le haut, sont *couvertes de poils raides* qui sont *tous dirigés de haut en bas* (figure TOR) ; feuilles plus ou moins rudes au toucher. → **Torilis** [*Torilis*]. — Pour les principales espèces de Torilis, continuer au n⁰ **694**

TOR

△ Plantes *n'ayant pas à la fois* les caractères précédents . . **698**

⚔ Ombrelles composées portées chacune sur une *queue très courte*, *à peine visible* (figure TN) ; les petites feuilles qui sont à la base des rayons *secondaires* sont *plus longues* que les queues des fleurs. → **Torilis noueux** [*Torilis nodosa*].

694
(*vient de 693*).

⚔ Plante n'ayant pas à la fois tous ces caractères...... **695**

695
(*vient de 694*).

○ Les fleurs du pourtour des ombrelles sont *presque régulières* (figure TA, représentant une des ombrelles secondaires) ; il y a, en général, *5 petites feuilles ou écailles* à la base des rayons *secondaires*. → **Torilis Anthrisque** [*Torilis Anthriscus*].

○ Les fleurs du pourtour des ombrelles sont *très irrégulières* (figure TI, représentant une des ombrelles secondaires) ; il y a *au plus 4 petites feuilles ou écailles* à la base des rayons secondaires ; il peut n'y en avoir aucune. → **Torilis infestant** [*Torilis infestans*].

696
(*vient de 693*).

— *2 à 5 rayons principaux* par ombrelle composée, en général (compter les rayons sur plusieurs ombrelles).......... **697**

— *6 à 15 rayons principaux* par ombrelle composée, en général (compter les rayons sur plusieurs ombrelles).......... **700**

697
(*vient de 696*).

★ Tige *très poilue ;* 2 à 3 rayons principaux *très courts* (figure SP) ; (les pétales blancs s'épanouissent au-dessus d'une pointe allongée qui fait partie de la fleur). → **Scandix Peigne-de-Vénus** (Aiguille-de-berger) [*Scandix Pecten-veneris*].

★ Tige *sans poils ou peu poilue*.................... **698**

698
(*vient de 697*).

= Feuilles ayant l'*odeur bien connue du cerfeuil ;* feuilles ayant, à leur base, des *poils serrés en une petite masse blanchâtre* exactement au-dessus des endroits où s'attachent les feuilles ;

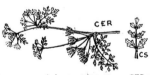

les ombrelles ont souvent des queues très courtes (figure CER ; la figure CS représente une feuille du haut des tiges). → **Cerfeuil cultivé** (Cerfeuil) [*Cerefolium sativum*]. — **condimentaire ; médicinale.** — Figurée en couleurs : 4, planche 25.

= Feuilles *n'ayant pas* l'odeur bien connue du cerfeuil ; lorsqu'il y a des poils au-dessus des endroits où s'attachent les feuilles, ces poils *ne sont pas* serrés en petites masses blanchâtres **699**

699
(*vient de 698*).

⊖ Chaque ombrelle composée vient s'attacher à la tige par *une queue assez courte* à l'opposé d'une feuille (figure AN) ; en examinant une fleur avec soin (regarder à la loupe), on distingue à peine un calice entourant la base des 5 pétales blancs.
→ **Anthrisque vulgaire** [*Anthriscus vulgaris*].

⊖ Chaque ombrelle composée *termine la tige ou les rameaux* (figure CA) ; en examinant une fleur avec soin (regarder à la loupe), on distingue nettement cinq très petites parties vertes qui entourent la base des 5 pétales blancs. → **Caucalis Faux-Daucus** [*Caucalis daucoides*].

700
(*vient de 696*).

✕ Feuilles *à divisions très étroites* (chacune de moins de 2 millimètres de largeur) *et dressées* (figure SES) ; tiges plus ou moins couchées à leur base. → **Séséli des montagnes** [*Seseli montanum*].

✕ Feuilles à divisions *étalées* et *non* très étroites ; tiges étant ordinairement dressées dès leur base.............. **701**

701
(*vient de 700*).

☐ Tiges *ayant des taches d'un rouge brun* (ou devenant entièrement rouge brun) dans leur partie inférieure ; tiges pleines ou peu creuses en dedans (figures CH et CP) ; feuilles toutes couvertes de petits poils (regarder à la loupe). → **Chérophylle penché** (Cerfeuil-bâtard, Cerfeuil-des-fous) [*Chærophyllum temulum*]. **vénéneuse**.

☐ Tiges *sans* taches d'un rouge brun dans leur partie inférieure ; tiges très creuses en dedans (figure AN) ; feuilles sans poils ou à quelques poils, surtout sur les nervures. → **Chérophylle silvestre** [*Chærophyllum silvestre*]. — **vénéneuse**.

—
702
(*vient de 507*).

★ ★ Feuilles se rattachant à la tige par une gaine *qui est fendue dans sa longueur* (voyez *F*, *ft*, *g*, figure G) du côté opposé à celui où la feuille se détache de la tige ; tige *plus ou moins arrondie* (voyez *t*, *t*, figure G) ; la feuille porte une petite languette (*lg*, figure G) ou une ligne de poils spéciaux à l'endroit où elle se joint à la tige, au-dessus de la gaine....................... **1069**

★ ★ Plante *n'ayant pas à la fois* ces caractères........ **703**

⊙ Chaque fleur porte une **houppe de poils blancs soyeux** (figure A) ; feuilles rattachées à la tige par une longue gaine (figure L). → **Linaigrette à larges feuilles** (Linaigrette-commune) [*Eriophorum latifolium*].
Figurée en couleurs : 1, planche 58.
[*Note 1*, au bas de la page].

703
(*vient de 702*).

⊙ Plante **n'ayant pas** les caractères précédents.......... **704**

704
(*vient de 703*).

↶ Chaque fleur ayant **6 parties** (regarder à la loupe) ; les feuilles sont plus de 15 fois plus longues que larges (figure NI). → **Luzule blanc-de-neige** [*Luzula nivea*].

↶ Chaque fleur ayant **4 parties** (regarder à la loupe : figure LC) ; feuilles moins de 15 fois plus longues que larges (exemples : figures LA, MA et ME ci-dessous) ; toutes les petites fleurs sont réunies en une seule masse serrée, au sommet de la tige. → **Plantain** [*Plantago*]. — Se reporter au nᵒ............................. **150**

Les figures ci-dessus représentent divers exemples de feuilles de Plantain [*Plantago*] ; la figure ME représente une plante entière.

705
(*vient de 4*).

● Plante dont **il s'écoule un lait blanc**, lorsqu'on coupe ou lorsqu'on brise la tige................................. **706**

● Plante **sans lait blanc**................................. **711**

—
706
(*vient de 705*).

⊕ Feuilles **ayant de fines dents sur les bords**, au moins dans la moitié supérieure des feuilles (voir les figures SR et HE, ci-dessous).. **707**

⊕ Feuilles **sans dents** sur les bords..................... **708**

Note 1. — Pour les diverses espèces de Linaigrettes [*Eriophorum*], voir la **Nouvelle Flore**, page 161, et la *Flore complète*, page 325. — *Flore de Belgique*, p. 176.

707 (*vient de 706*).

✠ Feuilles aiguës à la base et ***arrondies au sommet*** (figures HE et HCL) : souvent, les feuilles sont toutes tombées sauf celles qui sont à la base de l'ombrelle. — Une fleur isolée (grossie) est représentée en H). → **Euphorbe Réveil-matin** (Réveil-matin) [*Euphorbia helioscopia*]. — **médicinale ; dangereuse**. — Figurée en couleurs : 3, planche 47.

HE

HLC

H

✠ Feuilles (vers le milieu de la tige) plus ou moins ***aiguës au sommet*** (figure SR). → **Euphorbe raide** [*Euphorbia stricta*]. -- **vénéneuse**.

SR

708 (*vient de 706*).

§ Au-dessous des groupes de fleurs, se trouvent des feuilles arrondies qui ***semblent traversées par les rameaux ;*** feuilles, en général, ***rapprochées en rosette*** vers le milieu des tiges fleuries ; au-dessous de cette rosette, la tige ne porte plus de feuilles (figure S). → **Euphorbe des bois** [*Euphorbia silvatica*]. -- **vénéneuse**. ✽. — Figurée en couleurs : 5, planche 47.

S

§ ***Il n'y a pas*** de feuilles arrondies semblant traversées par les rameaux, au-dessous des groupes de fleurs ; feuilles ***non*** rapprochées en rosette au milieu des tiges **709**

709 (*vient de 708*).

\+ Les rameaux principaux qui partent exactement du même point au sommet d'une tige ou d'un rameau fleuri sont ***au nombre de 6 ou de plus de 6 ;*** les feuilles des rameaux sans fleurs sont étroites et allongées ; les rameaux sans fleurs, et portant des feuilles plus petites que celles de la tige, sont groupés au-dessous des rameaux fleuris (figure C). → **Euphorbe Petit-Cyprès** (Tithymale-commun) [*Euphorbia Cyparissias*]. — **vénéneuse**. — Figurée en couleurs : 4, planche 47.

C

\+ Les rameaux principaux qui partent exactement du même point sont ***au nombre de 3 à 5*** **710**

710 (*vient de 709*).

—• Feuilles ***toutes opposées*** (figure LT), c'est-à-dire attachées deux par deux, l'une en face de l'autre ; plante ayant, en général, plus de 50 centimètres de hauteur ; les feuilles, plus petites, qui sont à la base des rameaux principaux portant les fleurs, sont disposées en croix (figure L). → **Euphorbe Epurge** (Epurge) [*Euphorbia Lathyris*]. — **médicinale**.

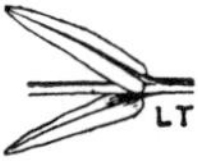

LT

L

—• Feuilles ***presque toutes alternes***, c'est-à-dire attachées une par une sur la tige à des hauteurs différentes ; feuilles ovales (figure PE). → **Euphorbe Péplus** [*Euphorbia Peplus*].

PE

△ Feuilles **opposées** (sauf parfois dans le haut des tiges ou des rameaux) ; c'est-à-dire feuilles disposées par deux, attachées sur la tige au même niveau, en face l'une de l'autre...................... **712**

Les figures ci-dessus représentent des exemples de feuilles opposées.

Remarque. — Il se développe assez souvent, à l'aisselle des feuilles opposées, de petits rameaux feuillés qui pourraient faire croire que les feuilles sont groupées en grand nombre, au même niveau sur la tige (par exemple : figure SP, à droite) et non opposées par deux seulement ; mais en regardant avec attention à la base de ce groupe de feuilles, on distingue très bien les deux feuilles opposées.

△ Feuilles **verticillées** au moins vers le milieu des tiges : c'est-à-dire feuilles attachées au même niveau sur la tige par 3, 4, 5 ou même plus, et régulièrement disposées tout autour de cette tige........... **712**

Les figures ci-dessus représentent des exemples de feuilles verticillées.

△ Feuilles **alternes ;** c'est-à-dire feuilles attachées une par une sur la tige à des niveaux différents.................................... **727**

711
(vient de 705).

Les figures ci-dessus représentent des exemples de feuilles alternes.

△ Feuilles **groupées**, c'est-à-dire feuilles attachées au même niveau sur la tige mais disposées, à ce niveau, d'un même côté de la tige (exemple : figure AC)................. ... **727**

△ Feuilles **toutes à la base** de la plante.................. **727**

Les figures C et H représentent des exemples de plantes ayant toutes les feuilles à la base.

Remarque. — Si la plante présente à la fois des feuilles alternes et des feuilles opposées ou à la fois des feuilles alternes et verticillées, on peut prendre l'une ou l'autre question ; dans les deux cas, on arrivera au nom de la plante.

✠ Feuilles *composées de 5 à 7 folioles* et *dis-posées en éventail* (figure C). → **Chanvre cultivé** (Chanvre, Pantagruélion) [*Cannabis sativa*]. — **industrielle ; médicinale.** — Figurée en couleurs : 2 et 2 *bis*, planche 48.

✠ Feuilles *profondément divisées* (sauf parfois celles de la partie supérieure de la tige) ; c'est-à-dire que chaque feuille est comme découpée jusqu'à plus de la moitié de sa largeur.................. **713**

712
(*vient de 711*).

Les figures ci-dessus représentent des exemples de plantes à feuilles profondément divisées.

✠ Feuilles *simples ;* c'est-à-dire soit sans dents sur les bords, soit dentées, soit divisées, mais non découpées jusqu'à plus de la moitié de la largeur de la feuille..................................... **716**

Les figures ci-dessus représentent des exemples de plantes à feuilles simples.

713
(*vient de 712*).

○ Feuilles *verticillées* par 4 à 10 ; plante croissant dans l'eau. **714**

○ Feuilles *opposées ;* plante ne croissant pas dans l'eau... **715**

714
(*vient de 713*).

— Feuilles verticillées *par 4 à 5 ;* fleurs groupées en épi dressé (figure S). → **Myriophylle en épi** (Volant-d'eau) [*Myriophyllum spicatum*].

— Feuilles verticillées *par 6 à 10* (figure CD) ; fleurs non groupées en épi dressé. → **Cératophylle immergé** (Cornifle, Hydre-cornue) [*Ceratophyllum demersum*].

715
(*vient de 713*).

★ Tiges *grimpantes* (figure H), s'enroulant autour des tiges ou autour de supports ; il y a de nombreuses paires de feuilles. → **Houblon grimpant** (Houblon) [*Humulus Lupulus*]. — **industrielle ; médicinale.** — Figurée en couleurs : 1 et 1 *bis*, planche 48.

★ Tiges *non* grimpantes ; il n'y a qu'une paire de feuilles (figure A). → **Adoxa Moscatelline** (Muscatelline) [*Adoxa Moschatellina*].

716
(*vient de 712*).

= Feuilles *sans poils*................................. **717**

= Feuilles *ayant des poils* (regarder à la loupe)............ **723**

717
(vient
de
716).

⊖ Il n'y a que *deux feuilles ovales* sur la tige (figure O) ; chaque fleur à 6 parties irrégulières. → **Listéra ovale** [*Listera ovata*]. — Figurée en couleurs : 5, planche 56.

O

⊖ Il y a *plus de 2 feuilles* sur la tige ; fleurs régulières, c'est-à-dire que les parties semblables de la fleur sont régulièrement disposées autour du centre de la fleur et égales entre elles.................... **718**

718
(vient
de
717).

✕ Plante *fixée sur les branches d'arbre*, à feuilles sans dents, les unes opposées (figure VI), les autres verticillées. → **Gui blanc** (Gui, Morvée) [*Viscum album*]. — **médicinale**. ✹. — Figurée en couleurs : 3 et 3 *bis*, planche 26.

VI

✕ Plante *croissant sur le sol ou dans l'eau*.............. **719**

719
(vient
de
718).

☐ Chaque fleur ayant *plus d'un centimètre et demi* de longueur totale.. **720**

☐ Chaque fleur ayant *moins* d'un centimètre et demi de longueur totale.. **721**

720
(vient
de
719).

★★ Feuilles *ovales, verticillées régulièrement par 4 ou par 5* (figure PA) ; il n'y a pas d'autres feuilles sur la tige ; fleur à 8 ou 10 parties étroites. → **Parisette à 4 feuilles** (Raisin-de-Renard, Herbe-à-Pâris) [*Paris quadrifolia*]. — **médicinale ; dangereuse.**

PA

★★ Feuilles *plus ou moins divisées*, attachées à diverses hauteurs sur la tige ; fleur à 5 parties ovales, d'un vert plus ou moins jaunâtre (figure AUR). → **Renoncule Tête-d'or** [*Ranunculus auricomus*].

AUR

721
(vient
de
719).

⊙ Plante *flottant dans l'eau ou à la surface de l'eau ;* fleurs en

PE   R   G

épis dressés (figures PE, R, G). → **Potamot nageant** (Épi-d'eau) [*Potamogeton natans*] [*Note 1*, au bas de la page]. — Figurée en couleurs : 1, planche 57.

⊙ Plante *ne croissant pas dans l'eau* **722**

Note 1. — Pour les diverses espèces de Potamots [*Potamogeton*], voir la *Nouvelle Flore*, page 155, la *Flore complète*, page 314. — *Flore de Belgique*, p. 165.

722
(vient de 721).

⌐ Tiges **dressées;** feuilles ovales (figures AN et PE), de plus d'un centimètre de largeur. → **Mercuriale annuelle** (Mercuriale, Foirolle, Aremberge) [*Mercurialis annua*]. — **médicinale; nuisible aux cultures.** — Figurée en couleurs : 2 et 2 *bis*, planche 47 [*Note 1*, au bas de la page].

⌐ Tiges **appliquées sur le sol** (figure G); feuilles de moins d'un centimètre de largeur. → **Herniaire glabre** (Herniole, Turquette) [*Herniaria glabra*]. — **médicinale.**

723
(vient de 716).

• Feuilles ayant des **poils qui piquent et brûlent les doigts** lorsqu'on les touche; feuilles dentées tout autour sur les bords (figure D). → **Ortie dioïque** (Grande-Ortie) [*Urtica dioica*]. — **alimentaire; industrielle; médicinale.** — [*Note 2*, au bas de la page]. — Figurée en couleurs : 4, planche 48.

• Feuilles à poils **non** piquants **ni** brûlants.............. **724**

724
(vient de 723).

⊕ Tiges **appliquées sur le sol** (figure HH); feuilles ovales et sans dents; il y a de petites écailles membraneuses à la base des feuilles (regarder à la loupe). → **Herniaire hérissée** (Herniole, Turquette) [*Herniaria hirsuta*].

⊕ Tiges **dressées**.................... **725**

725
(vient de 724).

✠ Chaque fleur **à corolle en forme de tube** portant au sommet **une partie pendante** à 5 lobes (figures T et S). — Se reporter au nᵒ............................ **483**

✠ Chaque fleur **à corolle en forme de tube** portant au sommet **une partie dressée et une partie pendante** non à 5 lobes.. **482**

✠ Fleurs **sans** corolle en tube........................ **726**

726
(vient de 725).

§ Feuilles **ovales et dentées sur les bords** (figures AN et PE). **Mercuriale annuelle** (Mercuriale, Foirolle, Aremberge) [*Mercurialis annua*]. — **médicinale; nuisible aux cultures.** — Figurée en couleurs : 2 et 2 *bis*, planche 47.

§ Feuilles **allongées, étroites, non dentées** (figure A). → **Scléranthe annuelle** [*Scleranthus annuus*] [*Note 3*, au bas de la page].

Note 1. — Pour les diverses espèces de Mercuriales [*Mercurialis*], voir la *Nouvelle Flore*, p. 135, et la *Flore complète*, p. 282. — *Flore de Belgique*, p. 143.

Note 2. — Pour les diverses espèces d'Orties [*Urtica*], voir la *Nouvelle Flore*, p. 138, et la *Flore complète*, p. 284. — *Flore de Belgique*, p. 146.

Note 3. — Pour les diverses espèces de Scléranthes [*Scleranthus*], voir la *Nouvelle Flore*, p. 60, et la *Flore complète*, p. 109. — *Flore de Belgique*, p. 64.

+ Feuilles **composées ;** c'est-à-dire que la feuille tout entière est formée par la réunion de feuilles secondaires, nommées *folioles*, que l'on prend souvent à tort chacune pour une feuille ; la feuille composée vient se rattacher à la tige par sa base ou par une queue qui porte toutes les folioles. La base de la feuille composée ou de la queue *n'est pas* placée juste à l'aisselle d'une autre feuille.. **728**

Les figures ci-dessus représentent des exemples de feuilles composées.

+ Feuilles **profondément divisées** (sauf parfois les feuilles qui sont tout à fait dans le haut des tiges), c'est-à-dire que chaque feuille est comme découpée jusqu'à plus de la moitié de sa largeur.... **728**

Les figures ci-dessus représentent des exemples de feuilles divisées.

727
(vient de 711).

+ Feuilles **simples ;** c'est-à-dire soit non découpées jusqu'à plus de la moitié de la largeur de la feuille, soit seulement bordées de dents ou même sans dents sur les bords.. **738**

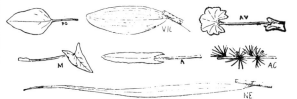

Les figures ci-dessus représentent des exemples de feuilles simples.

+ Feuilles **non développées**.. **738**

Remarque. — Si l'on hésite entre feuilles composées et feuilles profondément divisées, cela est indifférent, puisque dans les deux cas on est renvoyé au même numéro.

Si l'on hésite entre feuilles profondément divisées et feuilles simples, on peut prendre l'une ou l'autre question ; dans les deux cas, on arrivera au nom de la plante. Il en sera de même si la plante possède à la fois des feuilles simples et des feuilles composées ou divisées (en dehors de quelques feuilles simples qui peuvent se trouver tout au sommet des tiges fleuries).

728
(vient de 727).

— • Corolle **en papillon,** c'est-à-dire à 5 pétales inégaux : un pétale supérieur plus grand (e, figures P et PS), deux pétales égaux entre eux situés à droite et à gauche (a, a) et deux pétales inférieurs soudés entre eux (cc), recourbés en forme de bateau. ... **729**

— • Corolle **non** en papillon............................ **730**

729
(vient de 728).

△ Fleurs **d'un vert plus ou moins noirâtre ou violacé ;** feuilles ayant trois folioles (figure SAT) ; chaque fleur est au-dessus d'une petite écaille très aiguë (figure SA). → **Luzerne cultivée** (Luzerne) [*Medicago sativa*]. — **fourragère.** ✿. — Figurée en couleurs (à fleurs violettes) : 2, planche 15.

△ Fleurs **d'un jaune verdâtre** en grappe assez serrée (figure AG) ; feuilles ayant 7 à 13 folioles (figure GLY). → **Astragale Réglisse** (Réglisse-sauvage, Réglisse-bâtarde) [*Astragalus Glycyphyllos*].

730
(vient de 728).

✠ Fleurs **en ombrelle composée ;** c'est-à-dire dont les queues partent toutes du même point, comme les rayons qui soutiennent une ombrelle ; chaque rayon principal porte lui-même, à son sommet, d'autres rayons en ombrelle terminés chacun directement par une fleur. (La figure C montre la disposition d'une ombrelle composée : en I, O est l'ombrelle principale ; en i, o, f, sont les petites ombrelles. — Exemples d'ombrelles composées : voir ci-dessous figures PER et AP au nᵒ 731)..................... **731**

✠ Fleurs **non** en ombrelle composée................. **732**

731
(vient de 730).

○ Fleurs **d'un vert jaunâtre ;** feuilles ayant l'odeur bien connue du persil ; **il y a** de très petites feuilles ou écailles vertes à la base des rayons **secondaires** (figure PER). → **Persil cultivé** (Persil) [*Petroselinum sativum*]. — **condimentaire ; médicinale.**

○ Fleurs **d'un blanc verdâtre ;** feuilles sans odeur de persil ; **il n'y a pas** de très petites feuilles ou écailles vertes à la base des rayons **secondaires** (figure AP). → **Céleri odorant** (Céleri, Ache) [*Apium graveolens*]. — **alimentaire ; médicinale.**

732
(vient de 730).

— Fleurs **en grappes** (exemple : figure AV) et qui sont en réalité **composées ;** c'est-à-dire qu'en examinant avec soin (à la loupe, si c'est nécessaire) on voit que ce qu'on a pris pour une seule fleur simple est en réalité une *fleur composée* d'un grand nombre de fleurs en tube, excessivement petites, dont l'ensemble est entouré par une collerette de très petites écailles (figures GLA, AR, CAM). — La figure ABS représente la collerette d'écailles lorsqu'on a enlevé toutes les petites fleurs en tube de la fleur composée................................... **733**

— Fleurs **non** composées **734**

733
(vient de 732).

★ Feuilles **sans poils en dessus** et **poilues-blanchâtres en dessous,** à divisions assez larges (figure VU). → **Armoise vulgaire** (Armoise, Herbe-à-cent-goûts) [*Artemisia vulgaris*]. — **médicinale.** — Figurée en couleurs : 1, planche 32.

★ Feuilles **à poils soyeux-argentés et vertes sur les deux faces,** à divisions assez étroites (figure AB). → **Armoise Absinthe** (Absinthe, Herbe-sainte) [*Artemisia Absinthium*]. — **industrielle ; médicinale.**

734
(vient de 732).

= Fleurs **réunies en boules** (figure PS) isolées au sommet de la tige ou des rameaux ; feuilles ayant 11 à 17 folioles, dentées, disposées sur deux rangées opposées, et entremêlées de folioles plus petites. → **Pimprenelle Sanguisorbe** (Pimprenelle) [*Poterium Sanguisorba*]. — **fourragère ; condimentaire.** — Figurée en couleurs : 6, planche 19.

= Plante **n'ayant pas à la fois** ces caractères........... **735**

735
(vient de 734).

⊖ Plante **grimpante,** ayant de longs filaments enroulés sur eux-mêmes (figure BR) ; fleurs d'un blanc verdâtre ou un peu jaunâtre ; feuilles plus ou moins découpées, à nervures en éventail. → **Bryone dioïque** (Navet-du-diable, Couleuvrée, Rave-de-Serpent) [*Bryonia dioica*] ✿. — **vénéneuse ; médicinale.** — Figurée en couleurs : 1 et 1 *bis*, planche 21.

⊖ Plante **non** grimpante **736**

736
(vient de 735).

✕ Chaque fleur de **moins d'un demi-centimètre de longueur ;** fleurs vertes groupées et **serrées à l'aisselle des feuilles** (figure AA) ; plante de moins de 35 centimètres de hauteur. → **Alchémille des champs** (Perce-pierre-des-champs) [*Alchimilla arvensis*].

✕ Chaque fleur de **moins d'un demi-centimètre de longueur,** fleurs jaunâtres **en grappe allongée.** — Se reporter au n°. **497**

✕ Chaque fleur de **plus d'un centimètre** de longueur ... **737**

737
(vient de 736).

☐ Fleurs **vertes, souvent bordées de pourpre ;** feuilles à folioles disposées en éventail (figure HF). → **Hellébore fétide** (Pied-de-griffon, Rose-de-serpent) [*Helleborus fœtidus*] ✿. — **vénéneuse ; médicinale**. — Figurée en couleurs : 2, planche 3.

☐ Fleurs **d'un vert plus ou moins jaunâtre ;** feuilles de la base de la plante non profondément divisées ; les feuilles supérieures sont très divisées et à divisions étroites, allongées. (La figure AUR représente une fleur). → **Renoncule Tête-d'or** [*Ranunculus auricomus*].

738
(vient de 727).

★ ★ Chaque fleur ayant **plus d'un demi-centimètre de longueur** **739**

★ ★ Chaque fleur ayant **moins** d'un demi-centimètre de longueur (sans tenir compte de la longueur des poils qui se trouvent parfois dans certaines fleurs) **751**

739
(vient de 738).

☉ Fleurs **réduites à des écailles** se recouvrant les unes les autres (exemples : figures PU, S et T ci-dessous) **1069**

☉ Fleurs **non** réduites à des écailles **740**

740
(vient de 739).

↶ Fleurs **régulières ;** c'est-à-dire que les parties semblables de la fleur sont régulièrement disposées autour du centre de la fleur et égales entre elles (exemples : figures ci-dessous) **741**

↶ Fleurs **irrégulières ;** c'est-à-dire que chaque fleur ne présente pas la disposition précédente (exemples : figures ci-dessous) **747**

Remarque. — Il ne faut pas considérer comme régulières des fleurs qui, vues de face, ont la moitié droite et la moitié gauche semblables.

741
(*vient*
de
740).

- Plante **grimpante,** portant des filaments allongés enroulés sur eux-mêmes (figure BR). → **Bryone dioïque** (Navet-du-diable, Couleuvrée, Rave-de-serpent) [*Bryonia dioica*]. — **vénéneuse; médicinale.** 🌶️. — Figurée en couleurs : 1 et 1 *bis*, planche 21.

- Plante **non grimpante** **742**

742
(*vient*
de
741).

⊕ Feuilles **non divisées** **743**

⊕ Feuilles **plus ou moins profondément divisées, à nervures disposées en éventail,** sauf parfois les feuilles du haut et certaines feuilles; feuilles du bas de la plante portées sur une longue queue (la figure AUR représente une fleur). → **Renoncule Tête-d'or** [*Ranunculus auricomus*].

743
(*vient*
de
742).

✠ Feuilles **plus de 6 fois plus longues que larges** **744**

✠ Feuilles **moins de 6 fois** plus longues que larges... .... **746**

744
(*vient*
de
743).

§ Feuilles en apparence **disposées par petits groupes le long de la tige et des rameaux** (figure O). En réalité, ces parties vertes · et allongées ne sont pas des feuilles, mais de fins rameaux verts groupés et réunis à leur base au-dessus d'une petite écaille membraneuse qui représente une feuille très réduite. (La figure AS représente une sommité fleurie.) → **Asperge officinale** (Asperge) [*Asparagus officinalis*]. — **comestible; médicinale.** 🌶️. — Figurée en couleurs (en fruits) : 1, planche 53.

§ Feuilles **toutes à la base** de la plante **745**

745
(*vient*
de
744).

+ **Une seule fleur** au sommet de la tige ; les 3 divisions intérieures de la fleur sont en cœur (figure G) et ont chacune une tache verte en forme de croissant. → **Galanthe des neiges** (Perce-neige, Nivéole) [*Galanthus nivalis*]. — **ornementale.**

+ **Fleurs groupées** au sommet de la tige (figure U) ; les 3 divisions intérieures de la fleur sont ovales et aiguës au sommet, comme les 3 divisions extérieures. → **Ornithogale en ombelle** (Dame-d'onze-heures) [*Ornithogalum umbellatum*]. — Figurée en couleurs : 6, planche 53.

746
(*vient de 743*).

—• Chaque fleur en forme de tube et ayant *6 petits lobes au sommet ;* fleurs toutes pendantes d'un même côté de la tige (figure P).
→ **Polygonatum** (Sceau-de-Salomon) [*Polygonatum*]. — Pour les principales espèces de *Polygonatum*, se reporter au nᵒ.. **559**

—• Chaque fleur en forme de coupe et ayant *5 lobes bien marqués* (figures CO et A) ; le calice (partie qui entoure la base de la corolle) grandit lorsque la fleur est passée (figure P), et forme un globe qui est d'abord vert puis rouge orangé. → **Coqueret Alkékenge** (Alkékenge) [*Physalis Alkekengi*]. — **médicinale ; vénéneuse.**

747
(*vient de 740*).

△ Fleur *ayant l'apparence d'un grand cornet* enroulé (figure IT). (En réalité, ce cornet est formé par une feuille spéciale qui entoure le sommet de la tige, renflé en forme de massue pourpre ou violette, et portant au-dessous un très grand nombre de petites fleurs jaunes ou rougeâtres). → **Arum tacheté** (Gouët, Pied-de-veau) [*Arum maculatum*]. — **médicinale.** — Figurée en couleurs : 2 et 2 *bis*, planche 57.

△ Fleur *non en cornet*.................................... **748**

748
(*vient de 747*).

✠ Fleurs *blanches, un peu verdâtres ;* la fleur est formée de 6 parties, mais semble n'en avoir que 4, parce que 2 pétales sont repliés vers l'intérieur de la fleur (figure MT). → **Orchis des montagnes** [*Orchis montana*]. — Figurée en couleurs : 2, planche 55.

✠ Fleurs *verdâtres* plus ou moins *mêlées de pourpre ou de rose*.. **749**

749
(*vient de 748*).

○ Feuilles *développées tout le long de la tige, même entre les fleurs ;* le pétale, qui a une forme spéciale, n'est ni plus long ni beaucoup plus grand que les cinq autres pétales de la fleur (figure E). → **Epipactis à larges feuilles** [*Epipactis latifolia*]. — **médicinale.** — Figurée en couleurs (à fleurs roses) : 7, planche 56.

○ Feuilles *développées surtout vers la base de la plante ;* le pétale de forme spéciale est beaucoup plus long ou beaucoup plus grand que les autres pétales........................ **750**

750
(vient de 749).

— Le pétale de forme spéciale est *beaucoup plus allongé que les autres* et *plus ou moins enroulé sur lui-même* (la figure LO représente l'ensemble des fleurs) ; plante à odeur très désagréable, surtout quelque temps après avoir été cueillie. → **Loroglosse à odeur de bouc** [*Loroglossum hircinum*]. — Figurée en couleurs : 6, planche 55.

— Le pétale de forme spéciale est *beaucoup plus large que les autres* et *velouté*, marqué de taches non veloutées. → **Ophrys** [*Ophrys*]. — Se reporter au n°... ... **135**

751
(vient de 738).

★ Tiges *grimpantes*, s'enroulant autour des tiges des autres plantes ou de supports ; feuilles en cœur renversé (figure TA). → **Tamier commun** (Herbe-aux-femmes-battues) [*Tamus communis*].

★ Tiges *non grimpantes*.................................... **752**

752
(vient de 751).

= Tiges *striées de blanc et de vert* dans leur longueur ; feuilles présentant en dessous comme de très petites écailles blanchâtres (regarder à la loupe) ; feuilles en fer de hallebarde (figure HS) ou allongées (figure AP). → **Arroche étalée** [*Atriplex patula*].

= Plante *n'ayant pas à la fois* ces caractères.......... **753**

753
(vient de 752).

⊖ Feuilles *ayant des poils* (regarder à la loupe)............. **754**

⊖ Feuilles *sans poils* ou *presque sans poils* **758**

754
(vient de 753).

✕ Feuilles *à nervures disposées en éventail* (figure AV), régulièrement dentées sur les bords. → **Achémille vulgaire** [*Alchimilla vulgaris*]. — médicinale.

✕ Feuilles à nervures *non* disposées en éventail........ **755**

755
(vient de 754).

☐ Fleurs *mêlées à de petites écailles piquantes* et feuilles *à nervures fortes et ramifiées* (la figure R représente un rameau fleuri de la plante). → **Amarante réfléchie** [*Amarantus retroflexus*].

☐ Plante *n'ayant pas à la fois* ces caractères............. **756**

756 (*vient* *de* *755*).	★ ★ A la base de chaque feuille, *il y a une gaine* entourant la tige (figures H et C, par exemple)............................. **761**
	★ ★ A la base de chaque feuille, *il n'y a pas* de gaine... **757**

757
(*vient*
de
756).

⊙ Tiges *couchées et appliquées sur le sol* (figure HH) ; il y a de *petites écailles membraneuses* à la base des feuilles (regarder à la loupe). → **Herniaire hérissée** (Herniole, Turquette) [*Herniaria hirsuta*].

⊙ Tiges *non* couchées et appliquées sur le sol ; il n'y a pas de petites écailles membraneuses à la base des feuilles (figure P). → **Pariétaire officinale** (Pariétaire) [*Parietaria officinalis*]. — **médicinale.** — Figurée en couleurs : 3, planche 48.

758 (*vient* *de* *753*).	◁ A la base de chaque feuille, *il y a une gaine* entourant la tige.................................... **759**
	◁ A la base de chaque feuille, *il n'y a pas* de gaine... **766**

759 (*vient* *de* *758*).	• Groupes de fleurs en forme de *boules* reliées les unes aux autres (figure S) ; feuilles très allongées et flottant dans l'eau. → **Rubanier rameux** (Ruban-d'eau) [*Sparganium ramosum*]. — **médicinale.**
	• Plante *n'ayant pas à la fois* ces caractères............. **760**

760
(*vient*
de
759).

⊕ Feuilles *arrondies comme des tiges* (figure J) ou *réduites à*

des écailles qui sont au bas des tiges, ou bien chaque fleur présente 6 petites parties régulièrement disposées (figure SL) et de consistance sèche, ou bien chaque fleur est remplacée par une petite masse ovale. — Se reporter au nᵒ.............. **158**

⊕ Feuilles *plus ou moins aplaties* et *non* réduites à des écailles.................................. **761**

761 (*vient* *de* *760*).	✠ Feuilles *plus de quinze fois plus longues que larges* (sauf parfois les feuilles tout-à-fait supérieures) ou feuilles non développées ; fleurs *de consistance sèche*.................. **762**
	✠ Feuilles *moins* de quinze fois plus longues que larges ; fleurs *non* de consistance sèche.......................... **765**

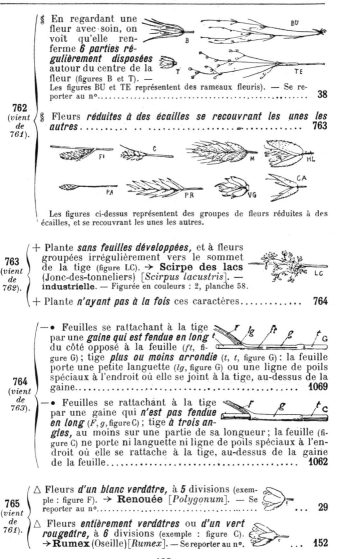

762
(vient de 761).

§ En regardant une fleur avec soin, on voit qu'elle renferme *6 parties régulièrement disposées* autour du centre de la fleur (figures B et T). — Les figures BU et TE représentent des rameaux fleuris). — Se reporter au nᵒ.. **38**

§ Fleurs *réduites à des écailles se recouvrant les unes les autres* **763**

Les figures ci-dessus représentent des groupes de fleurs réduites à des écailles, et se recouvrant les unes les autres.

763
(vient de 762).

+ Plante *sans feuilles développées,* et à fleurs groupées irrégulièrement vers le sommet de la tige (figure LC). → **Scirpe des lacs** (Jonc-des-tonneliers) [*Scirpus lacustris*]. — **industrielle.** — Figurée en couleurs : 2, planche 58.

+ Plante *n'ayant pas à la fois* ces caractères.............. **764**

764
(vient de 763).

—• Feuilles se rattachant à la tige par une *gaine qui est fendue en long* du côté opposé à la feuille (*ft,* figure G) ; tige *plus ou moins arrondie* (*t, t,* figure G) : la feuille porte une petite languette (*lg,* figure G) ou une ligne de poils spéciaux à l'endroit où elle se joint à la tige, au-dessus de la gaine.. **1069**

—• Feuilles se rattachant à la tige par une gaine qui *n'est pas fendue en long* (*F, g,* figure C) ; tige *à trois angles,* au moins sur une partie de sa longueur ; la feuille (figure C) ne porte ni languette ni ligne de poils spéciaux à l'endroit où elle se rattache à la tige, au-dessus de la gaine de la feuille.. **1062**

765
(vient de 761).

△ Fleurs *d'un blanc verdâtre,* à **5** divisions (exemple : figure F). → **Renouée** [*Polygonum*]. — Se reporter au nᵒ... **29**

△ Fleurs *entièrement verdâtres* ou *d'un vert rougeâtre,* à **6** divisions (exemple : figure C). → **Rumex** (Oseille) [*Rumex*]. — Se reporter au nᵒ. ... **152**

766
(*vient de 758*).

✠ Chaque fleur en forme de *tube* (figure T) *avec 5 dents au sommet* ; fleurs blanchâtres ; feuilles étroites, de moins de 4 millimètres de largeur ; fleurs en grappes (figure TH).→**Thésium couché** [*Thesium humifusum*].

✠ Plante *n'ayant pas à la fois* les caractères précédents. 767

767
(*vient de 766*).

○ Feuilles *luisantes à nervures blanchâtres ou rougeâtres ;* il y a un *anneau* épais en dedans et à la base des 5 parties de la fleur (figure BT) (regarder à la loupe) ; fleurs en épis allongés (figure BV). → **Bette vulgaire** (Betterave) [*Beta vulgaris*]. — **alimentaire ; industrielle.**

○ Plante *n'ayant pas à la fois* tous les caractères précédents. 768

768
(*vient de 767*).

— Plante à *tiges appliquées sur le sol ; il y a deux très petites écailles membraneuses* à la base de chaque feuille (figure G). → **Herniaire glabre** (Herniole, Turquette) [*Herniaria glabra*].—**médicinale.**

— Plante *n'ayant pas à la fois* les caractères précédents. 769

769
(*vient de 768*).

• En examinant avec soin une fleur épanouie (regarder à la loupe), *on voit 5 parties vertes régulièrement disposées* autour du centre de la fleur. → **Chénopode** (Ansérine) [*Chenopodium*]. (Les figures BH, OP, AL, représentent des espèces de Chénopodes). — Le Chénopode blanc [*Chenopodium album*] et le Chénopode Bon-Henri (Epinard sauvage) [*Chenopodium Bonus-Henricus*] sont figurés en couleurs : 1 et 2, planche 46.

• En examinant une fleur avec soin (regarder à la loupe), *on ne voit pas* 5 parties vertes régulièrement disposées autour du centre de la fleur (figures B et V). → **Amarante Blitum** [*Amarantus Blitum*].

770
(*vient de 3*).

= Fleurs *roses, pourpres, rouges, brunes* — ou fleurs *roses sur le pourtour et jaunes au milieu*..................... 771

= Fleurs *bleues, lilas, violettes* — ou fleurs *lilas sur le pourtour et jaunâtres au milieu*....................... 810

= Fleurs *entièrement jaunes ou jaunâtres*.............. 828

= Fleurs *blanches, blanchâtres* — ou fleurs *blanches sur le pourtour et jaunes ou jaunâtres au milieu*............ 891

= Fleurs *vertes ou verdâtres*......................... 928

⊖ Feuilles **opposées** (sauf parfois dans le haut des tiges ou des rameaux) ; c'est-à-dire feuilles disposées par deux, et attachées sur la tige au même niveau, en face l'une de l'autre... .... **772**

Les figures ci-dessus représentent des exemples de feuilles opposées.

Remarque. — Il se développe assez souvent à l'aisselle des feuilles opposées de petits rameaux feuillés, qui pourraient faire croire que les feuilles sont groupées en grand nombre au même niveau sur la tige et non opposées par deux seulement ; mais en regardant avec attention à la base de ce groupe de feuilles, on distingue très bien les deux feuilles opposées.

⊖ Feuilles **verticillées ;** c'est-à-dire feuilles attachées au même niveau sur la tige par 3, 4, 5 ou même plus, et régulièrement disposées tout autour de cette tige ; groupes de fleurs très petites entourées d'une collerette d'écailles (figure SA). → **Shérardie des champs** [*Sherardia arvensis*].

771
(*vient de 770*).

⊖ Feuilles **alternes ;** c'est-à-dire feuilles attachées une par une sur la tige à des niveaux différents **781**

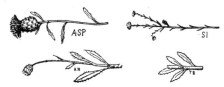

Les figures ci-dessus représentent des plantes à feuilles alternes.

⊖ Feuilles **groupées,** c'est-à-dire feuilles attachées sur la tige, par 2 ou plus, au même niveau mais disposées, à ce niveau, d'un seul côté de la tige.. **781**

⊖ Feuilles **toutes à la base** de la plante.................. **781**

Les figures ci-dessus représentent des exemples de plantes ayant toutes leurs feuilles à la base.

Remarque. — Si la plante présente à la fois des feuilles alternes (sauf celles du haut des tiges) et des feuilles opposées, on peut prendre l'une ou l'autre question ; dans les deux cas, on arrivera au nom de la plante.

772
(vient de 771).

✕ Les petites fleurs dont l'ensemble forme la fleur composée sont plus grandes sur le pourtour et *rayonnent tout autour de la fleur composée* épanouie (figure COL)...... COL ⠶· **773**

✕ Les petites fleurs dont l'ensemble forme la fleur composée *ne rayonnent pas* tout autour de la fleur composée **774**

773
(vient de 772).

☐ A la base de la corolle rose de chaque petite fleur de la fleur composée se trouvent *6, 7 ou 8 poils blancs* et raides (figure K). → **Knautia des champs** (Oreille-d'âne, Scabieuse-des-Champs, Oreille-de-lièvre) [*Knautia arvensis*]. — **médicinale**. — Figurée en couleurs : 4, planche 28.

☐ A la base de la corolle rose de chaque petite fleur de la fleur composée se trouvent *5 poils noirâtres* et raides (figure S). → **Scabieuse Colombaire** (Colombaire) [*Scabiosa Columbaria*]. — Figurée en couleurs : 2, planche 28.

774
(vient de 772).

★ ★ Feuilles *composées ;* c'est-à-dire que la feuille tout entière est formée par la réunion de feuilles secondaires, nommées *folioles*, que l'on prend souvent à tort chacune pour une feuille ; l'ensemble de la feuille composée vient se rattacher à la tige par sa base ou par une queue qui porte toutes les folioles ; la base de la feuille composée *n'est pas* attachée juste à l'aisselle d'une autre feuille............ **775**

Les figures SR et CA représentent des exemples de feuilles composées.

★ ★ Feuilles *simples ;* c'est-à-dire soit non découpées jusqu'à plus de la moitié de la largeur de la feuille, soit seulement bordées de dents ou même sans dents sur les bords................................... **776**

Les figures ci-dessus représentent des exemples de feuilles simples.

775
(vient de 774).

⊙ Chaque feuille à 3 folioles *non aiguës* au sommet (exemple : figure SR) à très petites dentelures sur les bords. → **Trèfle** [*Trifolium*]. — Se reporter au n⁰.................................... **222**

⊙ Chaque feuille à 3 ou 5 folioles ou divisions *aiguës* au sommet (figure CA), à fortes dents sur les bords. → **Eupatoire Chanvrine** (Eupatoire, Pantagruélion-aquatique, Chanvrine) [*Eupatorium cannabinum*]. — **médicinale**. 🌻. — Figurée en couleurs : 1, planche 31.

776
(vient de 774).

★ Feuilles *ayant une odeur forte et aromatique,* lorsqu'on les froisse **777**

★ Feuilles *sans* odeur forte et aromatique lorsqu'on les froisse **779**

777
(vient de 776).

🗘 Chaque fleur de ce qui paraît être une fleur composée (groupe de fleurs) est très irrégulière, à *2 lèvres bien marquées* (figure ACl) (c'est-à-dire à deux parties, l'une supérieure, l'autre inférieure) ; feuilles plus ou moins grisâtres en dessous (la figure CC représente le sommet fleuri de la plante). → **Calament Clinopode** (Grand-Basilic-sauvage, Roulette, Pied-de-lit) [*Calamintha Clinopodium*] 🌣. — Figurée en couleurs : 2, planche 43.

🗘 Plante *n'ayant pas* à la fois les caractères précédents. **778**

778
(vient de 777).

• Feuilles *non dentées ou non nettement dentées* (figures OR, O) ; les fleurs sont entourées par de nombreuses petites écailles d'un rouge pourpre ; fleurs un peu irrégulières, presque à 2 lèvres, dont la lèvre supérieure est à 2 lobes peu marqués et dont la lèvre inférieure est à 3 lobes. → **Origan vulgaire** (Marjolaine-sauvage, Origan) [*Origanum vulgare*]. — **médicinale.** 🌣. — Figurée en couleurs : 3, planche 43.

• Feuilles *nettement dentées ;* pas de nombreuses petites écailles d'un rouge pourpre entourant les fleurs ; fleurs presque régulières (figures AQ et A). → **Menthe** [*Mentha*]. — Se reporter au nᵒ.............................. **169**

779
(vient de 776).

⊕ Chaque fleur du groupe de fleurs (exemples : figures P, CM) qui paraît être une fleur composée a *5 pétales libres entre eux jusqu'à leur base* (si l'on déchire le tube du calice qui entoure les 5 pétales d'une fleur, on voit que les 5 pétales, très étroits vers le bas, sont complètement séparés les uns des autres jusqu'à leur base) ; feuilles étroites ; chaque paire de feuilles ayant une gaine à sa base. → **Œillet** [*Dianthus*]. — Se reporter au nᵒ... **70**

⊕ Chaque fleur de la fleur composée (ou de ce qui paraît être une fleur composée) est formée d'un *tube qui se termine au sommet par 4 ou 5 lobes*... **780**

780
(vient de 779).

⊞ Chaque fleur composée entourée par une *collerette de très nombreuses petites feuilles ou écailles* vertes se recouvrant les unes les autres (figures SSU, SCS) ; chacune des petites fleurs dont l'ensemble forme la fleur composée se termine par *4 lobes*. → **Scabieuse Succise** (Mors-du-diable, Herbe-de-Saint-Joseph, Succise) [*Scabiosa Succisa*]. — **médicinale**. — Figurée en couleurs : 3, planche 28.

⊞ Chaque groupe de fleurs (paraissant être une fleur composée) *sans* collerette de très nombreuses petites feuilles vertes se recouvrant (figure OL) ; chacune des petites fleurs d'un groupe de fleurs se termine par *5 lobes*. → **Valérianelle potagère** (Mâche, Doucette) [*Valerianella olitoria*]. — **alimentaire**. — Figurée en couleurs : 4, planche 27.

781
(vient de 771).

§ Plante *piquante* soit par ses feuilles, soit par ses tiges, soit par les écailles qui entourent chaque fleur composée **782**

§ Plante ayant les écailles vertes qui entourent chaque fleur composée *terminées en crochet* (figure LA) ; la fleur composée peut s'accrocher aux vêtements. → **Bardane commune** (Oreille-de-géant, Gratteau, Bardane, Glouteron, Coupeau) [*Lappa communis*]. — **médicinale**. — Figurée en couleurs : 3, planche 30.

§ Plante *non piquante* et *sans crochets* aux écailles de la fleur composée.. **792**

782
(vient de 781).

+ Plante à *feuilles non piquantes ;* écailles qui entourent la fleur composée *terminées chacune par une pointe piquante* (figure CA). → **Centaurée Chausse-trape** (Chardon-étoilé, Chausse-trape) [*Centaurea Calcitrapa*]. — **médicinale**.

+ Plante *à feuilles piquantes*............................ **783**

783
(vient de 782).

—• Tige portant des lames épineuses qui sont, même sous les fleurs composées, *au moins 3 fois plus larges que la tige*, et se prolongeant exactement jusqu'à la base des fleurs composées (figure O) ; feuilles cotonneuses en dessous. → **Onopordon Acanthe** (Chardon-aux-ânes) [*Onopordum Acanthium*]. — Figurée en couleurs : 1, planche 29.

—• Plante *n'ayant pas à la fois* ces caractères. → **Chardon** [*Carduus* et *Cirsium*] [*Note 1*, au bas de la page]. — Pour les principales espèces de Chardons, continuer au n°.................. **784**

Note 1. — Pour plus de détails sur les diverses espèces de Chardons [*Carduus* et *Cirsium*], voir la *Flore complète*, page 177 et page 175.

△ Tiges et rameaux portant dans leur longueur (sauf parfois vers le haut) des *lames épineuses* (Voir les figures ci-dessous).. **785**

784
(vient de 783).

△ Tiges et rameaux *sans lames épineuses* (Voir les figures ci-dessous).. **789**

△ *Pas de tige visible;* la fleur composée semble directement placée au milieu de la rosette de feuilles............ **790**

785
(vient de 784).

✠ Chaque fleur composée ayant *plus de 2 centimètres de largeur*.. **786**

✠ Chaque fleur composée ayant *moins* de 2 centimètres de largeur. **787**

786
(vient de 785).

○ Chaque fleur composée est entourée par une collerette de *plus de 200 écailles ;* une écaille prise vers la base de la fleur composée est *assez brusquement* terminée en une épine très étroite (figure CLA) ; fleur composée plus longue que large (figure LA). → **Chardon lancéolé** [*Cirsium lanceolatum*] ✿. — Figurée en couleurs : 4, planche 29.

○ Chaque fleur composée est entourée par une collerette de *moins de 100 écailles ;* une écaille prise vers la base de la fleur composée est *insensiblement* terminée en épine (figure CNU) ; fleur composée à peine plus longue que large ou même étant plus large que longue (figure N). → **Chardon penché** [*Carduus nutans*] ✿. — Figurée en couleurs : 3, planche 29.

787
(vient de 785).

— Les écailles de la collerette de la fleur composée sont terminées par une épine assez courte et ont *plus de 2 millimètres de largeur à leur base* (figure CTE, grandeur naturelle) ; ces écailles sont *recourbées en dehors ;* chaque fleur composée est plus longue que large (figure TE). → **Chardon à petites fleurs** [*Carduus tenuiflorus*] ✿. — Plante *n'ayant pas à la fois* ces caractères............. **788**

788
(*vient
de*
787).

★ Plante croissant *dans les endroits hu-mides ou les marécages ;* écailles de la collerette de la fleur composée *ovales* (figure CPA) ; fleurs composées souvent à queues très courtes (figure PA). → **Chardon des marais** (Bâton-du-diable) [*Cirsium palustre*] ✿.

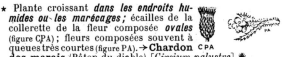

★ Plante croissant *dans les endroits incultes non marécageux ;* écailles de la collerette de la fleur composée *étroites et allongées* (figure CRI) ; fleurs composées ayant, en général, une queue assez longue (figure CR). → **Chardon crépu** [*Carduus crispus*]

= Chaque fleur composée a *plus de 5 centimètres de largeur ;*

789
(*vient
de*
784).

feuilles couvertes sur leur face supérieure de très petites épines (figure E représentant un lobe de feuilles [grossi]) ; les écailles de la collerette qui entoure la fleur composée sont terminées par une pointe recourbée (figure ERI) ou (vers le bas de la collerette) terminées par une partie à peine élargie (figure ER). → **Chardon laineux** [*Cirsium eriophorum*].

= Chaque fleur composée a *moins* de 5 centimètres de largeur **790**

790
(*vient
de*
789).

⊖ Plante à *tige très courte ou non développée* (fig. AC); feuilles (figure A) toutes ou presque toutes à la base de la plante. → **Chardon acaule** [*Cirsium acaule*].

⊖ Plante dont la tige a en général *plus de 25 centimètres de longueur ;* plusieurs feuilles développées le long de la tige **791**

791
(*vient
de*
790).

✕ *Une seule fleur composée (rarement 2 à 3)* au sommet de la plante (figure AN) ; fleurs d'un rose pourpre ; feuilles non très divisées (figures AN, AG) ; écailles de la collerette peu épineuses (la figure ANG représente une de ces écailles). → **Chardon d'Angleterre** [*Cirsium anglicum*]

✕ De *nombreuses fleurs composées* au sommet de la plante (figure AR) ; fleurs d'un rose un peu grisâtre. → **Chardon des champs** [*Cirsium arvense*] ✿. — **nuisible aux cultures.** — Figurée en couleurs : 2, planche 29.

☐ Feuilles **composées ;** c'est-à-dire que la feuille tout entière est formée par la réunion de feuilles secondaires, nommées *folioles*, que l'on prend souvent à tort chacune pour une feuille ; l'ensemble de la feuille composée vient se rattacher à la tige par sa base ou par une queue qui porte toutes les folioles ; la base de la feuille composée *n'est pas* placée juste à l'aisselle d'une autre feuille............................ **793**

Les figures AN, AG, SV, OC représentent des exemples de feuilles composées.

☐ Feuilles **profondément divisées** (sauf parfois les feuilles tout à fait dans le haut des tiges), c'est-à-dire que chaque feuille est comme découpée jusqu'à plus de la moitié de sa largeur............ **793**

Les figures ci-dessus représentent des exemples de feuilles profondément divisées.

792
(vient de 781).

☐ Feuilles **simples ;** c'est-à-dire soit non découpées jusqu'à plus de la moitié de la largeur de la feuille, soit seulement bordées de dents ou même sans dents sur les bords.................................. **797**

Les figures ci-dessus représentent des exemples de feuilles simples.

☐ Feuilles **non développées**.... .... **797**

Remarque. — Si l'on hésite entre feuilles composées et feuilles profondément divisées, cela est indifférent, puisque dans les deux cas on est renvoyé au même numéro.

Si l'on hésite entre feuilles profondément divisées et feuilles simples, on peut prendre l'une ou l'autre question ; dans les deux cas, on arrivera au nom de la plante. Il en sera de même si la plante possède à la fois des feuilles simples et des feuilles composées ou divisées (sans parler des quelques feuilles simples qui peuvent se trouver tout au sommet des tiges fleuries),

793
(vient de 792).

★ ★ Feuilles à **3 folioles** (figures AG, OC, par exemple) ; fleur composée (groupe de fleurs) entourée seulement de quelques feuilles à la base. → **Trèfle** [*Trifolium*]. — Se reporter au nᵒ **222**

★ ★ Feuilles à nombreuses folioles ou divisions profondes qui sont **dentées tout autour** **794**

★ ★ Feuilles à divisions **non** dentées tout autour, et qui ne sont pas nettement séparés les uns des autres à leur base (Voir les figures des nᵒˢ 795 et 796) **795**

794
(vient de 793).

⊙ Fleurs d'un **rouge verdâtre** ; chaque fleur composée (ou groupe de petites fleurs) est **en forme de boule** (figure PS). → **Pimprenelle Sanguisorbe** (Pimprenelle) [*Poterium Sanguisorba*]. — **fourragère ; condimentaire.** — Figurée en couleurs : 6, planche 19.

⊙ Fleurs **roses** venant s'épanouir toutes presque au même niveau ; chaque fleur composée **n'est pas** en forme de boule (fig. AM). → **Achillée Millefeuille** (Herbe-au charpentier, Millefeuille) [*Achillea Millefolium*]. — **médicinale.** — Figurée en couleurs : 5, planche 31.

795
(vient de 793).

↰ Chaque fleur composée a **moins d'un centimètre et demi de largeur** ; feuilles sans poils ou presque sans poils (regarder à la loupe) ; fleurs composées peu rayonnantes (figure SER). → **Serratule des teinturiers** (Sarrette) [*Serratula tinctoria*]. — Figurée en couleurs : 4, planche 30.

↰ Chaque fleur composée a **plus** d'un centimètre et demi de largeur ; feuilles ayant des poils **796**

796
(vient de 795).

● **Un voit des parties vertes** au milieu des écailles bordées de brun qui forment la collerette de la fleur composée (figure CSC ; en *v*, sont les parties vertes) ; feuilles souvent profondément divisées (figure SC). → **Centaurée-Scabieuse** [*Centaurea Scabiosa*].

● **On ne voit pas** de parties vertes au milieu des écailles bordées de brun qui forment la collerette de la fleur com-

posée (figures CJA et CNI) ; les écailles de la collerette de la fleur composée peuvent avoir des formes assez diverses (exemples : figures JA, AM, NG). → **Centaurée Jacée** (Barbeau, Jacée) [*Centaurea Jacea*]. — **médicinale.** ❀. — Figurée en couleurs : 2, planche 30.

⊕ Fleurs *réduites à des écailles ou à de petites masses ovales* ou *entièrement de consistance sèche*..................... **805**

797
(vient de 792).

Les figures ci-dessus représentent des exemples de fleurs composées (ou groupes de petites fleurs) réduites à des écailles ou à de petites masses ovales.

⊕ Fleurs *non* réduites à des écailles *ni* à de petites masses ovales, *ni* entièrement de consistance sèche............ **798**

798
(vient de 797).

✠ Chaque fleur composée est *jaune au milieu* (masse de très petites fleurs jaunes en tube), et rose ou blanc rosé sur le pourtour (petites fleurs, chacune en forme de languette). **799**

✠ Chaque fleur composée *non jaune au milieu*, c'est-à-dire *sans* nombreuses petites fleurs jaunes en forme de très petits tubes, au milieu de la fleur composée................ **800**

799
(vient de 798).

§ Feuilles *toutes à la base de la plante* (figure B) ; une seule fleur composée au sommet de la plante. → **Pâquerette vivace** (Petite-Marguerite, Pâquerette) [*Bellis perennis*]. — **ornementale.** — Figurée en couleurs : 5, planche 30.

§ Feuilles *disposées le long de la tige* (fig. EA) ; plusieurs fleurs composées au sommet de la plante (la figure A représente une fleur composée de grandeur naturelle). → **Erigéron âcre** [*Erigeron acris*].

800
(vient de 798).

+ Feuilles *sans poils* ou *presque sans poils*............. **801**

+ Feuilles *ayant des poils nombreux* (regarder à la loupe)... **804**

801
(vient de 800).

— ● Fleurs *brunes, brunâtres ou d'un vert brunâtre.* — Se reporter au nᵒ.. **806**

— ● Fleurs *roses ou pourprées*......................... **802**

802
(*vient de 801*).

△ *Plusieurs fleurs composées* groupées au sommet de la plante (fig. SER). → **Serratule des teinturiers** (Sarrette) [*Serratula tinctoria*]. — Figurée en couleurs : 4, planche 30.

△ *Une seule fleur composée* au sommet de la plante..... **803**

803
(*vient de 802*).

✠ Chaque petite fleur de la fleur composée (figure SM) (ou groupe de fleurs) ayant *6 divisions* (figure CE). → **Ail** [*Allium*]. — Se reporter au nᵒ. ... **42**

✠ Chaque petite fleur de la fleur composée ayant *5 divisions* (figure AP) ; feuilles toutes à la base de la plante ; en haut de la tige fleurie, on voit une sorte de gaine allongée (figure PL). → **Arméria à feuilles de Plantain** [*Armeria plantaginea*].

804
(*vient de 800*).

○ Plante *grasse,* à feuilles épaisses, juteuses, ayant à la base des rejets en forme de petits artichauts (figure ST) (en réalité, ce qu'on a pris pour une fleur composée est une fleur simple à nombreux pétales). → **Joubarbe des toits** (Grande-Joubarbe, Artichaut-bâtard) [*Sempervivum tectorum*]. — médicinale. ♣. — Figurée en couleurs : 5 et 5 *bis*, planche 22.

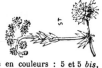

○ Plante *non grasse ;* collerette de la fleur composée formée de nombreuses écailles (figures CJA, CNI) ; les écailles de la

collerette peuvent être de formes différentes (figures JA, NG, AM). → **Centaurée Jacée** (Barbeau, Jacée) [*Centaurea Jacea*]. — médicinale. ♣. — Figurée en couleurs : 2, planche 30.

805
(*vient de 797*).

— Fleurs enveloppées par une grande feuille verte ou verdâtre *repliée en cornet* (figure IT) ; feuilles en triangle, portées par de longues queues (figure M) qui partent de la base de la plante. → **Arum tacheté** (Gouët, Pied-de-veau) [*Arum maculatum*]. — médicinale. — Figurée en couleurs : 2 et 2 *bis*, planche 57.

— Fleurs *n'ayant pas à la fois* les caractères précédents.. **806**

★ Chaque petite fleur de la fleur composée ayant *4 divisions*

CA   LC

806
(*vient de 805*).

(regarder à la loupe) (figures CA, LC) ; feuilles plus ou moins ovales et toutes à la base. → **Plantain** [*Plantago*]. — Se reporter au n°. **150**

★ .Chaque petite fleur de la fleur composée ayant *6 divisions* (regarder à la loupe) (figure LZ) ; feuilles très étroites et très allongées...... ... **807**

LZ

★ Chaque petite fleur de la fleur composée *réduite à 1, 2 ou 3 écailles* ou à de petites masses ovales.............. **808**

807
(*vient de 806*).

= Feuilles *sans poils* (figure J) ou *réduites à des écailles*. → **Jonc**

J

[*Juncus*]. — Se reporter au n°............................ **36**

= Feuilles bordées çà et là de *longs poils* (figure V) ; groupes de

V

petites fleurs serrées (figure C) (qu'on a pu croire réunies en fleurs composées). → **Luzule champêtre** [*Luzula campestris*]. — Figurée en couleurs : 5, planche 57.

808
(*vient de 806*).

⊖ Les petites fleurs de la fleur composée (ou groupe de fleurs serrées) sont remplacées chacune par *une petite masse ovale* (figure V). → **Ail** [*Allium*]. (Chaque fleur est remplacée par une petite masse ovale (bulbille) qui peut se détacher et germer.)

V

⊖ Les petites fleurs de la fleur composée (ou groupe de fleurs serrées) sont disposées *en boules superposées*, les inférieures étant plus grandes que les supérieures (figure S). → **Rubanier rameux** (Ruban-d'eau) [*Sparganium ramosum*]. — **médicinale.**

S

⊖ Les petites fleurs de la fleur composée sont disposées en *deux cylindres* superposés (figure L) dont l'inférieur est brun. → **Massette** [*Typha*]. — Se reporter au n°............................ **162**

L

⊖ Les petites fleurs de la fleur composée ne sont *ni* remplacées par des masses ovales, *ni* en boules superposées, *ni* en deux cylindres superposés dont l'inférieur est brun... **809**

× *Pas de feuilles développées;* plante croissant dans l'eau. **158**

809
(*vient de 808*).

× Feuilles se rattachant à la tige par une gaine *qui est fendue en long* (*F*, *ft*, *g*, figure G) du côté opposé à la feuille; tige *plus ou moins arrondie* (*t*, *t*, figure G); la feuille porte une petite languette (*lg*, figure G) ou une ligne de poils spéciaux à l'endroit où elle se joint à la tige, au-dessus de la gaine.................. **1069**

× Feuilles se rattachant à la tige par une gaine *qui n'est pas fendue en long* (*F*, *g*, figure C); tige à *3 angles* (*t*, *t*, figure C), au moins sur une partie de sa longueur; la feuille ne porte ni languette ni ligne de poils spéciaux en haut de la gaine....................... **1062**

810
(*vient de 770*).

☐ Plante *piquante* soit par ses feuilles, soit par ses tiges, soit par la collerette qui entoure la fleur composée........ **811**

☐ Plante *non piquante*............................... **812**

811
(*vient de 810*).

★ ★ Feuilles *toutes opposées* (c'est-à-dire disposées 2 par 2 l'une en face de l'autre); celles qui sont vers le milieu ou le bas de la tige sont réunies entre elles de façon à former une sorte de

cuvette (figure DSI); la fleur composée a *plus de 3 centimètres de longueur* et a une forme ovale allongée (figure DS); non seulement les feuilles, mais la tige et les rameaux portent des pointes piquantes. → **Cardère silvestre** (Cabaret-des-oiseaux, Lavoir-de-Vénus, Bain-de-Vénus) [*Dipsacus silvestris*] 🌸. [*Note 1*, au bas de la page]. — Figurée en couleurs : 1, planche 28.

★ ★ Feuilles presque toutes *alternes* (c'est-à-dire attachées une par une sur la tige à des niveaux différents); la fleur composée a *moins de 2 centimètres* de longueur et n'a pas une forme ovale allongée (figure E). Les feuilles portent des pointes piquantes sur leurs bords, mais la tige n'a pas de pointes piquantes; *fleurs d'un blanc bleuâtre.* → **Panicaut champêtre** (Chardon-Roland, Querdonnet, Barbe-de-chèvre, Panicaut) [*Eryngium campestre*]. — **médicinale.** 🌸. — Figurée en couleurs : 4, planche 23. [*Note 2*, au bas de la page].

★ ★ Plante *n'ayant pas* les caractères précédents......... **783**

Note 1. — Pour les diverses espèces de Cardères [*Dipsacus*], voir la *Flore complète*, page 147.
Note 2. — Pour les diverses espèces de Panicauts [*Eryngium*], voir la *Flore complète*, page 135.

⊙ Feuilles *opposées* (sauf parfois dans le haut des tiges ou des rameaux), c'est-à-dire feuilles disposées par deux, attachées sur la tige au même niveau, en face l'une de l'autre.................... **813**

Les figures ci-dessus représentent des exemples de feuilles opposées.

Remarque. — Il se développe assez souvent à l'aisselle des feuilles opposées de petits rameaux feuillés qui pourraient faire croire que les feuilles sont groupées en grand nombre au même niveau sur la tige et non opposées par deux seulement; mais en regardant avec attention à la base de ce groupe de feuilles, on distingue très bien les deux feuilles opposées.

⊙ Feuilles *verticillées,* au moins vers le milieu des tiges, c'est-à-dire feuilles attachées au même niveau sur la tige par 4, 5, 6 ou même plus, et régulièrement disposées tout autour de cette tige.... **818**

Les figures ci-dessus représentent des exemples de feuilles verticillées.

⊙ Feuilles *alternes,* c'est-à-dire feuilles attachées une par une sur la tige à des niveaux différents................................. **819**

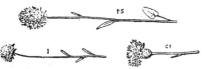

Les figures ci-dessus représentent des exemples de plantes à feuilles alternes.

⊙ Feuilles *groupées,* c'est-à-dire feuilles attachées sur la tige, par 2 ou plus, au même niveau, mais disposées à ce niveau d'un seul côté de la tige... **819**

⊙ Feuilles *toutes à la base* de la plante............... **819**

Remarque. — Si la plante présente à la fois des feuilles alternes et des feuilles opposées ou à la fois des feuilles alternes et verticillées, on peut prendre l'une ou l'autre question ; dans les deux cas, on arrivera au nom de la plante.

812
(vient de 810).

—
813
(vient de 812).

⌃ Les petites fleurs dont l'ensemble forme la fleur composée sont plus grandes sur le pourtour et *rayonnent* tout autour de la fleur composée (exemple : figure COL)....... ... **814**

⌃ Les fleurs dont l'ensemble forme la fleur composée *ne rayonnent pas* tout autour de la fleur composée........ **815**

814
(*vient de 813*).

• Il y a *6 à 8 poils blancs* et raides à la base de chaque corolle des petites fleurs dont l'ensemble forme la fleur composée (figure K, représentant la base d'une des petites fleurs, sans la corolle).
→ **Knautia des champs** (Oreille-d'âne, Scabieuse-des-champs, Oreille-de-lièvre) [*Knautia arvensis*]. — **médicinale**.
— Figurée en couleurs : 4, planche 28.

• Il y a *5 poils noirs* et raides à la base de chaque corolle des petites fleurs dont l'ensemble forme la fleur composée (figure S, représentant la base d'une des petites fleurs, sans la corolle).
→ **Scabieuse Colombaire** (Colombaire) [*Scabiosa Columbaria*]. — Figurée en couleurs : 2, planche 28.

815
(*vient de 813*).

⊕ Chaque fleur de la fleur composée (ou groupe de fleurs) est à **2 lèvres** (figure BV) (c'est-à-dire avec une partie supérieure différente de la partie inférieure) ; on voit, entre les fleurs, des lames vertes ou verdâtres, larges, embrassant la tige et terminées par une pointe au sommet (figure B ; (la figure V représente le sommet de la tige fleurie). → **Brunelle vulgaire** (Charbonnière, Brunelle) [*Brunella vulgaris*]. — **médicinale**. 🌼. — Figurée en couleurs : 6, planche 43.

⊕ Plante *n'ayant pas* les caractères précédents........... **816**

816
(*vient de 815*).

✠ Feuilles *divisées chacune en trois folioles* (figures SU, AG) ou feuilles secondaires.
→ **Trèfle** [*Trifolium*]. — Se reporter au n⁰............................ **348**

✠ Feuilles *non divisées* (voir les figures SS et OL, au n⁰ 817).. **817**

817
(*vient de 816*).

§ *Il y a* une collerette de *nombreuses petites écailles vertes* tout

autour de chaque fleur composée (figures SSU et SCS ; la figure SS représente une feuille prise vers la base de la plante). → **Scabieuse Succise** (Mors-du-diable, Succise) [*Scabiosa Succisa*]. — — **médicinale**. — Figurée en couleurs : 3, planche 28.

§ *Il n'y a pas* de collerette de nombreuses petites écailles tout autour de chaque fleur composée (ou groupe de petites fleurs) (figure OL ;

la figure CA représente une des petites fleurs grossie). → **Valérianelle potagère** (Mâche, Doucette) [*Valerianella olitoria*]. — **alimentaire**. — Figurée en couleurs : 4, planche 27.

818
(*vient de 812*).

① Fleurs d'un *rose lilas ;* chaque petite fleur du groupe est à tube très allongé (figure S) ; chaque groupe de petites fleurs est entouré de petites feuilles à *cils courts peu visibles* (figure SA).
→ **Shérardie des champs** [*Sherardia arvensis*].

① Fleurs *bleues ;* chaque petite fleur est en entonnoir ; chaque groupe de petites fleurs est entouré de petites feuilles à *longs cils* (figure AA). → **Aspérule des champs** [*Asperula arvensis*].

819
(*vient de 812*).

+ Fleurs composées *réduites à des écailles* qui se recouvrent les unes les autres...................................... **827**

+ Fleurs composées *non* réduites à des écailles.......... **820**

820
(*vient de 819*).

— • Les petites fleurs dont l'ensemble forme la fleur composée sont plus grandes sur le pourtour, et *rayonnent* tout autour de la fleur composée épanouie (exemples : figures CY et CI).. ... **821**

— • Les petites fleurs dont l'ensemble forme la fleur composée ne sont pas plus grandes sur le pourtour et *ne rayonnent pas* tout autour de la fleur composée................·........ **824**

821
(*vient de 820*).

△ *Toutes* les petites fleurs de la fleur composée sont *lilas ;* feuilles *sans poils,* plus ou moins profondément découpées (figure LP) ; il s'écoule un lait blanc lorsqu'on brise la tige. → **Laitue vivace** [*Lactuca perennis*]. — Figurée en couleurs : 5, planche 33.

△ Plante *n'ayant pas à la fois* tous ces caractères........ **822**

822
(*vient de 821*).

✠ Les petites fleurs de la fleur composée sont *lilas sur le pourtour* et *jaunâtres au centre;* les fleurs lilas du pourtour sont en forme de languettes ; les fleurs jaunâtres de la partie centrale sont très petites et en forme de tubes ; feuilles non découpées et couvertes de très petits poils. (La figure EA représente le sommet de la plante fleurie). → **Erigéron âcre** [*Erigeron acris*].

✠ *Il n'y a pas* de petites fleurs jaunâtres au centre de la fleur composée ; *toutes* les petites fleurs de la fleur composée sont *bleues* (rarement violacées)............................ **823**

823
(vient de 822).

O Fleurs composées *isolées ou réunies par groupes sur le côté des rameaux ;* toutes les petites fleurs de la fleur composée sont en forme de languettes (celles du centre sont souvent encore enroulées sur elles-mêmes, leurs languettes n'étant pas encore épanouies) (figure CI) ; les feuilles supérieures sont simples ; celles de la base sont plus ou moins profondément divisées. → **Chicorée Intybe** (Chicorée) [*Cichorium Intybus*]. — **alimentaire**. 🌢. — Figurée en couleurs : 2, planche 33.

O Fleurs composées *isolées au sommet des tiges ou des rameaux ;* les petites fleurs de la fleur composée sont en forme de tubes réguliers au centre et, sur le pourtour, en forme de cornets plus grands (figure CY), à lobes inégaux ; les feuilles sont simples ou plus ou moins divisées. → **Centaurée Bleuet** (Bleuet, Bluet, Barbeau, Casse-lunettes) [*Centaurea Cyanus*]. — **médicinale**. 🌢. — Figurée en couleurs : 1, planche 30.

O Plante *n'ayant pas* les caractères précédents......... **795**

824
(vient de 820).

— Feuilles divisées chacune en *3 folioles* ou feuilles secondaires (figures P et SC). → **Trèfle** [*Trifolium*]. — Se reporter au n°................. **348**

— Feuilles *non* à 3 folioles séparées.................... **825**

825
(vient de 824)

★ Chaque fleur de la fleur composée est en forme de cloche (figure CA) et a *plus d'un centimètre et demi de longueur.* → **Campanule agglomérée** [*Campanula glomerata*]. — Figurée en couleurs : 2, planche 35.

★ Plante *n'ayant pas* les caractères précédents **826**

826
(vient de 825).

= Chaque petite fleur de la fleur composée *est portée par une petite queue* (regarder à la loupe) ; fleurs composées arrondies (figure I) ; feuilles étroites. → **Jasione des montagnes** (Herbe-bleue) [*Jasione montana*]. — Figurée en couleurs : 1, planche 35.

= Chaque petite fleur de la fleur composée est *sans queue* (regarder à la loupe) ; fleurs composées *ovales allongées* et *sans collerette* à sa base (figure PS). → **Raiponce en épi** [*Phyteuma spicatum*]. — **alimentaire**. 🌢.

= Plante *n'ayant pas* les caractères précédents......... **798**

827
(vient de 819).

•• Feuilles se rattachant à la tige par une *gaine qui est fendue en long* du côté opposé à la feuille (*ft*, fig. G); tige *plus ou moins arrondie* (*t, t,* fig. G); la feuille *F* porte une petite languette (*lg*, figure G) ou une ligne de poils spéciaux à l'endroit où elle se joint à la tige, en haut de la gaine.. **1069**

•• Feuilles se rattachant à la tige par une gaine qui *n'est pas fendue en long* (*g,* figure C); tige *à 3 angles,* au moins sur une partie de sa longueur; la feuille ne porte ni languette ni ligne de poils spéciaux à l'endroit où elle se rattache à la tige, en haut de la gaine de la feuille.. **1062**

828
(vient de 770).

⊙ Plante ayant des *pointes piquantes* qui peuvent être parfois très petites, soit sur les feuilles, soit sur la collerette de la fleur composée.. **829**

⊙ Plante *sans pointes piquantes* sur les feuilles ni sur la collerette de la fleur composée.. **837**

829
(vient de 828).

↰ *Il s'écoule un lait blanc* lorsqu'on coupe ou qu'on brise la tige; briser de préférence la queue d'une fleur composée épanouie ou en bouton..... .... **830**

↰ *Pas de lait blanc* lorsqu'on coupe ou que l'on brise la tige au-dessous d'une fleur composée épanouie ou en bouton. **834**

830
(vient de 829).

• La collerette verte de la fleur composée a *plus de 6 millimètres* dans sa plus grande largeur; la tige *n'est pas dure* vers le milieu de sa hauteur........................... **831**

• La collerette verte de la fleur composée a *moins de 6 millimètres* dans sa plus grande largeur; la tige *est dure* vers le milieu de sa hauteur et jusqu'à la base; les feuilles ont de petits aiguillons, surtout sur leur nervure principale, en dessous (figure SC); tige sans poils, ordinairement très ramifiée dans sa partie supérieure. → **Laitue Scariole** [*Lactuca Scariola*]. — **médicinale; alimentaire.** — [*Note 1,* au bas de la page.] — On cultive diverses variétés de cette plante sous le nom de Laitue-romaine, Laitue-pommée, Laitue-frisée.

Note 1. — Pour les diverses espèces de Laitues [*Lactuca*], voir la *Nouvelle Flore*, page 95, et la *Flore complète*, page 187. — *Flore de Belgique*, p. 99.

⊕ Feuilles couvertes de poils un peu piquants; feuilles *n'embrassant pas* la tige par la base (figure PH) ; la collerette de la fleur composée a ses écailles les plus inférieures un peu recourbées en dehors (figure PC). → **Picris Fausse-Epervière** [*Picris hieracioides*].

831
(*vient de 830*).

⊕ Feuilles sans poils ou poilues, et ayant de très petites pointes piquantes; feuilles *embrassant* la tige par leur base. → **Laiteron** [*Sonchus*] [*Note 1*, au bas de la page]. — Pour les principales espèces de Laiterons [*Sonchus*], continuer au nᵒ.......... **832**

832
(*vient de 831*).

⊞ Chaque feuille embrasse la tige par deux oreillettes qui sont *courtes et arrondies, non recourbées* (figure AR). → **Laiteron des champs** [*Sonchus arvensis*].

⊞ Chaque feuille embrasse la tige par deux oreillettes qui sont *aiguës* ou *plus ou moins recourbées* ou *très développées* (voir les figures ASP et OL, du nᵒ 833).................... **833**

833
(*vient de 832*).

§ Les oreillettes qui embrassent la tige sont *contournées en spirale* (figure ASP). → **Laiteron âpre** (Laiteron, Laite, Lacheron, Laceron) [*Sonchus asper*].

§ Les oreillettes qui embrassent la tige sont *un peu courbées seulement,* non contournées en spirale (figure OL). → **Laiteron maraîcher** (Laiteron, Laite, Lacheron, Laceron) [*Sonchus oleraceus*]. — Figurée en couleurs : 1, planche 34.

834
(*vient de 829*).

+ Feuilles *sans petites pointes piquantes ;* collerette de la fleur composée à écailles terminées chacune par une pointe allongée et piquante (figure SOL). →**Centaurée du solstice** [*Centaurea solsticialis*].

+ Feuilles *ayant de petites pointes piquantes*............ **835**

835
(*vient de 834*).

—• Fleurs *jaunes ;* les petites fleurs du pourtour de la fleur composée sont plus grandes que les fleurs du centre, mais non étalées ni rayonnantes (figure K) ; la collerette de la fleur composée a ses petites feuilles épineuses *dressées* (figure K). → **Centrophylle laineuse** (Chardon-bénit-des-Parisiens) [*Kentrophyllum lanatum*]. — **médicinale.**

—• Fleurs *jaunâtres* ou *d'un blanc jaunâtre*............. **836**

Note 1. — Pour plus de détails sur les espèces de Laiterons [Sonchus], voir la *Nouvelle Flore*, p. 96, et la *Flore complète*, p. 187. — *Flore de Belgique*, p. 100.

△ Collerette de la fleur composée à écailles piquantes *rayonnant tout autour de la fleur* lorsque
la fleur composée est épanouie (figure C). → **Carline
vulgaire** (Carline) [*Carlina vulgaris*]. — **médicinale.** ❀. — Figurée en couleurs : 5, planche 28.

836
(*vient
de
835*).

△ Collerette de la fleur composée à écailles
piquantes *non rayonnantes ;* feuilles assez
faiblement épineuses (fig. OL). → **Chardon
potager** [*Cirsium oleraceum*].

✠ Fleurs du pourtour de la fleur composée *étalées* et *rayonnant
tout autour de la fleur,* lorsque la fleur composée est
épanouie... **838**

837
(*vient
de
828*).

Les figures ci-dessus représentent des exemples de fleurs composées rayonnantes.

✠ Fleurs du pourtour de la fleur composée *non rayonnantes.* **872**

838
(*vient
de
837*).

○ *Il s'écoule un lait blanc* lorsqu'on coupe ou qu'on brise la
tige un peu au-dessous d'une fleur composée jeune ou en
bouton.. **839**

○ *Pas de lait blanc* lorsqu'on coupe la tige............ **860**

— La collerette de la fleur composée est formée de *5 à 12 écailles*
ou petites feuilles vertes disposées à peu près au même niveau
et toutes sensiblement égales entre elles (sans compter
quelques très petites écailles qui se trouvent parfois à la base)...... **840**

Les figures ci-dessus représentent des exemples de fleurs composées dont la
collerette est formée de 5 à 12 écailles principales attachées à peu près au même
niveau.

839
(*vient
de
838*).

— La collerette de la fleur composée est formée de *plus de
12 écailles* ou petites feuilles vertes inégales disposées à des
niveaux différents (regarder à la loupe, si c'est nécessaire)..... **842**

Les figures ci-dessus représentent des exemples de fleurs composées dont la
collerette a plus de 12 écailles attachées à des niveaux différents.

840
(vient de 839).

★ La fleur composée *ne renferme que 5 petites fleurs en languette* (figure P ; la figure PH représente une des 5 petites fleurs en languette), ce qui peut la faire prendre, au premier abord, pour une fleur non composée à 5 pétales. → **Phénope des murailles** (Laitue-des-murailles) [*Phænopus muralis*].

★ La fleur composée *renferme plus de 5 petites fleurs*.. **841**

841
(vient de 840).

= Chacune des fleurs composées ayant *plus de 2 centimètres de longueur;* feuilles allongées et étroites (figure TP). → **Salsifis des prés** (Salsifis-bâtard, Barbe-de-bouc) [*Tragopogon pratensis*] ✿. — Figurée en couleurs : 4, planche 33.

= Chacune des fleurs composées ayant *moins* de 2 centimètres de longueur; feuilles ovales, aiguës, dentées ou divisées; les feuilles divisées, attachées vers le milieu de la tige, ont le lobe terminal *beaucoup plus large* que les autres (figure LC ; la figure LA représente une fleur composée, vue de profil). → **Lampsane commune** (Lampsane) [*Lampsana communis*]. — **médicinale.** — Figurée en couleurs : 1, planche 33.

= Chacune des fleurs composées ayant *moins* de 2 centimètres de longueur; feuilles dentées ou divisées ; les feuilles divisées, attachées vers le milieu de la tige, *n'ont pas* le lobe terminal beaucoup plus large que les autres (figure CVR ; la figure CV représente une fleur composée vue de profil). → **Crépis verdoyant** [*Crepis virens*].

842
(vient de 839).

⊖ Feuilles *toutes ou presque toutes à la base de la tige fleurie*............................... **843**

⊖ Feuilles *attachées une par une le long de la tige fleurie.* **852**

843
(vient de 842).

× La collerette de la fleur composée a *moins* de 7 millimètres de largeur ; feuilles presque sans poils ; les écailles vertes de la collerette sont appliquées sur l'ensemble des petites fleurs de la fleur composée (figures CV et CVR). → **Crépis verdoyant** [*Crepis virens*].

× La collerette de la fleur composée a *plus de 7 millimètres de largeur* (mesurer un certain nombre de fleurs composées)...... **844**

844
(vient de 843).

□ Les écailles qui forment la collerette de la fleur composée sont plus ou moins **poilues** (parfois les poils sont très petits : regarder à la loupe) **845**

□ Les écailles qui forment la collerette de la fleur composée sont **sans poils** **850**

845
(vient de 844).

★ ★ Les écailles qui forment la collerette de la fleur composée sont poilues sur toute leur surface extérieure (figures LH et AT, par exemple ; parfois les poils sont très petits : regarder à la loupe) ; poils **non raides et non durs comme de petites pointes** **846**

★ ★ Les écailles qui forment la collerette de la fleur composée ont des poils **raides** et souvent même **durs comme de petites pointes** (les poils sont sur toute la surface de l'écaille [figure HI] ou seulement sur une partie de la surface [figures RD et R, par exemple]) . . . **849**

846
(vient de 845).

⊙ Tiges **appliquées sur le sol,** sauf celles qui portent les fleurs (figure PI) ; feuilles poilues blanchâtres en dessous ; la fleur composée est d'un jaune assez clair, souvent un peu rougeâtre en dehors, sur son pourtour.
→ **Épervière Piloselle** (Oreille-de-rat, Piloselle) [*Hieracium Pilosella*]. — Figurée en couleurs : 3, planche 34. [*Note 1*, au bas de la page].

⊙ Tiges **non** appliquées sur le sol **847**

847
(vient de 846).

꙳ Feuilles, en général, **moins de 4 fois plus longues que larges** (figures M et MU) ; les écailles qui forment la collerette de la fleur composée ont, au milieu d'autres poils, des poils terminés chacun par une petite boule (regarder à la loupe : figure HM) ; il y a ordinairement une seule feuille sur la tige, au-dessus de la rosette de feuilles qui est à la base de la plante,
→ **Épervière des murs** (Pulmonaire-des-Français) [*Hieracium murorum*]. — [*Note 1*, au bas de la page].

꙳ Feuilles, en général, **plus de 4 fois plus longues que larges ;** les écailles qui forment la collerette de la fleur composée sont poilues, mais n'ont pas de poils terminés chacun par une petite boule (regarder à la loupe : figures SHU, AT) ; toutes les feuilles sont à la base de la plante **848**

Note 1. — Pour plus de détails sur les diverses espèces d'Épervières [*Hieracium*], voir la *Flore complète*, page 191.

848
(*vient*
de
847).

- Chaque fleur com-
posée a *plus de*
deux centimètres et
demi de longueur ;
feuilles sans divisions ni dents sur les bords (figure SH ; la
figure HUM représente une fleur composée vue de profil). → **Scorzonère**
humble [*Scorzonera humilis*]. [Voir la *note 1*, au bas de la page].

- Chaque fleur com-
posée a *moins* de
deux centimètres et
demi de longueur ; feuilles divisées plus ou moins dentées
(figure LA ; la figure AT représente une des écailles de la collerette de la
fleur composée). → **Léontodon d'automne** [*Leontodon autum-*
nalis] ✿. — Figurée en couleurs : 2, planche 34. [Voir la *note 2*, au bas
de la page].

849
(*vient*
de
845).

⊕ Au-dessous de la fleur composée, la tige est couverte de
nombreux poils raides ou parfois de petits poils (figures LH et HI ;

les figures PR et AL représentent des feuilles plus ou moins divisées).
→ **Léontodon hispide** [*Leontodon hispidus*] ✿.

⊕ Au-dessous de la fleur composée, la tige est *sans poils*
(figure HRD ; les figures R et RD
représentent des écailles de la collerette de la fleur composée). → **Porcelle**
enracinée [*Hypochœris radicata*].

850
(*vient*
de
844).

✠ Feuilles *sans divi-*
sions ni dents sur
les bords, étroites
et allongées (fig. SH);
chaque fleur composée (figure HUM) a plus de deux centimètres
et demi de longueur (La figure HUM représente une fleur composée,
vue de profil). → **Scorzonère humble** [*Scorzonera humilis*].
[Voir la *note 1*, au bas de la page].

✠ Feuilles *divisées ou dentées sur les bords*............ **851**

Note 1. — Pour les différentes espèces de Scorzonères [*Scorzonera*], voir la *Nouvelle Flore*,
page 95, et la *Flore complète*, page 185. — *Flore de Belgique*, p. 98.
Note 2. — Pour les différentes espèces de Léontodons, voir la *Nouvelle Flore*, page 97, et la
Flore complète, page 184. — *Flore de Belgique*, p. 101.

§ Les écailles extérieures de la collerette de la fleur composée sont *recourbées en dehors ou renversées* (figures DE et DT ; ces figures représentent la fleur composée vue par dessous ou coupée par son milieu : *fl*, petites fleurs de la fleur composée ; *co*, collerette ; la figure T représente la plante entière). → **Pissenlit Dent-de-lion** (Pissenlit) [*Taraxacum Dens-leonis*]. — alimentaire ; médicinale. 🐾. — Figurée en couleurs : 3, planche **33**.

851
(*vient de 850*).

§ Les écailles extérieures de la collerette de la fleur composée *ne sont pas recourbées en dehors* ni renversées......... **849**

852
(*vient de 842*).

+ Les feuilles sont *sans poils ou presque sans poils* (sans parler des petits aiguillons qui se trouvent parfois sur les nervures). **853**

+ Les feuilles sont *poilues* (regarder à la loupe)............. **855**

853
(*vient de 852*).

—• Les écailles qui forment la collerette de la fleur composée sont *couvertes de petits poils blancs qui sont souvent parsemés de poils noirs ;* feuilles sans petites pointes ou aiguillons sur la nervure principale, plus ou moins découpées (figure CVR ; la figure CV représente une fleur composée), tiges *non* creuses. → **Crépis verdoyant** [*Crepis virens*].

—• Les écailles qui forment la collerette de la fleur composée *ne sont pas* couvertes de petits poils blancs parsemés de poils noirs ; feuilles ayant souvent de petites pointes ou aiguillons sur la nervure principale (voir les figures SA et SC, au nᵒ 854) ; tiges *non* creuses. → **Laitue** [*Lactuca*]. — Continuer au nᵒ. **854**

—• Les écailles de la collerette sont *sans poils* ou *avec* des poils terminés chacun par une toute petite boule (regarder à la loupe) ; tiges *creuses* en dedans............................ **832**

854
(*vient de 853*).

△ Les feuilles qui sont attachées vers le milieu de la hauteur de la tige sont *lisses sur les bords*, et embrassent la tige à leur base par *deux lobes* pointus et *sans dents* sur les bords (figure SA). → **Laitue à feuilles de Saule** [*Lactuca saligna*].

△ Les feuilles qui sont attachées vers le milieu de la hauteur de la tige ont de *petits cils piquants sur les bords*, et embrassent la tige à leur base par *deux lobes ayant des dents sur les bords*, peu pointus ou arrondis (figure SC). → **Laitue Scariole** [*Lactuca Scariola*]. — médicinale. — On cultive comme alimentaires plusieurs variétés de cette espèce, connues sous les noms de Laitue-romaine, Laitue-pommée et Laitue-frisée.

855
(vient de 852).

✠ Les écailles vertes les plus extérieures de la collerette de la fleur composée sont plus ou moins *recourbées en dehors* ou tout au moins *très écartées des autres écailles vertes,* et  plusieurs d'entre elles sont *situées au-dessous de la collerette, et attachées sur la tige à une certaine distance les unes des autres* (figure PC) ; ces écailles sont couvertes de poils raides ; les feuilles sont peu dentées et n'embrassent pas la tige par leur base (figure PH). → **Picris Fausse-Epervière** [*Picris hieracioides*]. [Voir la *note 1*, au bas de la page].

✠ Plante *n'ayant pas à la fois* ces caractères............ 856

856
(vient de 855).

○ Les feuilles sont *profondément découpées ou divisées,* sauf parfois les feuilles qui sont tout à fait dans le haut des tiges... 857

○ Les feuilles sont *dentées, à peine découpées sur les bords, ou sans dents*................................... 859

857
(vient de 856).

— Collerette verte de la fleur composée ayant *moins de 7 millimètres de longueur ;* écailles vertes de la collerette couvertes de poils blancs  qui sont parsemés de poils noirs ; feuilles supérieures peu divisées (figure CVR représentant la partie supérieure de la plante ; la figure CV représente une fleur composée, vue de profil). → **Crépis verdoyant** [*Crepis virens*]. [*Note 2*, au bas de la page].

— Collerette verte de la fleur composée ayant *plus* de 7 millimètres de longueur................................. 858

858
(vient de 857).

★ Plante *ayant une odeur désagréable plus ou moins mêlée d'une odeur d'amandes amères,* lorsqu'on froisse les feuilles ; les jeunes boutons des fleurs composées sont souvent penchés. → **Barkhausie fétide** [*Barkhausia fœtida*]. [Voir la note 3, au bas de la page].

★ Plante *n'ayant pas d'odeur particulière* lorsqu'on froisse les feuilles ; les jeunes boutons des fleurs composées sont souvent dressés. → **Barkhausie à feuilles de Pissenlit** [*Barkhausia taraxacifolia*] ❀.

Note 1. — Pour les diverses espèces de Picris, voir la *Flore complète*, page 185.
Note 2. — Pour les diverses espèces de Crépis, voir la *Nouvelle Flore*, page 96, et la *Flore complète*, page 189. — *Flore de Belgique*, p. 100.
Note 3. — Pour plus de détails sur les diverses espèces de Barkhausies [*Barkhausia*], voir la *Nouvelle Flore*, page 95, et la *Flore complète*, page 188. — *Flore de Belgique*, p. 99.

= Les écailles extérieures de la collerette sont *un peu recourbées en dehors* à leur sommet (figure HU) ; les feuilles qui sont tout à fait à la base de la plante sont détruites ou desséchées lorsque la plante fleurit (figure UM). → **Epervière en ombelle** (Epervière) [*Hieracium umbellatum*]. — Figurée en couleurs : 4, planche 34. [*Note 1*, au bas de la page].

859
(*vient de 856*).

= Les écailles extérieures de la collerette sont *appliquées,* comme les autres écailles, *sur la fleur composée* (figure HMR) ; les feuilles qui sont tout à fait à la base de la plante sont encore vertes et développées (figure M) lorsque la plante fleurit ; tantôt il n'y a qu'une seule feuille le long de la tige (figures M, MU) ; tantôt il y en a plusieurs (exemple : figure SI). → **Epervière des murs** (Pulmonaire-des-Français) [*Hieracium murorum*].

860
(*vient de 838*).

⊖ Feuilles *toutes à la base de la plante* (figure L ; on voit en LA et PR des exemples de feuilles). → **Léontodon** [*Leontodon*]. [*Note 2*, au bas de la page]. — Le Léontodon d'automne [*Leontodon autumnalis*] est figuré en couleurs : 2, planche 34.

⊖ Feuilles *attachées le long des tiges*.................. **861**

861
(*vient de 860*).

× Chaque fleur composée épanouie a *plus de 5 centimètres de largeur ;* plante ayant, en général, *1 à 2 mètres* de hauteur. **862**

× Plante *n'ayant pas à la fois* les caractères précédents... **864**

862
(*vient de 861*).

□ Chaque fleur composée épanouie est *penchée,* et mesure, en général, *plus de 10 centimètres de largeur.* → **Hélianthe annuel** (Soleil, Grand-Soleil) [*Helianthus annuus*].

□ Chaque fleur composée épanouie est *dressée,* et mesure, en général, *moins* de 10 centimètres de largeur.......... **863**

Note 1. — Pour plus de détails sur les diverses espèces d'Epervières [*Hieracium*], voir la *Flore complète*, page 191.

Note 2. — Pour les diverses espèces de Léontodons [*Leontodon*], voir la *Nouvelle Flore*, page 97, et la *Flore complète*, page 184. — *Flore de Belgique*, p. 101.

863
(*vient de 862*).

★ ★ Feuilles *vertes sur les deux faces ;* les feuilles sont opposées, c'est-à-dire attachées par paires, au même niveau, sur la tige, sauf les feuilles supérieures qui sont attachées une par une sur la tige. → **Hélianthe tubéreux** (Topinambour) [*Helianthus tuberosus*]. — **alimentaire.**

★ ★ Feuilles *poilues, blanchâtres en dessous ;* les feuilles sont toutes attachées une par une sur la tige (la figure HE représente une fleur composée vue de profil [dimensions très réduites]). → **Inule Aunée** (OEil-de-cheval, Aunée, Enula-Campana) [*Inula Helenium*]. — **médicinale.**

864
(*vient de 861*).

⊙ Feuilles *profondément divisées* (sauf parfois les feuilles tout à fait dans le haut des tiges), c'est-à-dire que chaque feuille est comme découpée jusqu'à plus de la moitié de sa largeur........ **865**

Les figures ci-dessus représentent des exemples de feuilles profondément divisées.

⊙ Feuilles *simples ;* c'est-à-dire soit non découpées jusqu'à plus de la moitié de la largeur de la feuille, soit seulement bordées de dents ou même sans dents sur les bords................................. **867**

Les figures ci-dessus représentent des exemples de feuilles simples.

⊙ Feuilles *non développées*............................. **867**

Remarque. — Si l'on hésite entre feuilles composées et feuilles profondément divisées, cela est indifférent, puisque dans les deux cas on est renvoyé au même numéro.
Si l'on hésite entre feuilles profondément divisées et feuilles simples (comme par exemple dans le cas d'une feuille telle que celle représentée par la figure A), on peut prendre l'une ou l'autre question ; dans les deux cas, on arrivera au nom de la plante. Il en sera de même si la plante possède à la fois des feuilles simples et des feuilles composées ou divisées (en dehors de quelques feuilles simples qui peuvent se trouver tout au sommet des tiges fleuries).

865
(*vient de 864*).

⌒ Les fleurs composées sont *isolées au sommet de la tige ou de rameaux allongés* (figure CS); chaque fleur composée épanouie a, en général, entre 3 et 4 centimètres de largeur ; les feuilles sont sans poils et d'un vert glauque. → **Chrysanthème des moissons** (Mirliton-bâtard, Marguerite-dorée, Jaunet) [*Chrysanthemum segetum*] ❀.

⌒ Plante *n'ayant pas à la fois* ces caractères............ **866**

866
(vient de 865).

- Chaque fleur composée épanouie a **plus d'un centi-mètre** de largeur ; les petites fleurs en languette jaunes qui sont sur le pourtour de la fleur composée **ne sont pas roulées en dehors** (figure JC). → **Séneçon Jacobée** (Herbe-de-Jacob, Jacobée, Herbe-Saint-Jacques) [*Senecio Jacobæa*]. — **médicinale.** — Figurée en couleurs : 5, planche 31.

- Chaque fleur composée épanouie a **moins** d'un cen-timètre de largeur ; les petites fleurs en languette jaunes qui sont sur le pourtour de la fleur composée **sont roulées en dehors** (figure VS). → **Séneçon visqueux** [*Senecio viscosus*].

867
(vient de 864).

⊕ Feuilles **réduites à des écailles** (figure F). → **Tussilage Pas-d'âne** (Tussilage) [*Tus-silago Farfara*]. — **médicinale.** 🌸 — Figurée en couleurs : 2, planche 31.

⊕ Feuilles **développées**.............................. **868**

868
(vient de 867).

⊞ Feuilles **ayant de nombreux poils,** au moins sur les bords et sur la nervure principale (regarder à la loupe)........ **869**

⊞ Feuilles **sans poils ou presque sans poils**.............. **870**

869
(vient de 868).

§ Feuilles **plus ou moins blanchâtres en dessous,** embrassant largement la tige par leur base (figure DY) ; les collerettes des fleurs composées sont couvertes de poils un peu cotonneux. → **Inule dysentérique** (Herbe-Saint-Roch) [*Inula dysente-rica*]. — **médicinale.** 🌸

§ Plante **n'ayant pas à la fois** tous ces caractères........ **870**

870
(vient de 869).

+ Fleurs composées **disposées en grappe** (figure SO) ; chaque fleur composée épa-nouie ne dépasse pas un centimètre de largeur. → **Solidage Verge-d'or** (Verge-d'or) [*Solidago Virga-aurea*]. — **médicinale.** 🌸 — Figurée en couleurs : 5, planche 32.

+ Plante **n'ayant pas à la fois** tous ces caractères....... **871**

871
(vient de 870).

—• Feuilles **ayant des poils** (regarder à la loupe) ; les feuilles supérieures em-brassent plus ou moins la tige par leur base (figure C). → **Souci des champs** (Souci-de-vigne) [*Calendula arvensis*]. — **médicinale.** — Figurée en couleurs : 3, planche 31.

—• Feuilles **sans poils ;** les feuilles supé-rieures n'embrassent pas la tige par leur base (figure CS). → **Chrysanthème des moissons** (Mirliton-bâtard, Marguerite-dorée, Jaunet) [*Chrysanthemum segetum*] 🌸

△ Feuilles **composées ;** c'est-à-dire que la feuille tout entière est formée par la réunion de feuilles secondaires, nommées *folioles*, que l'on prend souvent à tort chacune pour une feuille ; l'ensemble de la feuille composée vient se rattacher à la tige par sa base ou par une queue qui porte toutes les folioles ; la base de la feuille composée *n'est pas* juste à l'aisselle d'une autre feuille.. **873**

Les figures ci-dessus représentent quelques exemples de feuilles composées.

△ Feuilles **profondément divisées** (sauf parfois les feuilles tout à fait dans le haut des tiges), c'est-à-dire que chaque feuille est comme découpée jusqu'à plus de la moitié de sa largeur............ **873**

Les figures ci-dessus représentent des exemples de feuilles profondément divisées.

872
(*vient de 837*).

△ Feuilles **simples ;** c'est-à-dire soit non découpées jusqu'à plus de la moitié de la largeur de la feuille, soit seulement bordées de dents ou même sans dents sur les bords.. **879**

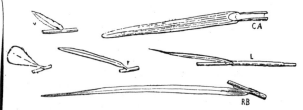

Les figures ci-dessus représentent des exemples de feuilles simples.

△ Feuilles **non développées....** **879**

Remarque. — Si l'on hésite entre feuilles composées et feuilles profondément divisées, cela est indifférent, puisque dans les deux cas on est renvoyé au même numéro.
Si l'on hésite entre feuilles profondément divisées et feuilles simples (comme par exemple dans le cas d'une feuille telle que celle représentée par la figure A), on peut prendre l'une ou l'autre question ; dans les deux cas, on arrivera au nom de la plante. Il en sera de même si la plante possède à la fois des feuilles simples et des feuilles composées ou divisées (en dehors de quelques feuilles simples qui peuvent se trouver tout au sommet des tiges fleuries).

873
(vient de 872).

✠ Feuilles **à 3 folioles** non dentées ou à très petites dents sur les bords (sans compter les deux petites folioles rattachées à la tige et qui se trouvent à la base de chaque feuille: figure PR)........................... **465**

✠ Feuilles à **plus de 3 folioles ;** chaque fleur de la fleur composée est **irrégulière ;** la collerette est formée de petites feuilles en éventail......................... **463**

✠ Plante **n'ayant pas** ces caractères.................... **874**

874
(vient de 873).

○ Feuilles **opposées,** c'est-à-dire attachées deux par deux, au même niveau sur la tige, en face l'une de l'autre (voir les figures A et TRI au n° 875)..................... **875**

○ Feuilles **alternes,** c'est-à-dire attachées une par une à des niveaux différents.......................... **876**

875
(vient de 874).

Une seule fleur composée (ou groupe de petites fleurs serrées), **d'un jaune verdâtre,** plus ou moins en forme de boule ; il n'y a pas de collerette d'écailles au-dessous des fleurs (figure A) ; il n'y a sur la tige que deux feuilles opposées ; les autres feuilles sont toutes à la base de la plante. → **Adoxa Moscatelline** (Muscatelline) [*Adoxa Moschatellina*].

— Fleurs **jaunes ;** chaque fleur composée est entourée par une collerette d'écailles vertes et par des feuilles (figure B) ; feuilles souvent divisées en 3 segments dentés et aigus au sommet (figures T et TRI). → **Bident tripartit** [*Bidens tripartita*].

876
(vient de 874).

★ Les écailles de la collerette de chaque petite fleur composée sont **très poilues-blanchâtres,** nombreuses et disposées sur plusieurs rangs, se recouvrant les unes les autres ; les fleurs composées sont rapprochées en grappes plus ou moins allongées (figure AV). **877**

★ Plante **n'ayant pas à la fois** les caractères précédents. **878**

877
(vient de 876).

= Feuilles **blanches en dessous,** à lobes assez larges (exemple : figure VU). → **Armoise vulgaire** (Couronne-de-Saint-Jean, Herbe-à-cent-goûts, Armoise) [*Artemisia vulgaris*]. — médicinale. — Figurée en couleurs : 1, planche 32.

= Feuilles **vertes et poilues-soyeuses sur les deux faces,** à lobes assez étroits (figure AB). → **Armoise Absinthe** (Absinthe, Aluyne, Herbe-sainte) [*Artemisia Absinthium*]. — médicinale ; industrielle.

878
(vient de 876).

⊖ *Il y a de petites languettes jaunes recourbées en dehors* sur le pourtour des fleurs composées...................... **866**

⊖ *Il n'y a pas* de petites fleurs en languettes recourbées ; collerette de la fleur composée à *écailles les plus longues disposées sur un seul rang ;* mais, au-dessous, se trouvent de très petites écailles (figure VU)... **884**

⊖ *Il n'y a pas* de petites fleurs en languettes recourbées ; collerette de la fleur composée à *écailles disposées sur plusieurs rangs* (figure TVU) ; les fleurs composées sont chacune environ 2 fois plus larges que longues, viennent le plus souvent s'épanouir à peu près à un même niveau (figure TV). → **Tanaisie vulgaire** (Herbe-au-coq, Sent-bon, Tanaisie) [*Tanacetum vulgare*]. — **médicinale.** — Figurée en couleurs : 2, planche 32.

879
(vient de 872).

✕ *Il s'écoule un lait blanc* lorsqu'on coupe ou lorsqu'on brise la tige. → **Euphorbe** [*Euphorbia*]. — Se reporter au nᵒ....... **706**

✕ *Pas de lait blanc* lorsqu'on coupe la tige.............. **880**

880
(vient de 879).

□ Fleurs *réduites à des écailles* (exemples : figures LT et VG, A ou S

ou à de petites masses serrées enveloppées par un grand cornet (figure IT)................................... **888**

□ Fleurs *non* réduites à des écailles, et *régulières,* c'est-à-dire que les parties semblables de la fleur sont régulièrement disposées autour du centre de la fleur et sensiblement égales entre elles...... **881**

881
(vient de 880).

★★ Feuilles *ayant des poils* (regarder à la loupe)........... **882**

★★ Feuilles *sans poils*................................... **886**

882
(vient de 881).

⊙ Les écailles de la collerette de la fleur composée sont *poilues-blanchâtres*................................... **885**

⊙ Les écailles de la collerette de la fleur composée sont *sans poils ou presque sans poils*........................... **883**

883
(vient de 882).

↶ Les écailles de la collerette de la fleur composée (sauf les écailles supérieures) *sont recourbées en dehors à leur sommet* (figure CO). → **Inule Conyze** [*Inula Conyza*] ✿. — Figurée en couleurs : 4, planche 32.

↶ Les écailles de la collerette de la fleur composée *ne sont pas* recourbées en dehors à leur sommet.................. **884**

884
(vient de 883).

- Les petites fleurs du pourtour de la fleur composée sont *plus grandes* que celles du centre ; feuilles bordées de cils. (La figure C représente une fleur composée ; la figure EC représente une tige fleurie.) → **Erigéron du Canada** [*Erigeron canadensis*]. — **médicinale.** — Figurée en couleurs : 3, planche 32.

- Les petites fleurs du pourtour de la fleur composée sont *de même longueur* que celles du centre (figure VU) ; feuilles non bordées de cils. → **Séneçon vulgaire** (Séneçon) [*Senecio vulgaris*]. — **médicinale.** — Figurée en couleurs : 4, planche 31.

885
(vient de 882).

⊕ Chaque fleur composée a *plus de 7 millimètres de largeur;* petites fleurs en languette du pourtour de la fleur composée dressées, et à peine plus longues que les petites fleurs du centre (figure IP) ; feuilles supérieures embrassant la tige par leur base (figure V). → **Inule Pulicaire** (Pulicaire) [*Inula Pulicaria*].

⊕ Chaque fleur composée a *moins de 7 millimètres de largeur.*

→ **Gnaphale** [*Gnaphalium*]. [*Note 1*, au bas de la page]. — Les figures U, GS, LA représentent quelques exemples de Gnaphales [*Gnaphalium*].

886
(vient de 881).

✠ Fleurs *membraneuses*, de consistance sèche. (La figure LA représente une fleur isolée.) → **Jonc** [*Juncus*]. — Se reporter au nᵒ...................... **36**

✠ Fleurs *non* membraneuses............................. **887**

887
(vient de 886).

§ Feuilles *plus de 10 fois plus longues que larges* (fig. FL); chaque petite fleur dont le groupe a été pris pour une fleur composée est à six parties séparées ou presque séparées entre elles jusqu'à leur base. → **Ail jaune** [*Allium flavum*].

§ Feuilles *moins de 10 fois* plus longues que larges ; chaque petite fleur de la fleur composée est en forme de tube. (La figure VU représente une fleur composée.) → **Séneçon vulgaire** (Séneçon) [*Senecio vulgaris*]. — **médicinale.** — Figurée en couleurs : 4, planche 31.

Note 1. — Pour les diverses espèces de Gnaphales [*Gnaphalium*], voir la *Nouvelle Flore*, p. 92, et la *Flore complète*, p. 172. — *Flore de Belgique*, p. 95.

+ Feuilles *arrondies comme des tiges* (figure J) ; ou *réduites à*

J

des écailles mais non disposées régulièrement autour de la tige. → **Jonc** [*Juncus*]. — Le Jonc épars [*Juncus effusus*] est figuré en couleurs : 4, planche 57.

+ Feuilles (ou rameaux ressemblant à des feuilles) *verticillées*

888
(*vient de 880*).

A   AV

ou *réduites à des gaines dentées;* c'est-à-dire attachées par 5 ou plus, au même niveau,

AR

sur la tige (figures A, AV, AR) (en réalité c'est une plante sans fleurs). → **Prêle** [*Equisetum*]. — Se reporter au n⁰............ **1104**

+ Feuilles *développées, aplaties et allongées*........... **889**

889
(*vient de 888*).

—• Fleurs *disposées en cylindres allongés* (figure A). → **Massette** [*Typha*]. — Se reporter au n⁰................

A
162

—• Fleurs *disposées en boules situées les unes au-dessus des autres* (figure R). → **Rubannier rameux** (Ruban-d'eau) [*Sparganium ramosum*].

R

—• Fleurs entourées d'un *grand cornet* (fig. IT). → **Arum tacheté** (Gouet, Pied-de-veau) [*Arum maculatum*]. — **médicinale.** — Figurée en couleurs : 2 et 2 *bis*, planche 57.

IT

—• Fleurs *non* disposées exactement comme sur les figures A, R et IT... **890**

890
(*vient de 889*).

△ Feuilles se rattachant à la tige par une gaine *qui est fendue en long* (F, ft, g, figure G) du côté opposé à la feuille ; tige *plus ou moins arrondie*

G

(t, t, figure G) ; la feuille porte une petite languette (lg, figure G) ou une ligne de poils spéciaux à l'endroit où elle se joint à la tige, au-dessus de la gaine........................... **1069**

△ Feuilles se rattachant à la tige par une gaine *qui n'est pas fendue en long* (f, g, figure C); tige à *3 angles* (t, figure C),

C

au moins sur une partie de sa longueur ; la feuille ne porte ni languette ni ligne de poils spéciaux à l'endroit où elle se joint à la tige, au-dessus de la gaine... **1062**

⊞ Plante **piquante,** soit par ses feuilles, soit par ses tiges, soit par les écailles de la fleur composée........ .... **892**

891
(*vient de 770*).

⊞ Plante ayant les écailles de la collerette de la fleur composée **terminées en crochet** (figure LA) ; la fleur composée détachée s'accroche facilement aux vêtements. → **Bardane commune** (Oreille-de-géant, Glouteron, Coupeau, Bardane) [*Lappa communis*]. — **médicinale.** 🌸 — Figurée en couleurs (à fleurs roses) : 3, planche 30.

⊞ Plante **non piquante** et **sans écailles en crochet**..... .... **896**

892
(*vient de 891*).

○ Feuilles **piquantes**................................. **893**

○ Feuilles **non** piquantes ; écailles de la collerette de la fleur composée terminées chacune par une **épine piquante** (figure CA). → **Centaurée Chausse-trape** (Chardonétoilé, Chausse-trape) [*Centaurea Calcitrapa*]. — **médicinale.**

893
(*vient de 892*).

— Feuilles **opposées,** c'est-à-dire attachées par paires, deux par deux, au même niveau sur la tige ; les feuilles inférieures sont réunies en cuvette par leur base (figure DSI ; la figure DS représente une fleur composée). → **Cardère sauvage** (Cabaret-des-oiseaux, Lavoir-de-Vénus) [*Dipsacus silvestris*] 🌸 — Figurée en couleurs : 1, planche 28.

— Feuilles **alternes,** c'est-à-dire attachées une par une sur la tige, à des hauteurs différentes................................... **894**

894
(*vient de 893*).

★ Feuilles **ayant des poils,** au moins sur leur face inférieure.. **895**

★ Feuilles **sans poils,** d'un vert un peu bleuâtre. (La figure E représente une fleur composée). → **Panicaut champêtre** (Chardon-Roland, Panicaut, Querdonnet, Barbe-de-chèvre) [*Eryngium campestre*]. — **médicinale.** 🌸 — Figurée en couleurs : 4, planche 23.

895
(*vient de 894*).

= Les écailles extérieures de la fleur composée **rayonnent régulièrement tout autour de la fleur composée** (figure C) ; les petites fleurs de la fleur composée sont **jaunâtres.** → **Carline vulgaire** (Carline) [*Carlina vulgaris*]. — **médicinale.** 🌸 — Figurée en couleurs : 5, planche 28.

= Les écailles extérieures de la fleur composée **ne rayonnent pas régulièrement** tout autour de la fleur composée ; les petites fleurs de la fleur composée sont **blanches** ou **d'un blanc un peu rosé.** → **Chardon** [*Carduus* et *Cirsium*]. — Se reporter au nᵒ **784**

896
(vient de 891).

⊖ Les petites fleurs du pourtour de la fleur composée sont plus grandes que celles du centre et *rayonnent tout autour de la fleur composée.* (Les figures MA et M représentent une fleur composée rayonnante, vue par-dessous et par-dessus : *co,* collerette ; *flt,* petites fleurs en tube ; *fll,* petites fleurs en languette) **897**

⊖ Les fleurs du pourtour de la fleur composée *ne rayonnent pas* tout autour de la fleur composée **910**

897
(vient de 896).

✕ Les petites fleurs de la fleur composée sont en languette *blanches ou d'un blanc rosé* sur le pourtour de la fleur composée, et en forme de tubes très petits et *jaunes,* au milieu de la fleur composée **898**

✕ Les petites fleurs de la fleur composée sont *toutes blanches,* sauf parfois celles du milieu qui sont, en quelques cas, un peu jaunâtres **904**

898
(vient de 897).

▢ Feuilles *toutes à la base de la plante ;* il n'y a qu'une seule fleur composée au sommet de chaque tige (figure B). → **Pâquerette vivace** (Pâquerette, Petite-Marguerite) [*Bellis perennis*]. — Figurée en couleurs : 5, planche 30.

▢ Feuilles *disposées le long de la tige* **899**

899
(vient de 898).

★ ★ Feuilles *très divisées en lobes étroits et allongés* ; les lobes ont moins de 3 millimètres de largeur (Voyez les figures du no 900). **900**

★ ★ Feuilles *dentées ou divisées* (figures VU et LV) mais *non très divisées* en lobes étroits et allongés. → **Leucanthème vulgaire** (Grande-Marguerite, Canesson) [*Leucanthemum vulgare*]. — **médicinale.** — Figurée en couleurs : 6, planche 30.

900
(vient de 899).

☉ Feuilles *n'ayant pas de poils.* → **Matricaire** [*Matricaria*]. (Les figures MC et I représentent des feuilles de Matricaires). [*Note 1,* au bas de la page]. — La Matricaire Camomille (Camomille commune) [*Matricaria Chamomilla*] est médicinale. — Figurée en couleurs : 7, planche 30.

☉ Feuilles *ayant des poils.* → **Anthémis** [*Anthémis*]. (La figure M représente une feuille d'Anthémis). [*Note 2,* au bas de la page]. — L'Anthémis noble (Camomille romaine) [*Anthemis nobilis*] est médicinale.

Note 1. — Pour les diverses espèces de Matricaires [*Matricaria*], voir la *Nouvelle Flore,* page 88, et la *Flore complète,* page 167. — *Flore de Belgique,* p. 93.
Note 2. — Pour les diverses espèces d'Anthémis, voir la *Nouvelle Flore,* page 89, et la *Flore complète,* page 167. — *Flore de Belgique,* p. 93.

901
(vient de 897).

‿ Feuilles **opposées**, c'est-à-dire disposées par deux, au même niveau, sur la tige, et opposées l'une à l'autre (la figure CO représente une feuille isolée) ; fleur composée très élargie (figure COL). → **Scabieuse Colombaire** (à fleurs blanches) (Colombaire) [*Scabiosa Columbaria*]. — Figurée en couleurs (à fleurs violacées) : 2, planche 28.

‿ Feuilles **non** opposées.... .... **902**

902
(vient de 901).

• Feuilles **assez régulièrement dentées en scie** sur leurs bords (figure AP) ; chaque fleur composée comprend, sur son pourtour, 8 à 12 fleurs en languette. → **Achillée sternutatoire** (Herbe-à-éternuer) [*Achillea Ptarmica*]. — médicinale.

• Feuilles **n'ayant pas** à la fois tous ces caractères. **903**

903
(vient de 902).

⊕ Feuilles **sans poils** (regarder à la loupe si c'est nécessaire)..... **904**

⊕ Feuilles **ayant des poils** au moins sur leur face inférieure ou sur leurs bords.................. .... **905**

904
(vient de 903).

✠ Feuilles **incomplètement divisées en 3 à 5 lobes assez larges** (figure SE), à nervures disposées en éventail ; fleurs groupées plus ou moins irrégulièrement ; il y a 2, 3 ou 4 petites feuilles à l'endroit où viennent se réunir les queues principales qui portent les groupes de fleurs (figure S) ; → **Sanicle d'Europe** (Sanicle) [*Sanicula europæa*]. — médicinale.

✠ Feuilles **profondément divisées en segments très étroits** (figure FS) ; fleurs en groupes peu nombreux ; il n'y a pas de petites feuilles à l'endroit où viennent se réunir les queues principales qui portent les fleurs composées (ou groupes de fleurs) (figure F). → **Œnanthe** [*Œnanthe*]. — Se reporter au nᵒ.... **681**

905
(vient de 903).

§ Chacune des petites fleurs du pourtour de la fleur composée **s'évase en un large entonnoir divisé en lobes au sommet ;** ces fleurs sont beaucoup plus grandes que celles du centre de la fleur composée (la figure CY représente une fleur composée) ; les feuilles sont plus ou moins blanchâtres et soyeuses sur leur face inférieure. → **Centaurée Bleuet** (à fleurs bleues) (Barbeau, Bluet, Casse-lunettes) [*Centaurea Cyanus*]. — médicinale. ❀ — Figurée en couleurs (à fleurs bleues) : 1, planche 30.

§ Plante **n'ayant pas** ces caractères....................... **906**

906
(vient de 905).

+ En regardant avec soin, on voit que chacune des petites fleurs de la fleur composée (ou groupe de fleurs) est *portée par une courte queue,* et que les petites queues des fleurs voisines viennent s'attacher exactement au même point. (Voir les figures ci-dessous)... **909**

+ En regardant avec soin, on voit que chacune des petites fleurs de la fleur composée est *sans queue* et que leur ensemble est entouré par une collerette de petites écailles *disposées sur plusieurs rangs*........................ **907**

907
(vient de 906).

— • Chaque fleur composée a *plus d'un centimètre de largeur,* lorsqu'elle est épanouie ; les fleurs composées sont groupées çà et là le long des tiges fleuries. (La figure C représente une fleur composée épanouie). → **Chicorée Intybe** (Chicorée-sauvage) [*Cichorium Intybus*]. — **alimentaire** ; **médicinale**. 🌢 — Figurée en couleurs (à fleurs bleues) : 2, planche 33.

— • Chaque fleur composée a *moins* d'un centimètre de largeur... **908**

908
(vient de 907).

△ Feuilles *à divisions très nombreuses* qui sont sur deux rangs opposés (fig. AM) ; fleurs venant s'épanouir à peu près au même niveau. → **Achillée Millefeuille** (Herbe-au-charpentier, Millefeuille) [*Achillea Millefolium*]. — **médicinale**. — Figurée en couleurs : 6, planche 31.

△ Feuilles *non divisées ;* fleurs en grappe allongée (figure EC). → **Erigéron du Canada** [*Erigeron canadensis*]. — Figurée en couleurs : 3, planche 32. — **médicinale**.

909
(vient de 906).

✠ Tiges *rudes,* ayant des poils *dirigés de haut en bas* (figure TOR) (regarder à la loupe). → **Torilis** [*Torilis*]. — Se reporter au n° ... **694**

✠ Tiges *non* rudes, ayant des *poils dirigés en divers sens* (la figure PV représente un rameau en fleurs ; la figure P représente des fleurs passées). → **Scandix Peigne-de-Vénus** (Aiguillette, Aiguille-de-berger, Peigne-de-Vénus) [*Scandix Pecten-Veneris*].

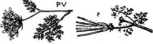

○ Feuilles *composées ;* c'est-à-dire que la feuille tout entière est formée par la réunion de feuilles secondaires, nommées *folioles,* que l'on prend souvent à tort chacune pour une feuille ; l'ensemble de la feuille composée vient se rattacher à la tige par sa base ou par une queue qui porte toutes les folioles ; la base de la feuille composée *n'est pas* placée juste à l'aisselle d'une autre feuille..................................... **911**

Les figures ci-dessus représentent quelques exemples de feuilles composées.

○ Feuilles *profondément divisées* (sauf parfois les feuilles tout à fait dans le haut des tiges), c'est-à-dire que chaque feuille est comme découpée jusqu'à plus de la moitié de sa largeur....... **911**

910
(vient de 896).

Les figures ci-dessus représentent des exemples de feuilles profondément divisées.

○ Feuilles *simples ;* c'est-à-dire soit non découpées jusqu'à plus de la moitié de la largeur de la feuille, soit seulement bordées de dents, ou même sans dents sur les bords................................. **916**

Les figures ci-dessus représentent des exemples de feuilles simples.

Remarque. — Si l'on hésite entre feuilles composées et feuilles profondément divisées, cela est indifférent, puisque dans les deux cas on est renvoyé au même numéro.

Si l'on hésite entre feuilles profondément divisées et feuilles simples, on peut prendre l'une ou l'autre question ; dans les deux cas, on arrivera au nom de la plante. Il en sera de même si la plante possède à la fois des feuilles simples et des feuilles composées ou divisées (sans parler des quelques feuilles simples qui peuvent se trouver tout au sommet des tiges fleuries).

911
(vient de 910).

— Feuilles à *3 folioles* (figures SR et P) sans dents ou à très petites dents sur les bords (sans compter les deux petites folioles qui sont à la base de la queue de la feuille et qui sont rattachées à la tige). → **Trèfle** [*Trifolium*].
— Se reporter au nᵒ.. **664**

— Feuilles *n'ayant pas* ces caractères.................... **912**

912
(*vient de 911*).

★ Feuilles *divisées en 3 à 5 lobes* (figure SE) et à *nervures disposées en éventail ;* fleurs en groupes disposés plus ou moins irrégulièrement (figure S). → **Sanicle d'Europe** (Sanicle) [*Sanicula europæa*]. — **médicinale.**

★ Feuilles *n'ayant pas à la fois* tous ces caractères..... **913**

913
(*vient de 912*).

= Feuilles *couvertes de poils nombreux* (regarder à la loupe).. **914**

= Feuilles *sans poils* ou *presque sans poils*............... **915**

914
(*vient de 913*).

⊖ Tiges *rudes,* ayant des poils dirigés de haut en bas (figure TOR) (regarder à la loupe). → **Torilis** [*Torilis*]. — Se reporter au n⁰................ **694**

⊖ Tiges *non rudes,* ayant des poils dirigés en divers sens (la figure PV représente un rameau en fleurs ; la figure P représente des fleurs passées). → **Scandix Peigne-de-Vénus** (Aiguillette, Aiguille-de-berger, Peigne-de-Vénus) [*Scandix Pecten-Veneris*].

915
(*vient de 913*).

✕ Les queues des fleurs composées (ou groupes de fleurs serrées) *partent toutes exactement du même point.* → **Œnanthe** (*Œnanthe*). — Se reporter au n⁰.................... ... **681**

✕ Les queues des fleurs composées s'attachent *à diverses hauteurs* le long de la partie supérieure des tiges (figure SER). → **Serratule des teinturiers** (à fleurs blanches) (Sarrette) [*Serratula tinctoria*]. — Figurée en couleurs (à fleurs roses) : 4, planche 30.

916
(*vient de 910*).

☐ Feuilles *opposées ;* c'est-à-dire disposées deux par deux sur la tige, et attachées au même niveau en face l'une de l'autre (exemples : figures AQ et SSU ci-dessous)................................... **917**

☐ Feuilles *alternes ;* c'est-à-dire attachées une par une sur la tige, à des hauteurs différentes (exemples : figures l et SER ci-dessous). **920**

☐ Feuilles *toutes à la base* de la plante................ **920**

917
(*vient de 916*).

★ ★ Plante dont les feuilles ont une *forte odeur aromatique* lorsqu'on les froisse avec les doigts.................... **918**

★ ★ Plante dont les feuilles sont *sans odeur aromatique spéciale* lorsqu'on les froisse.............................. **919**

918
(*vient de 917*).

⊙ Feuilles *sans dents* ou *presque sans dents* (figures OR et O); chaque fleur composée (ou groupe de petites fleurs) est entourée de nombreuses petites écailles. → **Origan vulgaire** (à fleurs blanches) (Marjolaine-sauvage, Origan) [*Origanum vulgare*] ✿. — **médicinale**. — Figurée en couleurs (à fleurs roses) : 3, planche 43.

⊙ Feuilles *dentées tout autour ;* chaque fleur composée (ou groupe de petites fleurs) n'est pas entourée de nombreuses petites écailles. → **Menthe** [*Mentha*] (les figures AQ et A représentent des exemples de Menthes). — Se reporter au nᵒ... **169**

919
(*vient de 917*).

⌒ Chaque fleur composée (ou groupe de petites fleurs serrées) n'est entouré à sa base que par *2 ou 4 petites feuilles vertes* ne formant pas une collerette (figure OL) ; l'ensemble d'un petit groupe de fleurs serrées a moins d'un centimètre et demi de largeur. → **Valérianelle potagère** (Mâche, Doucette) [*Valerianella olitoria*]. — **alimentaire**. — Figurée en couleurs (à fleurs lilas) : 4, planche 27.

⌒ Chaque fleur composée est entourée à sa base par *de nombreuses écailles vertes* formant une collerette (figures SCS, SSU), et a plus d'un centimètre et demi de largeur, lorsqu'elle est épanouie. → **Scabieuse Succise** (Mors-du-Diable, Herbe-de-Saint-Joseph) [*Scabiosa Succisa*]. — **médicinale**. — Figurée en couleurs (à fleurs lilas) : 3, planche 28.

920
(*vient de 916*).

• Feuilles se rattachant à la tige par une *gaine qui est fendue en long* du côté opposé à la feuille (*ft*, figure G); tige *plus ou moins arrondie* (*t, t,* (figure G); la feuille F porte une petite languette (*lg*, figure G ou une ligne de poils spéciaux à l'endroit où elle se joint à la tige, au-dessus de la gaine..................... **1069**

• Plante *n'ayant pas à la fois* tous ces caractères...... **921**

921
(*vient de 920*).

⊕ Feuilles *sans poils* ou *presque sans poils* (regarder à la loupe). **922**

⊕ Feuilles *ayant des poils* ou feuilles *bordées de cils*..... **926**

922
(vient
de
921).

⊞ Feuilles **à nervures disposées en éventail et à 3 ou 5 lobes** (figure SE) ; les groupes de fleurs (qu'on a considérés chacun comme une fleur composée) sont portés par des queues qui partent exactement du même point (figure S). → **Sanicle d'Europe** (Sanicle) [*Sanicula europæa*]. — **médicinale.**

⊞ Plante **n'ayant pas à la fois** tous ces caractères...... **923**

923
(vient
de
922).

§ Feuilles **dentées, ou plus ou moins découpées sur les bords** (figure SER). → **Serratule des teinturiers** (Sarrette) [*Serratula tinctoria*]. — Figurée en couleurs (à fleurs roses) : 4, planche 30.

§ Feuilles **non dentées ni découpées**...................... **924**

924
(vient
de
923).

+ Chaque fleur de la fleur composée (ou groupe de fleurs terminant la tige) est à **6 divisions** (figure MOS); feuilles **très allongées**. → **Ail** [*Allium*]. — Se reporter au nº.................................. **538**

+ Plante **n'ayant pas** ces caractères................. **925**

925
(vient
de
924).

—• Feuilles **toutes à la base de la plante** (exemple : figure ME) ; chaque petite fleur de la fleur composée (ou groupe de fleurs) a 4 divisions brunâtres ou verdâtres. → **Plantain** [*Plantago*]. — Se reporter au nº........ **150**

—• Feuilles **disposées le long de la tige** (figure PS) ; chaque petite fleur de la fleur composée (ou groupe de fleurs) a **5 divisions** blanches qui restent réunies entre elles par leur sommet dans les fleurs encore jeunes. → **Raiponce en épi** (Raiponce) [*Phyteuma spicatum*]. — **médicinale.** ❀.

926
(vient
de
921).

△ En examinant avec soin les petites fleurs dont l'ensemble forme une fleur composée, on voit que chacune d'elles est portée **par une petite queue** et a **5 divisions étroites,** réunies entre elles par leur sommet dans les fleurs jeunes. → **Jasione des montagnes** (figure J) (Herbe-bleue, Jasione) [*Jasione montana*]. — Figurée en couleurs (à fleurs bleues) : 1, planche 35.

△ Les petites fleurs dont l'ensemble forme une fleur composée (ou une réunion de fleurs très serrées) sont **sans queue** et **n'ont pas** 5 divisions étroites........................ **927**

927
(vient
de
926).

⊞ *Une seule fleur composée* (ou groupe de fleurs serrées) au sommet de la tige ; feuilles *toutes à la base de la plante* (exemple : figure ME).
→ **Plantain** [*Plantago*]. — Se reporter au n°............ ... **150**

⊞ De *nombreuses fleurs composées* (chacune de moins d'un centimètre de largeur), disposées à la partie supérieure de la plante ; feuilles *disposées tout le long de la tige* (figure EC). → **Erigéron du Canada** [*Erigeron canadensis*]. — **médicinale.** — Figurée en couleurs : 3, planche 32.

928
(vient
de
770).

○ Feuilles *composées ;* c'est-à-dire que la feuille tout entière est formée par la réunion de feuilles secondaires, nommées *folioles*, que l'on prend souvent à tort chacune pour une feuille ; la feuille composée vient se rattacher à la tige par sa base ou par une queue qui porte toutes les folioles (la figure A représente une fleur portant deux feuilles composées).. **929**

○ Feuilles *profondément divisées* (sauf parfois les feuilles qui sont tout à fait dans le haut des tiges), c'est-à-dire que chaque feuille est comme découpée jusqu'à plus de la moitié de sa largeur (figures VU, AB)................... **929**

○ Feuilles *simples ;* c'est-à-dire soit non découpées jusqu'à plus de la moitié de la largeur de la feuille, soit seulement bordées de dents, ou même sans dents sur les bords................... **931**

Les figures ci-dessus représentent des exemples de feuilles simples.

○ Feuilles *non développées*........................... **931**

929
(vient
de
928).

— Feuilles non opposées, à *11 folioles ou plus de 11 folioles ;* fleurs d'un vert plus ou moins rougeâtre (la figure PS représente le sommet d'un rameau fleuri). → **Pimprenelle Sanguisorbe** (Pimprenelle) [*Poterium Sanguisorba*]. — **fourragère** ; **condimentaire.** — Figurée en couleurs : 6, planche 19.

— Feuilles chacune à *3 folioles ;* il y a sur la tige deux feuilles opposées l'une à l'autre et attachées au même niveau (figure A). → **Adoxa Moscatelline** (Muscatelline) [*Adoxa Moschatellina*].

— Feuilles plus ou moins divisées, *bordées de fines épines.* **836**

— Plante *n'ayant pas* les caractères précédents.......... **930**

930
(*vient de 929*).

= Feuilles (figure VU) *blanches en dessous.* → **Armoise vulgaire** (Herbe-à-cent-goûts, Armoise) [*Artemisia vulgaris*]. — **médicinale.** — Figurée en couleurs : 1, planche 32.

= Feuilles (figure AB) *poilues-soyeuses et vertes sur les deux faces.* → **Armoise Absinthe** (Herbe-sainte, Absinthe) [*Artemisia Absinthium*]. — **industrielle : médicinale.**

931
(*vient de 928*).

⊖ *Il s'écoule un lait blanc* lorsqu'on coupe ou qu'on brise la tige. → **Euphorbe** [*Euphorbia*]. — Se reporter au nᵒ **706**

⊖ *Pas de lait blanc* quand on coupe la tige **932**

932
(*vient de 931*).

× Fleurs *réduites à des écailles se recouvrant les unes les autres* (exemples : figures LT et A, ci-dessous) ou à de *petites masses ovales* renfermées dans un grand cornet (figure IT) **938**

× Fleurs *non* réduites à des écailles se recouvrant les unes les autres (exemples : figures C, LP, ALB) *ni* à de petites masses ovales renfermées dans un grand cornet. Si les fleurs sont réduites à des écailles, on voit que chacune des petites fleurs de la fleur composée (ou groupe de fleurs) est à 4 ou à 6 divisions **933**

933
(*vient de 932*).

□ Feuilles *ayant des poils* ou feuilles *ciliées sur les bords* (regarder à la loupe) **934**

□ Feuilles *sans poils* **937**

934
(*vient de 933*).

★ ★ Feuilles *toutes à la base de la plante* (exemple : fig. ME). → **Plantain** [*Plantago*]. — Se reporter au nᵒ **150**

★ ★ Feuilles *disposées le long de la tige* **935**

935
(*vient de 934*).

① Feuilles *opposées,* c'est-à-dire attachées par deux au même niveau sur la tige, ou en apparence *verticillées,* c'est-à-dire attachées par plus de deux au même niveau sur la tige (fig. A). → **Plantain des sables** (Herbe-aux-puces) [*Plantago arenaria*].

① Feuilles *alternes,* c'est-à-dire attachées une par une sur la tige à des niveaux différents **936**

⊙ Feuilles *poilues-blanchâtres*. → **Gnaphale** [*Gnaphalium*].

936
(vient de 935).

[*Note 1*, au bas de la page]. — Les figures GS, GA, SM représentent des exemples de diverses espèces de Gnaphales [*Gnaphalium*].

⊙ Feuilles seulement *ciliées sur les bords*............ **927**
⊙ Feuilles *bordées de fines épines*, et plus ou moins divisées... **836**

937
(vient de 933).

▽ Feuilles *plus de 6 fois plus longues que larges* ou *réduites à de petites écailles* qui sont à la base des tiges; chaque petite fleur de la fleur composée (ou groupe de fleurs) est à *6 divisions* (figure SL). — Se reporter au nᵒ.. **36**

▽ Feuilles *développées et n'étant pas plus de 6 fois plus longues que larges* (figures LA et I); chaque petite fleur de la fleur composée (ou groupe de fleurs) est à *4 divisions*. → **Plantain** [*Plantago*]. — Se reporter au nᵒ... **150**

938
(vient de 932).

● Feuilles (écailles) ou rameaux *verticillés*, c'est-à-dire attachés par 5 ou plus, au même niveau, et disposés régulièrement tout autour de la tige (figure AR) ou feuilles formant des gaines dentées (figure AV) placées les unes au-dessus des autres. → **Prêle** [*Equisetum*]. (Voir la *note 2*, au bas de la page). — Se reporter au nᵒ.................................... **1104**

● Feuilles *non* verticillées............................ **939**

939
(vient de 938).

⊕ Fleurs *renfermées dans un grand cornet* (figure IT) verdâtre, d'un vert blanchâtre, parfois plus ou moins violacé; feuilles en triangle, à queue allongée, toutes attachées vers la base de la plante. → **Arum tacheté** (Gouët, Pied-de-veau) [*Arum maculatum*]. — **médicinale**. — Figurée en couleurs : 2 et 2 *bis*, planche 57.

⊕ Plante *n'ayant pas à la fois* tous ces caractères........ **940**

Note 1. — Pour les diverses espèces de Gnaphales [*Gnaphalium*], voir la *Nouvelle Flore*, page 92, et la *Flore complète*, page 172. — *Flore de Belgique*, p. 95.
Note 2. — En réalité, c'est une plante sans fleurs; on a pris pour des fleurs l'ensemble des sporanges (contenant les spores ou germes de la plante) réunis en une tête ovale au sommet de la tige.

940
(*vient
de
939*).

⊞ Fleurs *formant des boules successives, les unes plus grosses que les autres* (figure R) ; plante croissant dans l'eau, et dont les feuilles submergées

sont extrêmement allongées. → **Rubannier rameux** (Ruban-d'eau) [*Sparganium ramosum*]. — **médicinale.**

⊞ Plante *n'ayant pas à la fois* ces caractères. **941**

941
(*vient
de
940*).

§ Feuilles se rattachant à la tige par une gaine *qui est fendue en long* (*F, ft, g,* figure G) du côté opposé à la feuille ; tige *plus ou moins arrondie*

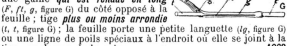

(*t, t,* figure G) ; la feuille porte une petite languette (*lg,* figure G) ou une ligne de poils spéciaux à l'endroit où elle se joint à la tige, au-dessus de la gaine. **1069**

§ Feuilles se rattachant à la tige par une gaine *qui n'est pas fendue en long* (*F, g,* figure C) ; tige à *3 angles* (*t, t,* figure C), au moins sur une partie de sa longueur. **1062**

942
(*vient
de
✷*).

+ Fleurs se développant *avant* les feuilles. **943**

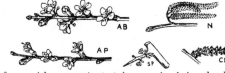

Les figures ci-dessus représentent des exemples de branches d'arbres ou d'arbustes dont les fleurs se développent avant les feuilles.

+ Fleurs se développant *après* les feuilles *ou en même temps* que les feuilles. **961**

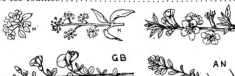

Les figures ci-dessus représentent des exemples de branches d'arbres ou d'arbrisseaux dont les fleurs se développent après les feuilles ou en même temps que les feuilles.

Remarque. — Si l'on hésite entre ces deux questions, on peut prendre l'une ou l'autre ; dans les deux cas, on arrivera au nom de la plante.

—• Fleurs **à corolle développée,** et colorée en blanc, rose, jaune ou jaunâtre.................................... **944**

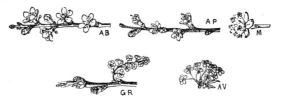

943
(*vient de 942*).

Les figures ci-dessus représentent quelques exemples de branches d'arbres, d'arbustes ou d'arbrisseaux, ayant des fleurs à corolle développée.

—• Fleurs **sans corolle, ou réduites à des écailles**........ **950**

Les figures ci-dessus représentent quelques exemples de fleurs sans corolle ou réduites à des écailles, ou de branches d'arbres portant des groupes de fleurs sans corolle, réduites à des écailles.

944
(*vient de 943*).

△ Fleurs **jaunes** ou **jaunâtres**.......................... **945**

△ Fleurs **d'un rose vif** ou **rosées**...................... **946**

△ Fleurs **blanches**................................. **948**

945
(*vient de 944*).

✠ Dans chacun des groupes de fleurs, les queues des fleurs **partent toutes à peu près du même point** (figure CM) ; les bourgeons sont, en général, opposés par paires. → **Cornouiller mâle** (Courgellier) [*Cornus mas*]. — **alimentaire ; industriel.** ✿.

✠ Dans chacun des groupes de fleurs, les queues des fleurs sont **toutes attachées en des points différents** (figure GR) ; les bourgeons ne sont pas opposés l'un à l'autre. → **Groseillier rouge** (Groseillier) [*Ribes rubrum*]. — **alimentaire.** ✿. — Figuré en couleurs : 3, planche 23.

○ Fleurs *blanches et se développant nettement avant les feuilles ;* en regardant avec soin (à la loupe) les toutes petites feuilles qui sont encore enfermées dans les bourgeons ou qui viennent à peine d'en sortir, on voit que ces petites feuilles sont *enroulées sur elles-mêmes dans le sens de leur longueur* (la figure AB représente une branche fleurie). → **Prunier Abricotier** (Abricotier) [*Prunus Armeniaca*]. — **alimentaire.** 🌸 — On cultive plusieurs variétés de cet arbre.

946
(*vient de 944*).

○ Fleurs *roses ou blanches ; lorsque les fleurs sont blanches, elles se développent presque en même temps que les feuilles ;* en regardant avec soin les toutes petites feuilles qui sont encore enfermées dans le bourgeon ou qui viennent à peine d'en sortir, on voit que ces petites feuilles sont *pliées en deux dans le sens de leur longueur*..................... **947**

— Fleurs *d'un rose vif,* s'épanouissant nettement avant les feuilles (figure AP). → **Pêcher vulgaire** (Pêcher) [*Amygdalus Persica*]. — **vénéneux** ; **alimentaire ; médicinal.** 🌸 — On cultive plusieurs variétés de cet arbre ; l'une d'elles a des fruits sans poils (Brugnon).

947
(*vient de 946*).

— Fleurs *d'un blanc rosé* se développant presque en même temps que les feuilles (figure AC). → **Amandier commun** (Amandier) [*Amygdalus communis*]. — **alimentaire ; médicinal.** 🌸 — On cultive diverses variétés de cet arbre, les unes à amandes douces, les autres à amandes amères.

★ Plante ayant des *rameaux en épine* (figure SP). → **Prunier épineux** (Epine-noire, Prunellier, Ebaupin-noir) [*Prunus spinosa*]. — **alimentaire.** — Figuré en couleurs : 2 et *2 bis*, planche 18.

948
(*vient de 944*).

★ Plante *sans épines* et fleurs *presque sans queue* (figure AB) ; les petites feuilles qui sont encore dans les bourgeons ou qui viennent à peine d'en sortir (regarder à la loupe) sont *enroulées sur elles-mêmes dans le sens de leur longueur ;* arbre à rameaux étalés. → **Prunier Abricotier** (Abricotier) [*Prunus Armeniaca*]. — **alimentaire.** 🌸

★ Plante *sans épines* et fleurs *ayant une queue assez longue* (figure AV) ; les queues des feuilles partent toutes à peu près du même point : les petites feuilles qui sont encore dans les bourgeons ou qui viennent à peine d'en sortir sont *pliées en deux* dans le sens de leur longueur................. **949**

949
(vient de 948).

⊖ Bourgeons *presque arrondis* (figure PC) ; les petits rameaux sont *étalés* ou *pendants*. → **Prunier Cerisier** (Cerisier, Cerise-aigre) [*Prunus Cerasus*]. — **alimentaire**.

⊖ Bourgeons *aigus* (figure PA) ; les petits rameaux sont ordinairement *dressés*. → **Prunier des oiseaux** (Griottier, Merisier) [*Prunus avium*]. — On cultive des variétés de cet arbre pour leurs fruits comestibles (Guigne, Cerise-douce, Bigarreau). — **alimentaire ; industriel**. 🌸. — Figuré en couleurs : 1, planche 18.

—
950
(vient de 943).

✕ Bourgeons *noirs* et pour la plupart *opposés* (figure EX) ; groupes de fleurs d'un aspect pourpre ou d'un violet foncé. → **Frêne élevé** (Frêne) [*Fraxinus excelsior*]. — **industriel ; médicinal**. 🌸. Figuré en couleurs : 1, planche 37.

✕ Bourgeons *non* opposés............................... **951**

951
(vient de 950).

□ Fleurs *en groupes non allongés* (figure OC) ; chaque fleur est *régulière*, divisée en *4 à 5 lobes* (figure O) bordés de cils. → **Orme champêtre** (Orme, Ormeau) [*Ulmus campestris*]. — **industriel ; médicinal**. 🌸.

□ Fleurs *en groupes plus ou moins allongés*, dressés ou retombants ; chaque fleur est *réduite à une écaille ou à quelques écailles* **952**

(Voir les figures ci-dessus et les figures des nos 952 et 953.)

952
(vient de 951).

★ ★ Bourgeons et fleurs *à odeur forte ;* bourgeons à *deux écailles opposées* (figure N) ; les groupes de fleurs ressemblent à ceux représentés par la figure JR, et les deux formes de groupes de fleurs peuvent se trouver sur la même plante. → **Noyer royal** (Noyer) [*Juglans regia*]. — **alimentaire ; industriel ; médicinal**.

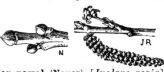

★ ★ Bourgeons et fleurs *sans odeur forte ;* les bourgeons *ne sont pas* à deux écailles opposées.................... **953**

—• Bourgeons à *une seule écaille* (figures CP, SV), laineuse ou cotonneuse en dedans ; les groupes de fleurs sont dressés et ressemblent à ceux qui sont représentés ci-dessous............... **954**

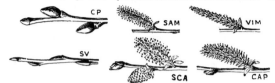

953
(vient de 952).

—• Bourgeons à *2, 3 écailles ou plus* (figures BL, CH, CO, PN, AL) ; groupes de fleurs ressemblant aux figures ci-dessous.......... **955**

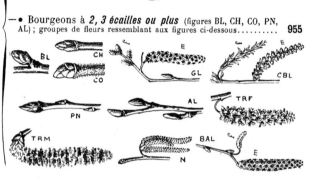

954
(vient de 953).

⊙ Rameaux *effilés*, et *souples même lorsqu'ils sont assez âgés;* bourgeons étroits et très aigus (figure SV); les groupes de fleurs ressemblent, soit à celui représenté par la figure SAM, soit à celui repré-

senté par la figure VIM. → **Saule des vanniers** (Osier-blanc, Osier-vert) [*Salix viminalis*]. — **industriel.** 🌼 — Figuré en couleurs (en feuilles) : 6, planche 50.

⊙ Rameaux *non effilés*, et *non souples lorsqu'ils sont assez âgés;* bourgeons plus ou moins ovales (figure CP); les groupes de fleurs ressemblent soit au groupe représenté par la figure CAP, soit à

celui représenté par la figure SCA. → **Saule Marsault** (Marseau, Boursade, Marsaule) [*Salix caprea*]. — **industriel.** 🌼 — Figuré en couleurs : 4 et 4 *bis*, planche 50.

955
(*vient de 953*).

• Jeunes rameaux **grêles,** rougeâtres, flexibles, et pour la plupart, **pendants ;** les groupes de fleurs ressemblent à m ou f (figure BAL) et  peuvent se trouver sur le même arbre ; bourgeons à plus de 3 écailles visibles à l'extérieur (figure BL) ; quand l'arbre est assez âgé, son écorce est blanchâtre et satinée. → **Bouleau blanc** (Bouleau) [*Betula alba*]. — **industriel. ✿.** — Figuré en couleurs : 2, planche 51.

• Arbre ou arbuste **n'ayant pas à la fois** tous ces caractères. ⟶ **956**

956
(*vient de 955*).

⊕ Jeunes pousses **ayant des poils** **957**

⊕ Jeunes pousses **sans poils,** lisses.................... **958**

957
(*vient de 956*).

✠ **Bourgeons et jeunes pousses souvent un peu visqueux, ayant des poils portant chacun une petite boule au sommet** (figure CO) (regarder  à la loupe) ; bourgeons peu aigus et à nombreuses écailles (la figure N représente des groupes de fleurs). → **Coudrier Noisetier** (Cœudre, Noisetier, Coudrier) [*Corylus Avellana*]. — **alimentaire ; médicinal. ✿.** — Figuré en couleurs : 3 et 3 *bis*, planche 49.

✠ **Bourgeons visqueux** et jeunes pousses **non visqueuses ;** jeunes pousses couvertes de **poils courts, non laineux ni cotonneux ;**

les groupes de fleurs ressemblent à ceux que représentent les figures TRF et TRM (un même arbre ne porte que l'une ou l'autre sorte de ces groupes de fleurs) ; les bourgeons situés de côté sont très aigus (figure TR), et visqueux. → **Peuplier Tremble** (Tremble) [*Populus Tremula*]. — **industriel.** — Figuré en couleurs : 2, pl. 50.

✠ **Bourgeons et jeunes pousses non visqueux ;** jeunes pousses couvertes de **poils blancs un peu laineux ou cotonneux ;** les groupes de fleurs ressemblent à ceux que représentent les figures ALB

et PAL (un même arbre ne porte que l'une ou l'autre sorte de ces groupes de fleurs) ; les bourgeons situés de côté sont peu aigus (figure PB). → **Peuplier blanc** (Peuplier-de-Hollande, Blanc-de-Hollande, Bouillard) [*Populus alba*]. — **industriel. ✿.**

958
(*vient de 956*).

§ Les bourgeons qui sont situés de côté sont ***portés sur une courte queue*** (figure AL) ; les groupes de fleurs ressemblent à *m* ou *f* (figure GL) et peuvent se trouver sur le même arbre. → **Aune glutineux** (Aulne, Aune) [*Alnus glutinosa*]. — industriel ; médicinal. — Figuré en couleurs : 3 et 3 *bis*, planche 51.

§ Plante ***n'ayant pas ces caractères*** **959**

959
vient de 958)

+ Bourgeons ***non visqueux,*** plus ou moins arrondis au sommet (figure CH) ; les groupes de fleurs ressemblent à *m* ou à *f* (figure CBL) et peuvent se trouver sur le même arbre. → **Charme Faux–Bouleau** (Charme) [*Carpinus Betulus*]. — industriel. — Figuré en couleurs : 1 et 1 *bis*, planche 50.

+ Bourgeons ***visqueux,*** aigus (voy. figures PN et TR, au n° 960). **960**

960
(*vient de 959*).

— • Les bourgeons situés de côté ***sont étroitement appliqués sur les rameaux*** (figure PN) ; les écailles des fleurs sont ***sans poils***. → **Peuplier noir** (Peuplier-suisse) [*Populus nigra*]. — médicinal ; industriel. 🌸 — Une variété de cette espèce, le Peuplier pyramidal (Peuplier-d'Italie), à branches toutes dressées, est souvent plantée. — Figuré en couleurs : 3 et 3 *bis*, planche 50.

— • Les bourgeons situés de côté ***ne sont pas*** étroitement appliqués sur les rameaux (figure TR) ; les écailles des fleurs sont ***très poilues***. → **Peuplier Tremble** (Tremble) [*Populus Tremula*]. — industriel. — Figuré en couleurs : 2, planche 50.

961
(*vient de 942*).

△ Fleurs ***réduites à des écailles*** (voir, par exemple, les figures ci-dessous) **1044**

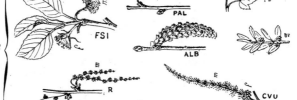

△ Fleurs ***non*** réduites à des écailles **962**

962
(*vient de 961*).

✠ Plante *piquante,* soit par des rameaux en épines, soit par des aiguillons placés çà et là sur les tiges, soit par les feuilles bordées d'épines, terminées en petite pointe piquante ou portant des aiguillons quelquefois très petits...... **963**

✠ Plante *non piquante* **980**

963
(*vient de 962*).

○ Fleurs *violacées ;* fleurs à pétales soudés entre eux *en forme d'entonnoir* s'ouvrant en 5 lobes (figure L). → **Lyciet de Barbarie** (Lyciet) [*Lycium barbarum*] 🌸. — Figuré en couleurs : 3 et 3 *bis*, planche 40.

○ Fleurs *jaunes, jaunâtres, d'un jaune rougeâtre, ou verdâtres.* **964**

○ Fleurs *blanches* ou *roses*...... .... **970**

964
(*vient de 963*).

— Fleurs *irrégulières* à 5 pétales, dont l'un recouvre en partie les deux pétales situés au-dessous, et ceux-ci recouvrent en partie les 2 derniers pétales qui sont soudés entre eux. — Voir les figures du nᵒ 965.... **965**

— Fleurs *régulières,* c'est-à-dire que les parties semblables de la fleur sont régulièrement disposées autour du centre de la fleur, et sensiblement égales entre elles........................ .... **966**

965
(*vient de 964*).

★ *Toutes les feuilles et tous les rameaux de la plante sont transformés en épines* (figure U) ; les pétales jaunes de la fleur sont entourés de deux parties vertes ou jaunâtres *séparées jusqu'à leur base* (calice) (figure UE). → **Ajonc d'Europe** (Landier, Ajonc, Ajonc-marin, Vigneau) [*Ulex europæus*]. — **fourrager.** 🌸. — Figuré en couleurs : 1, planche 13.

★ Les rameaux épineux portent *des rameaux fleuris non épineux* et à feuilles ovales (figure AN) ; les pétales jaunes de la fleur sont entourés de deux parties vertes (la supérieure à 2 dents, l'inférieure à 3 dents) qui sont *soudées entre elles* dans leur partie inférieure. → **Genêt d'Angleterre** [*Genista anglica*].

966
(*vient de 964*).

= Fleurs *verdâtres, paraissant attachées sur la face supérieure de la feuille,* soit isolées, soit plus rarement par deux (en réalité, la feuille est soudée avec un rameau jusqu'à la hauteur de la fleur, et l'ensemble forme des lames ovales, coriaces, persistant pendant l'hiver et terminées en épine au sommet (figure R). → **Fragon piquant** (Petit-Houx, Epine-de-rat) [*Ruscus aculeatus*]. — **médicinal.** — Figuré en couleurs : 1, planche 54.

= Fleurs *d'un jaune-soufre,* en grappe pendantes, à 12 divisions principales dont 6 intérieures ; feuilles groupées (figure B), *bordées de cils raides.* → **Berbéris commun** (Epine-Vinette) [*Berberis vulgaris*]. — **nuisible aux cultures ; médicinal.** — Figuré en couleurs : 3 et 3 *bis*, planche 4. 🌸.

= Plante *n'ayant pas* les caractères des deux plantes précédentes........................ .... **967**

967
(vient de 966).

↶ Fleurs ayant en apparence de *très nombreux pétales jaunes*  (en réalité, ce qu'on prend pour la fleur est une fleur *composée* de nombreuses petites fleurs en forme de languettes dont l'ensemble est entouré par une collerette de nombreuses petites écailles vertes ou verdâtres) ; il n'y a pas de branches en épines ; on voit seulement de *très petits aiguillons sur les feuilles* (figures SA et SC) ; plante presque herbacée.
→ **Laitue** [*Lactuca*]. — Se reporter au n°.................. **854**

↶ Fleurs jaunâtres, verdâtres ou un peu rougeâtres à *4 ou 5* divisions intérieures (corolle) et 4 ou 5. petites divisions extérieures (calice) ; arbuste ou arbrisseau............ **968**

968
(vient de 967).

⊝ Au-dessous des groupes de feuilles se trouvent des *épines à 3 branches* (figure RU) : feuilles *ayant des poils ;* fleurs poilues extérieurement (figure U). → **Groseillier épineux** (Groseillier-à-maquereau) [*Ribes Uva-crispa*]. — **alimentaire.**

⊝ *Il n'y a pas* d'épines à 3 branches attachées au-dessous des groupes de feuilles ; feuilles *sans poils*.............. **969**

969
(vient de 968).

✕ Feuilles *sans dents sur les bords ou à larges dents très peu marquées,* à nervures principales ne se recourbant pas toutes vers le sommet de la feuille. (figure FR ; la figure F représente une fleur coupée par moitié). → **Nerprun Bourdaine** (Bois-de-chien, Bois-noir, Bourdaine, Aune-noir) [*Rhamnus Frangula*]. — **industriel ; médicinal.** ✿

✕ Feuilles *ayant de petites dents sur les bords,* à nervures principales se recourbant toutes plus ou moins vers le sommet de la feuille (figure CA ; les figures R et RC représentent les fleurs de deux sortes qu'on peut trouver sur le même arbuste). → **Nerprun purgatif** (Nerprun) [*Rhamnus catharticus*]. — **médicinal.**

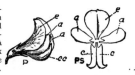

970
(vient de 963).

☐ Corolle *en papillon,* c'est-à-dire à 5 pétales inégaux : un pétale supérieur plus grand (*e*, figures P et PS), deux pétales égaux entre eux situés à droite et à gauche (*a, a*). et deux pétales inférieurs soudés entre eux (*cc*) en forme de bateau... **971**

☐ Fleurs *non* en papillon, *régulières,* c'est-à-dire que les parties semblables de la fleur sont régulièrement disposées autour du centre de la fleur, et sensiblement égales entre elles....................... **972**

★ ★ Fleurs roses entremêlées aux feuilles (figure O); ***très petit arbrisseau*** à tiges plus ou moins couchées sur le sol, à rameaux çà et là transformés en épines. → **Ononis rampant** (Arrête-bœuf, Bugrane) [*Ononis repens*]. — **dangereux ; médicinal.** — Figuré en couleurs : 1, planche 15.

971
(*vient de 970*).

★ ★ Fleurs blanches, très rarement roses, ***en grappes retombantes*** (figure RPA) ; ***arbre*** à tige principale dressée ; il y a 2 épines à la base de la plupart des feuilles (figure RO). → **Robinier Faux-Acacia** (Acacia) [*Robinia Pseudacacia*]. — **industriel.** 🌺. — Figuré en couleurs : 5, planche 15.

⊙ Plante ***piquant seulement par ses feuilles,*** soit par une pointe placée à l'extrémité de la feuille, soit encore par des épines placées sur les bords de la feuille (voir les figures du nᵒ 973). **973**

972
(*vient de 970*).

⊙ Plante ***piquant par des aiguillons placés çà et là*** à la fois ***sous les feuilles et sur les tiges*** (voir les figures du nᵒ 975). **974**

⊙ Plante piquant ***par des rameaux terminés en épines...*** **976**

↶ Feuilles ***larges, de forme plus ou moins ovale,*** ayant souvent des épines sur les bords (figure H) ou au moins au sommet (figure IA) ; fleurs blanches à lobes étalés. → **Houx à aiguillons** (Houx) [*Ilex aquifolium*]. — **industriel.** 🌺. — Figuré en couleurs : 3 et 3 *bis*, planche 12.

973
(*vient de 972*).

↶ Feuilles ***très étroites et très petites,*** à pointe piquante au sommet ; fleurs roses, très rarement blanches, en forme de grelot un peu allongé (figure EC). → **Bruyère cendrée** (Bruyère-franche) [*Erica cinerea*] 🌺. — Figuré en couleurs : 1, planche 36.

● ***Il y a*** une partie renflée de la fleur ***au-dessous*** des pétales épanouis (la figure RO représente une fleur passée, coupée en long). → **Rosier de chien** (Eglantier, Eglantine) [*Rosa canina*]. — **médicinal.** — Figuré en couleurs : 4 et 4 *bis*, planche 19. [*Note 1,* au bas de la page].

974
(*vient de 972*).

● ***Il n'y a pas*** de partie renflée de la fleur au-dessous des pétales épanouis (la figure RU représente une fleur passée coupée en long)...... ... **975**

Note 1. — Pour les diverses espèces de Rosiers [*Rosa*], voir la *Nouvelle Flore*, page 53, et la *Flore complète*, page 100. — *Flore de Belgique*, p. 57.

975
(vient de 974).

⊕ Les pétales de la fleur épanouie sont *étalés ;* tiges plus ou moins retombantes ou en arceaux ; les feuilles sont à 3 folioles (figure RF) ou à 5 folioles, disposées en éventail (figure RC). → **Ronce frutescente** (Mûrier-des-haies, Ronce) [*Rubus frulicosus*]. — **médicinal.** ✿. — Figuré en couleurs : 5, planche 19.

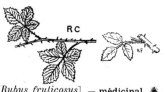

⊕ Les pétales de la fleur épanouie restent *dressés ;* tiges *dressées ;* les feuilles des rameaux fleuris sont à 3 folioles ; les feuilles des rameaux sans fleurs sont à 5 folioles *qui ne sont pas* disposées en éventail (figure I). → **Ronce Framboisier** (Framboisier) [*Rubus idæus*]. — **médicinal.** ✿.

976
(vient de 972).

✠ Feuilles *plus ou moins profondément divisées* (figure CR) ; fleurs ayant une odeur rappelant celle des amandes amères. → **Aubépine épineuse** (Epine-blanche, Poire-d'oiseau, Senelles, Aubépine) [*Cratægus Oxyacantha*]. — **ornemental ; médicinal.** — Figuré en couleurs : 1 et 1 *bis*, planche 20.

✠ Feuilles *non divisées*............................... **977**

977
(vient de 976).

§ Pétales blancs *dépassés par les cinq parties vertes* du calice qui les entoure (figure GE) ; feuilles ayant des poils sur les deux faces, même lorsqu'elles sont âgées. (La figure MG représente une feuille). → **Néflier d'Allemagne** (Nèle, Merlier, Néflier) [*Mespilus germanica*]. — **alimentaire.** ✿.

§ Pétales blancs ou roses *non dépassés* par les cinq parties vertes ou vert rougeâtre du calice qui les entoure............ **978**

978
(vient de 977).

+ Fleurs *un peu rosées ;* feuilles légèrement cotonneuses en dessous, ou avec quelques poils en toile d'araignée, ayant moins de 9 nervures secondaires de *chaque* côté de la nervure principale (figure MC) ; fleurs partant presque toutes du même point (figure M). → **Pommier commun** (Egrasseau, Pommier-sauvage) [*Malus communis*]. — **industriel.** ✿. — Figuré en couleurs : 4, planche 20.

+ Fleurs *blanches ;* feuilles sans poils en dessous lorsqu'elles sont développées.... .... **979**

979
(vient de 978).

— • Fleurs *en grappes ;* chaque fleur est attachée *isolément* (figure MA).
→ **Prunier Mahaleb** (Bois-de-Sainte-Lucie, Canon) [*Prunus Mahaleb*].

— • Fleurs *toutes attachées presque au même point* (figure P) ; feuilles ayant en général plus de 9 nervures secondaires de *chaque* côté de la nervure principale (figure PC). → **Poirier commun** (Poirier-sauvage) [*Pirus communis*]. — industriel. 🐝 — Figuré en couleurs : 3, planche 20.

980
(vient de 962).

△ Plante *grimpante* ou *rampant longuement sur le sol* ou *à rameaux s'appuyant sur les autres plantes* **981**

△ Plante à tige principale *dressée et non grimpante* **990**

981
(vient de 980).

✠ Feuilles *opposées* (sauf parfois dans le haut des tiges ou des rameaux) ; c'est-à-dire feuilles disposées par deux, attachées sur la tige au même niveau, en face l'une de l'autre (exemples : figures P et LC, ci-dessous) **982**

Remarque. — Il se développe assez souvent à l'aisselle des feuilles opposées de petits rameaux feuillés qui pourraient faire croire que les feuilles sont groupées en grand nombre au même niveau sur la tige et non opposées par deux seulement ; mais en regardant avec attention à la base de ce groupe de feuilles, on distingue très bien les deux feuilles opposées.

✠ Feuilles *alternes ;* c'est-à-dire feuilles attachées une par une sur la tige à des niveaux différents (exemple : figure DU) . . . .  . . . **985**

✠ Feuilles *groupées,* c'est-à-dire feuilles attachées sur la tige, par 2 ou plus, au même niveau, mais disposées à ce niveau d'un seul côté de la tige (exemple : figure L) . . . .  . . . **985**

Remarque. — Si la plante présente à la fois des feuilles alternes (sauf celles du haut des tiges) et des feuilles opposées, on peut prendre l'une ou l'autre question ; dans les deux cas, on arrivera au nom de la plante.

982
(vient de 981).

○ Fleurs *régulières* (figures C et PY) ; c'est-à-dire que les parties semblables de la fleur sont disposées régulièrement autour du centre de la fleur, et sensiblement égales entre elles............ **PY... 983**

○ Fleurs *irrégulières*, c'est-à-dire n'ayant pas la disposition précédente (exemples : figures P et NU)....... **NU ... 984**

983
(vient de 982).

— Fleurs *bleues* à 5 lobes (figure PY) ; feuilles non divisées ; plante rampant sur le sol, non grimpante. → **Pervenche mineure** (Petite-Pervenche, Violette-de-serpent) [*Vinca minor*]. — **médicinal.** — Figuré en couleurs : 4, planche 37.

— Fleurs *blanches* à 4 lobes (figure C) ; feuilles complètement divisées en feuilles secondaires ou folioles ; plante grimpante. → **Clématite Vigne-blanche** (Herbe-aux-gueux, Vigne-blanche) [*Clematis Vitalba*]. — **dangereux.** — Figuré en couleurs : 6, planche 1.

984
(vient de 982).

★ Très petit arbrisseau à fleurs *roses ;* feuilles *sans dents* et *à odeur aromatique* (figure S). → **Thym Serpolet** (Thym-bâtard, Serpolet, Pouliot-bâtard) [*Thymus Serpyllum*]. — **médicinal ; condimentaire.** ❋

★ Très petit arbrisseau à fleurs *roses ;* feuilles *fortement dentées* et *sans* odeur aromatique.................... **165**

★ Arbrisseau à tiges très allongées, à fleurs *blanches ou jaunes ou mêlées de rose*, à long tube terminé par des lobes au sommet (figure LC). → **Lonicère Périclymène** (Chèvrefeuille-sauvage, Brout-biquette) [*Lonicera Periclymenum*] ❋. — Figuré en couleurs : 4, planche 26.

985
(vient de 981).

= Fleurs *violettes, violacées ou blanches*.................. **986**

= Fleurs *verdâtres, jaunâtres, jaunes* ou *roses*........... **987**

986
(vient de 985).

⊖ Fleurs *de forme étoilée* (figure DC), *non en entonnoir* à la base ; chaque pétale porte à la base deux taches vertes bordées de blanc. → **Morelle Douce-amère** (Douce-amère, Vigne-de-Judée) [*Solanum Dulcamara*] — **vénéneux ; médicinal.** — Figuré en couleurs : 2 et 2 *bis*, planche 40.

⊖ Fleurs *en entonnoir* à la base (figure L) ; il n'y a pas deux taches vertes bordées de blanc à la base de chaque pétale. → **Lyciet de Barbarie** (Lyciet) [*Lycium barbarum*] ❋. — Figuré en couleurs : 3 et 3 *bis*, planche 40.

987
(vient de 985).

✕ Fleurs *régulières,* c'est-à-dire que les parties semblables de la fleur sont régulièrement disposées autour du centre de la fleur et égales entre elles. **988**

✕ Fleurs *irrégulières, en papillon* (Voyez, par exemple, la figure GP, au nᵒ 989)... **989**

988
(vient de 987).

☐ Fleurs *en ombrelles* (figure H) ; c'est-à-dire que dans chaque petit groupe de fleurs, les queues des fleurs partent du même point, comme les rayons qui soutiennent une ombrelle (fig. H); feuilles sans poils. → **Lierre grimpant** (Lierre) [*Hedera Helix*]. — **médicinal.** — Figuré en couleurs : 1 et 1 *bis,* planche 26.

☐ Fleurs *en grappes* (figure VV) ; c'est-à-dire que les queues des fleurs ne partent pas toutes du même point ; feuilles plus ou moins *poilues* (regarder à la loupe, si c'est nécessaire) ; si l'on examine les fleurs, on voit que les pétales verts de chacune d'elles se détachent ensemble en restant unis par le haut, leur ensemble formant comme un petit capuchon (figure V). → **Vigne vinifère** (Vigne) [*Vitis vinifera*]. — **alimentaire ; médicinal.**

989
(vient de 987).

★ ★ Fleurs *roses,* sans poils sur les pétales (la figure O représente un rameau fleuri). → **Ononis rampant** (Arrête-bœuf, Bugrane) [*Ononis repens*]. — **dangereux ; médicinal.** — Figuré en couleurs : 1, planche 15.

★ ★ Fleurs *jaunes,* ayant de petits poils sur les pétales (figure GP). → **Genêt poilu** [*Genista pilosa*].

990
(vient de 980).

☉ Chaque fleur *régulière,* c'est-à-dire que les parties semblables de la fleur sont régulièrement disposées autour du centre de la fleur, et sont sensiblement égales entre elles (exemples : figures ci-dessous)...... **991**

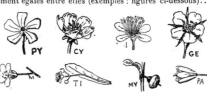

☉ Chaque fleur *irrégulière,* c'est-à-dire que les fleurs n'ont pas la disposition précédente (exemples : figures ci-dessous).......... **1037**

Remarque. — Il ne faut pas considérer comme régulières les fleurs qui ont la moitié droite et la moitié gauche semblables entre elles.

♥ Feuilles **composées ;** c'est-à-dire que la feuille tout entière est formée par la réunion de feuilles secondaires, nommées *folioles*, que l'on prend souvent à tort chacune pour une feuille ; l'ensemble de la feuille composée vient se rattacher à la tige par sa base ou par une queue qui porte toutes les folioles ; la base de la feuille composée *n'est pas* placée juste à l'aisselle d'une autre feuille.................................... .... **992**

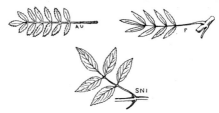

Les figures ci-dessus représentent des exemples de feuilles composées.

♥ Feuilles **profondément divisées** (sauf parfois les feuilles tout à fait dans le haut des tiges), c'est-à-dire que chaque feuille est comme découpée jusqu'à plus de la moitié de sa largeur............ **992**

991
(*vient
de
990*).

Les figures ci-dessus représentent des exemples de feuilles profondément divisées ou des rameaux portant des feuilles profondément divisées.

♥ Feuilles **simples ;** c'est-à-dire soit non découpées jusqu'à plus de la moitié de la largeur de la feuille, soit seulement bordées de dents ou même sans dents sur les bords................................. **1000**

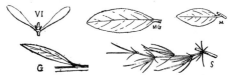

Les figures ci-dessus représentent des exemples de feuilles simples ou de rameaux portant des feuilles simples.

Remarque. — Si l'on hésite entre feuilles composées et feuilles profondément divisées, cela est indifférent, puisque dans les deux cas on est renvoyé au même numéro.

Si l'on hésite entre feuilles profondément divisées et feuilles simples, on peut prendre l'une ou l'autre question ; dans les deux cas, on arrivera au nom de la plante. Il en sera de même si la plante possède à la fois des feuilles simples et des feuilles composées ou divisées (sans parler des quelques feuilles simples qui peuvent se trouver tout au sommet des tiges fleuries).

992
(*vient de 991*).

- Fleurs *en forme d'étoile à 5 branches* (figure N) ; fleurs violettes, rarement blanches ; plante presque herbacée, à feuilles parfois profondément divisées (figure DU); d'autres feuilles sont simples. → **Morelle Douce-amère** (Douce-amère, Vigne-de-Judée) [*Solanum Dulcamara*]. — **vénéneux ; médicinal.** — Figuré en couleurs : 2 et 2 *bis*, planche 40.

- Plante *n'ayant pas à la fois* ces caractères........... **993**

993
(*vient de 992*).

⊕ Fleurs *vertes, verdâtres* ou *jaunâtres*................. **994**

⊕ Fleurs *blanches*..................................... **997**

994
(*vient de 993*).

✠ Plante *presque herbacée* de moins d'un mètre de hauteur ; les 5 parties vertes de la fleur sont souvent bordées de brun-pourpre ; les feuilles sont presque complètement divisées en folioles allongées, dentées et disposées en éventail (figure HF). → **Hellébore fétide** (Pied-de-griffon) [*Helleborus fœtidus*]. — **vénéneux ; médicinal.** 🌑. — Figuré en couleurs : 2, planche 3.

✠ *Arbrisseau* de moins de 2 mètres de hauteur ; feuilles souvent un peu en cœur renversé, vers leur base (figure RB), *non opposées deux à deux* ; fleurs disposées en grappes plus ou moins pendantes (figure RB). (Les figures R et N représentent des fleurs isolées de Groseilliers.) → **Groseillier** [*Ribes*]. — Se reporter au n⁰.............................. **1009**

✠ *Arbre* de plus de 2 mètres de hauteur ; feuilles *opposées deux à deux* (c'est-à-dire attachées par paires, en face l'une de l'autre, au même niveau sur la tige), à nervures disposées en éventail (Voir les figures des n⁰ˢ 995 et 996). → **Erable** [*Acer*] [*Note 1*, au bas de la page]. — Pour les principales espèces d'Erables [*Acer*], continuer au n⁰.. **995**

995
(*vient de 994*).

§ Feuilles dont les divisions principales sont *dentées tout autour* (voir les figures AP et PP du n⁰ 996)................... **996**

§ Feuilles dont les divisions principales *n'ont pas de nombreuses dents* (figure AC), à face inférieure d'un vert pâle ; fleurs verdâtres et dressées. → **Erable champêtre** [*Acer campestre*]. — **industriel.** 🌑. — Le fruit est figuré en couleurs : 6, planche 11.

Note 1. — Pour plus de détails sur les diverses espèces d'Erables [*Acer*], voir la *Flore complète*, page 61.

+ Feuilles à **dents profondes et très aiguës** (figure AP), vertes sur les deux faces ; fleurs jaunâtres et dressées. → **Erable Platane** (Plane, Faux-Sycomore) [*Acer plata-noides*] 🌿. [*Note 1*, au bas de la page]. — Le fruit est figuré en couleurs : 5, planche 11.

996
(*vient de 995*).

+ Feuilles à dents **peu profondes** (figure PP), d'un vert blanchâtre en dessous ; fleurs verdâtres en grappes pendantes. → **Erable Faux-Platane** (Sycomore) [*Acer Pseudo-Platanus*] 🌿. [*Note 1*, au bas de la page]. — Figuré en couleurs : 4 et 4 bis, planche 11.

997
(*vient de 993*).

—• Feuilles **opposées**, c'est-à-dire disposées par paires, attachées deux par deux sur la tige, au même niveau, et en face l'une de l'autre (figure SNI, qui représente une feuille et la base de la feuille qui lui est opposée) ; chaque fleur a les pétales soudés entre eux par leur base. → **Sureau noir** (Sureau, Suin, Sulion, Seure, Seuillet, Haut-bois) [*Sambucus nigra*]. — **médicinal**. — Figuré en couleurs : 6, planche 26.

—• Feuilles **alternes**, c'est-à-dire attachées une par une sur la tige, à des niveaux différents. → **Sorbier** [*Sorbus*]. — Pour les principales espèces de Sorbiers [*Sorbus*], continuer au n°.................. **998**

998
(*vient de 997*).

△ Feuilles **composées** de folioles distinctes (exemple : figure AU).. ... **999**

△ Feuilles **assez profondément divisées** (figure ST). → **Sorbier torminal** (Alisier) [*Sorbus tormi-nalis*]. — **industriel ; médicinal**. 🌿.

999
(*vient de 998*).

✠ Les folioles de la feuille composée sont **dentées presque jusqu'à leur base** (figure SA) ; bourgeons **poilus**. → **Sorbier des oiseleurs** (Sorbier-des-oiseaux) [*Sorbus aucuparia*]. — **industriel ; médicinal**. 🌿.

✠ Les folioles de la feuille composée ne sont dentées que dans leurs deux tiers supérieurs (figure SD) ; bourgeons **sans poils**. → **Sorbier domestique** (Cormier, Sorbier) [*Sorbus domestica*]. — **alimentaire ; industriel**. 🌿. — Figuré en couleurs : 2, planche 20.

Note 1. — Il ne faut pas confondre ces Erables avec le Platane, qui en diffère par ses feuilles non opposées et ses fleurs très petites groupées en boules. — Le Platane est figuré en couleurs : 1, planche 51.

○ Feuilles **opposées** (sauf parfois dans le haut des tiges ou des rameaux); c'est-à-dire feuilles disposées par deux, attachées sur la tige au même niveau, en face l'une de l'autre...................... **1026**

Les figures ci-dessus représentent des exemples de feuilles opposées (sur les figures V et S, on voit une feuille en entier et la base de la feuille qui lui est opposée).

Remarque. — Il se développe assez souvent à l'aisselle des feuilles opposées de petits rameaux feuillés qui pourraient faire croire que les feuilles sont groupées en grand nombre au même niveau sur la tige et non opposées par deux seulement; mais en regardant avec attention à la base de ce groupe de feuilles, on distingue très bien les deux feuilles opposées.

○ Feuilles **verticillées ;** c'est-à-dire feuilles attachées au même niveau sur la tige par 3, 4, 5 ou même **plus**, et régulièrement disposées tout autour de cette tige.................. .... **1026**

1000
(*vient de 991*).

La figure ci-dessus représente un exemple de plante dont les feuilles, sauf les supérieures, sont verticillées (voir les feuilles qui sont près des lettres LS).

○ Feuilles **alternes ;** c'est-à-dire feuilles attachées une par une sur la tige à des niveaux différents........................... **1001**

Les figures ci-dessus représentent des plantes à feuilles alternes.

○ Feuilles **groupées,** c'est-à-dire feuilles attachées sur la tige, par 2 ou plus, au même niveau, mais disposées, à ce niveau, d'un seul côté de la tige... **1001**

Les figures ci-dessus représentent des exemples de feuilles groupées.

Remarque. — Si la plante présente à la fois des feuilles alternes (sauf celles du haut des tiges) et des feuilles opposées, ou à la fois des feuilles alternes et verticillées, on peut prendre l'une ou l'autre question ; dans les deux cas, on arrivera au nom de la plante.

1001
(*vient
de
1000*).

— • Chaque fleur a les **pétales séparés entre eux jusqu'à la base ;**
c'est-à-dire qu'on peut enlever jusqu'à la base l'un des pétales (ou partie de
la fleur colorée autrement qu'en vert) sans déchirer les autres. Il s'agit des
parties de la fleur dont l'ensemble forme la corolle ou partie colorée qui
entoure les filets et autres organes situés au milieu de la fleur ; lorsque la
fleur se fane, chaque pétale (ou pièce colorée) tombe ou se flétrit
isolément [*Note 1*, au bas de la page]............................... **1002**

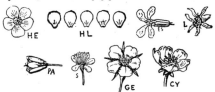

La figure HE représente une fleur à pétales séparés dont on voit les pétales
détachés (figure HL). — Les autres figures représentent des exemples de fleurs
à pétales séparés vues par dessus, de côté, ou par dessous.

— • Chaque fleur a les **pétales soudés entre eux, au moins à la
base ;** c'est-à-dire qu'en essayant de détacher l'une des parties de la fleur
colorée autrement qu'en vert, on est obligé de déchirer la corolle, au moins
à sa base ; lorsque la fleur se fane, la corolle tombe ou se flétrit
tout d'une pièce.. **1023**

Les figures ci-dessus représentent des exemples de fleurs à pétales soudés.

1002
(*vient
de
1001*).

★ Fleurs **jaunes, jaunâtres, verdâtres, brunes ou verdâtres
mêlées de rougeâtre**............................... **1003**

★ Fleurs **blanches, blanchâtres, roses ou rosées**....... **1011**

1003
(*vient
de
1002*).

= Grand arbre à **feuilles pointues au sommet et
en forme de cœur renversé;** chaque fleur paraît
attachée sur la face supérieure d'une petite feuille
allongée de forme spéciale (figure TI). → **Tilleul
silvestre** (Tilleul-à-petites-feuilles) [*Tilia silvestris*], — médicinal. 🌼 [*Note 2*, au bas de la page]. — Figuré en couleurs : 3, planche 10.

= Arbrisseau ou plante presque herbacée **n'ayant pas à la fois
tous** ces caractères................................ **1004**

Note 1. — Dans la plupart des fleurs on trouve, en dehors de la corolle, une autre enveloppe de la
fleur généralement verte, appelée *calice*, qui entoure la base de la corolle. Dans d'autres fleurs, il est
difficile de distinguer le calice et la corolle, qui sont plus ou moins confondus en une seule enveloppe
florale (figures PA et ST, par exemple). D'autres fleurs enfin n'ont réellement qu'une seule enveloppe
florale colorée autrement qu'en vert, comme une corolle. On comprend ici, sous les noms de pétales et
de corolle, les pièces colorées autrement qu'en vert, qui entourent immédiatement les filets ou autres
organes placés au milieu de la fleur.
Note 2. — Pour les diverses espèces de Tilleuls [*Tilia*], voir la *Nouvelle Flore*, p. 32, et la *Flore
complète*, p. 54. — *Flore de Belgique*, p. 34.

1004
(*vient de 1003*).

⊖ Fleurs *jaunes*.................................... **1005**

⊖ Fleurs *verdâtres ou jaunâtres, parfois mêlées de rougeâtre*.. **1007**

1005
(*vient de 1004*).

✕ Chaque fleur ayant **5 pétales** (figure HE) qui sont entourés par 5 parties vertes ou un peu rougeâtres dont 2 beaucoup plus petites (figure VG). → **Hélianthème vulgaire** [*Helianthemum vulgare*]. — médicinal. — Figuré en couleurs : 1, planche 7.

✕ Chaque fleur ayant **4 pétales** (figure ES) qui sont entourés par 4 parties vertes ou un peu rougeâtres.. **1006**

1006
(*vient de 1005*).

☐ Feuilles *toutes sans dents ni divisions* (figure GV) ; fleurs d'une odeur suave. → **Giroflée Violier** (Giroflée-jaune, Violier-jaune, Giroflée-de-muraille, Bâton-d'or, Muret) [*Cheiranthus Cheiri*]. — ornemental. ✿. — Figuré en couleurs : 1, planche 6.

☐ Feuilles *plus ou moins profondément divisées et dentées* (figure DTE); fleurs sans odeur suave particulière. → **Diplotaxis à feuilles ténues** [*Diplotaxis tenuifolia*] ✿.

1007
(*vient de 1004*).

✶ ✶ En apparence les *feuilles* sont *très fines, très allongées* et groupées sur le côté des tiges (figure O) (en réalité ce sont de fins petits rameaux verts) ; chaque fleur est formée de **6 parties ;** plante presque herbacée. → **Asperge officinale** (Asperge) [*Asparagus officinalis*]. — alimentaire ; médicinal. ✿. — Figuré en couleurs (en fruits) : 1, planche 53.

✶ ✶ Arbuste ou arbrisseau *n'ayant pas* ces caractères... **1008**

1008
(*vient de 1007*).

⊙ Arbrisseaux à *feuilles plus ou moins divisées ;* fleurs *en grappes* (figure RB)........................... **1009**

⊙ Arbustes à feuilles *non divisées ;* fleurs *non* en grappe. **1010**

1009
(*vient de 1008*).

❤ Fleurs *sans poils* (figure R) ; fleurs et feuilles *sans* odeur forte. → **Groseillier rouge** (Groseillier) [*Ribes rubrum*]. — **alimentaire**. ✿. — Figuré en couleurs : 3, planche 28.

❤ Fleurs *poilues* dans leur partie inférieure (figure N) ; fleurs et feuilles *ayant une odeur forte*. → **Groseillier noir** (Cassis) [*Ribes nigrum*]. — alimentaire. ✿.

1010
(vient de 1008).

- • Feuilles *sans dents sur les bords ou à peine à larges dents peu marquées*, à nervures ne se courbant pas toutes vers le sommet de la feuille (figure FR) ; feuilles luisantes en dessous. → **Nerprun Bourdaine** (Bois-noir, Bois-de-chien, Bourdaine, Aune-noir) [*Rhamnus Frangula*]. — industriel ; médicinal. ✿.

- • Feuilles *régulièrement dentées sur les bords*, à nervures se courbant toutes plus ou moins vers le sommet de la feuille (figure CA). → **Nerprun purgatif** (Nerprun) [*Rhamnus catharticus*]. — médicinal.

1011
(vient de 1002).

⊕ Plante *presque herbacée*, à longue grappe de fleurs d'un rose pourpre (figure LS). → **Lythrum Salicaire** (Salicaire) [*Lythrum Salicaria*]. — médicinal. ✿. — Figuré en couleurs : 4, planche 21.

⊕ *Arbre ou arbrisseau*............................... **1012**

1012
(vient de 1011).

✠ Chaque fleur *semble attachée sur la face supérieure d'une petite feuille* spéciale, de forme allongée (figure TI) ; feuilles en forme de cœur renversé, et pointues au sommet. → **Tilleul silvestre** (Tilleul-à-petites-feuilles) [*Tilia silvestris*]. — médicinal. ✿. — Figuré en couleurs : 3, planche 10.

✠ Arbre ou arbuste *n'ayant pas* ces caractères........ **1013**

1013
(vient de 1012).

§ Fleurs presque *sans queue* ou *à queue plus courte que la fleur*................................... **1014**

§ Fleurs à *queue plus longue que la fleur*, au moins chez les fleurs inférieures................................... **1017**

1014
(vient de 1013).

+ Feuilles *sans poils en dessous*.................... **1015**

+ Feuilles plus ou moins *poilues-blanchâtres* en dessous. **1016**

1015
(vient de 1014).

- • Fleurs d'un *rose vif* (la figure AP représente une branche fleurie). → **Pêcher vulgaire** (Pêcher) [*Amygdalus Persica*]. — vénéneux ; alimentaire ; médicinal. ✿.

- • Fleurs d'un *blanc rosé* (la figure AC représente une branche fleurie). → **Amandier commun** (Amandier) [*Amygdalus communis*]. — alimentaire ; médicinal. ✿.

1016
(vient de 1014).

△ Chaque fleur **a les pétales dépassés** par l'extrémité des 5 parties vertes qui les entourent (figure GE). → **Néflier d'Allemagne** (Néflier, Merlier, Nêle) [*Mespilus germanica*]. — **alimentaire**. 🌸.

△ Chaque fleur **n'a pas** les pétales dépassés par l'extrémité des 5 parties vertes qui les entourent (figure CY). → **Cognassier vulgaire** (Cognassier) [*Cydonia vulgaris*]. — **alimentaire; médicinal** 🌸

1017
(vient de 1013).

✠ Feuilles **plus ou moins profondément divisées** (figure CR). → **Aubépine épineuse** (Epine-blanche, Aubépine, Poire-d'oiseau, Senelles) [*Cratægus Oxyacantha*]. — **médicinal**. — Figuré en couleurs : 1 et 1 *bis*, planche 20.

✠ Feuilles **non divisées** **1018**

1018
(vient de 1017).

○ Feuilles **poilues en dessous lorsqu'elles sont jeunes** ou d'un vert mat et plus ou moins blanchâtre en dessous.... **1019**

○ Feuilles **sans poils en dessous ou seulement poilues sur les nervures,** même quand elles sont jeunes, n'étant pas d'un vert mat et blanchâtre en dessous................... **1022**

1019
(vient de 1018).

— Fleurs **un peu rosées ;** feuilles un peu cotonneuses en dessous, ayant de chaque côté de la nervure principale **moins de 9 nervures secondaires** (figure MC); bourgeons **appliqués** sur les rameaux (figure MA). → **Pommier commun** (Pommier-cultivé, Egrasseau) [*Malus communis*]. — **industriel ; alimentaire**. 🌸. — Figuré en couleurs : 4, planche 20.

— Arbre **n'ayant pas à la fois** ces caractères............ **1020**

1020
(vient de 1019).

★ Feuilles âgées **d'un vert mat, clair et plus ou moins blanchâtre en dessous,** ayant de chaque côté de la nervure principale **plus de 9 nervures secondaires** (figure PC) ; bourgeons **plus ou moins écartés** (figure PI). → **Poirier commun** (Poirier) [*Pirus communis*]. — **industriel ; alimentaire**. 🌸. — Figuré en couleurs : 3, planche 20.

★ Arbre **n'ayant pas à la fois** ces caractères.......... **1021**

1021
(vient de 1020).

= Fleurs ordinairement **groupées par plus de 2** (figure AV); feuilles **pliées en deux** dans le sens de leur longueur, lorsqu'elles sont très jeunes; **il y a** quelques très petites masses arrondies et rougeâtres sur les bords et vers la base des feuilles (g, figure A). → **Prunier des oiseaux** (Griottier, Merisier) [*Prunus avium*]. — On cultive des variétés de cet arbre : Cerise-douce, Bigarreau. — **alimentaire**; **industriel**. 🌸. — Figuré en couleurs : 1, planche 18.

= Fleurs ordinairement **par 2 ou isolées** (figure DOM); feuilles **enroulées en long sur elles-mêmes** dans le sens de leur longueur lorsqu'elles sont très jeunes; il n'y a pas distinctement de petites masses arrondies et rougeâtres vers la base des feuilles. → **Prunier domestique** (Prunier, Prunier-de-Damas) [*Prunus domestica*]. — **alimentaire**. 🌸.

1022
(vient de 1018).

⊖ Fleurs dont les queues **s'attachent presque exactement au même point** (figure PC); jeunes rameaux **sans poils** (regarder à la loupe). → **Prunier Cerisier** (Cerise-aigre) [*Prunus Cerasus*]. — **alimentaire**. 🌸.

⊖ Fleurs dont les **queues** s'attachent **à des niveaux différents** (figure MA); jeunes rameaux **poilus** (regarder à la loupe). → **Prunier Mahaleb** (Bois-de-Sainte-Lucie, Canon) [*Prunus Mahaleb*]. — **condimentaire**.

1023
(vient de 1001).

✕ Chaque fleur **en forme de grelot** élargi (figure MV); fleurs d'un blanc verdâtre, rougeâtre ou rosé. → **Airelle Myrtille** (Abrétier, Airelle, Abrêt-noir, Myrtille) [*Vaccinium Myrtillus*]. — **alimentaire**; **médicinal**.

✕ Chaque fleur **en forme de cloche;** tiges presque entièrement herbacées. — Se reporter au nᵒ.. **53**

✕ Chaque fleur **non** en forme de grelot ni de cloche.... **1024**

1024
(vient de 1023).

☐ Fleurs d'un **jaune verdâtre, en forme de tube;** très petit arbrisseau **dressé** (la figure L représente le sommet d'une tige fleurie). → **Daphné Lauréole** (Bois-gentil) [*Daphne Laureola*]. — **vénéneux**; **médicinal**. 🌸.

☐ Fleurs **violettes, violacées ou blanches**, en forme d'étoile ou d'entonnoir.. **1025**

1025
vient de 1024).

★ ★ Fleurs **en étoile** à 5 pétales réunis entre eux seulement par leur base ; il y a **deux taches vertes bordées de blanc** à la base de chaque pétale ; feuilles parfois profondément divisées (figure DU) ; arbrisseau plus ou moins grimpant ou s'appuyant sur d'autres plantes ; les branches fleuries n'ont pas l'aspect et la dureté du bois. → **Morelle Douce-amère** (Vigne-de-Judée, Douce-amère) [*Solanum Dulcamara*]. — **vénéneux** ; **médicinal**. — Figuré en couleurs : 2 et 2 *bis*, planche 40.

★ ★ Fleurs plus ou moins **en entonnoir évasé à 5 lobes ;** il n'y a pas deux taches vertes bordées de blanc ; feuilles ovales-allongées, étroites, souvent groupées par deux, au même niveau, jamais divisées (figure L). → **Lyciet de Barbarie** (Lyciet) [*Lycium barbarum*] ❀. — Figuré en couleurs : 3 et 3 *bis*, planche 40.

1026
(vient de 1000).

⊙ Chaque fleur a les **pétales séparés entre eux jusqu'à la base ;** c'est-à-dire qu'on peut enlever jusqu'à la base l'un des pétales (ou partie de la fleur colorée autrement qu'en vert) sans déchirer les autres. Il s'agit des parties de la fleur dont l'ensemble forme la corolle (ou partie colorée qui entoure les filets et autres organes situés au milieu de la fleur) ; lorsque la fleur se fane, chaque pétale (ou pièce colorée) tombe ou se flétrit isolément [*Note 1*, au bas de la page] **1027**

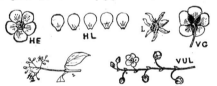

La figure HE représente une fleur à pétales séparés dont on voit les 5 pétales détachés (figure HL). — Les autres figures représentent des exemples de fleurs à pétales séparés ou des branches portant des fleurs à pétales séparés.

⊙ Chaque fleur a les **pétales soudés entre eux, au moins à la base ;** c'est-à-dire qu'en essayant de détacher l'une des parties de la fleur colorée autrement qu'en vert, on est obligé de déchirer la corolle ; lorsque la fleur se fane, la corolle tombe ou se flétrit tout d'une pièce (exemples : figures TE et MS)... **1033**

1027
(vient
de
1026).

⌒ Fleurs *jaunes ;* plante presque herbacée ; au-dessous de la fleur, on voit 5 petites parties vertes ou brunâtres dont 3 beaucoup plus grandes que les autres (figure VG) ; fleurs en grappe (figure VUL). → **Hélianthème vulgaire** [*Helianthemum vulgare*]. — **médicinale.** — Figurée en couleurs : 1, planche 7.

⌒ Fleurs *roses*..................................... **1028**

⌒ Fleurs *blanchâtres, jaunâtres ou verdâtres*.......... **1029**

1028
(vient
de
1027).

• Feuilles *très petites, étroites, serrées et disposées sur 4 rangs.* → **Calluna vulgaire** (Bruyère-commune) [*Calluna vulgaris*] ✿. — Figuré en couleurs : 2, planche 36.

• Feuilles *aplaties, ovales-allongées,* insérées une par une, par paires ou par 3 (figure LS). → **Lythrum Salicaire** (Salicaire) [*Lythrum Salicaria*]. — Figuré en couleurs : 4, planche 21.

1029
(vient
de
1027).

⊕ Fleurs *blanches ;* groupes de fleurs nombreuses venant s'épanouir toutes à peu près au même niveau ; feuilles dont les nervures les plus importantes se recourbent vers le sommet de la feuille (figure SA). → **Cornouiller sanguin** (Bois-punais, Bois-sanguin, Puègne-blanche, Cornouiller-femelle) [*Cornus sanguinea*]. — **industriel.** ✿. — Figuré en couleurs : 2 et 2 bis, planche 26.

⊕ Fleurs *blanchâtres, jaunâtres ou verdâtres*.......... **1030**

1030
(vient
de
1029).

✠ Plante *fixée sur les branches d'arbre ;* feuilles opposées ou verticillées (figures VI et V). → **Gui blanc** (Gui) [*Viscum album*]. — **médicinal.** ✿. — Figuré en couleurs : 3 et 3 bis, planche 26.

✠ Arbre ou arbuste *croissant sur le sol*............... **1031**

1031
(vient
de
1030).

§ Les nervures principales de la feuille *se recourbent et tendent à se réunir vers le sommet de la feuille* (figure CA). → **Nerprun purgatif** [*Rhamnus catharticus*]. — **médicinal.**

§ Les nervures principales de la feuille *ne se recourbent pas* vers le sommet de la feuille....................... **1032**

1032
(vient
de
1031).

+ Feuilles *plus ou moins découpées,* à nervures en éventail (figures AC, AP et PP). → **Erable** [*Acer*]. — Se reporter au nᵒ....... **995**

+ Feuilles *non découpées,* à nervures *non* disposées en éventail (figure EV). → **Fusain d'Europe** (Bonnet-de-prêtre, Caprenotier, Bonnet-carré) [*Evonymus europæus*]. — **industriel.** — Figuré en couleurs : 2 et 2 *bis*, planche 12.

1033
(vient
de
1026).

—• Fleurs en *forme de grelot allongé* (figure EC); feuilles très étroites et aiguës, presque piquantes au sommet. → **Bruyère cendrée** (Bruyère-franche) [*Erica cinerea*] 🌿. — Figuré en couleurs : 1, planche 36.

—• Fleurs *non* en forme de grelot; feuilles plates, non piquantes au sommet... **1034**

1034
(vient
de
1033).

△ Fleurs *isolées,* ayant plus d'un centimètre et demi de largeur, à 5 lobes étalés et comme coupés un peu en travers au sommet (figure PY); tiges couchées; feuilles opposées (figure P). → **Pervenche mineure** (Petite-Pervenche, Violette-de-serpent) [*Vinca minor*]. — **médicinale.** — Figurée en couleurs : 4, planche 37.

△ Fleurs *en grappes plus ou moins allongées*........ **1035**

△ Fleurs *en groupes largement étalés*............ **1036**

1035
(vient
de
1034).

⊞ Feuilles *plus ou moins en cœur ou arrondies à la base,* portées sur une queue assez longue (figure S). → **Lilas vulgaire** (Lilas) [*Syringa vulgaris*]. — **ornemental.** — Figuré en couleurs : 3, planche 37.

⊞ Feuilles *aiguës à la base,* portées sur une queue très courte (figures V et LI). → **Troène vulgaire** (Boisnoir, Troène, Pruène) [*Ligustrum vulgare*]. — **industriel.** 🌿 — Figuré en couleurs : 2 et 2 *bis*, planche 37.

1036
(vient
de
1034).

○ Fleurs *toutes semblables entre elles;* feuilles *non divisées* (figure L) → **Viorne Lantane** (Mentiane, Viorne-commune, Barbaris, Mansèvre) [*Viburnum Lantana*]. — Figuré en couleurs : 7, planche 26.

○ Fleurs extérieures du groupe de fleurs *bien plus grandes* que les autres; feuilles plus ou moins divisées en 3 lobes (figure O). → **Viorne Obier** (Obier, Aubier) [*Viburnum Opulus*]. — **ornemental.** — On cultive dans les jardins, sous le nom de Boule-de-neige, une variété de cet arbuste.

— Feuilles *composées*, c'est-à-dire que la feuille tout entière est formée par la réunion de feuilles secondaires, nommées *folioles*, que l'on prend souvent à tort chacune pour une feuille ; l'ensemble de la feuille composée vient se rattacher à la tige par sa base ou par une queue qui porte toutes les folioles ; la base de la feuille composée *n'est pas* attachée juste à l'aisselle d'une autre feuille.. **1041**

1037
vient de 990).

Les figures ci-dessus représentent des exemples de feuilles composées.

— Feuilles *simples*, c'est-à-dire non composées de folioles........ **1038**

Les figures ci-dessus représentent des exemples de feuilles simples.

1038
(vient de 1037).

★ Fleurs *jaunes.* — Se reporter au nᵒ...................... **474**

★ Fleurs *roses, bleues, violettes ou d'un jaunâtre plus ou moins mêlé de rose*............................. **1039**

1039
(vient de 1038)

= Fleurs *roses ;* tiges plus ou moins couchées......... **1040**

= Fleurs *bleues ou violettes ;* plante presque herbacée à tiges dressées (la figure HY représente la plante fleurie).→ **Hysope officinal** [*Hyssopus officinalis*]. — médicinal. ✿

= Fleurs *jaunâtres mêlées de rose,* groupées 2 par 2 ; arbrisseau. → **Lonicéra Xylostée** (Camérisier, Chamérisier-des-haies) [*Lonicera Xylosteum*].

1040
(vient de 1039).

⊖ Chaque fleur *en tube terminé par 2 lèvres ;* feuilles *opposées,* par paires, attachées 2 par 2 au même niveau sur la tige (figure S). → **Thym Serpolet** (Thym-bâtard, Pouliot-bâtard) [*Thymus Serpyllum*]. — médicinal. ✿

⊖ Chaque fleur *à 5 pétales inégaux* et libres entre eux jusqu'à leur base ; feuilles *non opposées.* → **Ononis rampant** (Arrête-bœuf, Bugrane) [*Ononis repens*]. — dangereux ; médicinal. — Figuré en couleurs : 1, planche 15.

╳ Fleurs *jaunes*.................................... **1042**

╳ Fleurs *blanches non tachetées de rose ni de rouge* (rarement à fleurs roses) ; feuilles à nombreuses folioles ; arbre à fleurs en grappes pendantes (figure RPA). → **Robinier Faux-Acacia** (Acacia) [*Robinia Pseudacacia*]. — **industriel**. ❀; — Figuré en couleurs : 5, planche 15.

1041 (*vient de 1037*).

╳ Fleurs *blanches tachetées de rose ou de rouge* (rarement à fleurs rouges) ; arbre à feuilles à 5 ou 7 folioles disposées en éventail (figure A) ; fleurs en grappes dressées. → **Marronnier Faux-Châtaignier** (Châtaigne-de-cheval) [*Æsculus Hippocastanum*]. — **ornemental; industriel; médicinal**. — Figuré en couleurs : 1 et 1 *bis*, planche 12.

╳ Fleurs *roses ;* feuilles à *3 folioles ; très petit arbrisseau* à tiges plus ou moins couchées, à fleurs plus ou moins entremêlées aux feuilles ordinaires (figure O). → **Ononis rampant** (Arrête-bœuf, Bugrane) [*Ononis repens*]. — **dangereux ; médicinal**. — Figuré en couleurs : 1, planche 15.

1042 (*vient de 1041*).

▢ Feuilles ayant *plus de 3 folioles,* disposées sur deux rangs (figure CO) ; aux fleurs succèdent des fruits gonflés (figure U). → **Baguenaudier arborescent** (Faux-Séné, Séné-bâtard) [*Colutea arborescens*]. — **ornemental ; médicinal**. — Figuré en couleurs : 6, planche 15.

▢ Feuilles *à 3 folioles*............................. **1043**

1043 (*vient de 1042*).

✶ ✶ *Arbre* à fleurs en *grappes pendantes* (figure LA). → **Cytise Faux-Ebénier** (Faux-Ebénier, Aubours, Cytise-de-Virgile, Cytise-à-grappes) [*Cytisus Laburnum*]. — **ornemental; industriel**. ❀. — Figuré en couleurs : 4, planche 13.

✶ ✶ *Arbrisseau* à fleurs *non* en grappes pendantes (figure GB) ; les rameaux fleuris n'ont, le plus souvent, ni l'aspect ni la dureté du bois. → **Sarothamne à balais** (Genette, Genêt-à-balais) [*Sarothamnus scoparius*]. — **industriel ; vénéneux ; médicinal**. ❀. — Figuré en couleurs : 2, planche 13.

⊕ Feuilles **opposées**, c'est-à-dire feuilles disposées par deux, attachées sur la tige au même niveau, en face l'une de l'autre (figure VI).... .. **1045**

⊕ Feuilles **verticillées** (au moins vers le milieu de la tige) ; c'est-à-dire feuilles attachées au même niveau sur la tige par 3, 4 ou plus, et disposées régulièrement tout autour de la tige............. **1045**

1044
(*vient de 961*).

Les figures ci-dessus représentent des exemples de feuilles verticillées.

⊕ Feuilles **alternes**, c'est-à-dire feuilles attachées une par une sur la tige, à des niveaux différents (figures CN, P, T, PSP)......... **1047**

⊕ Feuilles **groupées**, c'est-à-dire feuilles attachées sur la tige par 2 ou plus, au même niveau, mais disposées à ce niveau d'un même côté de la tige (exemples : figures L et S)................ **1047**

1045
(*vient de 1044*).

⊞ Feuilles **piquantes**, attachées trois par trois au même niveau sur la tige (figure CO). → **Genévrier commun** (Genévrier) [*Juniperus communis*]. — **industriel** ; **médicinal**. — Figuré en couleurs : 4, planche 62.

⊞ Feuilles non **piquantes**.............................. **1046**

1046
(*vient de 1045*).

§ Plante **attachée sur les branches d'arbre** ; feuilles aplaties et ovales, les unes opposées (figures V et VI), les autres verticillées. → **Gui blanc** (Gui) [*Viscum album*]. — **médicinal**. ❀ — Figuré en couleurs : 3 et 3 *bis*, planche 26.

§ Plante **croissant sur le sol**, à rameaux verts fins et verticillés, ou à feuilles réduites à des écailles et verticillées (figures AR et AV). → **Prêle** [*Equisetum*]. (En réalité, c'est une plante sans fleurs.) — Se reporter au nᵒ............ **1104**

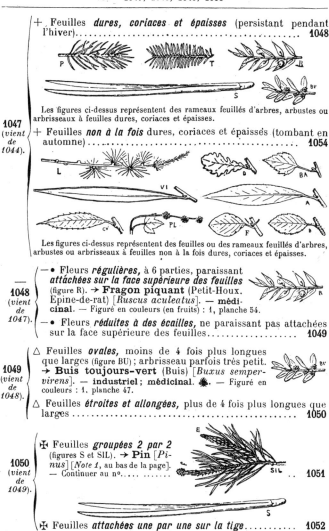

+ Feuilles *dures, coriaces et épaisses* (persistant pendant l'hiver)... **1048**

Les figures ci-dessus représentent des rameaux feuillés d'arbres, arbustes ou arbrisseaux à feuilles dures, coriaces et épaisses.

1047
(*vient de 1044*).

+ Feuilles *non à la fois* dures, coriaces et épaisses (tombant en automne).. **1054**

Les figures ci-dessus représentent des feuilles ou des rameaux feuillés d'arbres, arbustes ou arbrisseaux à feuilles non à la fois dures, coriaces et épaisses.

—
1048
(*vient de 1047*).

• Fleurs *régulières*, à 6 parties, paraissant *attachées sur la face supérieure des feuilles* (figure R). → **Fragon piquant** (Petit-Houx. Épine-de-rat) [*Ruscus aculeatus*]. — **médicinal.** — Figuré en couleurs (en fruits) : 1, planche 54.

• Fleurs *réduites à des écailles*, ne paraissant pas attachées sur la face supérieure des feuilles..................... **1049**

1049
(*vient de 1048*).

△ Feuilles *ovales*, moins de 4 fois plus longues que larges (figure BU) ; arbrisseau parfois très petit. → **Buis toujours-vert** (Buis) [*Buxus sempervirens*]. — **industriel ; médicinal.** 🌺. — Figuré en couleurs : 1, planche 47.

△ Feuilles *étroites et allongées*, plus de 4 fois plus longues que larges....................................... **1050**

1050
(*vient de 1049*).

✠ Feuilles *groupées 2 par 2* (figures S et SIL). → **Pin** [*Pinus*] [*Note 1*, au bas de la page]. — Continuer au nᵒ............. **1051**

✠ Feuilles *attachées une par une sur la tige*.......... **1052**

Note 1. — Pour plus de détails sur les diverses espèces de Pins [*Pinus*], voir la *Flore complète*, page 372.

○ Feuilles *de 11 à 16 centimètres de longueur,* en général (mesurer un certain nombre de feuilles). → **Pin maritime** (Pin-des-landes, Pin-de-Bordeaux) [*Pinus maritima*]. — **industriel ; médicinal.** ✿.

1051
(vient de 1050).

○ Feuilles *de 5 à 10 centimètres de longueur,* en général (mesurer un certain nombre de feuilles). → **Pin silvestre** (Pin-de-Norvège) [*Pinus silvestris*]. — **industriel ; médicinal.** ✿. — Figuré en couleurs : 1, planche 62.

1052
(vient de 1050).

— Chaque feuille ayant *2 raies blanches en dessous* (figure A). → **Sapin pectiné** (Sapin-blanc, Sapin-des-Vosges) [*Abies pectinata*]. — **industriel ; médicinal.** ✿. — Figuré en couleurs (en feuilles) : 3, planche 62.

— Chaque feuille sans raies blanches en dessous...... **1053**

1053
(vient de 1052).

★ Feuilles *disposées tout autour des rameaux* (figure P). → **Epicéa élevé** (Epicéa, Pesce) [*Picea excelsa*]. — **industriel.** ✿. — Figuré en couleurs (en fruits) : 2, planche 62.

★ Feuilles des rameaux *disposées nettement sur deux rangs opposés* (figure T). → **If à baies** (If) [*Taxus baccata*]. — **vénéneux ; médicinal.**

1054
(vient de 1047).

〓 Chaque groupe de fleurs forme une masse plus ou moins *en boule,* aussi large ou presque aussi large que longue. **1055**

〓 Chaque groupe de fleurs forme une grappe ou un épi, *plus ou moins allongé,* dressé ou pendant............... **1057**

1055
(vient de 1054).

⊖ Feuilles *plus ou moins découpées* et à nervures principales *disposées en éventail ;* fleurs en boules pendantes (figure PL). → **Platane vulgaire** [*Platanus vulgaris*]. — Figuré en couleurs : 1, planche 51.

⊖ Feuilles *non découpées,* à nervures principales *non* disposées en éventail.................................. **1056**

1056
(vient de 1055).

✕ Feuilles *ovales* (figure FSI) ; fleurs en groupes arrondis. → **Hêtre des bois** (Hêtre, Fayard, Fouteau) [*Fagus silvatica*]. — **industriel ; médicinal.** — Figuré en couleurs : 1 et 1 *bis,* planche 49.

✕ Feuilles *étroites et très allongées* (figure M). → **Mélèze d'Europe** (Mélèze) [*Larix europæa*]. — **médicinal.** ✿.

1057
(vient de 1054).

☐ Feuilles *découpées,* à lobes plus ou moins arrondis (figure O ; les groupes de fleurs sont représentés par la figure R). → **Chêne Rouvre** [*Quercus Robur*]. — **industriel ; médicinal.** 🌸. [*Note 1,* au bas de la page]. — Figuré en couleurs : 2 et 2 *bis,* planche 49.

☐ Feuilles *non découpées,* finement dentées sur les bords. **1058**

1058
(vient de 1057).

★ ★ Feuilles *plus ou moins plissées* lorsqu'elles ne sont pas très âgées (figure CAR ; les groupes de fleurs sont représentés par la figure CBL) et *groupes de fleurs pendants* → **Charme Faux-Bouleau** (Charme) [*Carpinus Betulus*]. — **industriel.** — Figuré en couleurs : 1 et 1 *bis,* planche 50.

★ ★ Arbre *n'ayant pas à la fois* ces caractères........ **1059**

1059
(vient de 1058).

⊙ Jeunes rameaux *pendants, rougeâtres ;* feuilles luisantes en dessus et d'un vert pâle en dessous (la figure BA représente une feuille ; la figure BAL représente des groupes de fleurs *f* et *m*). → **Bouleau blanc** (Bouleau) [*Betula alba*]. — **industriel ; médicinal.** 🌸. — Figuré en couleurs : 2, planche 51.

⊙ Jeunes rameaux *étalés ou dressés*.................... **1060**

1060
(vient de 1059).

🌱 Feuilles *fortement dentées,* à dents en pointe souvent un peu recourbée ; groupes de fleurs *grêles et très allongés dressés* (figure CVU). → **Châtaignier vulgaire** (Châtaignier) [*Castanea vulgaris*]. — **industriel ; médicinal.** 🌸. — Figuré en couleurs : 4 et 4 *bis,* planche 49.

🌱 Feuilles *dentées* et ordinairement *arrondies au sommet* (figure AG) ; groupes de fleurs les uns petits et dressés (*f,* figure GL), les autres *pendants* (*m,* figure GL) ; bourgeons visqueux. → **Aune glutineux** (Aune, Aulne) [*Alnus glutinosa*]. — **industriel ; médicinal.** — Figuré en couleurs : 3 et 3 *bis,* planche 51.

🌱 Arbre *n'ayant pas à la fois* tous ces caractères..... **1061**

Note 1. — Pour les diverses espèces de Chênes [*Quercus*], voir la *Flore complète,* page 285.

- Feuilles *poilues-argentées sur les deux faces* et *finement dentées* (figure A) ; rameaux *flexibles.* → **Saule blanc** [*Salix alba*]. — industriel ; médicinal. 🌼.

1061
(*vient de 1060*).

- Feuilles *vertes en dessus, soyeuses ou sans poils en dessous* et *finement dentées* (comme figure A) ; rameaux *se cassant facilement* à leur point d'attache (les figures SFR et FRA représentent des groupes de fleurs). → **Saule fragile** [*Salix fragilis*] 🌼. — Figuré en couleurs : 5, planche 50.

- Feuilles *vertes en dessus* et *poilues-soyeuses en dessous, non dentées* (fig. VI) ; rameaux *flexibles* (les figures SAM et VIM représentent des groupes de fleurs). → **Saule des vanniers** (Osier-blanc, Osier-vert) [*Salix viminalis*]. — industriel. 🌼. [*Note 1,* au bas de la page.] — Figuré en couleurs (en feuille) : 6, planche 50.

1062
(*vient de 764*).

(→ Voir la *note 2,* au bas de la page).

⊕ Chacun des petits groupes de fleurs est *aplati,* et à *écailles régulièrement disposées sur deux rangs* (fig. FUS). (Tige fleurie : figure FU). → **Souchet brun** [*Cyperus fuscus*].

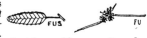

⊕ Plante *n'ayant pas à la fois* ces caractères. **1063**

1063
(*vient de 1062*).

⊞ Les petits groupes de fleurs sont *peu allongés,* et sont *isolés* des autres ; ces petits groupes de fleurs sont placés sur des *rameaux fins, nombreux et étalés* (fig. SI). → **Scirpe des bois** [*Scirpus silvaticus*].

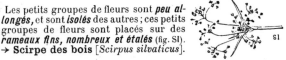

⊞ Les petits groupes de fleurs sont *ovales,* peu nombreux, et sont *serrés les uns à côté des autres* et *dépassés par une ou deux feuilles étroites et allongées* (figure MA). → **Scirpe maritime** [*Scirpus maritimus*].

⊞ Plante *n'ayant pas* les caractères précédents. → **Carex** (Laîche) [*Carex*]. [*Note 3,* au bas de la page]. — Continuer au n°. **1064**

Note 1. — Pour plus de détails sur les diverses espèces de Saules [*Salix*], voir la *Nouvelle Flore,* page 140, et la *Flore complète,* page 286. — *Flore de Belgique,* p. 148.

Note 2. — Les plantes auxquelles on est conduit par les n°ˢ 1062 à 1068 ne sont que des exemples parmi les plantes les plus communes appartenant au groupe des *Cypéracés.* — On trouvera plus de détails sur les plantes de ce groupe dans la *Nouvelle Flore,* page 160, et dans la *Flore complète,* page 323, ainsi que dans la *Flore de Belgique,* p. 172.

Note 3. — Pour plus de détails sur les diverses espèces de Carex, voir la *Nouvelle Flore,* p. 163. et la *Flore complète,* page 328. — *Flore de Belgique,* p. 177.

1064
(*vient de 1063*).

§ Tous les groupes de fleurs sont **semblables entre eux** (figures CM et CV).. **1065**

§ Les groupes de fleurs qui terminent la tige (ou le groupe de fleurs qui termine la tige) sont **différents** de ceux qui sont au-dessous (exemples : figures ci-dessous).................. **1066**

1065
(*vient de 1064*).

+ **Plus de 12 groupes de fleurs** (figure CV); tige à 3 angles **très aigus** et à trois faces un peu creusées (figure VU). → **Carex des renards** [*Carex vulpina*].

+ **6 à 12 groupes de fleurs** (figure CM); tige à 3 angles **peu aigus** (figure CMU). → **Carex muriqué** [*Carex muricata*].

1066
(*vient de 1064*).

— • Enveloppe des fleurs passées (des groupes de fleurs inférieurs) **couverte de poils** (regarder à la loupe) (figures H et F)... **1067**

— • Enveloppe des fleurs passées (des groupes de fleurs inférieurs) **sans poils** ou un peu poilus sur les angles (regarder à la loupe) (figures R, S et G).. **1068**

1067
(*vient de 1066*).

△ Les **2 ou 3** groupes de fleurs supérieurs sont différents des autres (figure AT) ; les gaines des feuilles **sont velues** (figure HI). → **Carex hérissé** [*Carex hirta*].

△ **Un seul** groupe de fleurs, au sommet, est différent des autres (figure PX) ; les gaines des feuilles **ne sont pas** velues, → **Carex précoce** [*Carex præcox*].

1068
(*vient
de
1066*).

✠ Tiges à 3 angles *peu marqués* (figure AM) ; les groupes de fleurs inférieurs deviennent *penchés,* mais seulement lorsque les fleurs sont passées (figure GL) : au sommet, il y a en général *2 ou 3* groupes de fleurs différant des autres et de couleur brune ou jaunâtre. → **Carex glauque** [*Carex glauca*].

✠ Tiges à 3 angles *bien marqués* (fig. CA) ; les groupes de fleurs inférieurs sont *penchés* (figure SI) ; au sommet, il y a *un seul* groupe de fleurs différant des autres et d'un blanc verdâtre. → **Carex des bois** [*Carex silvatica*]. — Figuré en couleurs : 3, planche 58.

✠ Tiges à 3 angles *tranchants* (fig. PL) ; les groupes de fleurs inférieurs restent *dressés,* même lorsque les fleurs sont passées (figure RI) ; au sommet, il y a trois ou quatre groupes de fleurs différant des autres, et de couleur brune ou jaunâtre. → **Carex des marais** [*Carex paludosa*]. — Figuré en couleurs : 4, planche 58.

1069
(*vient
de
764*).

(→ Voir la *note 1*, au bas de la page).

○ Feuilles *ayant au moins 6 centimètres de largeur ;* les groupes de fleurs qui sont au sommet de la plante sont très différents de ceux qui sont situés plus bas (figure Z).
→ **Zéa Maïs** (Blé-de-Turquie, Maïs) [*Zea Mays*]. — **alimentaire ; médicinale.** — Figurée en couleurs : 5, planche 58.

○ Groupes de fleurs allongés *tous attachés au même point* (figure D) ou presque au même point ; feuilles poilues en dessous ; fleurs ordinairement violacées. → **Cynodon Dactyle** (Chiendent) [*Cynodon Dactylon*]. — médicinale.

○ Plante ayant *à la fois* des feuilles *de moins de 3 centimètres de largeur* et des groupes de fleurs *ne partant pas tous du même point* **1070**

Note 1. — Les plantes auxquelles on est conduit par les nᵒˢ 1069 à 1091 ne sont que des exemples parmi les plantes les plus communes appartenant au groupe des *Graminées.* — On trouvera plus de détails sur les plantes de ce groupe dans la *Nouvelle Flore,* p. 170, et dans la *Flore complète,* p. 339, ainsi que dans la *Flore de Belgique,* p. 184.

— Chaque petit groupe de fleurs est *sans queue ou presque sans queue,* attaché plus ou moins directement sur la tige qui porte tous les groupes de fleurs. L'ensemble des fleurs forme un épi.................................... **1071**

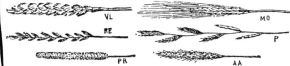

1070
(*vient de 1069*).

Les figures ci-dessus représentent des exemples de plantes ayant les groupes de fleurs sans queue ou presque sans queue.

— Chaque petit groupe de fleurs est porté sur une queue *plus ou moins longue* qui se rattache à un petit rameau, lequel est plus ou moins directement attaché sur la tige qui porte les groupes de fleurs. L'ensemble des groupes de fleurs forme une grappe.................................. **1078**

Les figures ci-dessus représentent des exemples de plantes ayant les groupes de fleurs portés chacun sur une queue plus ou moins longue (voir aussi les figures des nᵒˢ 1079 à 1091).

★ Les petits groupes de fleurs sont tous *attachés directement* sur la tige........ .... **1072**

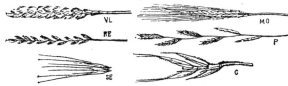

1071
(*vient de 1070*).

Les figures ci-dessus représentent des exemples de plantes ayant les groupes de fleurs attachés directement sur la tige ; la figure SE montre 3 groupes de fleurs attachés ensemble et directement sur la tige.

★ Les petits groupes de fleurs semblent *attachés les uns sur les autres* et l'ensemble de ces groupes est rattaché sur la tige principale.................................. **1076**

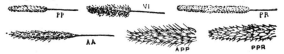

Les figures ci-dessus représentent des exemples de plantes ayant les groupes de fleurs attachés les uns sur les autres.

1072
(*vient
de
1071*).

= Les petits groupes de fleurs *se recouvrent les uns les autres très étroitement;* l'ensemble de tous les groupes de fleurs forme un épi très serré (exemples : figures V, VL, S, V et M des nᵒˢ 1073 et 1074)...................................... **1073**

= Les petits groupes de fleurs ne se recouvrent pas *étroitement les uns les autres;* l'ensemble de tous les groupes de fleurs forme un épi assez lâche (exemples : figures PE et RE, du nᵒ 1075)... **1075**

1073
(*vient
de
1072*).

⊖ Chaque petit groupe de fleurs est *aussi large que long* ou *presque aussi large que long* (figures VG et TV; les figures V et VL représentent le sommet fleuri de la tige, dans deux variétés différentes de la plante) : V, avec des groupes de fleurs portant de longues arêtes (Blé-barbu); VL, avec les groupes de fleurs sans longues arêtes (Blé-sans-barbe). → **Froment cultivé** (Blé, Froment) [*Triticum sativum*]. — **alimentaire.** — Figuré en couleurs : 1, planche 59.

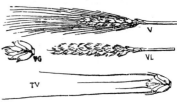

⊖ Chaque petit groupe de fleurs est *beaucoup plus long que large* (voir les figures du nᵒ 1074)......................... **1074**

1074
(*vient
de
1073*).

✕ *Un seul petit groupe de fleurs* s'attache directement sur chaque dent de la tige (figures C et S). → **Seigle céréale** (Seigle) [*Secale cereale*]. — **alimentaire.** — Figurée en couleurs : 2, planche 59.

✕ *Trois petits groupes de fleurs* s'attachent directement et à la fois (figure SE) sur chaque dent de la tige qui est *dressée dès la base;* la plante a, en général, plus de 50 centimètres de hauteur (la figure V représente le sommet fleuri d'une tige). → **Orge vulgaire** (Escourgeon, Orge) [*Hordeum vulgare*]. — **alimentaire; industrielle; médicinale.** — Figurée en couleurs : 3, planche 59.

✕ *Trois petits groupes de fleurs* s'attachent directement et à la fois sur la tige qui est *couchée à la base* puis redressée; la plante a, en général, moins de 50 centimètres de hauteur (la figure M représente le sommet d'une tige fleurie). → **Orge des rats** (Voleur) [*Hordeum murinum*].

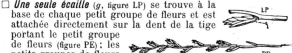

□ **Une seule écaille** (*g*, figure LP) se trouve à la base de chaque petit groupe de fleurs et est attachée directement sur la dent de la tige portant le petit groupe de fleurs (figure PE) ; les petits groupes de fleurs sont aplatis, et présentent chacun, vers la tige, l'un de leurs côtés. → **Ivraie vivace** (Ray-grass) [*Lolium perenne*]. — ornementale. — Figurée en couleurs : 5, planche 59.

1075
(*vient de 1072*).

□ **Deux écailles** (figure R) placées l'une en face de l'autre, se trouvent à la base de chaque petit groupe de fleurs et sont attachées directement sur la dent de la tige portant le petit groupe de fleurs (figure RE) ; les petits groupes de fleurs sont aplatis, et présentent chacun, vers la tige, leur face aplatie. → **Chiendent rampant** (Chiendent) [*Agropyrum repens*]. — médicinal ; nuisible aux cultures. — Figurée en couleurs : 4, planche 59.

★★ Chaque très petit groupe de fleurs (presque réduit à une fleur) est accompagné *de 2 longs poils raides* couverts de *petits aiguillons dirigés de haut en bas* (regarder à la loupe) (figure SV ; la figure VI représente le sommet d'une tige fleurie) ; feuilles un peu rudes sur les bords. → **Sétaire verte** (Attrape-abeilles) [*Setaria viridis*]. — Figurée en couleurs : 7, planche 59.

1076
(*vient de 1071*).

★★ Plante *n'ayant pas à la fois* les caractères qui sont indiqués ci-dessus **1077**

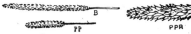

⊙ On voit en dehors de chaque fleur un poil raide et fin qui est *plus long* que chacune des écailles qui se trouvent à la base de chaque petit groupe de fleurs (figures AA et APP) ; fleurs souvent violacées. → **Vulpin agreste** (Vulpin) [*Alopecurus agrestis*]. — fourragère. — Figurée en couleurs : 8, planche 59.

1077
(*vient de 1076*).

⊙ On voit au sommet de chaque écaille qui se trouve à la base de chaque petit groupe de fleurs un poil raide qui est *plus court* que le reste de l'écaille (figure PPR ; les figures B et PP représentent des sommets de tiges fleuries) ; fleurs ordinairement d'un vert clair. → **Phléole des prés** (Phléole) [*Phleum pratense*]. — fourragère. — Figurée en couleurs : 6, planche 59.

⌢ Chaque petit groupe de fleurs *dépasse beaucoup* les deux écailles qui sont à sa base.......................... 1079

1078
(*vient de 1070*).

Les figures ci-dessus représentent des groupes de fleurs où l'ensemble des fleurs dépasse beaucoup les deux écailles qui sont à la base.

⌢ Chaque petit groupe de fleurs *ne dépasse pas* les deux écailles qui l'entourent...................... 1090

Les figures ci-dessus représentent des groupes de fleurs où l'ensemble des fleurs ne dépasse pas les deux écailles qui l'entourent.

1079
vient de 1078).

• Il y a un poil raide, long et fin, attaché *tout à fait sur le dos* de l'écaille de chaque fleur (figure E). Les petits groupes de fleurs sont brillants, d'un vert blanchâtre ou quelquefois violacé, disposés sur des rameaux fins très étalés (figure EL).
→ **Avoine élevée** (Fromental) [*Avena elatior*]. — **fourragère**.

• Il y a un poil raide, long et fin, attaché *au sommet ou presque au sommet* de l'écaille de chaque fleur (exemples : figures E, M et S)........................ 1080

• *Il n'y a pas* de poil raide long et fin attaché sur l'écaille de chaque fleur (exemples : figures PR, A et N)............ 1080

1080
(*vient de 1079*).

⊕ Fleurs *entremêlées de longs poils ;* plante de 1 à 2 mètres de hauteur ; l'ensemble des groupes de fleurs forme un grand plumet (figure C). → **Phragmitès commun** [*Phragmites communis*]. — **fourragère**. — Figurée en couleurs : 1, planche 60.

⊕ Fleurs *non* entremêlées de longs poils............... 1081

1081
(vient de 1080).

⊞ L'écaille extérieure de chaque fleur porte un poil raide, long et fin, qui est attaché *un peu au-dessous du sommet* de l'écaille de la fleur (exemple : figure C ; voir aussi les figures des nᵒˢ 1083 et 1084) (regarder à la loupe). → **Brome** [*Bromus*] [*Note 1*, au bas de la page]. — Continuer au nᵒ **1082**

⊞ L'écaille extérieure de chaque fleur porte un poil raide, long et fin, qui est attaché *exactement au sommet* de l'écaille de la fleur (exemple : figure R) (regarder à la loupe)................ .... **1085**

⊞ L'écaille extérieure de chaque fleur *ne porte pas* de poil raide, long et fin (exemple : figure A). **1085**

1082
(vient de 1081).

§ Le poil fin et raide qui est sur l'écaille de chaque fleur est *beaucoup plus long* que cette écaille (voir les figures S et T, ci-dessous, au nᵒ 1083) **1083**

§ Le poil fin et raide qui est sur l'écaille de chaque fleur est *moins long* que cette écaille (voir les figures E et M, au nᵒ 1084) **1084**

1083
(vient de 1082).

+ Les écailles des fleurs sont *sans poils* (figure S); tige *sans poils ou presque sans poils* dans sa partie supérieure ; groupes de fleurs plus ou moins penchés. → **Brome stérile** [*Bromus sterilis*].

+ Les écailles des fleurs sont *couvertes de poils fins* (figure T) ; tige *poilue* dans sa partie supérieure ; groupes de fleurs devenant tout à fait pendants (figure TE). → **Brome des toits** [*Bromus tectorum*].

1084
(vient de 1082).

—• Écailles des fleurs *sans poils* et *plus de 5 fois* plus longues que larges (figure E). → **Brome dressé** [*Bromus erectus*]. — **fourragère**. — Figurée en couleurs : 5, pl. 60.

—• Écailles des fleurs *couvertes de poils fins* (figure M). → **Brome mou** [*Bromus mollis*]. — **fourragère**. — Figurée en couleurs : 4, planche 60.

Note 1. — Pour plus de détails sur les diverses espèces de Bromes [*Bromus*], voir la *Nouvelle Flore*, page 184, et la *Flore complète*, page 367. — *Flore de Belgique*, p. 200.

1085
(vient
de
1081).

△ Groupes de fleurs *disposés en masses compactes* (figure D); chaque *petit* groupe de fleurs est porté sur une queue plus courte que le petit groupe de fleurs. → **Dactyle aggloméré** [*Dactylis glomerata*]. — **fourragère.** — Figurée en couleurs : 4, planche 61.

△ Groupes de fleurs *non* disposés en masses compactes.   **1086**

1086
(vient
de
1085).

⊞ Chaque petit groupe de fleurs est *plus large que long*, presque en forme de cœur renversé (fig. B; la figure ME représente le sommet fleuri d'une tige). → **Brize intermédiaire** (Amourette, Langue-de-femme) [*Briza media*]. — **fourragère.** — Figurée en couleurs : 1, planche 61.

⊞ Chaque petit groupe de fleurs est *plus long que large* (exemples : figures des nᵒˢ 1088 et 1089)..................   **1087**

1087
(vient
de
1086).

○ Les écailles des fleurs sont *terminées en pointe* (voir les figures du nᵒ 1088) et sont *arrondies sur le dos*..................   **1088**

○ Les écailles des fleurs *ne sont pas* très pointues (voir les figures du nᵒ 1089) et ont un *angle sur le dos*.................   **1089**

1088
(vient
de
1087).

— Toutes les feuilles sont *enroulées ou presque enroulées sur elles-mêmes dans leur longueur;* chaque petit groupe de fleurs est, en général, assez peu allongé (figures TE, OVI et O). → **Fétuque ovine** [*Festuca ovina*]. — **fourragère.** — Figuré en couleurs : 5, planche 61.

— Toutes les feuilles sont *plates ou presque plates;* chaque petit groupe de fleurs est, en général, assez allongé (figure PR). → **Fétuque des prés** [*Festuca pratensis*].

1089
(vient
de
1087).

★ Plante ayant, en général, *moins de 30 centimètres;* les fins rameaux qui rattachent à la tige les groupes de fleurs sont isolés ou partent par 2 (rarement par 3) du même point de la tige (figure A). → **Paturin annuel** [*Poa annua*]. — Figurée en couleurs : 2, planche 61.

★ Plante ayant, en général, *plus de 30 centimètres;* les fins rameaux qui rattachent à la tige les groupes de fleurs partent par 3 à 5 du même point de la tige, vers le bas de la partie fleurie (figure PP). → **Paturin des prés** [*Poa pratensis*]. — **fourragère.** — Figurée en couleurs : 3, planche 61.

= Écailles des fleurs de **moins de 2 millimètres de longueur.** (La figure CA représente un des petits groupes de fleurs grossi qui ne contient qu'une fleur développée ; la figure CN représente la tige fleurie). → **Agrostis blanche** (Traîne, Traînasse) [*Agrostis alba*]. — **fourragère.**

1090
(vient de 1078).

= Écailles des fleurs de **plus de 2 millimètres et de moins d'un centimètre** de longueur (La figure HM représente un des petits groupes de fleurs grossi ; la figure LN représente la tige fleurie) ; tiges velues aux endroits où elles sont renflées, à la base des gaines des feuilles. → **Houque molle** [*Holcus mollis*]. — **fourragère.** — Figurée en couleurs : 6, planche 61.

= Écailles des fleurs, **ayant plus d'un centimètre** de longueur.. **1091**

1091
(vient de 1090).

⊖ Groupes de fleurs **pendants** disposés sur de fins rameaux étalés dans tous les sens (figure SA ; la figure AS représente un des petits groupes de fleurs). → **Avoine cultivée** (Avoine) [*Avena sativa*]. — **alimentaire** ; **médicinale.** [*Note 1*, au bas de la page]. — Figurée en couleurs : 2, planche 60.

⊖ Groupes de fleurs **non** pendants disposés sur de fins rameaux dressés (figure AP) ; il n'y a souvent qu'un seul petit groupe de fleurs par rameau. → **Avoine des prés** [*Avena pratensis*]. — Figurée en couleurs : 3, planche 60.

1092
(vient de 1).

✕ Rameaux ou écailles **verticillés** (figures AR) ; ou feuilles réduites à des collerettes dentées au sommet (figure A) et placées les unes au-dessus des autres ; sporanges (c'est-à-dire petits sacs contenant les spores ou germes de la plante) **groupés au sommet de la tige en une masse ovale** (figure AV)................................. **1104**

✕ Plante **n'ayant pas à la fois** ces caractères.......... **1093**

Note 1. — Pour plus de détails sur les diverses espèces d'Avoines [*Avena*], voir la *Nouvelle Flore*, page 184, et la *Flore complète*, page 358. — *Flore de Belgique*, p. 199.

1093
(vient
de
1092).

□ Plante *ayant des feuilles* **1094**

□ Plante *sans feuilles* [Les plantes auxquelles conduit cette question ne sont pas décrites dans cet ouvrage. — Voir la *note 1*, au bas de la page].

1094
(vient
de
1093).

★ ★ Tiges *développées dans l'air* et portant de nombreuses petites feuilles serrées les unes contre les autres, ayant chacune *moins d'un demi-centimètre de largeur* ; la tige feuillée n'a pas, en général, plus de 10 centimètres de hauteur [Les plantes auxquelles conduit cette question ne sont pas décrites dans cet ouvrage. — Voir la *note 2*, au bas de la page].

★ ★ Plante *n'ayant pas à la fois* tous ces caractères (voir les figures des n°ˢ 1095 et suivants) **1095**

1095
(vient
de
1094).

⊙ Feuilles *entières ;* groupes de sporanges en lignes allongées

(figure S). → **Scolopendre officinale** (Langue-de-cerf, Scolopendre) [*Scolopendrium officinale*]. — **médicinale**.

⊙ Feuilles *profondément divisées* **1096**

Note 1. — Les Plantes sans fleurs, sans tiges et sans feuilles, comprennent :

1º Les *Algues* qui vivent dans l'eau ou dans l'air humide et qui contiennent la substance verte qu'on trouve dans les feuilles des végétaux supérieurs, que cette matière verte soit directement visible (Algues vertes), ou qu'elle soit cachée par une autre substance (Algues rouges et Algues brunes) Les Algues peuvent se nourrir aux dépens de l'air et de l'eau, sans matières organiques. Dans la mer, en fait de végétaux, on ne trouve presque que des Algues qui sont très abondantes sur les côtes, où on les emploie souvent comme engrais.

2º Les *Champignons* qui vivent sur les végétaux, sur les animaux ou sur des matières organiques et qui ne renferment jamais la substance verte des feuilles. Les plus connus sont ceux qu'on nomme Champignons-à-chapeau comme le Champignon de couche, le Cep, l'Oronge, la Girole qui sont comestibles, mais qu'il faut se garder de confondre avec des Champignons qui leur ressemblent et qui sont très vénéneux. D'autres comme la Morille, la Truffe, qui sont aussi comestibles, ont une forme toute différente ; d'autres encore, beaucoup plus petits, causent des maladies chez les végétaux (oïdium, mildiou, etc.), parfois chez les animaux ou les hommes (muguet des enfants, etc.) ; enfin d'autres Champignons très petits nous sont utiles ; telles sont les Levures qui servent dans la fabrication du pain, de la bière, etc. (Voyez la *Nouvelle Flore des Champignons*, par MM. Costantin et Dufour).

3º Les *Lichens* qui tiennent à la fois des Algues et des Champignons. Les Lichens renferment la substance verte des feuilles et peuvent végéter comme les Algues, sans matières organiques, mais ils supportent la sécheresse tandis que les Algues sont ordinairement tuées par la dessication. Les Lichens forment des plaques, des lames, ou des sortes d'arborescences sur les rochers, l'écorce des arbres, ou sur le sol. (Voyez la *Nouvelle Flore des Lichens*, par M. Boistel.

Note 2. — Les Plantes sans fleurs et sans racines, mais ayant en général des tiges et des feuilles, comprennent :

1º Les *Mousses* dont les feuilles sont insérées ordinairement tout autour des rameaux. Ce sont en général de petites plantes qui croissent en abondance dans les bois, sur les arbres, sur les rochers ou les murailles. La plus connue est la Mousse des jardinières dont on se sert pour mettre autour de la base des plantes, dans les appartements.

2º Les *Hépatiques* dont les feuilles sont insérées d'un même côté de la tige. Ce sont de petites plantes, souvent rampant sur le sol, qui croissent dans les endroits humides, près des fontaines, sur les rochers ou les talus, parfois sur les arbres.
(Voir la *Nouvelle Flore des Mousses et des Hépatiques*, par M. Douin.

1096
(vient de 1095).

⌒ Feuilles dont les *divisions principales sont toutes réunies entre elles par leur base* (voir les figures B et V au nᵒ 1102). **1102**

⌒ Feuilles dont les divisions principales sont *séparées entre elles jusqu'à la base* (voir les figures, aux nᵒˢ 1098 à 1102). **1097**

1097
(vient de 1096).

• Plante ayant, en général, *de 5 à 40 centimètres* (Voir les

figures T, AN et RM, des nᵒˢ 1098 et 1099) ; groupes de sporanges *de forme ovale ou allongée* (figures AT et AR), se réunissant parfois entre eux (figure AR)...................................... **1098**

• Plante *n'ayant pas à la fois* les caractères précédents. **1100**

1098
(vient de 1097).

⊕ Lobes des feuilles *arrondis* et disposés sur deux rangs opposés (figures T et AT) ; la queue générale de la feuille est d'un brun noir et luisant. → **Asplénium Trichomanès** [*Asplenium Trichomanes*] (Capillaire). — **médicinale.** — Figurée en couleurs : 2, planche 63.

⊕ Plante *n'ayant pas à la fois* ces caractères.......... **1099**

1099
(vient de 1098).

✠ Feuilles ayant, en général, *10 à 40 centimètres de longueur totale* (y compris la queue générale de la feuille) ; lobes principaux

de la feuille *en pointe aiguë au sommet* (figure AN) ; la queue générale de la feuille est noirâtre vers la base. → **Asplénium Capillaire-noir** (Capillaire-noir) [*Asplenium Adianthum-nigrum*].

✠ Feuilles ayant, en général, de *5 à 15 centimètres de longueur totale ;* lobes principaux de la feuille *peu pointus au sommet* (figures RM et AR) ; la queue générale de la feuille est verte, brunâtre, ou d'un brun foncé, jusqu'à la base. → **Asplénium Rue-de-muraille** (Rue-de-muraille) [*Asplenium Ruta-muraria*]. — Figurée en couleurs : 3, planche 63.

1100
(*vient de 1097*).

§ *Une seule* grande feuille, *dépassant souvent un mètre de hauteur* (et qu'on pourrait prendre pour une tige portant des feuilles) ; la feuille *n'a pas* de petites  écailles brunes à la base de la queue générale. (La figure A représente les dernières divisions de la feuille). → **Ptéris Aigle** (Fougère-aigle, Fougère-commune, Grande-Fougère, Aigle-impériale) [*Pteris aquilina*]. — **industrielle** ; **médicinale**. — Figurée en couleurs : 4, planche 63.

§ Plante *n'ayant pas à la fois* ces caractères ; *il y a* de petites écailles brunes à la base de la queue générale de la feuille (figure P). **1101**

1101
(*vient de 1100*).

+ Les lobes des feuilles sont *dentés tout autour, et à dents très aiguës,* presque en petites épines très fines (figure S); les grandes

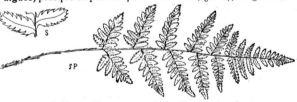

divisions de la feuille sont environ *3 fois plus longues que larges* (figure SP). → **Polystic spinuleux** [*Polystichum spinulosum*].

+ Les lobes des feuilles sont *peu dentés* (figure E, nᵒ 1103) ou dentés tout autour mais à dents *non* très aiguës (figure AF, nᵒ 1103); les grandes divisions de la feuille sont *4 à 7 fois plus longues que larges* (exemples : figure FM, au nᵒ 1103)............... **1103**

1102
(*vient de 1096*).

① Feuilles *dont les lobes diminuent peu à peu vers la base*

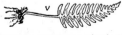

(figure B). → **Blechnum Spicant** [*Blechnum Spicant*].

① Feuilles dont les lobes *ne diminuent pas peu à peu vers la base* (figure V). → **Polypode vulgaire** (Polypode) [*Polypodium vulgare*]. — **médicinale**. — Figurée en couleurs : 1, planche 63.

— • Les lobes des
divisions principa-
les sont **profondé-
ment dentés tout au-
tour,** à dents non aiguës (figure AF ; la figure FP représente une des
divisions principales d'une feuille portant un grand nombre de lobes). →
Athyrium Fougère femelle (Fougère-femelle) [*Athyrium
Filix-femina*].

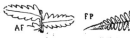

1103
(*vient
de
1101*).

— • Les lobes des divisions principales sont
peu profondément dentés ; ils sont dentés
surtout vers le sommet parfois plus que sur
la figure F (la figure FM représente une partie d'une
feuille avec ses divisions principales et leurs lobes). → **Polystic**

Fougère-mâle (Fougère-mâle) [*Polystichum Filix-mâs*]. —
vénéneuse ; médicinale. — Figurée en couleurs : 1, planche 64.

△ Gaines de **plus d'un centimètre et demi** de largeur
(figure T, grandeur naturelle) bordées de **30 à 40 dents**. → **Prêle
élevée** [*Equisetum maxi-
mum*].— Figurée en couleurs (tiges
vertes) : 3, planche 64.

1104
(*vient
de
1092*).

△ Gaines de **moins d'un centimètre et demi** de largeur, bordées

de **moins de 20 dents** (figure A,
grandeur naturelle ; les figures AR
et AV représentent deux formes de
tiges de la même plante). → **Prêle des champs** (Queue-de-
cheval, Queue-de-rat) [*Equisetum arvense*]. — **industrielle ;
médicinale.** — Figurée en couleurs : 2 et 2 *bis*, planche 64.

TABLEAUX ABRÉGÉS
pour trouver plus rapidement les noms des plantes.

Le lecteur, déjà suffisamment habitué à cet ouvrage, pourra arriver plus vite aux noms des plantes en commençant la recherche de ces noms par les tableaux suivants.

Ces tableaux renvoient directement à l'un des numéros des pages précédentes (numéros surmontés d'un petit trait). A partir du numéro où l'on est reporté par ces tableaux, on achèvera la recherche du nom de la plante, dans les pages qui précèdent, au moyen des questions successives. — Commencer par le *Tableau général* ci-dessous.

Tableau général.

O Plante ay̆ᵗ des fleurs.
- ⊞ Arbre, arbuste ou arbrisseau. → *Voyez* **A**, *ci-dessous, à cette page.*
- Plante herbacée.
  - ★ Fleurs composées .... → *Voyez* **B**, *page 285.*
  - Fleurs non composées.
    - ★
      - ✕ Fleurs roses, rouges, pourpres, rougeâtres, brunes, brunâtres ou d'un brun noirâtre. → *Voyez* **C**, *page 286.*
      - ✕ Fleurs bleues, bleuâtres, lilas, violettes ou violacées.............. → *Voyez* **D**, *page 286.*
      - ✕ Fleurs jaunes ou jaunâtres... .. → *Voyez* **E**, *page 287.*
      - ✕ Fleurs blanches ou blanchâtres.. → *Voyez* **F**, *page 287.*
    - ⊞ ✕ Fleurs vertes ou verdâtres...... → *Voyez* **G**, *page 287.*

O Plante n'ayant jamais de fleurs........... → *Se reporter au n°* **1092**

A. — *Arbres, arbustes ou arbrisseaux.*

⊕ Fleurs se développant avant les feuilles.
- = Fleurs à corolle développée................... **944**
- = Fleurs sans corolle ou réduites à des écailles.... **950**

⊕ Fleurs se développant après les feuilles ou en même temps que les feuilles.
- ⊙ Fleurs réduites à des écailles.
  - △ Feuilles opposées ou verticillées............. **1045**
  - △ Feuilles alternes ou groupées.
    - —• Feuilles dures, coriaces et épaisses (persistant pendant l'hiver)..... **1048**
    - —• Feuilles non à la fois dures, coriaces et épaisses (tombant en automne)................... **1054**
- ⊙ Fleurs non réduites à des écailles.
  - ⊹ Arbre, arbuste ou arbrisseau piquant **963**
  - ⊹ Arbre, arbuste ou arbrisseau grimpant ou rampant.... **981**
  - ⊹ Arbre, arbuste ou arbrisseau non piquant ni grimpant.
    - O Fleurs régulières.
      - ☐ Feuilles composées ou profondément divisées................................. **992**
      - ☐ Feuilles simples.
        - • Feuilles opposées ou verticillées.
          - — Pétales séparés.. **1027**
          - — Pétales soudés ... **1033**
        - • Feuilles alternes ou groupées.
          - ① Pétales séparés... **1002**
          - ① Pétales soudés... **1023**
    - O Fleurs irrégulières.
      - ★ ★ Feuilles composées **1041**
      - ★ ★ Feuilles simples **1038**

— 284 —

B. — *Fleurs composées.*

C. — Plante herbacée à *fleurs* (non composées) *roses, rouges, pourpres, rougeâtres, brunes, brunâtres ou d'un brun noirâtre.*

✠ **Fleurs régulières.**

△ Feuilles composées ou profondément divisées.
- ☉ Feuilles opposées..............**89**
- ☉ Feuilles verticillées............**104**
- ☉ Feuilles alternes ou toutes à la base......................**107**

△ Feuilles simples.
- = Feuilles opposées.
  - + Pétales séparés............**61**
  - + Pétales soudés..............**77**
- = Feuilles verticillées....................**85**
- = Feuilles alternes, groupées ou toutes à la base.
  - • Pétales séparés.....**9**
  - • Pétales soudés....**45**

△ Feuilles non développées....
- — Pétales séparés......**9**
- — Pétales soudés......**45**

✠ **Fleurs irrégulières.**

⊖ Feuilles composées ou profondément divisées.
- △ Corolle en papillon..................**212**
- △ Corolle non en papillon.
  - —• Feuilles opposées....**202**
  - —• Feuilles alternes....**206**

⊖ Feuilles simples.
- × Feuilles opposées.
  - ☐ Fleurs à 2 lèvres....................**173**
  - ☐ Fleurs à 1 lèvre....................**165**
  - ☐ Fleurs ni à 2 lèvres ni à 1 lèvre.....**166**
- × Feuilles verticillées......................**1104**
- × Feuilles alternes ou toutes à la base............**126**

⊖ Feuilles non développées..................**125**

✠ Fleurs réduites à des écailles............**146**

D. — Plante herbacée à *fleurs* (non composées) *bleues, bleuâtres, lilas, violettes ou violacées.*

○ **Fleurs régulières.**

• Feuilles composées ou profondément divisées.......**284**

Feuilles simples.
- ① Feuilles opposées ou verticillées.
  - — Pétales séparés **268**
  - — Pétales soudés.........**271**
- ① Feuilles alternes, groupées ou toutes à la base.
  - ★ Pétales séparés....**232**
  - ★ Pétales soudés.....**242**

• Feuilles non développées (Voyez *Colchique*, au n° 243).

○ **Fleurs irrégulières.**

Feuilles composées ou profondément divisées.
- ⌢ Corolle en papillon............**341**
- ⌢ Corolle non en papillon.......**349**

Feuilles simples.
- ✠ Feuilles opposées.....................**324**
- ✠ Feuilles verticillées (Voyez *Linaire striée*, au n° 310).
- ✠ Feuilles alternes, groupées, ou toutes à la base.
  - × Pétales séparés.....**300**
  - × Pétales soudés......**307**

○ Fleurs réduites à des écailles..........................**352**

E. — Pl^{te} herbacée à *fleurs* (non composées) *jaunes ou jaunâtres.*

⊕ Fleurs en ombrelle composée **374**

Fleurs non en ombrelle composée.

⊕ Fleurs régulières.

Feuilles simples.

• Feuilles composées ou profondément divisées **416**

—Feuilles opposées ou verticillées. { ★ Pétales séparés............**398**
{ ★ Pétales soudés...............**410**

— Feuilles alternes, groupées ou toutes à la base. { —• Pétales { = Lait blanc......**396**
séparés. { = Pas de lait blanc.**362**
{ —• Pétales soudés...........**386**

— Feuilles non développées.....................**359**

⊕ Fleurs irrégulières.

□ Feuilles composées ou profondément divisées. { = Fleurs en papillon..........**462**
{ = Fleurs non en papillon......**457**

□ Feuilles simples. { × Fleurs en papillon....................**471**
{ × Fleurs non en papillon. { ○ Feuilles opposées............**479**
{ ○ Feuilles verticillées, alternes ou toutes à la base **488**

⊕ Fleurs réduites à des écailles............................**502**

F. — Pl^{te} herbacée à *fleurs* (non composées) *blanches ou blanchâtres.*

⊙ Fleurs en ombrelle composée.................................**670**

Fleurs non en ombrelle composée.

+ Fleurs régulières.

Feuilles simples.

× Feuilles composées ou profondément divisées **593**

★ Feuilles opposées. { = Pétales séparés...............**570**
{ = Pétales soudés................**561**

× Feuilles verticillées **584**

★ Feuilles alternes, groupées ou toutes à la base. { ○ Pétales séparés...**512**
{ ○ Pétales soudés ..**541**

× Feuilles non développées.....................**511**

+ Fleurs irrégulières.

Feuilles simples.

⊕ Feuilles composées ou profondément divisées..........**655**

★ Feuilles opposées. { — Plante grimpante **632**
{ — Plante non grimpante. { • Fleurs à 2 lèvres.....**634**
{ • Fleurs non à 2 lèvres..**650**

★ Feuilles verticillées......................**621**

★ Feuilles alternes ou groupées **620**

★ Feuilles toutes à la base......................**625**

⊙ Fleurs réduites à des écailles..............................**702**

G. — Pl^{te} herbacée à *fleurs* (non composées) *vertes ou verdâtres.*

□ Plante dont il s'écoule un lait blanc, lorsqu'on brise la tige......**706**

Plante sans lait blanc.

□ § Feuilles opposées ou verticillées.. ....**712**

§ Feuilles alternes, groupées ou toutes à la base. { ⊖ Feuilles composées ou profondément divisées.....................**728**
{ ⊖ Feuilles simples ou non développées...**738**

COMMENT ON CLASSE LES PLANTES

Dans les pages qui précèdent, nous nous sommes donné uniquement pour but de rechercher le nom des plantes, sans nous préoccuper aucunement de leur classification. Examinons maintenant comment on peut grouper les diverses plantes et les classer méthodiquement.

Les différentes plantes qui se ressemblent beaucoup, qui paraissent presque identiques entre elles, sont appelées par le même nom ; on dit qu'elles font partie de la même **espèce**. Ainsi, deux pieds de Gros-Trèfle (ou Trèfle des prés) se ressemblent beaucoup plus entre eux qu'ils ne ressemblent à un pied de Luzerne ou de Sainfoin ou de Trèfle blanc. Si l'on sème les graines de ces Gros-Trèfles, elles produisent des plantes qui leur ressemblent autant que ces deux pieds se ressemblent entre eux : toutes ces plantes forment l'espèce *Trèfle des prés*.

Comme le nombre des espèces de plantes est considérable, pour les classer plus facilement, on a réuni dans un même groupe appelé **genre** les espèces qui offrent entre elles certaines ressemblances et, pour nommer une plante, on fait suivre son nom de genre de son nom d'espèce. Par exemple, les espèces nommées vulgairement Triolet, Farouche, Pied-de-lièvre et Gros-Trèfle se ressemblent beaucoup ; elles appartiennent à un même genre, le genre Trèfle, et on les désigne sous les noms de : Trèfle rampant, Trèfle incarnat, Trèfle des champs, Trèfle des prés.

Mais le nombre des genres est encore très grand ; aussi est-on convenu, pour faciliter le classement, de réunir les genres qui se ressemblent le plus, dans un même groupe appelé **famille**. Par exemple, le genre Trèfle, le genre Luzerne, le genre Sainfoin, etc., se ressemblent par la forme en papillon de leur fleur ; on les classe dans une même famille qui est appelée PAPILIONACÉES. C'est ainsi que l'espèce vulgairement nommée Farouche appartient à la famille des Papilionacées, au genre Trèfle et à l'espèce incarnat ; on la désigne sous le nom de Trèfle incarnat, c'est-à-dire sous le nom de genre (Trèfle) suivi du nom d'espèce (incarnat). Les photographies en couleurs des planches 13, 14, 15 et 16 représentent toutes des espèces appartenant à la famille des Papilionacées. De même, les espèces que représente la planche 22 sont des plantes grasses à fleurs régulières qui appartiennent toutes à la famille des Crassulacées, etc. (Voir la *note 1*, au bas de la page.)

Les familles elles-mêmes ont été rangées dans un certain ordre ; c'est suivant cet ordre que sont disposées les espèces que représentent les photographies en couleurs.

Décimètre

Note 1. — On trouvera des indications sur les divers organes de la plante et sur la classification dans la *Nouvelle Flore*, pages 201 et suivantes. — *Flore de Belgique*, p. 219.

EXEMPLES DÉTAILLÉS
de la recherche des noms des plantes
par la Méthode simple.

On trouve, au début de ce volume, un exemple (Coquelicot) de la recherche du nom des plantes ; examinons maintenant d'autres exemples, d'abord en faisant la recherche, comme pour le Coquelicot, à partir de la page 2 qui porte en tête l'indication n°ˢ 1, 2, 3, 4 ; ensuite pour le lecteur déjà suffisamment habitué à cet ouvrage, en nous servant des tableaux abrégés qui sont à la page 284 indiquée par une marque placée en haut de la page 285.

REMARQUE 1. — *Il est très important de noter que lorsque l'on hésite entre deux questions ou entre plusieurs questions posées en même temps, on peut prendre l'une ou l'autre de ces questions : dans tous les cas, on devra arriver au nom de la plante. Par exemple, si une fleur est d'un rose un peu violacé, on trouvera son nom aussi bien en choisissant « fleurs roses » que « fleurs violacées ».*

→ Voir aussi la REMARQUE 2, page 290, et la REMARQUE 3, page 292.

1ᵉʳ EXEMPLE : *Iris jaune*.

Supposons que nous ayons cueilli au printemps quelques tiges fleuries de la belle plante qu'on désigne sous le nom d'Iris-jaune, et que nous voulions savoir comment on la nomme en Botanique, quels sont ses divers noms vulgaires et quelles sont ses propriétés. Supposons même que nous ne sachions pas son nom.

Ouvrons le livre à la page 2, là où se trouvent indiqués, en haut de la page, les Nᵒˢ 1, 2, 3, 4, et commençons par le n° 1 qui nous donne à choisir entre deux questions précédées chacune du signe +. Nous choisissons « Plante *ayant des fleurs* », ce qui nous renvoie au n° 2, où l'on nous pose deux questions, précédées chacune du signe — • : la plante n'étant ni un arbre, ni un arbuste, ni un arbrisseau, nous choisissons la première « Plante *herbacée* » qui nous envoie au n° 3 où deux nouvelles questions sont posées, chacune précédée du signe △. D'après les explications qui nous sont données, nous choisissons la seconde question : « *Fleur non composée* », ce qui nous conduit au n° 4.

Au n° 4, en bas de la même page, on nous pose à la fois cinq questions, précédées chacune du signe ⊞ ; nous choisissons la troisième question, « *Fleurs jaunes ou jaunâtres* », ce qui nous mène au n° 354. Feuilletons l'ouvrage jusqu'à ce que nous trouvions ce numéro ; cela est facile, car les numéros contenus dans chaque page sont inscrits en haut de la même page.

Au n° 354, nous trouvons deux questions précédées chacune du signe ⊖; c'est la seconde qui convient, car les fleurs de notre plante ne sont pas disposées en ombrelle composée; cela nous mène au n° 355, qui est à la page suivante.

Là, trois questions nous sont posées. Nous reconnaissons facilement, par les explications données à cette page, et par la figure IA, que c'est la première question qui convient. Nous adoptons donc la question « chaque fleur *régulière* », ce qui nous conduit au n° 356, à la page suivante. Au n° 356, quatre questions, précédées chacune du signe ☐, nous sont présentées à la fois. Grâce aux explications et aux figures, nous choisissons la troisième de ces questions « Feuilles *simples* », ce qui nous conduit au n° 357, à la page suivante; nous prenons ici la troisième question : « Feuilles *alternes* », ce qui nous amène au n° 358, où nous choisissons la première question : « chaque fleur à *pétales séparés entre eux jusqu'à la base* »; donc, nous allons au n° 361, à la page suivante. Coupons la tige, il ne s'écoule pas de lait blanc; cela nous conduit au n° 362; les feuilles ne sont pas épaisses, charnues et juteuses, d'où nous allons par « Plante *non* grasse » au n° 363. On ne voit pas, en dedans de chaque pétale jaune de la fleur, une petite écaille semblable à celle que représente la figure R; cela nous conduit au n° 364; il y a plus de cinq parties colorées en jaune ou jaunâtre; d'où nous allons au n° 380.

Au n° 380, comme nous voyons que les parties semblables de la fleur sont disposées 3 par 3, que les feuilles sont allongées, aiguës et à nervures non ramifiées, et comme nous reconnaissons la figure IP qui ressemble à notre fleur, nous arrivons ainsi au nom de la plante, qui est → **Iris Faux-Acore**, dont les noms vulgaires sont Iris-jaune, Iris-des-marais ou Glaïeul-des-marais, et dont le nom latin botanique est *Iris pseudacorus*. On nous indique que la plante est médicinale; en cherchant Iris Faux-Acore à la table alphabétique des noms français, la première des trois tables qui terminent cet ouvrage, nous y verrons l'indication de ses propriétés. Nous sommes enfin renvoyés à la planche 54, figure 5, où nous reconnaissons notre plante, représentée en couleurs.

REMARQUE 2, relative au retour en arrière. — *A chaque numéro, on trouve, en dessous, entre parenthèses, l'indication du numéro dont on vient, c'est-à-dire du numéro qui a conduit à celui en présence duquel on se trouve. Ainsi, on lit 380 (vient de 364), et ainsi de suite en remontant. Ces indications permettent, si l'on croit s'être trompé, de remonter de numéro en numéro pour revoir les questions à choisir. On peut arriver parfois à un même numéro par divers chemins; en ce cas, on n'a pu indiquer le retour en arrière que pour l'un de ces chemins seulement, celui qui est le plus ordinaire et le plus normal.*

2ᵉ EXEMPLE : *Bleuet.*

Supposons que nous ayons cueilli un Bleuet dans un champ et que nous cherchions à trouver son nom botanique ainsi que ses noms vulgaires, etc.

Ouvrons l'ouvrage à la page 2, portant en haut de la page les n°s **1, 2, 3, 4.** Nous choisissons au n° 1 « *Plante ayant des fleurs* », au n° 2 « plante *herbacée* », ce qui nous conduit au n° 3. Là, nous reconnaissons que nous avons affaire à une fleur composée, car ce qu'on appelle ordinairement la fleur de Bleuet est composé d'un grand nombre de petites fleurs sans queue dont l'ensemble est entouré par une collerette d'écailles serrées les unes contre les autres. Nous choisissons donc la première question, ce qui nous mène au n° 770.

Tournons les pages du volume jusqu'à trouver ce numéro, où l'on nous pose à la fois cinq questions, précédées chacune du signe =. Notre plante ayant les fleurs bleues, nous choisissons la seconde question, ce qui nous conduit au n° 810. Notre plante n'étant pas piquante, nous allons au n° 812. Comme les feuilles de notre plante sont attachées sur la tige, une par une, à des niveaux différents, nous choisissons la troisième question « feuilles *alternes* » qui nous renvoie au n° 819. Comme la fleur n'est pas réduite à des écailles, nous allons au n° 820.

La fleur composée a ses petites fleurs plus grandes sur le pourtour, et rayonnant tout autour de la fleur composée, lorsqu'elle est épanouie; nous reconnaissons d'ailleurs que la fleur ressemble à celle que représente la figure CY. Nous sommes ainsi conduits au n° 821. La plante n'ayant pas les caractères de la Laitue vivace, nous sommes conduits au n° 822; comme la fleur composée de notre plante n'a pas de petites fleurs jaunâtres au milieu et que toutes les petites fleurs, dont l'ensemble forme la fleur composée, sont bleues, nous sommes amenés au n° 823. Là nous reconnaissons que les fleurs composées sont isolées au sommet des tiges ou des rameaux, et que notre fleur ressemble à la figure CY. Ceci nous conduit au nom de la plante : → **Centaurée Bleuet,** dont les noms vulgaires sont Bleuet, Bluet, Barbeau ou Casselunettes, et dont le nom latin botanique est *Centaurea Cyanus*. On nous indique que la plante est médicinale, et ses propriétés se trouvent indiquées à la table des noms français. Le signe 🐝 nous avertit que la plante est mellifère, c'est-à-dire recherchée par les abeilles qui puisent un liquide sucré dans ses fleurs. Enfin, nous voyons qu'elle est figurée au n° 1 de la planche 30, parmi les planches qui représentent les photographies en couleurs des plantes.

3° EXEMPLE : *Acacia.*

Cherchons à trouver le nom de l'arbre qu'on nomme vulgairement Acacia et qui épanouit à la fin de mai ou au commencement de juin ses grappes de fleurs blanches. Cueillons-en un rameau avec une grappe de fleurs.

Commençons l'analyse à la page 2. Nous sommes renvoyés du n° 1 au n° 2 qui nous conduit au n° 942, car notre plante est un arbre.

Comme les fleurs apparaissent sur l'arbre en même temps que les feuilles ou après les feuilles, nous sommes renvoyés au n° 961. Comme les fleurs ne sont pas réduites à des écailles, nous sommes amenés au n° 962.

A ce numéro, on nous demande si la plante est piquante ou non piquante. En général nous aurons remarqué qu'il y a des épines sur cet arbre, et nous choisirons : plante piquante ; mais il pourrait se faire que nous ayons cueilli une grappe et quelques feuilles sur une branche sans épines. Dans les deux cas, nous serons conduits au nom de l'arbre.

Supposons d'abord que nous ayons constaté la présence des épines ; nous sommes alors conduits au n° 963 d'où, par la troisième question, nous allons au n° 970. Comme chaque fleur de notre arbre a une corolle en papillon et correspond à l'explication qui en est donnée au n° 970, nous sommes conduits au n° 971 ; la seconde question de ce numéro nous amène au nom de la plante à laquelle se rapportent les figures RPA et RO. Nous arrivons ainsi à → **Robinier Faux-Acacia**, vulgairement nommé Acacia, et désigné en latin par les deux mots *Robinia pseudacacia*. On nous indique que cet arbre est industriel (Voir Robinier, à la table des noms français). Le signe 🐝 nous avertit que c'est un arbre dont les fleurs sont recherchées par les abeilles. Enfin nous sommes envoyés à la planche 15, au n° 5, où nous trouvons un rameau d'Acacia figuré en couleurs.

Supposons maintenant que la branche fleurie de cet arbre, que nous avons cueillie, n'ait pas d'épines. Au numéro 962, nous aurons donc pris la question « Plante non piquante », ce qui nous mène au n° 980 ; la plante n'étant ni grimpante, ni rampant sur le sol, nous sommes amenés au n° 990 ; nous voyons que chaque fleur est irrégulière, ce qui nous conduit au n° 1037. A ce numéro, nous voyons clairement que chaque feuille de l'arbre est une feuille composée dans le genre de la figure CO (Voir la Remarque 3 ci-dessous). Nous sommes envoyés au n° 1041 ; nous choisissons la seconde question, ce qui nous conduit à → **Robinier Faux-Acacia**.

Remarque 3, relative aux feuilles composées. — *A propos des feuilles composées, il ne faut pas confondre les feuilles secondaires ou « folioles »*

d'une feuille composée avec des feuilles simples attachées sur un rameau.

La base d'une feuille composée vient s'attacher sur la tige, sans être au même point et exactement au-dessus d'une autre feuille.

Au contraire, un jeune rameau tel que le rameau r *(figure A) portant des feuilles (rameau feuillé que l'on pourrait confondre avec une feuille composée) vient se rattacher à la tige* t *exactement au-dessus d'une autre feuille* f *et au même point que cette feuille*

(figure A). La figure GLY représente, non pas un rameau, mais une feuille composée de folioles et qui vient se rattacher à la tige non exactement au-dessus d'une autre feuille.

Autrement dit, une feuille composée se reconnaîtra à ce qu'elle n'est pas placée sur la tige à l'aisselle d'une feuille, tandis qu'un jeune rameau est placé sur la tige à l'aisselle d'une feuille.

4e EXEMPLE : *Blé.*

Cueillons un épi de Blé en fleurs, c'est-à-dire au moment où l'épi est encore vert. Au n° 1, page 2, nous prendrons la première question, car on nous y indique que les fleurs peuvent être vertes ou peu visibles, et nous ne prendrons pas la seconde question, car le Blé ne ressemble en rien aux Fougères ni aux Prêles qui sont figurées aux numéros 1092 à 1104. Ceci nous mène au n° 2, où deux autres questions nous sont posées. Le Blé n'étant ni un arbre, ni un arbuste, ni un arbrisseau, nous choisissons la première question « Plante *herbacée* » qui nous conduit au n° 3. Ici nous pouvons peut-être hésiter, et comme les fleurs du Blé sont sans queue, très serrées et entourées de petites écailles, nous pourrions prendre « *fleur composée* »; mais comme ces petites écailles ne sont pas nettement disposées en collerette, nous pourrions prendre « *fleur non composée* ». Comme toujours, lorsqu'il y a hésitation, on peut choisir l'une ou l'autre question ; on arrivera, dans les deux cas, au nom de la plante.

En effet, prenons la première question, en considérant chaque groupe de fleurs du Blé ou même l'épi tout entier comme une fleur composée. Cela nous renvoie au n° 770, où nous choisissons la dernière question, puisque les fleurs sont vertes, ce qui nous conduit au n° 928. Comme les feuilles sont simples, nous prenons la troisième question, ce qui nous amène au n° 931. Il n'y a pas de lait blanc qui s'écoule lorsqu'on brise la tige, d'où renvoi au n° 932 où nous choisissons la première question, ce qui nous amène au n° 938. Le Blé ne ressemblant en rien aux figures AR, AV, IT, R et ne présentant pas les caractères des premières questions des n° 938, 939 et 940, nous sommes conduits au n° 941. Regardons comment la feuille de Blé s'attache à la tige, nous verrons facilement que c'est par une gaine qui est fendue dans sa longueur, et qu'il y a une petite languette à l'endroit où la feuille semble se joindre à la tige, au-dessus de la gaine ; de plus, la tige du Blé est arrondie et non à trois angles. Pour toutes ces raisons, nous choisissons la première question qui nous envoie au n° 1069.

A ce numéro, nous reconnaissons, au premier coup d'œil, que le Blé ne ressemble pas aux figures Z ou D. D'ailleurs les feuilles de Blé ont moins de 3 centimètres de largeur, et les épis ne viennent pas se réunir par la base au même point. Nous sommes ainsi conduits au n° 1070. Nous reconnaissons facilement que c'est la première question qui convient ; d'où renvoi au n° 1071. Nous constatons que chaque petit groupe de l'épi est attaché directement sur la tige ou, si l'on veut, sur l'axe de l'épi ; cela nous mène au n° 1072. Comme les petits groupes de fleurs de l'épi se recouvrent très étroitement les uns les autres, nous allons au n° 1073, où nous reconnaissons les figures VG et VL si nous avons cueilli un Blé-sans-barbe et les figures TV et V, si nous avons cueilli un Blé-barbu. Nous constatons d'ailleurs que chaque petit groupe de fleurs est presque aussi large que long. Nous sommes arrivés au nom de la plante : → **Froment cultivé**, vulgairement appelée Blé ou

Froment, dont le nom latin botanique est *Triticum sativum*, et qui est représentée en couleurs à la figure 1 de la planche 59. L'indication « **alimentaire** » nous renvoie à la table des noms français.

— Supposons maintenant qu'au n° 3 nous ayons choisi « *fleur non composée* »; cela nous conduirait au n° 4, où nous choisissons la dernière question; d'où renvoi au n° 705. De là, en choisissant successivement : à 705 la seconde question; à 711, la troisième; à 727, la troisième; à 738, la première (ici, si nous hésitions, la seconde nous amènerait encore au nom de la plante); à 739, la première question qui nous envoie à 1069 où, comme précédemment, nous arrivons par quelques questions au n° 1073 → **Froment cultivé**.

— Supposons maintenant que nous ayons cueilli un épi de Blé presque mûr et déjà jaune ou jaunâtre, nous arriverons encore au nom de la plante par d'autres chemins, soit en la considérant comme à fleurs composées, soit comme à fleurs simples.

En effet, si nous considérons le Blé comme ayant les fleurs composées et jaunes ou jaunâtres, nous le déterminerons en passant successivement par les numéros : 1, 2, 3, 770, 828, 837, 872, 879, 880, 888, 889, 890, 1069, 1070, 1071, 1072, 1073 → **Froment cultivé**.

Si nous considérons maintenant le Blé comme ayant des fleurs simples et jaunes ou jaunâtres, nous le déterminerons encore très facilement en passant successivement par les numéros : 1, 2, 3, 4, 354, 355, 502, 503, 504, 505, 1069, 1070, 1071, 1072, 1073 → **Froment cultivé**.

— Il arrive parfois que les épis de Blé sont d'un brun roux. En ce cas, nous trouverons encore le nom de la plante soit en la considérant comme à fleurs composées (par les n°s : 1, 2, 3, 770, 771, 781, 792, 797, 805, 806, 808, 809, 1069, 1070, 1071, 1072, 1073 → **Froment cultivé**), soit en la prenant comme à fleurs simples (par les n°s : 1, 2, 3, 4, 5, 146, 157, 159, 160, 161, 163, 164, 1069, 1070, 1071, 1072, 1073 → **Froment cultivé**).

— D'autres variétés de la même espèce, c'est-à-dire de ce même Blé, peuvent avoir les épis blanchâtres. Nous arriverons tout aussi facilement, en ce cas, au nom de la plante, soit en la considérant comme à fleurs composées (par les n°s : 1, 2, 3, 770, 891, 896, 910, 916, 920, 1069, 1070, 1071, 1072, 1073 → **Froment cultivé**), soit en la considérant comme à feuilles simples (par les n°s : 1, 2, 3, 4, 506, 507, 702, 1069, 1070, 1071, 1072, 1073 → **Froment cultivé**).

Autres exemples.

Donnons encore, d'une manière abrégée, la manière dont on serait conduit à trouver le nom d'un certain nombre de plantes, en indiquant seulement l'ordre des numéros qui indique la suite des questions à choisir.

Pâquerette. — N°s 1, 2, 3, 770, 891, 896, 897, 898; 1re question au n° 898 → **Pâquerette vivace** (Pâquerette, Petite-Marguerite) [*Bellis perennis*].

Aubépine. — N°s 1, 2, 942, 961, 962, 963, 970, 972, 976; 1re question au n° 976 → **Aubépine épineuse** (Épine-blanche, Poire-d'oiseau, Senelles, Aubépine) [*Cratægus Oxyacantha*].

Sainfoin. — N°s 1, 2, 3, 4, 5, 123, 200, 212, 218, 219, 226, 227 ; 1re question au n° 227 → **Sainfoin cultivé** (Sainfoin, Esparcette, Bourgogne) [*Onobrychis saliva*].

Monnaie-du-pape. — N°s : 1, 2, 3, 4, 5, 6, 7, 8, 9, 10, 11, 12, 13, 14 ; 2e question au n° 14 → **Lunaire bisannuelle** (Monnaie-du-pape) [*Lunaria biennis*].

Mauve. — N°s : 1, 2, 3, 4, 5, 6, 7, 8, 9, 21, 22 ; 2e question au n° 22 → **Mauve** [*Malva*]. En supposant qu'on cherche une espèce de Mauve déterminée, on peut continuer, par exemple, par les n°s 57, 58 ; 2e question au n° 58 → **Mauve silvestre** (Mauve, Meule) [*Malva silvestris*]. On arrive aussi à la même espèce par les n°s 1, 2, 3, 4, 5, 6, 7, 8, 45, 47, 48, 53, 54, 55, 56, 57, 58, et 2e question au n° 58. — On y arrive aussi par les n°s 1, 2, 3, 4, 228, 229, 230, 231, 242, 257, 258, 260, 264, 265, 57, 58, et 2e question au n° 58.

Bouton-d'or. — N°s : 1, 2, 3, 4, 354, 355, 356, 416, 422, 438, 439, 440, 441 ; 1re question au n° 441 → **Renoncule** (Bouton-d'or), et pour une des espèces, par exemple : 442, 443, 444, 445, 446 ; 1re question au n° 446 → **Renoncule âcre** (Bassin-d'or, Bassinet) [*Ranunculus acris*].

Pissenlit. — N°s : 1, 2, 3, 770, 828, 837, 838, 839, 842, 843, 844, 850, 851 ; 1re question au n° 851 → **Pissenlit Dent-de-lion** (Pissenlit) [*Taraxacum Dens-leonis*].

Mercuriale. — N°s : 1, 2, 3, 4, 705, 711, 712, 716, 717, 718, 719, 721, 722 ; 1re question au n° 722 → **Mercuriale annuelle** (Mercuriale, Foirolle, Aremberge) [*Mercurialis annua*]. — On arriverait aussi au nom de cette plante si l'on choisissait l'autre question du n° 716, par les n°s 723, 724, 725, 726 ; 1re question au n° 726.

Fougère-Aigle. — N°s : 1, 1092, 1093, 1094, 1095, 1096, 1097, 1100 ; 1re question au n° 1100 → **Ptéris Aigle** (Fougère-Aigle, Fougère-commune, Grande Fougère, Aigle-impériale) [*Pteris aquilina*].

USAGE DES TABLEAUX ABRÉGÉS.

Le lecteur déjà habitué à cet ouvrage pourra trouver plus rapidement le nom des plantes en se servant des tableaux abrégés qui se trouvent à la page 284.

De cette manière, il évitera de tourner un grand nombre de pages, et de revoir toujours des explications détaillées qu'il connaît et qui lui sont devenues inutiles.

Les questions à choisir y sont précédées de signes identiques entre eux, et, en passant d'une accolade à une autre, on est renvoyé en peu de mots à l'un des numéros des pages précédentes ; à partir de ce numéro, qui est surmonté d'un trait, on achève la recherche du nom de la plante par les questions qui le suivent.

Reprenons l'un des exemples précédents, l'Iris-jaune, et cherchons le nom de la plante par ces tableaux abrégés.

Commençons par choisir les questions dans le tableau général, page 284.

Nous arrivons immédiatement par : plante ayant des fleurs, herbacée, à fleurs non composées, jaunes, au tableau E, page 287. Là, nous sommes conduits par : fleurs non en ombrelle composée ; fleurs régulières ; feuilles simples, alternes ; pétales séparés ; pas de lait blanc, au n° 362. Reprenant la recherche, dans les pages précédentes, à partir du n° 362, nous arrivons par les n°ˢ 363, 364 et 380 au nom de la plante → **Iris Faux-Acore.**

On déterminerait de même la Pâquerette, au moyen des tableaux abrégés, de la manière suivante :

Tableau général (page 284) : plante ayant des fleurs, herbacée, à fleurs composées → Voyez B (page 285). — Tableau B : Fleurs blanches sur le pourtour et jaunes au milieu ; plante non piquante ; fleurs du pourtour rayonnantes → 897 ; d'où à 898 → **Pâquerette vivace.**

Ces deux exemples suffisent pour faire comprendre l'usage de ces tableaux abrégés qui permettent de trouver plus rapidement les noms des plantes.

––––––––––

CAS OÙ L'ON N'ARRIVE PAS AU NOM DE LA PLANTE.

On peut aboutir, à la suite des questions successivement choisies, à des descriptions et à des figures qui ne correspondent pas à la plante qu'on a entre les mains. Et cela pour deux raisons différentes.

— En premier lieu, on peut avoir commis une erreur, soit en se trompant sur l'une des questions posées, soit en faisant une erreur de numéro. En ce cas, il faut remonter dans les questions successives, grâce aux indications (*vient de*) qui se trouvent au-dessous de chaque numéro.

Exemple : nous cherchons le nom de l'Aubépine et, par erreur, nous sommes conduits au n° 975 qui ne comprend que la Ronce frutescente et la Ronce Framboisier ; ni les figures, ni les descriptions de ces deux plantes ne correspondent à la branche que nous avons entre les mains. Or, nous voyons que 975 vient de 974 ; revenons à 974. Ce n'est pas là (supposons-le) que nous nous sommes trompés ; nous voyons que 974 vient de 972. Revenons à 972 ; c'est là (supposons-le) que nous avons commis une erreur. Relisons les trois questions du n° 972. Nous avions choisi « plante piquant par des aiguillons placés çà et là sur les feuilles ou sur les tiges », et nous n'avions pas pris la précaution de regarder les figures du n° 975 auxquelles on nous renvoyait. Il fallait choisir la troisième question ; en effet, notre branche a des rameaux terminés en épine, et non pas des aiguillons placés çà et là sur les feuilles ou sur les tiges ; cela nous mène au n° 976 où se trouve l'Aubépine.

Dans le cas où nous nous serions trompés matériellement de numéro, en prenant un numéro pour un autre, il faudra nécessairement recommencer la recherche depuis le commencement.

— En second lieu, on peut ne pas arriver au nom de la plante, parce que la plante n'étant pas une plante très répandue, très commune dans toute la France, la Belgique, les plaines de Suisse, etc., ne se trouve pas dans cet ouvrage. Cette plante peut se rencontrer en abondance à l'endroit où on l'a cueillie, mais elle est relativement rare.

Alors, deux cas peuvent se présenter. — *1er cas* : les descriptions et les figures du numéro auquel nous sommes conduits conviennent à peu près à la plante que nous avons entre les mains : alors, une note en bas de la page renvoie soit à la *Nouvelle Flore*, soit à la *Flore complète* où l'on pourra arriver au non de cette plante par les tableaux illustrés qui se trouvent dans ces ouvrages, à la page indiquée par la note. — *2e cas* : les descriptions et les figures du numéro auquel nous sommes conduits ne ressemblent en rien à la plante que nous avons entre les mains. C'est que la plante, relativement peu commune, non seulement n'est pas décrite dans cet ouvrage, mais encore n'est pas voisine d'une des plantes qui y sont décrites. En ce cas, nous devrons renoncer à trouver son nom avec ce volume; on le trouvera en consultant la *Flore complète*.

QUELQUES INDICATIONS PRATIQUES

SUR LA RÉCOLTE ET LA CONSERVATION DES PLANTES

Il faut avoir soin de cueillir les plantes aussi bas que possible, afin d'avoir les caractères des feuilles. Si la plante a toutes ses feuilles à la base, il faut la déterrer ou, au moins, prendre quelques feuilles de la base.

Lorsqu'on veut rapporter les plantes récoltées pour les analyser chez soi, il faut les empêcher de se faner. En général, il suffit pour cela de faire un paquet assez serré des plantes recueillies et de les envelopper complètement avec de l'herbe entourée d'un papier. Il est cependant plus commode d'employer la boîte verte en fer-blanc bien connue dont se servent ceux qui cherchent des plantes.

Pour conserver les plantes qu'on a récoltées, on fait une collection de plantes sèches appelée *herbier*.

La préparation d'un herbier est une chose très simple. Lorsqu'on veut dessécher des plantes, il suffit de les placer dans un livre tel qu'un grand dictionnaire hors d'usage ou un vieux registre. Au-dessus du livre, on pose quelques grosses pierres, afin de serrer fortement les plantes. En changeant de temps en temps les plantes de pages, elles se dessèchent et l'on peut ensuite les mettre dans des feuilles de papier. A côté de chaque plante, on écrira sur une étiquette le nom de la plante, l'endroit d'où elle vient, ses propriétés et ses applications.

On formera ainsi, peu à peu, une collection des plus utiles à consulter (1).

Note 1. — On peut se procurer tout ce qui est nécessaire pour la récolte et la conservation des plantes chez *Les Fils d'Émile Deyrolle*, 46, rue du Bac, Paris.

A propos de
la Méthode Simple

Lorsqu'on se propose de trouver facilement les noms des plantes, il ne faut pas se préoccuper de leur classification.

Les personnes qui connaissent très bien les plantes savent les nommer, même à distance, ou en jetant un coup d'œil sur une tige fleurie qu'ils viennent de cueillir. Ces personnes, si exercées, ne tiennent donc pas compte des caractères techniques des végétaux pour les déterminer, et ne se préoccupent pas de constater si l'ovaire est supère ou infère, de quelle manière les étamines sont ou non soudées soit à la corolle, soit au calice, si la graine possède ou non un albumen, etc. Elles pourraient ne connaître ni les caractères des familles, ni ceux des genres; cela ne les gênerait en rien pour donner exactement les noms des espèces.

La recherche du nom des plantes et la recherche de leur classement sont donc en réalité deux problèmes essentiellement différents.

C'est ce qu'avait reconnu Linné, qui avait établi son *Système du règne végétal* dans le but, non de constituer des groupes naturels, mais de faciliter la détermination des plantes. Linné avait pensé que le moyen le plus commode pour atteindre ce but était de compter les étamines des fleurs et ensuite de compter leur carpelles. Mais ce procédé n'est pas toujours si facile qu'on pourrait le penser, et comporte, surtout en ce qui concerne les carpelles, de grandes difficultés. Quoi qu'il en soit, le Système de Linné eut un grand succès, à cause de la facilité relative avec laquelle on arrivait à trouver les noms des plantes. Ce succès a été si complet et si durable que les Flores de Suède, de Norvège, de Danemark, certaines Flores d'Allemagne et de Suisse sont encore actuellement disposées suivant le Système de Linné.

Lorsque Lamarck imagina les clés dichotomiques, c'est-à-dire une suite de doubles questions posées successivement au lecteur, il avait cherché à réaliser un moyen, encore plus facile que celui de Linné, pour trouver les noms des plantes; mais il voulait en même temps présenter les végétaux de la *Flore Française* dans leur ordre naturel, par familles, genres et espèces. Alors, il se rendit bientôt compte de l'impossibilité de cette juxtaposition. Tout d'abord, Lamarck renonça à faire une clé de familles, les caractères des familles étant sujets à de nombreuses exceptions, et il établit une clé directe de genres, ou plutôt de groupes d'espèces. L'ensemble de ces tableaux dichotomiques destinés à trouver les noms des plantes fût placé par lui en dehors de la Flore proprement dite ; les clés renvoyaient aux genres par des numéros dont l'ordre n'est en rien le même que celui des plantes décrites dans la série naturelle.

Ce qui montre bien que la recherche des noms des plantes était, pour Lamarck, un but tout autre que l'établissement d'une classification naturelle, c'est qu'on trouve à la suite les uns des autres, dans une même page de ses tableaux, les noms des plantes appartenant aux familles les plus différentes, par exemple les suivants : *Epimedium, Evonymus, Fraxinus, Mœhringia, Tribulus, Ruta, Pyrola, Peplis, Dianthus.*

Dans la description méthodique des espèces de la même Flore, ces noms sont dispersés aux endroits les plus divers, sans aucun rapport avec l'ordre précédent.

Les clés de Lamarck sont d'un usage très commode par la méthode des questions successives ; toutefois les caractères qu'a employés l'illustre naturaliste, surtout ceux qui se rapportent aux premières séries de questions posées, sont encore fort difficiles à reconnaître pour quelqu'un qui n'a pas fait d'études botaniques.

C'est le cas de citer quelques extraits empruntés au philosophe Ernest Bersot qui, lorsqu'il dirigeait l'Ecole Normale Supérieure, a publié, parmi ses réflexions de moraliste, une *Lettre sur la Botanique* (1). Ces citations, que j'ai déjà faites ailleurs, trouvent ici leur place indiquée ; c'est pourquoi je crois devoir les reproduire.

« La Botanique, dit-il, est une des sciences les plus trompeuses. Comme les fleurs sont charmantes, on s'imagine qu'elle est charmante aussi, et l'on est vite désabusé. Pourquoi donc ? ah ! pourquoi ? c'est que les savants ont songé à eux, et non pas à nous. Ils ont voulu une science qui en fût une, et ils ont mis chaque chose à sa place sans s'occuper de savoir s'il serait facile à tout le monde de l'y trouver. Combien de fois j'ai essayé de devenir botaniste, et à chaque fois j'ai été vaincu !

« J'avais pensé que pour reconnaître une fleur, il suffisait de reconnaître quelques gros caractères, bien visibles, bien tranchés et toujours réunis ; mais il paraît qu'il ne faut pas se fier aux apparences... Force a été aux savants de s'adresser à des caractères cachés et délicats, en sorte qu'on ne peut rien sans le scalpel et le microscope, et sans avoir en même temps la fleur et le fruit, sans avoir suivi à peu près toute l'histoire de la plante. On se rebuterait à moins. »

Plus loin, l'auteur parle des figures accompagnant les descriptions des plantes ou servant à faire trouver leurs noms ; il s'exprime ainsi :

« Oui, ils sont précieux aux ignorants ces livres avec figures ; s'il n'y a qu'un dessin, c'est bien ; si la couleur y est, c'est encore mieux. Que

---

)1) Ernest Bersot, *Lettre sur la Botanique* (Un moraliste), p. 277, Paris, 1882.

de peine ils nous évitent. On nous imposerait de trouver, dans des salons nombreux, une personne inconnue, sur des renseignements minutieux, quelle difficulté de la reconnaître ! et combien de chances nous aurions de tomber sur une autre ! Au contraire, on nous la présente, ou son portrait, et d'un coup d'œil, sans analyse de détail, il se forme en nous une image d'ensemble par laquelle nous la reconnaîtrons toujours.

« De quoi s'agit-il en définitive ? de savoir ; car d'être savant est pour la plupart de nous une prétention trop haute. »

La question se pose donc ainsi. Les botanistes qui ont découragé Bersot avaient-ils raison ? Est-il impossible de'trouver les noms des plantes sans savoir la Botanique ? Les personnes qui connaissent les plantes n'arrivent-elles à les nommer qu'à la suite d'une grande habitude, et les caractères dont elles se servent, sans s'en rendre compte, avec leur flair particulier, sont-ils impossibles à traduire par une rédaction simple, à la portée de tout le monde ?

Comme tous ceux qui ont étudié la Botanique systématique, j'ai cru très longtemps qu'il fallait répondre affirmativement à ces diverses interrogations. Et cependant, je constatais à chaque instant qu'en général, ce n'était pas à l'aide des caractères de la classification que je reconnaissais les diverses espèces, mais bien au contraire, par une détermination directe, et pour ainsi dire inconsciente.

Je me suis alors demandé si, en combinant la méthode des clés dichotomiques de Lamarck avec l'examen de ces « gros caractères bien visibles, bien tranchés et toujours réunis » dont parle Bersot, en y joignant, comme il le souhaitait, de nombreuses figures en noir et en couleurs, on pouvait arriver à faire trouver facilement les noms des plantes à tous ceux qui n'ont fait aucune étude préalable de Botanique.

C'est le résultat de cet essai que je présente dans cet ouvrage, sous le nom de *Méthode simple*.

Aux lecteurs de juger si j'ai réussi.

GASTON BONNIER.

Nota. — Malgré les nombreuses déterminations qui ont été faites au moyen de la *Méthode simple* par beaucoup de personnes très diverses, et toutes ignorantes de la moindre notion de Botanique, et malgré les corrections faites à cette nouvelle édition, il y a certainement encore des erreurs à signaler ou des améliorations à apporter aux clés que j'ai rédigées. Je serai très reconnaissant aux lecteurs de me signaler les erreurs qu'ils pourront rencontrer ou les améliorations que leur suggérerait l'emploi de ce petit volume.

TABLE

DES

NOMS FRANÇAIS DES PLANTES

avec l'indication des propriétés des plantes
et de leurs applications à l'agriculture, à l'industrie
et à la médecine végétale.

→ Les indications telles que *2, pl. 7, – 8 pl. 59*, etc., qui sont dans cette table, renvoient aux planches en couleurs, et signifient : figure 2 de la planche 7 — figure 8 de la planche 59, etc.

Explication de quelques termes employés pour indiquer les propriétés médicales des plantes.

Remarque. — Les doses telles que 10 grammes par litre d'eau se rapportent, à moins d'indication contraire, à la quantité que peut prendre par jour une personne adulte, et à la plante sèche.

Plante *anti-ophtalmique*, employée contre les maladies des yeux.
— *anti-spasmodique*, employée pour calmer les accès dans les maladies nerveuses.
— *anti-scorbutique*, employée pour purifier le sang.
— *apéritive*, employée pour exciter l'appétit.
— *corrosive*, plante qui attaque la peau.
— *dépurative*, employée pour purifier le sang.
— *diurétique*, qui facilite le fonctionnement des reins.
— *émolliente*, qui détend et amollit les tissus.
— *fébrifuge*, employée pour combattre la fièvre.
— *fondante*, qui fait fondre les tissus, en cas de tumeur, par exemple.
— *pectorale*, employée pour apporter du soulagement aux maladies des organes respiratoires.
— *résolutive*, employée pour améliorer l'état des plaies.
— *sternutatoire*, favorisant les éternuements.
— *stomachique*, favorisant la digestion.
— *sudorifique*, employée pour provoquer une abondante transpiration.
— *vermifuge*, employée pour prévenir ou guérir les maladies dues au développement de vers parasites dans l'intestin.
— *vulnéraire*, employée contre les blessures.

TABLE DES NOMS VULGAIRES

TABLE

DES

NOMS LATINS DES PLANTES

Nota. — Les indications telles que 3, pl. 62 ; 6, pl. 11, etc., renvoient aux planches en couleurs : planche 62 à la figure 3 ; planche 11 à la figure 6, etc.

TABLE

NOMS DES PLANTES

indiquant les *FAMILLES*
auxquelles ces plantes appartiennent.

Dans chaque colonne : à gauche est inscrit le numéro du genre, c'est-à-dire le premier des deux noms sous lesquels on désigne la plante ; à droite est inscrit le nom des la Famille naturelle dont cette plante fait partie.

GENRES	**A**	FAMILLES
Achillée		*Composées.*
Aconit		*Renonculacées.*
Adonis		*Renonculacées.*
Adoxa		*Caprifoliacées.*
Agripaume		*Labiées.*
Agrostis		*Graminées.*
Aigremoine		*Rosacées.*
Ail		*Liliacées.*
Airelle		*Vacciniées.*
Ajonc		*Papilionacées.*
Alchémille		*Rosacées.*
Alisma		*Alismacées.*
Alliaire		*Crucifères.*
Alsine		*Caryophyllées.*
Alysson		*Crucifères.*
Amandier		*Rosacées.*
Amarante		*Amarantacées.*
Ancolie		*Renonculacées.*
Anémone		*Renonculacées.*
Aneth		*Ombellifères.*
Angélique		*Ombellifères.*
Anthémis		*Composées.*
Anthyllis		*Papilionacées.*
Anthrisque		*Ombellifères.*
Arabette		*Crucifères.*
Aristoloche		*Aristolochiées.*
Arméria		*Plombaginées.*
Armoise		*Composées.*
Arroche		*Salsolacées.*
Arum		*Aroïdées.*
Asperge		*Liliacées.*
Aspérule		*Rubiacées.*
Asplénium		*Fougères.*
Astragale		*Papilionacées.*
Athyrium		*Fougères.*
Atropa		*Solanées.*
Aubépine		*Rosacées.*
Aune		*Bétulinées.*
Avoine		*Graminées.*

GENRES	**B**	FAMILLES
Baguenaudier		*Papilionacées.*
Ballote		*Labiées.*
Barbarée		*Crucifères.*
Bardane		*Composées.*
Barkhausie		*Composées.*
Benoite		*Rosacées.*
Berbéris		*Berbéridées.*
Berce		*Ombellifères.*
Berle		*Ombellifères.*
Bette		*Salsolacées.*
Bident		*Composées.*
Blechnum		*Fougères.*
Boucage		*Ombellifères.*
Bouleau		*Bétulinées.*
Bourrache		*Borraginées.*
Brize		*Graminées.*
Brome		*Graminées.*
Brunelle		*Labiées.*
Bugle		*Labiées.*
Buplèvre		*Ombellifères.*
Butome		*Butomées.*
Bruyère		*Ericinées.*
Bryone		*Cucurbitacées.*
Buis		*Euphorbiacées.*

GENRES	**C**	FAMILLES
Calament		*Labiées.*
Calluna		*Ericinées.*
Caltha		*Renonculacées.*
Campanule		*Campanulacées.*
Capselle		*Crucifères.*
Cardamine		*Crucifères.*
Cardère		*Dipsacées.*
Carex		*Cypéracées.*
Carline		*Composes.*
Caucalis		*Ombellifères.*
Céleri		*Ombellifères*
Centaurée		*Composées.*
Centranthe		*Valérianées.*

IMPRIM'VERT®

Imprimé en France par SEPEC à Péronnas
N° d'imprimeur : 01662150502 – Dépôt légal : 1986
N° d'édition : 70111003-15/mai 2015